L'ACCENT DE MA MÈRE

Ce livre n'est pas une réédition de L'ACCENT DE MA MÈRE, *publié en 1980 aux Éditions Albin Michel et épuisé.*

Le texte original, revu, corrigé, a été en effet considérablement augmenté (environ 200 pages inédites) de plusieurs chapitres, d'un épilogue, de notes, de toutes les parties annexes : IDENTITÉ ET MÉMOIRE VENDÉENNES *faisant le point de l'histoire et de l'ethnographie de la Vendée ; d'un index des thèmes, des lieux et des noms ; et de 101 dessins et photos.*

TERRE HUMAINE
CIVILISATIONS ET SOCIÉTÉS
COLLECTION D'ÉTUDES ET DE TÉMOIGNAGES DIRIGÉE PAR JEAN MALAURIE

L'ACCENT DE MA MÈRE

Une mémoire vendéenne

par

Michel Ragon

Avec 29 illustrations in texte
72 illustrations hors texte
4 cartes et 3 index

PLON
8, rue Garancière
PARIS

Le lecteur trouvera en fin de volume la liste des ouvrages de la collection *Terre Humaine.*

Mise en pages des hors-texte : MASSIN

Recherche iconographique : Arlette MOREAU

ISBN : 2-259-02126-3
ISSN : 0492-7915

A Françoise

Nous ne serons jamais grands. Nous ne serons pas de l'ordre même où il y a, où il peut y avoir de la grandeur historique. L'histoire n'aura aucun moyen de nous mesurer. Et à vrai dire elle n'en aura aucun goût.

Charles PÉGUY,
20 juin 1909.

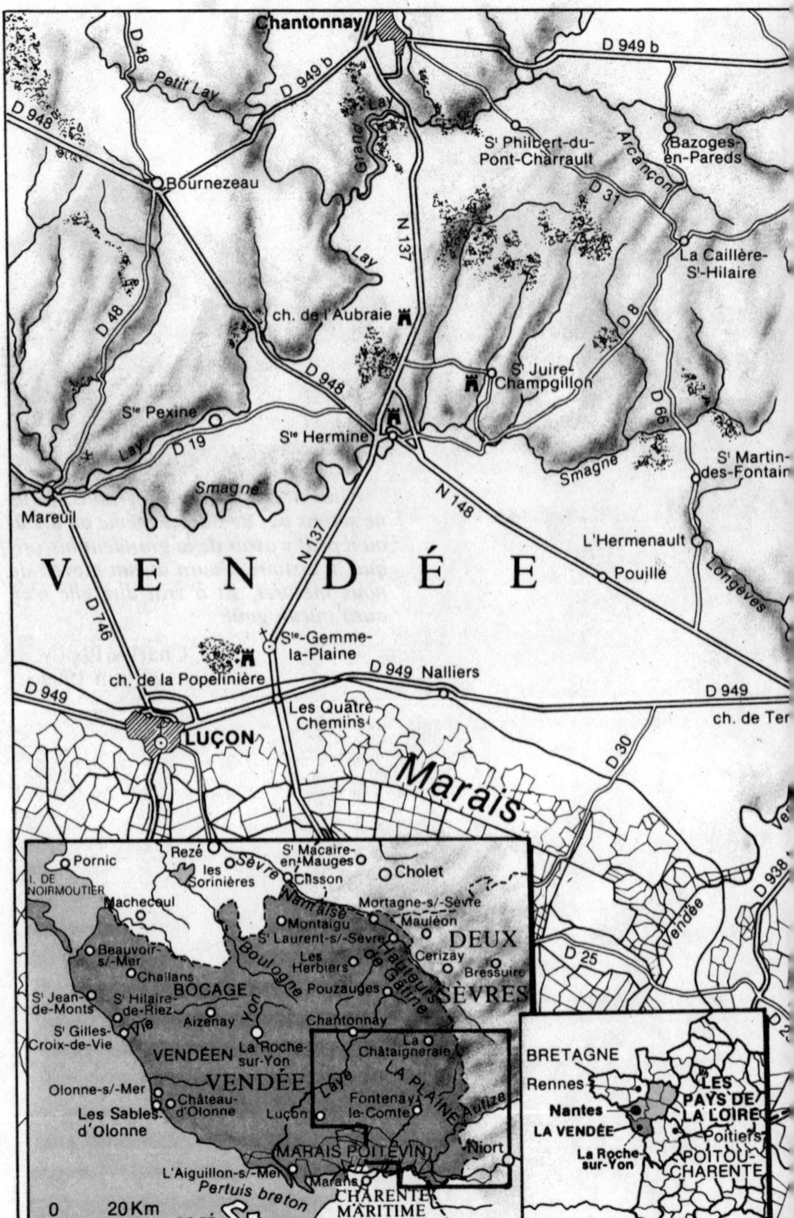

Chantonnay
D 949 b
D 48
Petit Lay
D 949 b
D 948
Lay
Grand
St Philbert-du-Pont-Charrault
Arcançon
Bazoges-en-Pareds
Bournezeau
D 31
N 137
La Caillère-St-Hilaire
Lay
D 48
ch. de l'Aubraie
D 8
St Juire-Champgillon
D 948
D 66
Ste Pexine
Lay
D 19
Ste Hermine
Smagne
Smagne
St Martin-des-Fontain
Mareuil
N 148
N 137
L'Hermenault
VENDÉE
Pouillé
Longèves
D 746
Ste-Gemme-la-Plaine
ch. de la Popelinière
D 949 Nalliers
D 949
D 949
Les Quatre Chemins
ch. de Ter
LUÇON
D 30
Marais
D 938
Vendée
D 25
Rezé
St Macaire-en-Mauges
Pornic
les Sorinières
Sèvre
Clisson
Cholet
I. DE NOIRMOUTIER
Nantaise
Machecoul
Mortagne-s/-Sèvre
Montaigu
Mauléon
St Laurent-s/-Sèvre
DEUX
Beauvoir-s/-Mer
Boulogne
Les Herbiers
Hauteurs de Gâtine
Cerizay
Challans
Bressuire
BOCAGE
Pouzauges
SÈVRES
St Jean-de-Monts
St Hilaire-de-Riez
Yon
Vie
St Gilles-Croix-de-Vie
Aizenay
Chantonnay
La Roche-sur-Yon
La Châtaigneraie
VENDÉEN
LA PLAINE
VENDÉE
Laye
Olonne-s/-Mer
Château-d'Olonne
Fontenay-le-Comte
Autize
Les Sables-d'Olonne
Luçon
Niort
MARAIS POITEVIN
L'Aiguillon-s/-Mer
Marans
Pertuis breton
CHARENTE MARITIME
0 20 Km
I. DE RÉ
La Rochelle
BRETAGNE
Rennes
LES PAYS DE LA LOIRE
Nantes
LA VENDÉE
Poitiers
La Roche-sur-Yon
POITOU-CHARENTE

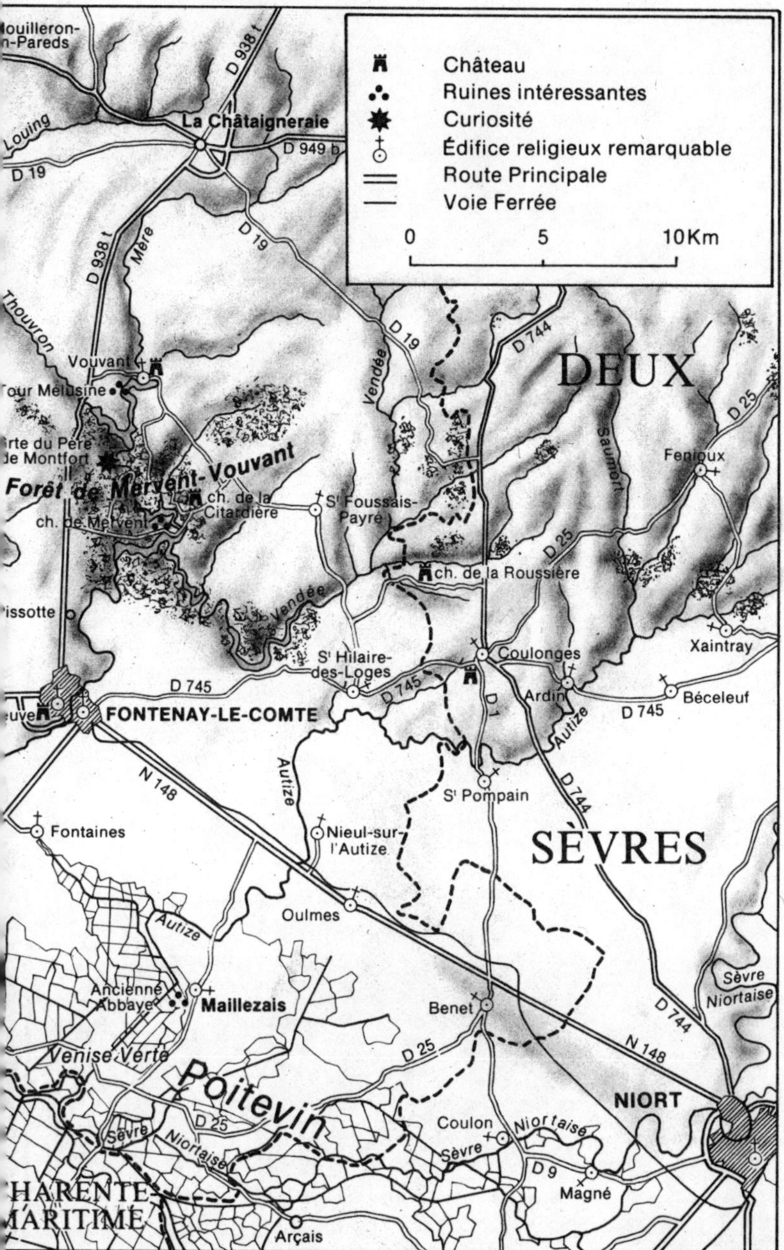

Carte : Patrick Mérienne

1

Pendant trente ans, ma mère m'a écrit chaque semaine, de son écriture appliquée, ronde, sans faute d'orthographe, me racontant sa vie, c'est-à-dire rien ; c'est-à-dire une lente, longue attente ; l'attente de mes réponses, de mes visites de plus en plus espacées ; c'est-à-dire son ennui, ses maladies, ses malaises ; c'est-à-dire son inquiétude, dont j'étais toujours l'objet.

Dans quelles circonstances me téléphona-t-elle pour la première fois, je l'ignore et cela n'a d'autre importance que la révélation que j'eus alors de sa voix et de son accent. Je n'avais jamais su, auparavant, que ma mère parlait avec cet accent traînant de l'Ouest, cet accent paysan qui fait la voix grasse, comme imprégnée de terre humide. Lorsque je la vis, aussitôt après, lorsqu'elle me parla *de visu,* l'accent n'y était plus. Nous avions, je le remarquai, les mêmes tonalités et cette manière, à la fois populaire et désuète, de former des phrases trop appliquées, trop livresques. Comment diable avais-je donc pu entendre cette voix de paysanne au téléphone ? Phantasme ? Mais le même jour je rencontrai un ami qui me dit : « J'ai téléphoné chez toi. Qui était cette bonne femme avec ce drôle d'accent, qui m'a répondu ? Je croyais qu'il n'existait plus que des femmes de ménage espagnoles ! »

Donc ma mère avait bien un accent. Mais cet accent,

que je connaissais depuis ma naissance, cet accent qui était celui de ma langue maternelle, je ne l'entendais pas lorsque je le « voyais » parler. Je ne l'entendais pas parce qu'il m'était naturel. Il ne m'apparaissait qu'à travers l'anonymat de l'écouteur téléphonique. Je ne voyais plus alors ma mère, je ne percevais que l'accent.

Mais si je percevais cet accent, cet accent vendéen que je connais bien, que je reconnais entre tous, si je le recevais comme une anomalie, c'est que moi-même je ne parlais plus avec cet accent. Où l'avais-je perdu ? Quand ? Pourquoi ? Aucun souvenir. Lorsque je débarquai à Paris, à vingt et un ans, à la recherche éperdue non d'un emploi mais d'un boulot, n'importe lequel, quelqu'un me dirigea vers les studios de radio en me disant : « Vous parlez sans aucun accent, ce qui est rare, vous pourriez devenir speaker. » Et en effet, on s'extasia dans les bureaux de la Radiodiffusion sur la qualité de mon français parlé. Sans aller néanmoins jusqu'à m'embaucher.

Je sais, maintenant, que ce français-là est le français littéraire dont j'ai hérité à la suite de mon long tête-à-tête avec les livres, sans intermédiaire d'aucun « lecteur » professionnel, d'aucun professeur (les professeurs ont souvent des « accents »). Je sais aussi que cette voix de ma mère, au téléphone, a été soudain le rappel d'un accent oublié, d'une autre langue, d'une autre culture. Je sais enfin que cette ravine qui ne cessa de se creuser, de s'agrandir, entre ma mère et moi, à tel point que nous n'arrivions plus à nous entendre, d'un bord de la vie à l'autre, que nous ne savions plus quoi nous dire, cette ravine c'est le langage, c'est l'accent ; le langage et son accent qui rapprochent ou séparent. C'est ce langage et cet accent qui nous ont éloignés. Bien que ma mère ait tout fait pour me suivre dans le nouveau monde culturel qui m'est devenu familier, lisant les livres de mes amis, cherchant de leurs nouvelles dans les journaux. Mais cette culture, vivante pour moi, n'était pour elle qu'un spectacle. Elle la regardait, de sa province, comme on regarde une émission de télévision sur le petit écran.

Maintenant que ma mère repose, comme on dit, dans le cimetière de la petite ville de mon enfance ; maintenant que je suis retourné, après une si longue absence, dans cette ville qui, curieusement, a peu changé en un temps où tout se transforme si radicalement ; maintenant que j'ai récupéré tout « l'héritage » de ma lignée, je suis tenté avec ces quelques papiers, ces lettres jalousement conservées, ces photos de famille dont beaucoup de visages me sont totalement inconnus, ces quelques objets... je suis tenté d'essayer de reconstituer avec eux l'identité culturelle de ma mère et, par là même, celle de ma tribu.

Cet album de photos est terrifiant. De tous ces beaux militaires, de toutes ces mariées épanouies, de tous ces bébés joufflus, il ne survit personne, sauf moi. J'ai l'impression d'être le seul rescapé d'un cataclysme. Tous les papiers, toutes les photos, toutes les lettres, tous les objets de la famille me sont parvenus en ultime destination. Ou du moins ce qu'il en reste. Sauf ma mère et ma grand-mère, tous ces gens sont morts jeunes, voilà déjà bien longtemps. Tuberculose, maladies intestinales, vieillesse prématurée due à un travail de bête de somme, à l'alcoolisme, à une alimentation déficiente.

Parler « d'héritage de ma lignée », voilà bien de ces phrases littéraires, de ces clichés qui m'encombrent. En fait d'héritage, presque tout l'environnement de mon enfance a disparu. Mais déjà, dans mon enfance, la part la plus fabuleuse de cet héritage n'existait plus. Peut-être même n'exista-t-elle jamais. Je veux parler de ce que mon père, sous-off de la coloniale, rapporta soi-disant des mers de Chine. J'ai toujours entendu vanter ces cadeaux fastueux faits par mon père à ses nièces : étoffes bariolées, défenses d'éléphant, brûle-parfum en cuivre, statues de bronze. Je ne les ai jamais vus nulle part, pas même dans les fermes de ces nièces, de leur vivant. Je crois bien que ma mère exagérait en parlant de la prodigalité de mon père envers ses nièces. Il se glissait là une vieille jalousie, de vieilles rancunes envers l'autre famille. Ma mère qui, tout comme ma grand-mère, a vendu peu à peu, objet par objet, tout ce qui pouvait intéresser les antiquaires, ne s'est jamais séparée des « reliques » de mon père, comme elle disait. Je les possède maintenant : un petit éléphant agenouillé, en marbre blanc ; une jardinière en cuivre dont les anses sont formées par deux chimères qui s'agrippent au bord et le mordent ; un képi noir orné de l'ancre de marine dorée ; deux longues baguettes en ébène incrustées de nacre qui n'ont dû être utilisées dans aucun bol de riz ; un cadre en bois, sculpté, ornementé de roses, dans lequel un ovale laisse apparaître une photo de mon père, tout de blanc vêtu, ses galons de sergent sur les manches, son haut casque colonial posé sur une console, la main près du casque, la moustache conquérante. Photo manifestement faite « aux colonies », avant son mariage.

Le petit éléphant agenouillé suscitait la convoitise du médecin de famille. Nombre de fois, mais peut-être pas autant de fois que ma mère le disait, ce médecin offrit de l'acheter. Aussi ce petit éléphant de bazar de Saigon finit-il par prendre une valeur phénoménale. Je l'ai mis dans un de mes rayonnages de bibliothèque. La jardinière en cuivre, que j'ai toujours vue garnie de bruyère sèche, est là, derrière mon dos, pendant que j'écris, et remplie à nouveau de bruyère.

De mon père, j'ai aussi hérité de ses vieilles cantines militaires, en bois noir, enveloppées dans des paniers de raphia à jours. Elles me servent de réserves à rangement pour des dossiers et manuscrits.

J'ai vécu toute mon enfance dans la maison de mes grands-parents maternels, rue des Orfèvres, à Fontenay-le-Comte en Vendée. Ils occupaient le rez-de-chaussée et nous (c'est-à-dire d'abord mon père, ma mère et moi, puis ma mère et moi seulement lorsque mon père mourut à quarante-cinq ans) le premier étage. Nous avions deux pièces, une grande chambre que je partageais avec mes parents (puis avec ma mère) et une cuisine. Au rez-de-chaussée, mes grands-parents ne disposaient aussi que de deux pièces : une chambre tout à fait obscure et une grande cuisine, salle commune qui ouvrait sur une cour encombrée de chaudrons, d'arrosoirs, de pots de fleurs, de poules et de lapins en liberté.

De leur lignée paysanne, mes grands-parents avaient conservé quelques beaux meubles et objets, notamment une pendule à balancier qui m'émerveillait. Ce balancier représentait un paon faisant la roue. Toute la journée, le paon balançait sa longue queue, au rythme du battement des secondes. Les poids que l'on remontait (d'où sans doute le terme de « remonter » une pendule, voire une montre) avaient quelque chose de fascinant. Je me souviens aussi de pistolets d'arçon, à manche de bois, avec un gros chien de fer, qui devaient avoir été pris sur des cadavres d'officiers bleus, pendant les guerres de Vendée. Je me souviens de chromos religieux : la Petite Thérèse de l'Enfant Jésus, le Sacré-Cœur. Je me souviens de gros livres rouges à tranche dorée que ma grand-mère sortait avec précaution d'une grande armoire en chassant les poules qui avaient une propension à se jucher sur les corniches et qui fientaient le long de la porte de merisier. Je me souviens que tous ces meubles sombres prenaient beaucoup de place et m'attristaient, m'effrayaient quelque peu. Tout cela a disparu. Vivre vieux autrefois, sans rente, sans pension, sans retraite, n'était possible qu'en vivant chez ses enfants. Les enfants constituaient un capital d'avenir, une sécurité pour les vieux jours. D'où l'angoisse de les doter d'un bon métier, non seulement pour leur avenir à eux, mais comme assurance retraite. Une fille unique et veuve amenait la catastrophe. De cette catastrophe je n'ai jamais vu mes grands-parents se plaindre. Mon grand-père continua à faire ses journées de jardinier pour les bourgeois de Fontenay, sans parler de son propre jardin qui assurait la famille en légumes et en fruits toute l'année, tant que ses jambes purent le porter. Puis un jour il s'assit sur une chaise, devant la porte de la rue des Orfèvres, et regarda la vie passer. Comme il n'avait plus d'argent pour acheter du tabac, il se faisait des cigarettes en roulant des bouts de journaux qu'il mâchonnait. Ma grand-mère grognait en disant qu'il finirait par se brouiller le sang avec l'encre d'imprimerie.

De ce grand-père, peu à dire. Qui était-il ? Que pensait-il ? Il s'appelait Sourisseau, était blond avec des yeux bleus. A cause de ses moustaches tombantes, je continue à l'identifier à un Gaulois. Assez court, trapu, silencieux, il ne se manifestait guère que le dimanche où il rentrait bruyamment de son après-midi passé à jouer aux cartes au Café du Cerf, plus ou moins soûl, mais parfois suffisamment pour s'écrouler devant la cheminée.

Au-dessus de cette cheminée, se trouvait un chromo encadré de bois noir, titré *Les Différentes Positions sociales,* image à la gloire du laboureur, que l'on voyait en médaillon, en gros plan, poussant une charrue tractée par deux chevaux. Toutes les figurines de ce chromo comportaient des légendes. Je les ai tant lues et relues que je les connais par cœur. A gauche, la première figurine, celle du roi, un roi de carte à jouer, déclarait bon premier : « Je vous gouverne tous. » Au-dessus, venait un gentilhomme très Marquis de Carabas, qui disait : « Je vous commande tous. » Puis un curé qui ressemblait à la publicité de la Jouvence de l'Abbé Soury : « Je prie pour vous tous. » Et tout en haut de la pyramide, le Juif errant d'Eugène Sue avec sa besace et son parapluie : « Je gagne sur vous tous. » En redescendant cet escalier des positions sociales, un soldat avec sa hallebarde, comme un Suisse d'église :

« Je vous défends tous » ; un mendiant à jambe de bois et béquille, son chapeau à la main : « Je vous demande l'aumône à tous. » Et enfin, revenu à la base, face au roi, le paysan en culotte et bas, chapeau de paille, tunique bleue, un paysan pour bergerie à la Jean-Jacques Rousseau, accoudé sur un immense sac de blé et qui disait : « Je laisse faire le Bon Dieu car je dois vous nourrir tous les six. »

Je n'ai presque rien retrouvé du passé culturel de mes grands-parents, dans les affaires de ma mère, sauf ce chromo, au grenier, couvert de poussière et craquelé par la chaleur ou le froid. Avec quelle émotion je l'ai nettoyé, restauré. C'est finalement l'image qui évoque le mieux pour moi ces longues veillées dans la salle commune de ma maison d'enfance. Je n'osais espérer retrouver ce chromo que je croyais parti, comme tout le reste, chez un brocanteur. Au verso, mon grand-père avait apposé sa signature et sans doute la date d'achat : 1893. Je ne m'étais jamais aperçu dans mon enfance de l'antisémitisme de ce chromo. Mais il est vrai que ce Juif qui domine la pyramide des conditions sociales, c'est avant tout le commerçant et que pour un paysan tout commerçant est juif. 1893 ! Nous sommes néanmoins à la veille de la condamnation de Dreyfus.

Cette image me fait rêver sur ce grand-père avec lequel j'ai vécu pendant quatorze ans et dont je ne sais pratiquement rien. Que ce que l'on m'en a dit. D'où sortent ces Sourisseau ? De quel grenier à grains ? Lorsque ma grand-mère rencontra le Père Sourisseau, comme on l'appelait à Fontenay, il était cocher chez le baron de la V... Ma grand-mère travaillait elle-même comme chambrière dans le même manoir. Deux domestiques qui s'épousent, qui amassent un petit pécule et qui finissent par exploiter une borderie, dans le bocage, à la Jaudonnière.

Dans une des cantines militaires de mon père, j'ai retrouvé quelques papiers, dont un acte notarié, daté du 1er novembre 1909 et qui rendait ma grand-mère propriétaire d'une maison rurale à la Jaudonnière, à la suite du legs d'une dame Léonie Métais, épouse d'un monsieur Burcerot. J'ignorais tout de cette donation et n'ai jamais entendu parler des époux Métais-Burcerot. Seul indice, mais de quoi (peut-être d'une marraine), ma grand-mère se prénommait Léonie, comme Léonie Métais. Bien que le legs soit fait nominativement à ma grand-mère, Léonie Villatte, mon grand-père apparaît sur l'acte notarié pour avoir autorisé son épouse à le recevoir. Et je vois, par la même occasion, qu'il était encore cocher en 1909.

L'héritage n'était pas considérable puisque je lis sur l'acte que la maison, sise dans un hameau proche de la Jaudonnière, se composait de « plusieurs chambres basses et hautes, grenier, hangar, grange, toits, ruages, puits commun et jardin de vingt-quatre ares cinquante centiares ». Mais pour deux domestiques qui n'avaient rien en propre, sinon leur linge de corps, quelle aubaine inespérée que ce cadeau du ciel ! Cette petite maison rurale a donc permis à mes grands-parents de sortir de la domesticité en devenant de tout petits, petits agriculteurs. Puis, leur fille devenue grande, d'être saisis par la folie des grandeurs et de tout bazarder pour s'établir en ville afin de lui donner une éducation de demoiselle.

Peut-être aussi, les vingt-quatre ares cinquante centiares du jardin de la Jaudonnière ne permettaient-ils pas de faire un pot-au-feu tous les dimanches. Même en supposant que mon grand-père ait affermé quelques champs, que ma grand-mère ait fait brouter ses deux vaches en maraude le long des chemins, qu'ils se soient loués l'un et l'autre pour les moissons et les vendanges, la maison du legs devait néanmoins être trop petite pour se transformer en vraie ferme. A Fontenay, mon grand-père retrouvait une demi-domesticité en travaillant à la journée dans les jardins des « meusieu ». Et on le payait tous les jours.

Oui, de mon grand-père je ne connais rien, sinon ce chromo annoté de sa main ; sinon qu'il jouait à l'aluette le dimanche et se soûlait ; sinon que je l'accompagnais au jardin et l'aidais à trier les semences ; sinon qu'il avait un ulcère à la jambe droite qui suppurait et que parfois ma jambe droite me démange au même endroit.

Je sais aussi qu'il échappa aux deux guerres qui décimèrent les gens de sa génération : à celle de 1870 parce que trop jeune et à celle de 1914 parce que trop vieux. Mais qu'il fit sept ans de service militaire, dans l'infanterie bien sûr, en un temps où tous les déplacements se faisaient à pied, de la Vendée à la Lorraine.

Mon grand-père était taciturne, lent, court sur pattes mais massif. Ma grand-mère, toute menue, petite, produisait au contraire une impression de vivacité extrême. Elle méritait bien ce nom de Sourisseau hérité en mariage, car on la voyait toujours trottiner, légère, furtive, souriante, sa coiffe blanche, conique, bien épinglée à son chignon, un parapluie noir à la main l'hiver, une ombrelle bleue l'été, un caraco noir serré à la taille, ses longues jupes traînant à terre.

Mon grand-père appelait toujours cette femme minuscule « le commandant ». Il est vrai qu'aux périodes électorales, lorsque arrivaient les bulletins de vote, ma grand-mère les plaçait tous, soigneusement, entre les draps de l'armoire (les brodés, ceux dont on ne se servait jamais). Puis, le jour du vote venu, elle choisissait elle-même le bulletin qui lui semblait le meilleur et le donnait, sans commentaires, à son homme, qui allait tout naturellement à la mairie le mettre dans l'urne.

A ma grand-mère j'ai été lié par une affection extrême. Toute mon enfance est irradiée par son amour. Mais que sais-je d'elle, de ses goûts, de ses idées, de ses désirs, de ses regrets si elle en avait ? La bonne humeur et l'entrain personnifiés avec de temps en temps des entractes de migraines. Fréquentant l'église, mais pas bigote ; lisant ces gros livres rouges à tranche dorée dans lesquels elle m'apprit à lire ; son avenir brisé par le deuil de sa fille, mais ne consentant pas à montrer son chagrin ; d'une bonté naturelle, aussi naturelle que sa bonne humeur ; pour elle comme pour ma mère la seule chance résidait dans ce petit garçon qu'elles couvaient avec une telle attention qu'il en tombait souvent malade ; et qu'aujourd'hui, d'avoir été placé toute mon enfance dans une boîte à coton, pour reprendre l'expression ironique du médecin de famille (l'amateur d'éléphant blanc), je dois peut-être ma survie du naufrage familial ; mais rendu si frileux que tous mes amis s'en amusent comme d'une lubie.

Quand ma grand-mère s'est trouvée complètement démunie, lorsque tout fut vendu au compte-gouttes, au fur et à mesure de la nécessité des pommes de terre, du pain, d'une aile de poulet pour le dimanche ; lorsque la pendule à balancier, la coiffe blanche (dite grisette), les armoires en noyer, le vaisselier, les pistolets d'arçon, les livres rouges à tranche dorée, tout ce qui pouvait se vendre fut vendu, j'étais déjà à Paris et, moi aussi, dans quel dénuement. Je ne reçus qu'un écho lointain de cet événement qui me parut naturel : ma grand-mère quittait Fontenay et venait à Nantes habiter avec ma mère. Trop préoccupé alors par ma propre vie je ne pouvais soupçonner quel déchirement cela avait dû être pour la pauvre vieille que cet exil à Nantes. Rien ne paraissait jadis plus rassurant aux vieillards que l'idée de mourir chez soi. Mourir à l'hôpital obsédait les pauvres. Ils traînaient trois phobies : la prison, l'hôpital et la fosse commune.

La prison, ils savaient qu'elle s'ouvrait très facilement pour eux. A la suite d'une bagarre de bistrot, de dettes, d'un petit larcin, d'un braconnage. Éviter la prison demandait déjà beaucoup d'adresse. Éviter l'hôpital dépendait moins de soi. Mais pour éviter l'hôpital et la fosse commune les enfants constituaient la seule ressource. Dire d'un enfant qu'il avait mis son vieux ou sa vieille à l'hôpital c'était vraiment le désigner à la vindicte publique.

Or la vie moderne est ainsi faite, et là encore je m'aperçois combien nous avons été éloignés de notre culture native, mon père, ma grand-mère et ma mère sont morts à l'hôpital.

Je n'ai revu qu'une seule fois ma grand-mère à Nantes, dans cette maisonnette de deux pièces, surmontées d'un grenier, où j'ai passé avec ma mère la plus grande partie de mon adolescence. L'addition des deux pièces devait faire à peu près vingt-cinq mètres carrés. Mais comme ma mère avait été habituée depuis toujours à la salle commune unique, après mon départ de Nantes elle ne vivait plus que dans la première pièce. La cuisinière à charbon, qui servait à la fois pour la cuisine et le chauffage, se trouvait au pied du lit. Une amoire à deux portes, un buffet à trois portes, une table ronde au milieu, quelques chaises, un évier près de la porte d'entrée constituaient tout le mobilier.

Dans l'autre pièce, l'abandonnée, un fouillis extrême donnait l'impression d'un garde-meuble. Deux lits se touchaient en équerre, de ces lits très hauts, en bois massif, avec un échafaudage de couettes, de traversins, d'édredons. Et puis un enchevêtrement de guéridon, de machine à coudre hors d'usage, de chaises empilées comme dans un bistrot une fois la clientèle partie, de vêtements en vrac, de boîtes à chaussures défoncées, de piles de journaux jaunis. Dans l'un des lits, à peine perceptible tellement elle se recroquevillait, ma pauvre petite grand-mère, surtout reconnaissable à son chignon, ma pauvre petite grand-mère qui me voit et se met sur son séant pour me prendre dans ses bras, avec ces mots bien sûr ridicules mais dans lesquels passait toute son émotion :

— Ah, mon petit, comme tu es devenu grand !

D'autant plus ridicule que je n'ai guère grandi,

depuis mes quatorze ans. Mais pour elle, j'étais grand. Ce qui voulait dire, bien sûr, que j'étais devenu adulte.

Comme ma grand-mère ne se levait plus, sinon pour aller sur son seau, bien en vue au pied du lit, une odeur de médicaments et d'urine imprégnait toute la pièce. Je dis à ma mère qu'elle devrait aérer. Mais elle se plaignit que la fenêtre n'ouvrait plus. Il eût été en effet difficile de l'ouvrir, l'espagnolette étant brisée et seule une planche, clouée à la base de la fenêtre, l'empêchait de s'ouvrir seule dans un coup de vent.

La maisonnette, jamais réparée par le propriétaire qui n'en retirait qu'un loyer dérisoire, se trouvait de plus en plus délabrée. Le délabrement de la maison allait de pair avec le délabrement de ses habitantes.

— Tu l'as vue, me disait ma mère en parlant de sa propre mère, dans quel état elle est. Je ne pourrai pas continuer à m'en occuper *in eternam* (il y avait toujours du latin d'église dans ses phrases). Moi ça me tue, de faire la garde-malade. Et puis, avec elle, on ne peut pas causer. On n'est pas du même âge.

Étrange réflexion, celle même que je me faisais en pensant à ma mère, avec laquelle je n'avais plus guère de conversation. Je pensais naïvement qu'elles parlaient le même langage, avaient les mêmes préoccupations. A peu d'années près, je les voyais même d'un âge identique.

Quelques mois plus tard ma mère m'écrivait qu'elle avait dû envoyer ma grand-mère à l'hôpital. Elle ne pouvait plus s'en occuper. « Elle me vanne, elle me tue, m'écrivait-elle avec son habituel emportement. Et le médecin m'a dit : Madame, vous êtes trop fragile. Il faut choisir. C'est elle ou vous. »

Ce ton grandiloquent m'a souvent fait penser à Corneille, voire à Racine et je me disais qu'il semblait étrange que ma mère qui n'avait lu ni Corneille ni Racine parlât parfois comme en alexandrins. Mais j'ai découvert depuis quelles étaient ses sources littéraires et nous en parlerons plus loin.

Où se trouve la tombe de ma grand-mère ? Dans quel cimetière de Nantes ? Ses os ne sont-ils pas déjà dans cette fosse commune si redoutée ? Et le grand-père Sourisseau, où sont ses restes ? A Fontenay sans doute ? Quant à ma mère, elle avait pris ses précautions. Combien de fois m'avait-elle répété qu'elle voulait être enterrée à Fontenay, dans la même tombe que mon père, que la concession restait encore valable. Dans la petite valise en carton bouilli qu'elle traîna pendant les dix dernières années de sa vie, d'hôpitaux en maisons de retraite, j'ai trouvé quatre ou cinq carnets recouverts d'inscriptions diverses : sommes reçues, sommes payées, soins à faire, médicaments à prendre, heures de certaines émissions à la radio, dates des lettres qu'elle m'envoyait et dates de mes réponses avec entre les deux des plaintes sur mes silences, numéros de téléphone où l'on pourrait me joindre en cas d'urgence, poids (42 kilos), horoscopes, tension... Une inscription revenait comme un leitmotiv, de plus en plus fréquente lorsqu'elle se rapprocha de sa mort, au point d'apparaître toutes les deux ou trois pages : « Je désire avoir une messe de sépulture à la chapelle ; et ensuite me transporter à Fontenay-le-Comte où j'ai une tombe. »

Dans la même petite valise, une grande enveloppe (ayant évidemment déjà servi) avec en surcharge sur l'adresse et les cachets postaux : « Cette enveloppe contient concession au cimetière Notre-Dame à Fontenay-le-Comte. Acheter terrain à perpétuité au moment de l'inhumation ; faire refaire la tombe par une croix en pierre et l'entourage. Entretenir la tombe chaque année par des fleurs, le gardien du cimetière se charge des tombes. Ce sont mes volontés prescrites à mon fils. »

N'étant heureusement pas fauché comme du temps de la mort de ma grand-mère, j'ai accompli scrupuleusement ces dernières volontés. Le gardien du cimetière Notre-Dame, qui en est aussi le fossoyeur, m'a dit :

« J'ai retrouvé les restes de votre père. Oh ! après plus de quarante ans, ça ne fait plus que des vieux os. Mais j'ai mis le cercueil de votre mère juste dessus. »

Bon, je crois que ça correspond à son souhait. Mais ensuite, j'ai sans doute voulu trop bien faire. J'ai commandé une tombe neuve : une dalle de granit des Pyrénées, sur un entablement de béton. Plus une stèle avec les deux noms gravés. Puis je me suis aperçu qu'il n'y avait pas de croix. Ma mère me parlait d'une croix de pierre mais le fossoyeur m'a dit que ça ne se faisait plus et m'a montré une petite croix en bronze qui se fixe sur la dalle. J'ai fait fixer une croix en bronze. J'ai acheté une concession perpétuelle.

Revenu un an après au cimetière vérifier si tout allait bien, le fossoyeur m'a dit : « Ah ! elle est belle votre tombe. Vous savez elle a beaucoup de succès. Les gens me demandent l'adresse du marbrier pour en avoir une comme ça. »

Et alors, bien sûr, je me suis dit : ce n'est pas ce qu'elle voulait. C'est trop beau, trop riche. Elle n'aurait pas aimé. Le difficile dialogue et les incompréhensions continuent *post mortem* (ça y est, moi aussi, je me mets à truffer mon français de latin). Je l'entends : « Mais ce sont des dépenses inutiles. Tu ne fais pas attention à ton argent. Pourquoi une croix en bronze ? La pierre, ça suffit bien. Et puis c'est un entourage de ciment que j'aurais voulu, avec des cailloux au milieu. Où est-ce que tu vas mettre des pots de fleurs avec cette dalle ? Tu sais bien que je veux des fleurs à la Toussaint. Tu m'avais promis. »

« Bien sûr, maman. Tu auras tes fleurs. (Mais lorsque j'ai apporté un pot de fleurs au cimetière le fossoyeur m'a dit : "Pourquoi un pot de fleurs ? Votre dalle est très bien comme ça. Vous ne vous rendez pas compte, avec le vent qu'il fait, je vais retrouver le pot à vingt mètres. Y'a toujours des pots de fleurs qui courent dans le cimetière, et après je ne sais où les replacer, moi, comment voulez-vous que je me rappelle ?") Tu voulais une concession à perpétuité, il faut que ça soit solide. Je ne serai pas là assez longtemps pour soigner ta tombe, la désherber. Et personne après moi. Une dalle, c'est plus costaud, plus moderne, ça tiendra plus longtemps. A perpétuité, je ne sais pas. Mais presque. »

Je m'excuse, je me justifie, mais je sais bien que ça ne prend pas. A toutes les tentatives que j'ai faites pour essayer de faire plaisir à ma mère, je tombais à côté. Puisque, à la fin de sa vie, je n'étais plus pauvre, j'essayais qu'elle en profite. Mais elle n'avait envie de rien. Sinon toujours des mêmes choses : un poste de radio pour m'entendre (mais il fallait m'attendre longtemps pour m'entendre rarement), des imperméables (qu'elle appelait des *périmpers*), des chemisiers. Les postes de radio, étant vite détraqués ou cassés, représentaient toujours un cadeau facile. J'en ai découvert dans tous les coins de la maisonnette, de ces postes de radio éventrés. Quant aux imperméables et aux chemisiers, empilés dans l'armoire, soigneusement pliés, ils n'avaient jamais servi.

Lorsque ma mère était encore valide, je me mis dans l'idée de lui faire connaître une cuisine qu'elle ne pouvait même pas soupçonner en l'invitant dans les meilleurs restaurants. Mais elle regardait ces énormes menus d'un air perplexe, jetait des regards agacés sur les gens autour, avait visiblement envie de repartir. Après avoir lu la carte, elle faisait une moue dégoûtée : « Je ne sais pas quoi prendre. » Si le maître d'hôtel tentait de la conseiller, c'était la catastrophe. Elle se montrait alors difficile, suspectait tous les plats avec le plus complet mépris. Elle se persuadait que tout allait lui faire mal, qu'elle ne digérerait pas. Une discussion sans fin s'engageait avec le maître d'hôtel, heureusement patient, une discussion serrée, plat après plat. Elle suspectait toutes les sauces, reniflait pour tenter de sentir le poisson qui ne devait pas être frais.

Finalement elle réussissait à se commander le plat le plus banal : du poulet et des pommes frites.

Je m'aperçois que je l'ai obligée pendant trop longtemps à venir dans ces restaurants trop chics où je pensais qu'elle trouverait une revanche sur sa pauvreté. Mais elle n'avait pas de complexe d'être pauvre. Dans ces restaurants, elle ne se trouvait d'ailleurs pas mal à l'aise (ma mère n'a jamais été ni à l'aise ni mal à l'aise, nulle part). Mais ces plats trop sophistiqués la déroutaient. Elle en goûtait parfois pour me faire plaisir, mais ne les aimait pas.

Un jour, en prévision de la visite que j'allais lui faire dans une de ses maisons de retraite, elle s'enhardit à m'écrire qu'elle aimerait commander notre repas au bistrot du village où il y avait de bonnes langoustines. Pourrait-elle en commander trois ou quatre par personne ? Je lui dis de commander tout ce qu'elle voulait et de retenir les places. Lorsque nous l'y emmenâmes, nos places se trouvaient en effet réservées, parmi d'autres familles qui venaient en ce même lieu sortir leurs vieux de l'hospice. Ma mère était heureuse. Je ne l'ai jamais vue si heureuse dans un restaurant. Le plat de langoustines était gigantesque. « Ah ! dit ma mère, émerveillée, il y en a plus de quatre par personne ! » On mangea aussi du poulet pommes frites et de la brioche vendéenne. Quel festin !

Même chose avec le vin. Lorsqu'elle venait chez nous, à Paris, je me croyais obligé de lui servir un bon bordeaux. Elle empoignait la bouteille et lisait l'étiquette, d'un air déçu. Mouton Cadet ne lui disait rien et le fait que le degré ne soit pas marqué lui paraissait suspect. Elle le buvait avec indifférence. « Moi, disait-elle comme pour me faire la leçon, quand je veux me remonter j'achète du 12° à Viniprix. C'est cher, mais c'est bon. »

Lorsqu'il fut évident qu'elle ne pourrait plus jamais revenir habiter dans la maisonnette de Nantes, de plus en plus délabrée, et que ses dernières demeures, en attendant l'ultime, seraient les maisons de retraite et les hôpitaux, le problème d'évacuer tout ce qui était accumulé dans les deux pièces et le grenier se posa. D'autant plus que le propriétaire me pressait de procéder à ce déménagement, n'attendant plus depuis longtemps que la mort ou le départ de ma mère pour procéder à la dernière opération de rénovation du quartier. Je cherchais à temporiser en payant le loyer et en assurant que ma mère allait revenir, qu'elle n'était que malade. Manière de reculer l'échéance de l'irrémédiable.

Lorsque nous arrivâmes dans cette maisonnette, vers 1941, elle se situait dans ce que l'on aurait pu prendre pour la campagne. En bordure de l'Erdre, le quartier Saint-Donatien possédait encore des prairies et des champs lotis par des maraîchers et des blanchisseurs. La maisonnette qui nous abrita faisait partie d'un ensemble, une sorte de hameau de blanchisseurs. Si bien que nous retrouvâmes un peu l'esprit du village. Le puits, commun à toutes les maisons, puits recouvert d'une pompe actionnée à la main, refusait souvent de cracher son eau et il fallait l'amorcer. Les w.-c. (on disait les cabinets) se trouvaient en bordure de l'Erdre, ce qui simplifiait le problème de l'évacuation. Quatre cabanes en planches desservaient les quatre maisons du hameau, alignées les unes à côté des autres. De la fenêtre de la maison, nous voyions des prairies toutes blanches, blanches de la blancheur des draps étendus sur des fils de fer. Ces draps fournissaient du travail pour ma mère qui reprisait les déchirés ou leur mettait des pièces. Elle se fit aussi une spécialité de retourner les cols et les poignets de chemise. Faire du neuf avec du vieux, reculer l'échéance de l'usure, boucher des trous, reconsolider ce qui s'effiloche, voilà où ma mère prenait un certain plaisir. A tel point que, dans les maisons de vieillards où elle ne savait plus quoi faire et où sa pension était payée pour que justement elle n'ait pas à travailler, elle réclamait aux bonnes sœurs ou aux infirmières un petit raccommodage à faire, une chaussette à repriser. Mais on ne faisait plus du neuf avec du vieux. On ne bouchait plus les trous. On ne retournait plus ni les cols ni les poignets de chemise. Les infirmières lui disaient de faire du tricot ou de la tapisserie. Elle haussait les épaules. Finalement, elle me demanda de lui apporter des torchons qu'elle découpait en petits carrés afin d'en faire des serviettes de table, voire des draps dont elle faisait des mouchoirs. Nous avons hérité de ces serviettes de table et de ces mouchoirs, de plus en plus petits et de formes de plus en plus bizarres. Il lui fallait bien trouver un moyen de tuer le temps.

Un jour ma mère se décida à m'écrire qu'elle ne retournerait plus jamais « à la maison », qu'elle y avait trop froid l'hiver, trop chaud l'été, et que finalement elle s'habituait au confort dans les hôpitaux et les maisons de vieux. Il est vrai qu'il a fallu que ma mère atteigne la proximité de ses quatre-vingts ans pour connaître dans les hôpitaux et les maisons de retraite ce qu'elle appelait avec une grande satisfaction le confort moderne. C'est-à-dire l'eau courante et, qui plus est, de l'eau chaude au robinet, le chauffage central et non plus les matins glacés avant que la cuisinière commence à diffuser une maigre chaleur, un éclairage qui ne fasse plus mal aux yeux (elle n'avait jamais su passer de la lampe Pigeon à l'ampoule électrique, s'obstinant à n'acheter que des ampoules si faibles qu'une bougie aurait aussi bien fait l'affaire).

Elle me disait d'appeler un brocanteur et de tout vendre, sauf ce que je voulais récupérer pour moi. Avant de prendre rendez-vous avec le brocanteur (mais quel brocanteur voudrait acquérir ces restes, en lambeaux ?) il me fallait aller trier, brûler, jeter. J'étais d'ailleurs assez curieux de ce que j'allais trouver. Que subsistait-il de la smala (un mot qu'elle aimait), de la tribu ? Je me souvenais de certains livres *(La Chanson de Roland, L'Évolution de la Terre et de l'Humanité)*, de cartes postales où l'exotisme colonial jouait son plein (une négresse aux seins nus m'avait beaucoup fait rêver), avec lesquels j'avais passé bien des journées dans le grenier de Fontenay-le-Comte. Mais ces souvenirs de mon père étaient disparus. De mon père, je ne trouvai que le livret militaire et un paquet de lettres. Je pris tout ce qui ressemblait à des papiers de famille, les photos, les draps dont certains tissés à la main. Sous les draps, je trouvai des paquets avec mon écriture. Il y avait là tous mes livres, dédicacés à ma mère, ouverts puis soigneusement remis dans leur papier d'emballage, comme s'ils devaient être prêts à réexpédier.

Quant au reste, c'était à désespérer. Un fatras de boîtes vides, de chiffons, de vêtements (notamment tous les vêtements militaires de mon père ; je pris seulement le képi), de ficelles, de cordons, de rubans, de morceaux de meubles et de meubles en morceaux, le tout dans une odeur d'urine et de pourriture. Il devait se décomposer des rats crevés là-dessous. L'odeur de moisi, de ranci, de poussière dès que l'on soulevait un objet, vous prenait à la gorge. Calées tant bien que mal, plus une seule des fenêtres n'ouvrait. Une tempête ayant enlevé la moitié du toit, le propriétaire avait fait remplacer les ardoises par du fibrociment cloué sur la charpente. Cette maison de style garde-barrière paraissait tout à fait incongrue dans son délabrement, parmi les rutilantes villas entourées de leur gazon et de leur saule pleureur qui lotissaient les anciennes prairies des blanchisseurs. On n'attendait plus que mon déménagement pour l'abattre, sordide témoin d'un passé dont le quartier prenait honte. Toutes les autres maisons du hameau des blanchisseurs étaient disparues, remplacées par des garages. Comme les garages avaient arasé à la fois le puits commun et les cabinets des bords de l'Erdre, on s'était résolu à brancher l'eau sur la maisonnette de ma mère et à lui construire un cabinet d'aisances en bois juste devant la porte d'entrée de la maison. Pas les w.-c. à l'intérieur, mais presque. Encore heureux qu'il ne fallût pas traverser cette cabane en planches pour pouvoir entrer dans la maison. On laissa entre la cabane et la porte d'entrée un tout petit espace, spéculant sur la maigreur de ma mère.

Ma mère m'avait dit : « Tu pourras coucher à la maison. » Je n'osai pas lui dire que j'allais à l'hôtel. La seule idée de passer une nuit dans cette pourriture me fait encore lever le cœur.

Aucun brocanteur n'accepta de trier dans ce fourbi. Je finis par trouver un chiffonnier qui voulut bien tout vider, moyennant un certain dédommagement. Je dis à ma mère que j'avais tout vendu pour une somme que je lui donnai. Elle trouva évidemment que je m'étais fait rouler.

2

Pendant plus d'un an je n'ai pas touché à ces papiers, à ces lettres. Il me semblait que j'allais commettre une indiscrétion. Puis le souvenir de l'accent de ma mère me revenait, cet insolite accent, cet accent d'une autre langue que celle dans laquelle j'écris. Autre langue, non, disons plutôt langage, patois. Un patois qui, lorsqu'il est parlé dans toute son authenticité, est incompréhensible pour un non-Vendéen. Un patois dont je ne me souviens pas de l'avoir appris et que pourtant je comprends couramment. Mes petits-cousins et cousines n'en ont plus qu'un souvenir lointain, mais mes cousines germaines le parlaient encore[1]. Nous le parlions entre nous. Ma mère était

1. La première version de *L'Accent de ma mère,* en 1980, m'a permis de retrouver toute ma famille, cousins, petits-cousins, arrière-petits-cousins. Or, s'ils parlent tous un français très correct, le français d'Ile-de-France diffusé par la radio et la télévision, ils n'en ont pas moins gardé l'usage du dialecte vendéen. En réalité, dans mon enfance, nous parlions mal le français et mal le patois. Aujourd'hui les deux langues sont parlées à la fois sans complexe et dans leurs richesse et utilité respectives. Le français est la langue de la modernité, le patois l'expression de la terre, des coutumes villageoises, du vieux fonds culturel.

Si l'on en croit le rapport de Barère sur les idiomes, au Comité de salut public, le français était à la fois compris et parlé en Poitou en 1793 puisque Barère ne s'en prend qu'aux idiomes bretons, basques, allemands et italiens. Il est vrai que le breton et le basque sont des langues spécifiques, alors que le dialecte poitevin est surtout du vieux français.

« Nous avons observé, déclare Barère, que l'idiome appelé bas-breton, l'idiome basque, les langues allemande et italienne ont perpétué le règne du fanatisme et de la superstition, assuré la domination des prêtres, des

persuadée de ne pas parler patois, et l'idée même qu'elle eût pu parler patois « en public » l'aurait profondément humiliée, mais sa conversation se truffait de mots vendéens. Parfois, elle s'en apercevait et s'arrêtait sur un de ces mots, en riant, disant : « Où est-ce que je suis allée chercher ça ? Ce n'est pas du français. Ça vient d'où ? On se le demande. » Et elle répétait le mot patois, en s'en amusant, en jouant avec lui comme à la balle, en le chantant. Parfois, ce mot amenait avec lui d'autres mots sortis de la nuit des temps qui formaient des proverbes ou des bribes de chanson. Et ma mère restait à rêver au seuil de ce langage qu'on lui avait appris à mépriser.

Cet accent de ma mère m'a mené à cette constatation que si je ne me souviens pas d'avoir appris le patois, alors que je me souviens très bien d'avoir appris le français, c'est que le patois représente ma langue maternelle, ma langue native, alors que le français est une langue acquise et très difficilement acquise, avec beaucoup de coups de règle sur les doigts.

Je regardais souvent ces papiers, ces lettres, ces photos, mis en vrac dans une des cantines militaires. Je savais que ces enveloppes, ces albums, ces carnets constituaient le seul témoignage de la vie d'une famille ; et qu'à travers cette vie apparaîtrait peut-être la

nobles et des patriciens, empêché la Révolution de pénétrer dans neuf départements importants et peuvent favoriser les ennemis de la France. »

Ni Poitou ni Vendée dans cette péroraison, ce qui n'empêche cette flèche destinée à « ceux qui parlent un idiome différent de celui de l'instruction publique... complot de l'ignorance et du despotisme : Citoyens, c'est ainsi que naquit la Vendée ; son berceau fut l'ignorance des lois ; son accroissement fut dans les moyens employés pour empêcher la Révolution d'y pénétrer, et alors les dieux de l'ignorance, les prêtres réfractaires, les nobles conspirateurs, les patriciens avides et les administrateurs faibles ou complices ouvrirent une plaie hideuse dans le sein de la France : écrasons donc l'ignorance, établissons des instructions de langue française dans les campagnes ».

Cf. Michel de Certeau, Dominique Julia, Jacques Revel, *Une politique de la langue. La Révolution française et les patois.* Gallimard, Bibliothèque des histoires, Paris, 1975.

trace d'une culture dont je m'étais séparé et que je pourrais peut-être ainsi réappréhender. Dans cette cantine militaire me restait la seule chance de trouver le fil qui me conduirait aux sources de l'accent de ma mère.

Un jour je me suis mis à ouvrir les enveloppes, à lire les carnets, à classer les photos. M'apparurent des tas de gens qui m'étaient totalement inconnus et qui le resteront puisque je ne sais personne qui puisse les identifier. Deux dominantes dans ces photos : les beaux militaires et les mariages. Mais ce sont aussi les dominantes de ces vies. Les hommes posent fièrement chez le photographe de leur ville de garnison. On veut conserver un souvenir de l'uniforme. Cet uniforme que l'on espère bien ne porter qu'une fois dans sa vie. Pour le mariage c'est aussi un uniforme qu'on ne porte qu'une seule fois et ces frais de toilette ne semblent finalement être faits que pour la photo. Autres dominantes : le bébé nu sur une peau de chèvre et le premier communiant. En réalité, lorsque l'on avait obligatoirement recours à un photographe professionnel, on ne se faisait photographier que quatre fois : bébé, communiant, militaire et marié.

Qui sont ces beaux militaires ? L'une de ces photos doit dater d'avant la guerre de 1914. C'est un hussard à brandebourgs photographié par Émile Viot, 19, place de la République, au Mans. Il a le crâne rasé et se croise les bras. Inconnu. Inconnu aussi ce fantassin qui tient d'une main sa baïonnette et qui s'est fait photographier chez Berruet, 24, rue des Gentilshommes, à Luçon. Je n'aurais pas reconnu cet autre fantassin, coiffé d'un képi avec le matricule 93, si au dos de la photo ne se trouvait une lettre au crayon datée du 28 juillet 1918 et signée Camille Godreau. C'était le filleul de ma mère que j'ai connu sabotier dans un village du bocage. Rien de bien éclairant dans ce texte, sinon que la nourriture n'est pas bonne. Une photo d'un adjudant, médaille militaire sur la poitrine, datée de 1922 et signée Yon-Tchuong, 85, rue des Paniers. Photo d'Indochine, sans doute, et d'un ami de mon père. Inconnu. Ah ! voici d'autres photos d'Indochine, des photos de groupe. Une belle brochette de sous-officiers, plutôt ventripotents, certains coiffés du haut casque colonial blanc. Je reconnais mon père, assis, les bras croisés d'un air martial, d'immenses galons de sergent sur les manches. Enfin une carte de 1915 à la gloire de Paul Déroulède. Au recto, des zouaves qui chargent, baïonnettes en avant, les yeux exorbités. L'un d'eux, en premier plan, brandit un clairon. Au verso, la « poésie » de Paul Déroulède intitulée *Le Clairon* :

L'air est pur, la route est large,
Le clairon sonne la charge,
Les Zouaves vont chantant,
Et là-haut, sur la colline,
Dans la forêt qui domine
Le Prussien les attend...
Etc.

Je me souviens d'avoir vu dans le grenier de Fontenay bien d'autres souvenirs exotiques : végétation tropicale, maisons de bambou, tirailleurs indochinois à la curieuse coiffure en forme de galette. Disparus.

Voici des photos de ma mère jeune fille, le coude droit posé sur l'inévitable sellette, l'air rêveur, le corsage boutonné très haut, à ras du cou, chaussée de bottines montantes. Oui, c'est bien une demoiselle. Mais une demoiselle qui n'a pas de dot.

Une photo de groupe. Assises, ma mère et ma grand-mère. Debout mon grand-père et un homme jeune qui a l'air d'un joyeux luron avec sa rose à la boutonnière et la canne qu'il brandit. Ma grand-mère est en grande tenue, tout de noir vêtue et si caparaçonnée dans une longue redingote qui traîne à terre que l'on dirait un scarabée. Ses mains, gantées de noir, agrippent un réticule en cotte de mailles. Sa petite coiffe rejetée en arrière laisse apparaître ses cheveux très raides et séparés par une raie au milieu de la tête. Mon grand-père est aussi « habillé en dimanche ». Tête nue, les cheveux rasés, ses moustaches à la gauloise lui donnent un air dégoûté. Son costume noir, devenu trop petit, le gêne aux entournures et certains boutons de la veste menacent de craquer. Ma mère a une chevelure frisée au fer. Elle porte aussi une sorte de longue redingote qui lui descend jusqu'aux talons. Une rose est accrochée à son corsage. Derrière elle se tient cet inconnu. Une date, au verso, 28 février 1915.

En classant les lettres, je trouve un billet qui porte la même date et qui est adressé à « Monsieur Emmanuel ». Ma mère, dont l'écriture est tout à fait identique à celle que je lui ai bien connue, écrit à ce « Monsieur Emmanuel » : « Une Amie qui pense très souvent à vous et qui a bien de l'affection pour vous. J'espère qu'il en est ainsi de votre côté ? Du moins j'y mets bien ma confiance... Votre amie pour toujours... »

Mais qui est donc ce Monsieur Emmanuel ? Et pourquoi se mettait-on sur son trente et un pour faire cette photo ? 1915... nous sommes en pleine guerre. Je me souviens maintenant que ma mère me parla d'un fiancé tué à la guerre de 14. Un fiancé qui lui envoyait des brassées de « poésies » enluminées d'aquarelles. Je me souviens maintenant avoir vu ces cahiers. Toujours dans le grenier de Fontenay. Mais il n'en reste rien, hélas, comme je ne sais rien de ce sympathique et déluré « Monsieur Emmanuel » qui me regarde sur la photo avec un sourire moqueur.

Pauvre mère, qui avait vingt-deux ans en 1915 et qui va traîner le souvenir de ce fiancé disparu dans la boue des Flandres, qui va déjà faire l'apprentissage du veuvage, jusqu'à ce qu'une nouvelle chance lui soit donnée, en 1922, par la rencontre de mon père. Mais elle a déjà presque trente ans. Une vieille fille.

L'idée de cette rencontre entre mon père et ma mère n'a cessé de m'intriguer. Mais sans doute la plupart des enfants trouvent-ils de même l'appariage de leurs parents tout à fait incompréhensible. Quand même, là, tous les contraires apparaissent ! Ma mère, fille d'anciens domestiques à peine sortis de la domesticité, élevée comme une demoiselle mais d'une pauvreté exemplaire. Mon père, revenant en Vendée après quinze ans de baroud colonial, ancien ouvrier agricole engagé à dix-huit ans dans l'infanterie de marine. Illettré lors de son engagement, ce qui explique qu'il lui ait fallu presque dix ans de campagnes pour devenir caporal et atteindre sa trente-cinquième année pour voir la manche de sa vareuse ornée du galon doré de sergent.

Ma mère réservée, timide, pensive, plutôt peureuse, d'une lignée de domestiques de l'espèce lapins de choux et mon père exubérant, drôle, je-m'en-foutiste, aventureux, d'une famille de métayers ambitieux mais dingues. Pour en donner un exemple, mon grand-père paternel, ouvrier agricole, engrossa la fille de son patron. Devant le scandale, on le prit pour gendre. Et on octroya aux nouveaux époux une petite métairie. Mon grand-père mit un certain temps à boire cet héritage, mais il y réussit et ses enfants se retrouvèrent ouvriers agricoles. Je n'ai pas connu ce grand-père, noyé depuis longtemps dans le *noah* et l'*othello*, mais les frères de mon père étaient plutôt pittoresques. L'aîné, Alfred, vivait dans une petite métairie dont la moitié était écurie et grange, l'autre moitié habitation. La chaleur des bêtes, dans l'écurie, chauffait la partie habitation. Comme à cet effet on laissait toujours la porte ouverte, le cheval passait sa tête dans l'embrasure afin de participer avec nous à la veillée. Le cadet, Ernest, était maréchal-ferrant. Cet homme tout petit, rond, de joyeuse humeur, qui passa sa vie à soulever des jambes de cheval et à leur examiner le sabot, rêvait d'être propriétaire d'un poney. Un poney qu'il eût attelé à une petite carriole. Il en parlait toujours, de son poney.

Beaucoup de gens que j'ai connus dans mon enfance traînaient ainsi des phantasmes qui prenaient des proportions fabuleuses alors qu'ils nous paraissent aujourd'hui dérisoires. Il n'existe pas de mécanicien qui ne puisse s'offrir une auto. On comprend mal qu'un maréchal-ferrant ait alors vécu si chichement qu'il ne puisse s'offrir un cheval. En réalité, dans ces villages on ne maniait pratiquement pas d'argent. Le troc restait souverain. Tout le monde « faisait » ses légumes et récoltait ses fruits. Rares, ceux qui n'avaient pas un bout de vigne pour la piquette. On ne capitalisait pas. Acheter un cheval représentait une fortune. D'ailleurs l'oncle Ernest n'allait pas jusqu'à phantasmer pour un cheval, il ne parlait que de poney. De même, j'ai toujours entendu mon grand-père maternel aspirer à un gigot de mouton qui n'apparut jamais sur notre table. Il disait : « Ah ! au prochain Noël, on mangera un gigot de mouton ! » Mais Noël passait qui apportait dans les casseroles l'habituel poulet de la basse-cour familiale. Puis il disait : « Pour Pâques, c'est sûr, on mangera un gigot de mouton. » Et Pâques passait, avec ses œufs de Pâques, ses brioches pâcaudes, son civet de lapin des clapiers familiaux. Et il reprenait sans se lasser son antienne : « A la Saint-Jean, on se paye un beau gigot de mouton. » Mais à la Saint-Jean on mangeait une fricassée d'anguilles que mon grand-père avait pêchées clandestinement au fagot. Et tous les ans, il répétait son aspiration au gigot, ce gigot qui atteignait au mythe et dont, sans doute même, il n'avait plus vraiment envie.

Mais ce poney, ce gigot me sont restés en travers de la gorge. Et lorsque j'emmenais ma mère au restaurant, que je m'obstinais à vouloir lui faire manger une langouste ou du faisan, à lui faire boire du bordeaux ou du bourgogne, c'était par une sorte de compensation. Loin d'être riche, j'aurais pu néanmoins aujourd'hui offrir un poney à l'oncle Ernest et un gigot au grand-père Sourisseau. Mais, pour moi aussi, il m'a fallu beaucoup de temps pour gagner mes galons de caporal et l'oncle Ernest et le grand-père Sourisseau n'ont pas attendu.

De même que ma mère avait gardé une photo (une photo familiale, peu compromettante) de « Monsieur Emmanuel », elle avait aussi conservé toute sa correspondance avec mon père, de leur première rencontre à ma naissance. Ensuite plus de lettres, mais sans doute ne se sont-ils jamais écrit à partir du moment où mon père quitta l'armée et vint habiter chez mes grands-parents à Fontenay-le-Comte. Ils ne se sont plus écrit pour la bonne raison qu'ils ne se sont plus quittés, si l'on excepte les fugues de mon père dans les fermes de ses nièces et ses tournées d'amuseur dans les kermesses et mariages. Mais bien évidemment ces bordées ne devaient guère lui inspirer des lettres conjugales.

Rien d'extraordinaire dans cette correspondance qui débute par une offre de mariage, mariage arrangé, donc sans surprise. La sœur aînée de mon père, tante Victorine, qui tant que sa vie dura fut le chef de notre tribu, sa tête (on disait toujours : tante Victorine, c'est une tête, comme si les autres n'en avaient pas), tante Victorine avait trouvé une demoiselle pour son frère célibataire qui revenait des colonies après quinze ans de baroud. Une demoiselle sans le sou, mais qui présentait bien. La demoiselle en question était suffisamment romanesque pour s'amouracher d'un uniforme. De plus, un sous-off à la veille de la retraite était un gibier très recherché (quinze ans de service, en temps de guerre, se multiplient par deux, et sur le livret militaire de mon père les « campagnes » militaires se succèdent : Tonkin guerre, du 31-12-11 au 19-4-14 ; Cambodge guerre, du 20-4-14 au 31-3-15 ; France-Allemagne guerre, 1-4-15 au 23-10-19 ; Tonkin guerre, du 24-10-19 au 21 juin 1922...).

La première lettre de mon père date justement d'une permission qui suit de peu cette guerre du Tonkin. Deux mois, juste le temps de faire le voyage en bateau, plus le train de Marseille à la Vendée. La lettre est en effet datée du 28 août 1922.

Cette écriture de mon père demande déjà attention. Cet ancien garçon de ferme illettré, ce sous-off sans instruction (sinon, avec toutes ses guerres et expéditions lointaines il serait monté en grade plus rapidement) écrit comme un notaire ou un instituteur. L'écriture penchée est volontaire, avec des pleins et des déliés qui dénoncent la plume sergent-major (bien sûr). De la fantaisie, néanmoins, avec ces boucles, ces paraphes. On me dira que j'abuse des comparaisons faciles (après la plume sergent-major), mais cette écriture me fait penser à des moustaches retroussées, frisottées entre le pouce et l'index, avec un peu de gomina pour retenir la pointe. Ma mère, grande lectrice de Pierre Loti, n'aura senti que le style coulant, ampoulé, mais qui présente un peu trop bien. *Le Roman d'un spahi,* bien sûr, et *Madame Chrysanthème.* Sans parler de *Madame Butterfly.* On voit bien dans ses propres lettres que cette rencontre du beau militaire qui revient des mers de Chine, avec ses trois médailles épinglées sur son torse, avec ses gros galons dorés de sergent, c'est « le rêve qui passe ». Ce *Rêve passe,* reproduction d'un tableau d'Édouard Detaille, que l'on pouvait voir dans le salon du coiffeur de la rue Saint-Jean, et qui la fascinait. Qui me fascinait aussi, évidemment.

Cette première lettre, avec le *e* final de Mademoiselle, qui s'élance en boucle comme un coup de fouet, cette première lettre est presque brutale dans sa précision. On dirait un rapport militaire :

« Mademoiselle,

« Je sais qu'avant mon arrivée en France, un projet de mariage — de nous deux — fut élaboré par ma sœur et votre grand-oncle. La simple promenade d'hier m'a donné l'impression d'une similitude de goûts et de pensées », etc.

Peu sentimentale, cette lettre. On met les choses au point. Mais ma mère veut sentimentaliser et se jette tout de suite dans l'émotion, comme dans cet unique billet à Monsieur Emmanuel. D'abord elle repousse la vision du mariage arrangé, fait celle qui l'ignore :

« Monsieur,

« J'ignorais complètement qu'un projet de mariage était formé à notre insu ; aussi grande fut ma surprise en parcourant votre lettre.

« Faut-il que le hasard d'une promenade soit venu me le révéler, de même que vos bonnes impressions à ce sujet. Votre lettre, Monsieur, m'a donné beaucoup à réfléchir... », etc.

Un mois après la dernière lettre, mon père abandonne le style rapport d'ordonnance pour emprunter celui des romans-feuilletons :

« Ma bien-aimée,

« Votre bonne lettre de ce matin m'a rendu sinon ma gaieté, mais elle m'a reposé l'esprit. Notre séparation fut brusque, courte, même sans un baiser ! Cette séparation brutale m'avait brisé, et c'est avec le cœur malade que je pris le chemin du retour. Hier, je suis allé au jardin, cette première journée me parut bien longue, si longue qu'à huit heures je me suis couché. Pensant et lisant je me suis endormi près de l'image de mon aimée... », etc.

Le 5 décembre 1922, une lettre postée à Marseille :

« Ma bien chère aimée,

« Je viens de voir l'officier commandant la section.

Fontenay Comte Vendredi

Mon cher Fiancé

Aujourd'hui vilain temps tout le jour, aussi cela rend maussade, les idées suivent le temps.

Comme travail aujourd'hui à vous signaler : nettoyage du Bureau, installation nouvelle ; écrit à ma sœur qui m'a envoyé mon voile et ma paume de mariée (cela me plaît bien).

Tout s'est très bien passé. Ma permission me sera accordée à compter du 12. J'ai l'autorisation de mon mariage dans ma poche et te l'enverrai ou l'emporterai moi-même... Hier soir, je suis allé souper avec l'adjudant-chef dans une pension de famille. Avant nous avions fait une très longue promenade dans les rues pleines de monde, bien plus turbulentes que celles du quartier où j'habite, car comme je te l'ai appris hier, j'ai commencé à occuper notre appartement hier soir. Il n'y fait pas froid du tout. C'est un quartier sans usine et sans bruit... », etc.

C'est avec stupéfaction que je regarde, relis, tourne et retourne une lettre de ma mère qui est, à n'en pas douter, de 1922 et adressée à mon père, alors que par le style, le ton, les phrases, l'écriture et même le papier à lettres de très mauvaise qualité qui contraste avec le vélin employé par mon père, il me semble reconnaître l'une de ses lettres à moi adressées. Mêmes plaintes, déjà, et même ennui :

« Mon cher fiancé,

« Aujourd'hui vilain temps tout le jour, aussi cela rend maussade, les idées suivent le temps.

« Et vous, votre toujours même travail au magasin d'habillement ? Vous ne devez pas avoir grand goût à cela, il me semble. Enfin, il faut vouloir ce qu'on ne peut empêcher.

« Pourquoi n'ai-je pas de lettre ce soir, cela m'étonne ? Si vous ne m'écrivez tous les jours, je ne me couche pas contente et dois attendre le lendemain en impatience. Pourrais-je dormir avec l'inquiétude... », etc.

Pauvre femme, dont il n'est pas encore question qu'elle soit mère, et qui pendant nos trente années de séparation se plaindra toutes les semaines de son ennui, du mauvais temps, de ses idées noires et quémandera des réponses à ses lettres, des réponses qui ne venaient jamais assez vite ; à tel point que cette correspondance hebdomadaire avec ma mère était devenue une hantise ; qu'écrire des lettres lorsque l'on est déjà un homme de lettres besogneux et que l'écriture finit par vous ronger la cervelle, devient un supplice ; que mes épouses ont gentiment pris parfois, chacune à tour de rôle, le relais de cette correspondance ; que certains de mes amis se faisaient un devoir d'écrire à ma mère pour lui faire prendre patience. Trente années à raison d'une lettre par semaine en moyenne, cela fait mille cinq cent soixante lettres. L'équivalent de sept romans de deux cents pages. Je les ai retrouvées, ces lettres, bien sûr. Elles emplissaient, remises dans leurs enveloppes, de nombreuses boîtes à chaussures. Je me suis empressé de les brûler.

Cette correspondance de mon père et de ma mère montre très nettement un phénomène de dédoublement culturel. Le style dans lequel ils s'expriment est celui d'une culture d'emprunt. Ni l'un ni l'autre ne sont naturels. Alors que mon père sera après sa retraite un amuseur quasi professionnel et patoisant, alors que ma mère a toujours truffé son langage de mots locaux, aucune trace de patois dans ces lettres. Rien de paysan. Le patois était donc déjà devenu pour eux la langue de la quotidienneté vulgaire, dont on ne pouvait se servir pour des lettres d'amour. Mon père racontait ses histoires drôles en patois, chantait ses chansons égrillardes en patois, mais il ne lui venait pas à l'idée qu'un fiancé puisse employer un autre vocabulaire que celui du français académique. Un académisme ampoulé, mais pas du tout maladroit. Pour se présenter l'un à l'autre, mon père et ma mère s'habillaient en dimanche. Leur écriture cherchait à se hisser au style du roman épistolaire.

Mais d'où leur venait cette culture d'emprunt ? Pour ma mère, j'ai retrouvé toutes les sources et nous en reparlerons. Mais pour mon père, soldat en Cochinchine, comme on disait alors, où a-t-il pris cette écriture à boucles, ce ton solennel, ces phrases bien troussées et sans une seule faute d'orthographe ? D'où lui est venue cette envie de lire *La Chanson de Roland,* et en vieux français ? Mais il est vrai que le vieux français et notre parler vendéen ont beaucoup de points de ressemblance. *La Chanson de Roland,* c'est une épopée guerrière, certes, mais si lointaine ! L'a-t-il vraiment lue ou ce livre a-t-il échoué au grenier par hasard ? Comment le savoir !

Revenons à nos papiers jaunis. La grande photo de mariage (mon père finit par obtenir sa permission) avec les deux familles. Le premier rang est assis et tout le monde pose ses deux mains sagement sur ses genoux. Au centre, mon père et ma mère. Lui en uniforme, bien sûr, le « col officier » bien serré sous le menton, la moustache retroussée, les cheveux frisés au fer, les trois décorations pendant sur la poitrine. Elle dans sa robe blanche de mariée, souriante, une couronne de fleurs d'oranger sur la tête. A droite de mon père, la grand-mère Sourisseau toujours caparaçonnée de noir, la *grisette* blanche sur la tête, l'air triste ; puis le grand-père Sourisseau, chauve, moustaches gauloises tombantes ; et un vieillard au cou de poulet décharné qui doit être le grand-oncle marieur. Derrière, debout, la haie des Ragon : l'oncle Ernest le maréchal-ferrant, moustaches en balai, les poings fermés, boudiné dans un costume noir qu'il ne doit pas avoir mis depuis son propre mariage et qu'il a boutonné seulement sous le menton, les autres boutons n'arrivant pas à trouver leur boutonnière ; l'oncle Alfred, cheveux tondus ras ; la tante Victorine (l'autre marieuse), son mari le bel Hubert, chauffeur de four de son état. Et les chères nièces de mon père, avec leurs époux, tous métayères et métayers réjouis, visiblement prêts à faire la fête. De la famille Sourisseau, Godreau le sabotier dont nous avons vu la photo en militaire en 1918 et sans doute ces visages qui ne me rappellent personne.

On signa un contrat de mariage, comme les gens qui ont du bien. J'ai retrouvé les traces de ce contrat de mariage dans une grosse brochure du 3 février 1933, intitulée désagréablement : « État liquidatif Ragon », par Me Eugène Baudry, notaire à Fontenay-le-Comte. Il s'agit en effet d'un inventaire fait à la mort de mon père et visiblement imposé par la tante Victorine, le chef de tribu, dans l'intention de sauver les intérêts de l'enfant, c'est-à-dire moi qui vous parle. Là encore, la culture des riches se superpose à la culture des pauvres et jusqu'à l'absurde, pour ne pas dire jusqu'à l'odieux. Car l'état liquidatif est surtout rempli par les phrases tarabiscotées du notaire, qui répète vingt fois la même chose, c'est-à-dire qu'il n'y a pratiquement rien à liquider.

Aux termes du contrat de mariage, sur la base du régime de la communauté de biens réduite aux acquêts, je lis :

« M. Ragon, futur époux, a déclaré apporter en mariage : sa garde-robe, destinée à être reprise en nature ; du linge marqué initiales A R et comprenant : dix-neuf draps, onze nappes, quatre serviettes, douze essuie-mains, quatre torchons, huit bernes...

« Mme Ragon a déclaré de son côté apporter en mariage : sa garde-robe destinée à être reprise en nature ; divers meubles meublants, linge et objets mobiliers... »

Au décès de mon père, il n'existait plus dans la communauté que dix draps de lit, sept nappes et sa garde-robe. Tout cela a été « prisé » dans l'inventaire.

L'inventaire est minutieux et l'on imagine la douleur qui s'ajoute au veuvage de voir tous ses objets familiers examinés ainsi par « des étrangers ». Non seulement la vie est brisée par la mort de l'un des partenaires du couple, mais le résultat familier de dix ans de vie commune est violé publiquement, on pourrait même dire moralement saccagé. Ces hommes de loi qui examinent les meubles, en évaluent le prix, qui comptent dans les armoires les torchons et les serviettes, qui fouinent dans tous les coins pour examiner si rien n'a été « soustrait à la communauté », quelle lamentable fouille. On imagine la grand-mère et le grand-père Sourisseau, assistant, muets de réprobation, à cette perquisition. Et ma mère poussant des cris, protestant contre l'attribution de certains objets « à la communauté » alors qu'ils sont à ses propres parents. Par exemple je lis :

« Sous les articles dix et onze, il a été inventorié :

1. Une armoire en orme à deux portes ;
2. Et une petite table en chêne.

« Mais ces objets n'ont été portés que pour mémoire, Mme Veuve Ragon ayant déclaré qu'ils appartenaient à Mme Sourisseau, sa mère.

« Lesdits objets ont donc été repris par cette dernière. »

L'« état liquidatif » va jusqu'à faire le décompte des frais pharmaceutiques et médicaux « occasionnés par la dernière maladie de M. Ragon », le prix du transport payé au commissionnaire « pour le transport à l'hôpital de la literie ayant servi à M. Ragon pendant sa dernière maladie », le prix payé « à l'hôpital de Fontenay-le-Comte, pour la désinfection de ladite literie, M. Ragon, de cujus, étant décédé à la suite d'une maladie contagieuse ».

Sans doute ma mère, pressurée par les liquidateurs, arguait-elle que la longue maladie de mon père avait occasionné des frais qui devaient être déduits de sa propre part. Et le liquidateur accepte de faire figurer ces sommes « aux dépenses du compte d'administration de Mme Veuve Ragon ». Et il y ajoute le recensement minutieux des dépenses après décès :

« 30	frs		pour M. Serre, docteur en médecine
« 33	frs	25	pour M. Gautier, pharmacien
« 320	frs		à M. Cadet, menuisier, pour le cercueil
« 88	frs		à l'Imprimerie Moderne, pour les lettres de faire-part
« 118	frs	50	à Mme Maugan, marchande de couronnes
« 80	frs		à la Société de Secours Mutuels de Fontenay-le-Comte, pour le transport du corps de M. Ragon, de cujus
« 684	frs	50	à M. le curé de Notre-Dame, pour la cérémonie
« 50	frs	05	à la ville de Fontenay-le-Comte, pour frais d'établissement d'une concession dans le cimetière de Notre-Dame
« 25	frs		au fossoyeur
« 300	frs	50	à la ville de Fontenay-le-Comte, pour prix de la concession d'un terrain dans le cimetière Notre-Dame
« 120	frs		à M. Faucher, marbrier, pour entourage de la tombe »

Soit 1 849,80 pour les frais funéraires. Très visiblement, mon père mourait nettement au-dessus de ses moyens.

D'autant plus que les conventions, dont on sait combien elles matraquaient les pauvres, ajoutent encore d'autres dépenses, scrupuleusement recensées. Ma mère ne pouvait raisonnablement acheter des vêtements de deuil, mais elle se devait de faire teindre sa garde-robe en noir. Ce qui donne cette nomenclature :

« 10 frs à M. Boiteux, cordonnier, pour teinture de chaussures
« 340 frs à M. Bourgoin, teinturier
« 40 frs à Mme veuve Grangé, pour achat d'un parapluie
« 200 frs à Mme Lambert, pour fournitures de chapeaux et de voiles
« 56 frs 50 à la Maison Cauchard-Vinette, pour achat de blouses et de bas
« 124 frs à M. Bordier, teinturier. »

La couleur noire coûtait donc à ma mère et, par là même, à la communauté, donc à ma propre part ainsi rognée, 770 frs 50.

Mais nous en étions au mariage et passons un peu vite à l'enterrement. Les dix ans qui séparent ces deux événements ont dû aussi paraître à ma mère s'écouler à une vitesse folle. Attendre pendant trente ans l'élu, le fiancé, l'époux, puis pleurer sa disparition pendant quarante ans. Entre l'attente et le regret, dix petites années qui vont néanmoins illuminer toute une longue vie.

Je savais qu'après son mariage ma mère avait suivi mon père à Marseille, où je suis né, et que ce séjour « au pays où fleurit l'oranger » lui laissa pour toujours l'image même du bonheur. Bonheur de la première année de mariage, bien sûr, sans souci, une vie de femme de sous-off qui lui parut la richesse ; les copains de mon père, les réceptions chez l'un et l'autre ; la bonne humeur communicative de mon père, son entrain et sa gaieté ; la découverte de la grande ville : le jardin du Pharo, la Canebière, le Vieux-Port ; des nourritures inconnues et exotiques : la bouillabaisse, le rouget grillé ; enfin des excursions sur la Côte d'Azur dont elle ne cessa de me parler avec ravissement : Cannes, Nice, Monaco... La « grande vie », la vie sans souci, le soleil, les orangers, le mimosa, la mer « toujours bleue ».

Bien longtemps après, dans la grisaille de notre exil à Nantes, brumeuse et pluvieuse, il arrivait à ma mère de chantonner cet air de *Mignon :*

Connais-tu le pays où fleurit l'oranger...
Le pays des fruits d'or et des roses vermeilles,
Où la brise est plus douce, et l'oiseau plus léger,
Où dans toutes saisons, butinent les abeilles,
Où rayonne et sourit, comme un bienfait de Dieu,
Un éternel printemps sous un ciel toujours bleu...

Et sa voix se cassait au refrain :

C'est là... c'est là que je voudrais vivre
Oui vivre... aimer et mourir.

J'ignorais qu'il y eut séparation provisoire entre mes parents, sur un différend dont témoignent trois lettres en octobre 1924.

J'étais né depuis quatre mois et ma mère était retournée chez ses parents, en Vendée, visiblement bien décidée à ne plus revenir à Marseille.

Le papier à lettres alors employé par mon père n'est plus le délicat vélin, mais des feuilles très ordinaires. La correspondance n'est donc plus endimanchée. Le style n'est plus celui de la romance, mais de l'inventaire du barda de conscrit :

« Ma chère petite femme,

« Hier soir je suis allé manger la soupe avec Raymond, soupe lard et légumes, trop salée et poivrée. Le dîner fut vite fait. J'ai lavé la vaisselle, Raymond l'a essuyée. A huit heures j'étais couché. J'ai peu dormi tracassé par l'idée de ne vous avoir ramenés avec moi.

« Tantôt je vais déjeuner encore avec Raymond. Nous mangeons un peu tous les deux de nos provisions. Je vais tâcher de manger ici quelque temps et ensuite j'irai à la caserne du 22e colonial. Je crois qu'ils

Mardi 21 octobre 1924

Ma chère petite femme

Hier après midi, après t'avoir écrit, j'ai eu la visite de Mr Arles qui m'a demandé des nouvelles de toi et de Mimi, nous n'avons pas causé longuement, un médecin étranger à l'école étant venu au laboratoire. J'ai demandé ensuite à aller porter ma permission à la section tout est donc réglé de ce côté. Ce soir Mr Kérandel va venir à l'école, je te dirai ce qu'il a été dit entre-nous.

Hier soir je suis allé manger la soupe avec Raymond — soupe lard et légumes, trop salée et poivrée.

Ce dîner s'est vite fait (j'ai laissé la vaisselle à Raymond pour la nettoyer) à 8 h. j'étais couché j'ai peu dormi tracassé par l'idée de ne vous avoir ramenés avec moi.

Il fait moins froid à Marseille que chez nous : dans le train il faisait drôlement froid

Mille caresses à toi et à notre petit Mimi

Désiré

paient 6,50 F par jour. Ce sera toujours plus économique que de manger en ville et même d'acheter seul. Étant habitué maintenant à manger de la soupe, seul je mangerai mal et dépenserai plus. Raymond est bien décidé à se faire libérer. Il va travailler pour commencer comme garçon de café, sa femme travaillera d'un autre côté ; ensuite ils prendront s'ils le peuvent une gérance de café ou autres, il paraît que les plus petits fonds, à Paris, sont inabordables. Gauthier est en permission et va partir pour le Sénégal... »

Comme on le voit, mon père s'était réinstallé rapidement dans sa vie de célibataire, avec ses copains. La « grande vie » sur la Côte d'Azur n'avait été qu'un voyage de noces. On comptait maintenant ses sous et la lettre se terminait par l'énumération d'un colis dont les produits étaient achetés économiquement à l'économat de la caserne. Un colis de cinq kilos, envoyé à ma mère, comprenant sept boîtes de lait Berna, trois boîtes de Phoscao.

Rien n'aurait pu faire soupçonner dans le ton de cette lettre, pratiquement administratif, qu'un drame couvait dans le couple sinon ces lignes ultimes et ajoutées avec une certaine désinvolture :

« Cet envoi sera dans l'attente de ce que nous allons faire par la suite. Si tu dois rester au pays, je t'expédierai une caisse complète de lait en petite vitesse, le bénéfice réalisable n'en sera que plus grand. »

Si tu dois rester au pays... Comme dans la langue d'un fantassin de la coloniale cette supposition est lourde de menace ! En même temps, dans l'impersonnalité de cette lettre, la culture d'origine affleure : *tantôt je vais déjeuner* (dans ses lettres de fiançailles il eût écrit : « cet après-midi » et ce : *Si tu dois rester au pays.* Dans la même lettre il dit aussi : « Il fait moins froid à Marseille que chez nous. » *Chez nous ;* c'est en Vendée, évidemment, c'est *au pays.*

Une autre lettre me fait soupçonner que mon père

cherche même à réattirer ma mère, non plus en lui parlant d'exotisme, mais au contraire en l'assurant qu'elle ne sera pas dépaysée, en lui parlant en quelque sorte avec son accent. La lettre suivante contient même, pour la première fois, un mot patois, mais prudemment placé entre guillemets. C'est toujours de la bouffe avec ce Raymond qui est certainement un autre sous-off, dont il s'agit :

« Si tu était ici *tantôt* tu mangerais de bonne *mougette* chez Raymond. [La mougette, ou mojette, est avec le chou vert le plat national des Vendéens[1]. Ce sont de petits haricots secs presque ronds, que l'on mange pratiquement en bouillie. Certains assurent que le mot mojette vient de l'espagnol *monjetto* (petit moine, au ventre rebondi). Ce n'est pas impossible, le vendéen étant une langue d'oc autant que d'oïl et les moines jouant un grand rôle dans son folklore.] Ce matin, je fais la cuisine, plein la cocotte d'haricots [il abandonne le mot mojette, déjà]. Hier soir nous avons acheté quelques bouts de côtes de mouton. Ce matin j'ai donc mis les haricots à bouillir, avec un peu de bicarbonate de soude. Ensuite j'ai fait revenir un oignon et le mouton au roux dans la poêle. J'ai mis cela à mijoter ensemble à petit feu. Je t'en dis qu'on va se lécher les lèvres. Tant pis, t'en auras pas. Puis une salade (14 sous), un bout de fromage d'Auvergne, une pomme de Vendée et voici les *vœufs* satisfaits. »

Toujours de la désinvolture, mais avec beaucoup de gentillesse. Mon père fait un peu le pitre (« tant pis, t'en auras pas »). Il démontre aussi qu'il peut très bien se débrouiller sans être marié (« Et voici les *vœufs* satisfaits ») et donne par la même occasion une leçon de cuisine à ma mère dont les dons culinaires restèrent

1. Mojette est de ces mots du dialecte vendéen qui appartiennent à la langue d'oc. On peut lire en effet dans le dictionnaire de Frédéric Mistral : *Lou tresor dou Felibrige :* « Mounget, haricot à petits grains en Rouergue. Moungeto, du catal. Munjeta, variété de haricots blancs, à ombilic noir, haricot en général au Périgord. »

toujours extraordinairement négatifs. A noter aussi qu'il écrit vœuf comme bœuf.

Mais dans la troisième lettre de cette ultime série, mon père craque. Son assurance disparaît. Sa désinvolture fait place à l'angoisse.

« J'ai bien réfléchi, moi aussi, disant en décembre j'irai les chercher. Je serais mieux fixé sur ce que je vais faire l'an prochain. Tout s'efface devant votre bonheur à tous les deux, et moi aussi je veux être avec vous. C'est pour moi le plus grand désir.

« Si tu viens tu me feras grand plaisir. Maintenant si tu étais fatiguée, ou le petit, je ne suis pas à ne vouloir satisfaire que mes désirs. J'ai assez de caractère pour savoir attendre, et surtout je ne veux à aucun prix que vous vous risquiez à prendre mal dans un aussi long voyage. Fais pour le mieux, ma Camille chérie, je te sais assez de sagesse pour agir, mais que la dépense ne te cause aucune irrésolution. Je ne crois pas que je puisse t'en dire davantage, chez moi le cœur passe avant l'intérêt. »

Et toujours cette fascination du soleil, pour nous, gens de la pluie :

« Ici tu auras tout ce qu'il te faudra et en plus un beau soleil. »

Qu'en est-il advenu ? Ma mère m'a-t-elle ramené avec elle à Marseille ? Toujours est-il qu'elle a réussi à pousser mon père hors de l'armée et à le récupérer dans la maison de son enfance, avec ses deux vieux parents. Je vois sur le livret militaire un visa de gendarmerie attestant que mon père réside à Fontenay-le-Comte le 29 avril 1925. Il avait été nommé à l'emploi de garde domanial des Eaux et Forêts, de 6e classe, par décret du *Journal officiel*, le 19 mars 1925.

Voilà un emploi qui lui aurait bien convenu, mais ma mère le trouvait sans doute encore trop aventureux. Le drame qui se joua entre ma naissance et l'inscription fatidique sur le livret militaire « parti et rayé des contrôles » tenait sans doute dans le désir de mon père de se réengager, de repartir « aux colonies », en nous emmenant comme tant d'autres militaires de la coloniale. Mais ma mère n'aimait les aventures que dans les romans de Pierre Loti. Dans la réalité cela lui paraissait de l'extravagance. Et puis quoi, on était bien mieux chez nous. Mais en même temps, elle ne comprenait pas qu'en voulant faire de mon père un lapin de choux, elle se condamnait à un veuvage prématuré.

3

Ce père, que je n'ai connu qu'en civil, voici le seul portrait où il n'est pas en uniforme : une petite photo d'identité, décollée d'un papier officiel. Cette image ressemble-t-elle à celle que je conserve en ma mémoire d'un homme vif, gai, bavard ? Les yeux sont brillants, le front haut, la chevelure abondante. La moustache n'a plus de croc. C'est vraiment une moustache de civil. Chemise claire, cravate, veste fantaisie avec un ruban à la boutonnière, à quoi fait-il penser ? Plutôt à un citadin qu'à un paysan, plutôt à un ouvrier déluré qu'à un petit-bourgeois. Mais les militaires en retraite étaient un peu comme les premiers prêtres qui perdirent leur soutane. Sans l'uniforme ils paraissaient bizarres, inclassables, plutôt mal fagotés. On eût même pu dire déguisés. Curieusement, ni l'habit militaire ni l'habit ecclésiastique ne constituaient pour eux un déguisement, mais le costume civil, oui. Ma mère m'a dit qu'elle avait reçu un choc lorsqu'elle le vit pour la première fois sans son habit à ancres de marine. Mais à la réflexion, cette réaction est absurde. Gardait-il le costume militaire dans l'intimité ? En pantoufles ?

Parmi les photos retrouvées, une autre montre néanmoins mon père en civil. Elle date du temps où il travaillait comme valet de ferme, juste sans doute avant son engagement à Rochefort. Photo signée à la plume : Thomas, horloger à L'Hermenault. L'Hermenault se situe à quelques kilomètres de Saint-Martin-des-Fontaines, le village des grands-parents paternels, le village de la métairie de l'oncle Alfred, et de la maréchalerie de l'oncle Ernest. Un jour, le valet de ferme alla donc poser chez l'horloger-photographe, devant un drap assez mal repassé qui sert de fond de décor. Col de celluloïd cassant le cou, cravate noire, mains croisées dont on ne sait que faire, c'est le portrait d'un prolétaire rural en 1905, endimanché pour cette pose faite on ne sait dans quelle intention. Peut-être simplement se voir, voir comment on est fait, à quoi on ressemble. Se regarder dans sa condition de paysan sans terre, avant de quitter la terre pour toujours.

Et puis, les photos en uniforme reviennent. L'une d'elles, faite à Marseille, nous montre un militaire vraiment splendide. Bichonné, *gominé,* la moustache en croc, l'air martial, on dirait une de ces cartes postales patriotiques qui pullulaient avant la guerre de 1914 et dont l'envers s'ornait des vers de mirliton de Déroulède. Au verso : « Photographie artistique, L. Gaulard, officier d'Académie, 18, rue Noailles, Marseille. » Ma mère n'aimait pas cette photo, éliminée du panthéon familial, en permanence sur la cheminée. Elle me l'avait cependant montrée une fois, en faisant la moue : « Il n'était quand même pas si beau que ça ! »

Elle préférait de petites photos d'amateur qui lui rappelaient « le pays où fleurit l'oranger ». Par exemple celle qui comporte au revers l'inscription : « En souvenir d'une promenade au Parc du Pharo, 1er juillet 1923. » On y voit au premier plan deux sergents, tête nue, dont l'un est mon père. L'autre, serait-ce Raymond ? Derrière, les deux femmes, avec d'immenses chapeaux de paille. Ma mère, mariée depuis six mois, est visiblement resplendissante de bonheur. Au revers de cette photo trois chiffres, formant une soustraction, m'intriguent : 1970 – 1923 = 0047. 1923, c'est la date de la photo. Eh oui, en 1970 ma mère reprit en main cette photo et fit le compte de ses souvenirs : quarante-sept années ! Oui, toujours ma mère m'a parlé avec de l'émotion dans la voix, et des yeux brillants, de la grande aventure de sa vie que fut ce séjour à Marseille. Et pourtant elle ne dura qu'un an et demi. Et pourtant c'est elle-même qui y mit un terme. Car l'aventure eût continué au Sénégal ou en Cochinchine. Quarante ans après, elle me racontait encore, pour la quarantième fois, l'excursion faite à Nice et à Monaco, les fiacres sur la Promenade des Anglais, le musée océanographique, la « mer toujours bleue », les tamaris, le soleil d'hiver. Alors pourquoi cette fuite soudain, ce retour en Vendée, « avec le petit », cette obstination à pousser mon père à la retraite ? Jalousie des copains de l'armée ? Mais non, eux aussi faisaient partie de ses bons souvenirs et leurs femmes ont été ses seules amies. Pendant au moins vingt ans, elles ont continué à s'écrire rituellement au jour de l'an et l'arrivée d'une lettre d'une de ces femmes constituait toujours un événement. Avec la lettre revenait le parfum du « pays où fleurit l'oranger », l'air de *Mignon* ou celui de *L'Arlésienne.*

Il semblait qu'il n'y eût que deux épisodes dans la vie de ma mère : ce séjour à Marseille (qui incluait son mariage et ma naissance) et la mort de mon père. Le bonheur et la tragédie. Entre les deux, c'est-à-dire quand même ses huit années de vie commune avec mon père à Fontenay, le silence.

Que fut cette vie conjugale à laquelle j'ai assisté avec mes yeux d'enfant sans en rapporter autre chose que de fugitives images ? Mais les images fugitives du père viennent sans doute de ce que celui-ci, je le comprends maintenant, fut un perpétuel fugitif. Pièce à conviction de ce délit, sa bicyclette, accotée contre un mur de la cour de mes grands-parents et qu'il enfourchait prestement afin d'éviter le cri de ma mère : « Où vas-tu encore ? »

Où allait-il ? Chez ses nièces, dans ces fermes de la tribu des Ragon qui s'éparpillaient (et qui s'éparpillent toujours) à la lisière du bocage et de la plaine, de Sainte-Hermine à Nalliers. Il y restait un temps indéterminé, prenant prétexte que l'on avait besoin de lui « pour les *métives* » (il eût dit moisson dans ses lettres de fiançailles), ou pour les foins, ou pour les vendanges, ou pour la tuerie du cochon, ou pour la chasse. Finalement, on avait besoin de lui très souvent. Et ma mère se retrouvait seule, comme du temps où elle était une demoiselle, avec ses vieux parents. Mais en plus, il y avait « le petit », souvenir vivant du « pays où fleurit l'oranger ».

Enfin, mon père « faisait » les noces et les kermesses. Sa belle voix, ses belles mains, combien de fois ma mère m'en a-t-elle parlé ! Elle me disait qu'en Cochinchine les officiers le faisaient venir à leur mess pour lui demander de chanter *Le Temps des cerises*. Après sa retraite, il trouva l'astuce d'aller chanter ce même *Temps des cerises* aux noces, d'y ajouter des histoires patoisantes et, disait ma mère avec quelque dédain, « des grimaceries ». En réalité je crois que c'est surtout son entrain qui plaisait. On l'invitait aux noces comme boute-en-train. Puis de noces en banquets, il finit par aller produire ses grimaceries aux kermesses (que l'on appelle en Vendée des *préveils*).

Remarque amusante, je lis sur le livret militaire à la rubrique « Instructions, Stages et Emplois spéciaux » : « A obtenu le brevet de cycliste régimentaire le 13 janvier 1909. »

Voilà au moins une « instruction » militaire qui lui a beaucoup servi. Le coup de fusil aussi, qui lui valait d'être l'invité de toutes les chasses. Il en revenait crotté, trempé, toussotant et en général un « verre dans le nez ». Mais l'ivresse ne lui enlevait pas sa bonne humeur. Parmi les rares images qui me restent de cette époque, celle-ci, qui m'horrifia : mon père rigolard, mais *tricolant* (l'ivrogne qui zigzague *tricole*), s'élançant vers ma mère qui le repoussait en glapissant. Je devais avoir six ans. Devant moi l'incompréhensible. Cette mère en général calme devenue furie, harpie, mégère et ce père repoussé des deux mains qui ricochait contre les meubles, se rattrapait tant bien que mal en chantonnant, ironique, moqueur mais mou, flasque, comme un pantin de chiffon.

Tous les hommes buvaient trop, alors, du moins dans notre milieu. N'être pas soûl le dimanche soir eût paru une anomalie et, en tout cas, un mauvais genre. Lorsque mon père restait à Fontenay le dimanche, il passait son après-midi avec mon grand-père au Café du Cerf, y jouait aux cartes et tous les deux revenaient dans un état d'ébriété qui, tous les dimanches soir, comme si ce n'était pas habituel, mettait la maisonnée en émoi, ma grand-mère et ma mère piaillant de concert et se lamentant. Au fond ne s'agissait-il pas autant d'un rite que celui d'aller chanter à la messe le dimanche matin ?

Ma mère jugea toujours les hommes suivant qu'ils buvaient ou qu'ils ne buvaient pas. Ceux qui ne buvaient pas étaient évidemment la crème des crèmes. Elle ajoutait pour mon père : « Il buvait, mais il n'était pas méchant. »

Quant à moi, qu'une lourde hérédité alcoolique conduisit à prendre l'alcool en aversion, ce n'était pas pour ma mère une absolue satisfaction. Cette phobie de l'alcool et des bistrots devenait à ses yeux une autre extravagance. La sainteté, pas plus que la débauche, ne sont des états convenables.

« Il buvait, mais il n'était pas méchant. » Quelle satisfaction rétrospective ! Car notre entourage paraissait empli d'hommes soûls qui battaient leur femme. Du moins à ce qu'on en disait. Mon grand-père se soûlait, mais ne battait pas sa femme. Mon père idem. En réalité je n'ai jamais connu, ni vu, dans notre famille ni dans nos relations, d'homme battant sa femme. Mais ma mère en parlait tout le temps. Et même dans sa vieillesse cette vision d'homme soûl battant sa femme lui revenait, comme un cauchemar, tellement cette hantise devait être incrustée dans la condition féminine.

On récoltait encore dans les vignes du *noah,* un vin dont on disait qu'il contenait plein d'éther et rendait fou. Il devait bien y avoir quelque chose de vrai puisque plus tard la préfecture fit arracher les vignes de *noah.* Le spectre de l'ivresse, du delirium tremens, de l'épilepsie (qui leur était rattachée à tort) rôdait au-dessus de la petite ville de mon enfance. Le dimanche soir, lorsque nous étions bien calfeutrés chez nous, à la lueur des lampes pâlottes, des cris et des rires montaient de la rue des Orfèvres. « Ne regarde pas, disait ma mère, c'est des hommes soûls qui tricolent. »

De son vivant, on appelait mon père, sur un ton amusé : « Aristide le Cochinchinois ». Après sa mort, il devint (ton grave) : « le défunt Aristide ». Le défunt Aristide se para de beaucoup de vertus : l'ancien militaire décoré, l'ancien combattant pensionné, le feu mari de la pauvre madame Ragon, etc. A croire qu'Aristide le Cochinchinois eût été un autre : l'amuseur, l'exotique, le « bambocheur », etc.

Celui-là, ma mère eut tendance à le censurer de plus en plus, au cours des ans, pour ne mettre en relief que le plus recommandable. Mais les « nièces », les fameuses nièces, mes cousines germaines, que j'aimais autant que mon père les aima, me racontèrent tout ce qui concernait Aristide le Cochinchinois. Avec une certaine gourmandise, j'en conviens, qui ne convenait peut-être pas à la pieuse mémoire d'un mort. Chacune d'elles conservait un souvenir précis et qui lui était en quelque sorte particulier, personnel. Pour cousine Marie, réapparaissaient les couplets de la *Mère Ageasse,* cette chanson en patois qui remonte au temps des parpaillots et que mon père mimait de telle sorte que cousine Marie en riait encore. Pour cousine Marthe, c'était la *Mariée de Chambretaud,* et Marthe prenait un air entendu, un rien effarouché comme s'il y avait péché en l'air. Cousine Julia qui ne parlait que le patois n'avait retenu que le diseur d'histoires et toutes ses histoires vous faisaient frémir. Il racontait des contes à dormir debout, me disait-elle, comme s'il avait vécu tout ça, si bien qu'on y croyait. Il arrivait à nous en faire rêver la nuit. Puis il se moquait, le lendemain, de notre mine de papier mâché : « Mais tout ça c'est des menteries ! » Puis il recommençait la prochaine veillée. Il nous montrait le bras rouge, sortant de l'étang, comme si on y pataugeait, que l'on courait parfois aux portes pour voir si le verrou était tiré. Lorsqu'il en venait au troussepoil, cette bête qui dévore la beauté des filles, on se cachait la face dans nos dornes. La Galipote, il en causait comme si elle l'avait culbuté hier dans le fossé. Il se frottait d'ailleurs la culotte, en en parlant, comme pour enlever une boue qu'il nous forçait à y voir, bien que, si soigneux de sa personne, ses vêtements ne fussent jamais tachés. Et le lendemain, il se moquait de nos peurs, disant du chien que c'était peut-être la Galipote, ou du mouton, ou de la chèvre.

Ces histoires, que me racontaient mes cousines, ces histoires du Cochinchinois (et s'y glissaient aussi des chasses au tigre, à dos d'éléphant ; des descentes de fleuves, en sampan, avec des singes hurleurs sur les rives), ces histoires vendéennes (sans éléphant, sans tigre et sans singe) je les ai retrouvées plus tard, avec une certaine stupeur, en lisant Rabelais. Comme j'ai retrouvé, dans *Gargantua* et *Pantagruel,* mon patois. Mon patois et mon père.

Si bien que je ne sais plus si c'est mon père ou Rabelais qui raconte. Car les histoires de mon père devaient être des retombées de ces contes de foires, colportés oralement de *préveils* en noces, depuis mille ans, de ces contes de foires imprimés plus tard dans les almanachs que lut Rabelais et dont il s'inspira.[1]

Le folklore vendéen est fourni de géants et d'ogres. Le plus célèbre de tous les ogres, Barbe-Bleue, n'est-il pas un grand seigneur vendéen, maître de ce pays de Retz qui borde la rive gauche de la Loire, de Tiffauges (où l'on voit encore, au fond d'une vallée, les ruines d'un de ses repaires) à l'Océan du sable et du sel. Et Geoffroy la Grand'Dent, comte de Lusignan (de cette famille Lusignan dont l'un des membres fut l'époux de la fée Mélusine) c'est le géant d'une forêt géante. Une sorte d'ogre, lui-même, qui sort de cette forêt de Mervent-Vouvant, à une dizaine de kilomètres de Fontenay, avec cette dent de sanglier qui lui fait un visage épouvantable. Mon père racontait comment Geoffroy la Grand'Dent mangeait à la cuiller des soupes de champignons où flottaient des bolets de Satan, sans qu'il en fût le moins du monde incommodé ; comment son armée rôtissait à la broche des troupeaux de bœufs ramassés dans les prairies comme on ramasse des escargots ; comment il buvait un gris de Mareuil à même la barrique qu'il tenait au-dessus

1. La littérature savante et la littérature orale populaire n'ont cessé de se mélanger pendant tout le cours de l'Histoire, si bien qu'il est difficile d'attribuer ce qui revient à la mémoire de la collectivité ou à l'imagination de l'intellectuel qui s'inspire de l'expression populaire, et qui parfois influence, par un effet de boomerang, l'oralité. Ainsi, j'ai été à la fois surpris, amusé et troublé par cette discussion d'ethnographes et d'historiens lors d'un colloque à Angers, les 12 et 15 décembre 1985 où mon roman, *Les Mouchoirs rouges de Cholet,* fut mis sur la sellette :

« On ne retrouve presque plus d'oralité vendéenne à l'état natif si vous voulez. Il y a une oralité qui est passée dans la littérature populaire, qui est passée dans la prédication et que le peuple se redit maintenant. Voici un exemple récent : l'impact qu'a eu *Les Mouchoirs rouges de Cholet* et, quand on demande aux gens ce qu'ils savent des guerres de Vendée, ils racontent des anecdotes, des détails, des passages des *Mouchoirs rouges de Cholet,* comme quelque chose qui est arrivé chez eux. Si bien que, maintenant, il n'est plus question de parler d'oralité servant de support à l'histoire ou même servant de support à la littérature, mais plutôt de littérature ou d'histoire se réinjectant dans l'oralité. »

Cf. M. Dassin, *Oralité, histoire et littérature,* in : *Vendée, Chouannerie, littérature,* Actes du Colloque d'Angers, Presses de l'université d'Angers, 1986.

de sa tête « en faisant pisser le vin dans sa goule » ; comment enfin Geoffroy la Grand'Dent se mit en colère contre les moines de Maillezais et les fit *grâler* dans leur monastère ; et puis comment le pape excommunia l'ogre, qui se repentit et fit reconstruire un couvent si beau que l'évêque de Luçon en « braillait de jalouseté ».

C'est dans ce couvent de Maillezais que Rabelais devait vivre les plus heureuses années de sa vie, protégé par son abbé, Geoffroy (encore un Geoffroy) d'Estissac, que François Ier avait nommé à la tête de cette abbaye bénédictine, non pour sa piété, mais pour sa naissance. Ce grand seigneur ecclésiastique trouve de bon ton d'attacher à son service personnel un moine qui lise aussi bien le grec que le latin et dont le jurisconsulte André Tiraqueau, grand bourgeois lettré de Fontenay, dit le plus grand bien. François Rabelais, qui compte alors une trentaine d'années, suit son abbé dans tous ses déplacements à travers le Poitou. Plus tard, lorsqu'il aura jeté le froc, il se souviendra de Geoffroy la Grand'Dent, dont il fera l'un des ancêtres de Pantagruel. Il se souviendra aussi des noms de Lusignan, de Vouvant, de Fontenay et de Maillezais bien sûr, qui réapparaissent si souvent dans ses livres. Pantagruel passe « par Fontenay-le-Comte saluant le docte Tiraqueau et de là arrivèrent à Maillesays »...

Avant d'aller s'engager dans l'infanterie de marine à Rochefort, on a vu que mon père se fait photographier chez l'horloger Thomas, à L'Hermenault. Rabelais va aussi tous les étés à L'Hermenault, car son abbé s'y retire dans son prieuré, l'air du bocage étant plus sain que celui des marais de Maillezais où, dans mon enfance encore, rôdait le paludisme.

Les chères nièces me parlaient aussi, non sans pouffer de rire, mais sans aucun complexe devant un enfant, du capitaine Merdaille et du seigneur de Baisecul. Les contes patoisants du répertoire de mon père, surtout ceux destinés aux *préveils,* étaient souvent franchement scatologiques, mais jamais pornographiques. Grivois, mais pas érotiques ou du moins l'érotisme se manifestait autrement qu'aujourd'hui et plus par les allusions, les clins d'œil, voire les gestes que l'on disait lestes, que par la description de la mécanique des sexes. Une jarretière troublait, mais n'amusait pas. Ce qui amusait, c'était la poésie farfelue des noms. Et les paysans ne se privaient pas de donner des noms de lieux comme Chèvrecul, ou Chieurs-aux-Bois, dont certains existent encore dans leur pureté étymologique, mais la plupart ont été recouverts par la décence des siècles bigots.

Souvent se retrouve, dans Rabelais, le terme *embousé*. Or les bouses de vache tenaient aussi une place considérable dans les histoires de mon père. Le pays de la vache est le pays de la bouse, par voie de conséquence. Rabelais appelait sa Touraine le pays de la vache, mais l'aluette, ce jeu de cartes vendéen où les signes échangés par les joueurs tiennent un rôle capital, Rabelais l'appelait le jeu de la vache. Loin de se fâcher du terme de bouseux, mes camarades d'école se l'affublaient eux-mêmes. Nous étions des bouseux et fiers de l'être. Et les maraîchins récoltaient précautionneusement la bouse de vache à pleines charretées et la mettaient en tas, comme des meules de paille, la faisant sécher pour s'en servir l'hiver de combustible.

Beaucoup de bouse, beaucoup de fesses et de culs, beaucoup de crottes et de merde, chez mon père et ce Rabelais que j'aurais bien tendance à adopter comme arrière-grand-père s'il n'eût été moine.

D'autant plus que, tant j'y réfléchis qu'il me semble l'avoir vu dans les rues de Fontenay, sa robe de bure sanglée par une corde nouée autour des reins, pieds nus dans des sandales, la barbe rousse et le crâne rasé. Pendant toute mon enfance, j'ai en effet remarqué un moine semblable, remontant la rue de la République vers la place Viète, une besace sur l'épaule, capucin mendiant et souriant, qui m'intriguait tant que je m'arrêtais pour le regarder et lui, face à ce petit voyeur, au lieu de prendre un air ecclésiastique de circonstance, me faisait des grimaces.

Oui, il devait être exactement semblable à ce jeune moine qui cherchait à s'amuser avec un enfant, le Tourangeau qui arrive à Fontenay-le-Comte vers 1510, novice au couvent du Puy-Saint-Martin. Comme il a seize ans, on devait aussi l'envoyer mendier, une besace sur l'épaule. Étrange chose que de voir Rabelais cordelier, alors que cet ordre monastique avait la réputation d'être le plus sale et le plus ignorantin. Rabelais, le futur humaniste, entre dans un ordre qui est la cible préférée des humanistes. Ces franciscains sont appelés cordeliers en raison de la corde qui leur sert de ceinture, corde symbolique qui ne permet pas de servir de porte-monnaie comme les ceintures de cuir de l'époque, puisque les cordeliers ne devaient jamais toucher d'argent. Mais Érasme disait que certains portaient des gants afin de contourner le règlement.

Le couvent du Puy-Saint-Martin, détruit par les huguenots en 1568 (mais son souvenir reste par le nom d'une rue à Fontenay), devait être en effet particulièrement crasseux puisqu'il comptait déjà deux siècles lorsque Rabelais y fit son entrée. Crasseux de corps et d'esprit. D'où venait ce Pierre Amy qui l'initiera à la littérature grecque si peu connue à l'époque dans sa langue originale que, même à Paris, on ne comptait guère qu'une dizaine d'hellénistes ? Sans Pierre Amy, Rabelais aurait-il été autre chose qu'un moine ignorantin ?

Au XVIe siècle, Fontenay-le-Comte est une ville prospère, dont la bourgeoisie, humaniste et lettrée, virera bientôt au protestantisme. Parmi ces bourgeois, le magistrat André Tiraqueau est une vedette. D'une grande fécondité, ses contemporains assuraient qu'il faisait chaque année un fils et un livre. Il écrira en effet de nombreux ouvrages en latin, comme *De ligibus comubialibus et de opere maritalis,* qui lui vaudront une telle réputation que François Ier le nommera en 1451 conseiller au Parlement de Paris. Le Quatrième Livre de Pantagruel fait l'éloge du « bon, docte, sage, tant humain, tant débonnaire et équitable Tiraqueau ». C'est sous les lauriers-tins de la maison de Tiraqueau que les deux cordeliers vont passer des soirées à discuter de l'infériorité ou non des femmes et des avanies de la vie conjugale. Rabelais a vingt ans. Tiraqueau quarante. Le fils du cabaretier tourangeau doit être grisé de son admission si rapide dans la société des beaux esprits. Mais ces beaux esprits, séduisants comme Lucifer lui-même, sentent le soufre. Si bien que François Rabelais se retrouve soudain bouclé dans une cellule de couvent, avec interdiction de lire des livres grecs et que Pierre Amy ne doit la vie sauve qu'à la vélocité de ses jambes qui le mènent jusqu'en Suisse où il deviendra d'ailleurs luthérien.

Le magistrat Tiraqueau fera extraire Rabelais de sa cellule. Grâce à ses hautes relations, le jeune moine pourra quitter les franciscains de Fontenay, pour les bénédictins de Maillezais. C'est sa seconde chance. Néanmoins Rabelais aura vécu à Fontenay exactement le même nombre d'années que moi-même : quatorze ans.

Donc beaucoup de bouse dans la langue de Rabelais et dans celle de mon père. Mais aussi beaucoup de bile. Et là, cette bile, c'est le domaine de ma mère. La bile a tenu une place considérable dans mes relations avec ma mère, cette bile qui lui causait tant de malaises, cette bile qui jaunit les yeux, qui rend de mauvaise humeur. Comme ma mère, le roi Picrochole est un bilieux. Est-ce pour cette raison que ma mère rendait un culte à des eaux dont elle ignorait pourtant, me semble-t-il, qu'elles fussent rabelaisiennes ? Ces eaux, c'étaient celles de la Fontaine des Quatre-Tias. Non loin de la rue des Orfèvres (et du Café du Cerf, rendez-vous des beuveries dominicales), ma mère m'emmenait en effet souvent voir une fontaine monumentale dont elle ignorait qu'elle fût « Renaissance » mais qui exerçait sur elle une étrange fascination.

Pourtant les fontaines publiques ne manquaient pas, en ce temps-là, à Fontenay (qui s'appela d'abord Fonteneum). Sans parler du Puits-Lavaud, qui alimenta les Fontenaisiens à l'époque romaine et pendant tout le haut Moyen Age, dont le souvenir reste par une ruelle proche de l'église Notre-Dame, chaque pâté de maisons utilisait sa fontaine. Alors pourquoi celle-là, cette Fontaine des Quatre-Tias, attirait-elle à un tel point ma mère ?

J'ai beaucoup rêvé, enfant, sur ces « quatre tias », nom énigmatique, soudain dépourvu de poésie depuis que je viens d'apprendre qu'il s'agit des quatre tuyaux de cuivre crachant leur eau dans un bassin d'où l'on ne pouvait accéder qu'en descendant de hautes marches.

Au fond d'une courte rue (celle du Café du Cerf, dite rue de la Fontaine), cette architecture somptueuse est vraiment insolite. Deux colonnes surmontent un fronton orné d'une urne de pierre. Entre des armoiries à salamandres, se trouve une inscription latine que ma mère me faisait épeler : « Fontanacum Felicium Ingeniorum Fons et Scaturigo. » J'apprends maintenant que cette devise fut composée par Rabelais, du temps qu'il était moine à Maillezais.

Alors pourquoi cette application de ma mère à me faire lire ces lettres latines ? Et pourquoi ai-je toujours été fasciné par Maillezais ? Jadis sans savoir que ces ruines, haut dressées dans le marais, entre Fontenay-le-Comte et La Rochelle, représentaient les restes d'un couvent où Rabelais vécut d'heureuses années ; aujourd'hui en le sachant et en cherchant parmi ces pierres dépareillées envahies de ronces et bordées de roses trémières les plans de l'abbaye de Thélème.

Décidément les grimaces du capucin que je croisais en rentrant de l'école, tout en haut de cette rue de la

République qui s'appela jadis route Royale (évidemment) et en bordure de l'actuelle place Viète qui, du temps de Rabelais, se nommait le Bois des Amourettes, ces grimaces me poursuivent. Comme me poursuivent des mots qui sont à la fois de Rabelais et de mon père.

Lorsqu'il vivait à Fontenay, mon père parlait son français militaire mâtiné de tournures locales. Mais dès qu'il se trouvait à la campagne, je l'entendais utiliser d'autres mots, qui sont tous dans Rabelais : les vaches venaient boire au *taimbre* (l'auge de pierre) et nous, nous buvions en puisant dans les seaux d'eau fraîche avec une cuillère en bois, à manche formant tuyau (la *coussotte*). On y pouvait *boyre à tire-larigot* et se faire ensuite *graisler des chastaines* dans le feu de cheminée. A moins que l'on ne préférât aller dénicher les *grolles* (corneilles), ou s'amuser avec le chat en prenant garde à ne pas se faire *grafigner* le nez, ou encore courir à la chasse aux *parpaillons* (papillons), *subler* (siffler) les filles, *s'accoutrer* de *rogatons* trouvés dans une armoire pour faire des *momeries* (se déguiser avec des restes de frusques pour faire une mascarade). Je lis Rabelais à livre ouvert, y retrouvant mon enfance, tant par les lieux que par les dires. Ces grandes beuveries, ces ripailles, cette énumération fastueuse de victuailles, souvent lassantes chez Rabelais, je les connais bien. Ce sont les phantasmes de gens qui font plus souvent maigre que gras et que le gras fascine. C'est le sempiternel gigot de mouton de mon grand-père, toujours repoussé à un futur de plus en plus hypothétique, mais toujours plus gros, toujours plus gras, si gros et gras qu'il passait du gigot de mouton au mythe ogresque. C'est le cochon (le *goret*) tué et que l'on dévore en famille, bâfrant, se barbouillant de *fressure*. C'est le rêve paysan d'être ogre et géant, ce rêve qui pour les Vendéens s'est matérialisé deux fois, la première peu de temps après que Rabelais s'en fut pour mener sa vie lorsque la Vendée devint protestante ; et la seconde en 1793 lorsque la Vendée protesta une seconde fois et, comme la première, par aversion du pouvoir parisien, et où cet ogre paysan faillit avaler la France entière.

4

A partir de la mort de mon père, ma mère se retira dans son veuvage. Elle fut cette statue voilée, drapée, engloutie dans ses vêtements de deuil, que l'on voit au pied de la colonne brisée de certains monuments aux morts. On ne fit plus marcher le phono à pavillon bleu dont mon père remontait le ressort avec application. On n'alla plus aux *préveils,* ni aux fêtes foraines sur la place du Champ-de-Mars, ni au cirque, ni nulle part. Ma mère ne se permettait que la lecture. Je m'habituai à la douilletterie de la lecture au coin du feu, dans les beaux livres rouges et or sortis précautionneusement de l'armoire de grand-mère. Le monde entier entrait alors subtilement dans notre vieille maison.

Du temps de mon père, nous allions nous promener en famille à la gare. Je comprends maintenant combien cette promenade était symbolique. Mon père étouffait dans notre petite ville et ses pas le portaient tout naturellement vers la gare, c'est-à-dire la porte du large. Puis il revenait tristement à la maison. D'où il ressortait bien vite pour rejoindre ses copains au Café du Cerf et s'y évader dans la boisson.

Après la mort de mon père, tous les dimanches nous effectuions une promenade en sens inverse. La gare se situe à l'extrémité sud, nous allions à l'extrémité nord où, au fond d'une longue et monotone rue en impasse, se trouvait (et se trouve toujours) le cimetière. Promenade lugubre, avec ma mère et ma grand-mère. Pour moi, les cyprès et les buis sentent le cimetière et l'odeur de l'eau croupie dans un vase me fait aussitôt penser à une odeur de cadavre. Parce que chaque dimanche les deux femmes changeaient l'eau du vase en plomb qui se trouvait sur la tombe de mon père et que cette odeur m'est restée vivace. Je ne peux voir aussi un insecte rouge à pois blancs, dont j'ignore le nom, mais qui pullulait dans le gravier de la tombe, sans penser à la mort, aux morts et un peu au diable, ces insectes qui grouillaient sur la tombe de mon père m'ayant toujours paru quelque peu diaboliques.

Les couronnes de perles, les lettres métalliques détachées des gerbes, les plaques de marbre avec leurs noms et parfois une photo, les croix de guingois, certaines tombes presque bousculées, comme si les morts avaient tenté de les soulever, les noms, tous ces noms, dont le nôtre, autant d'éléments nouveaux d'un nouveau jeu macabre.

Je n'aimais pas ces promenades dominicales au cimetière. Je les prenais pour une corvée qui me répugnait. Mais tant que nous restâmes à Fontenay, c'est-à-dire pendant six ans encore, il n'était pas question que je puisse y échapper. Si bien qu'à la fin je m'y habituai et qu'aujourd'hui encore je visite volontiers les cimetières des villages ou des villes, alors qu'aucune tombe particulière ne m'y attire.

Après la mort de mon père la tristesse et le silence s'abattirent sur notre maison. Je me suis tant fait à ce silence que les églises en dehors des offices et les cimetières en dehors des dimanches sont parmi mes lieux de prédilection.

Les cimetières me fascinent dans la mesure où ils sont une réplique de l'agglomération qu'ils desservent. Ces villes des morts sont l'envers de la ville des vivants, expulsées de plus en plus loin, cachées derrière de hauts murs. Notre siècle traite ses morts comme le Moyen Age ses lépreux, comme le siècle de

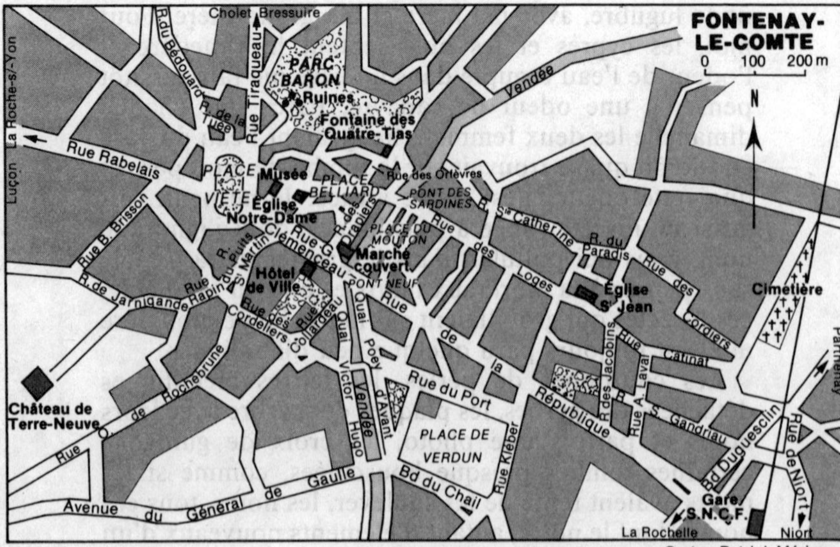

Carte : Patrick Mérienne

Louis XIV ses pestiférés. Mais déjà nos vieillards sont ramassés dans des maladreries, concentrationnés, comme préemballés dans le suaire qui les emportera au cimetière. L'asile de vieillards, baptisé hypocritement maison de retraite, est le sas par lequel nous sommes maintenant destinés à passer de vie à trépas, le conditionneur placé entre la ville et le cimetière.

Les enclos bretons nous montrent encore comment, jadis, les morts n'étaient pas séparés des vivants. Le cimetière y jouxte l'église. En sortant de la messe, les familles vont se promener parmi les tombes. On y retrouve ses aïeux et ses proches. Les plus lointains ascendants sont également tout près, dans l'ossuaire. Pas de tristesse dans ces cimetières. Les enfants jouent entre les tombes, les adultes discutent en allant d'une fosse à l'autre. Les morts ne sont pas abandonnés dans un terrain vague soigneusement clôturé. Ils sont au contraire au cœur même du village.

Presque partout ailleurs, en France, le cimetière a été extirpé du village. Il reste parfois quelques tombes autour de l'église, abandonnées parmi les herbes, et ce sont ces morts oubliés qui m'attirent.

J'ai, dans la tête, toute une collection de cimetières visités : cimetières mexicains avec leurs maisons miniatures bariolées de couleurs, cimetières musulmans dont les stèles affleurent à peine le sable, cimetière juif sur la pente du Mont des Oliviers face à la vieille ville de Jérusalem, cimetières américains qui ressemblent à des terrains de golf, cimetières militaires avec leurs croix alignées comme à la parade, cimetières bourgeois avec leurs chapelles, leurs statues, leurs colonnes brisées, leurs gisants à redingote ; ces cimetières sont une projection du monde des vivants poussée jusqu'à la caricature. [1]

Quel édile fontenaisien eut l'idée de placer le cimetière Notre-Dame tout au fond d'une rue en impasse ? Singulier symbole, là encore ! On ne peut se trouver par hasard devant le cimetière et y entrer un instant. On ne peut pas le traverser, comme on traverse un jardin public. Il faut y aller spécialement. Si l'on n'y va pas spécialement, on peut même ignorer qu'il existe, ce cimetière, ignorer que la mort existe, la nier. Un cimetière en cul-de-sac, voilà une trouvaille rationnelle !

Ma mère porta longtemps ce voile en tulle noir, rabattu sur le visage qui donnait aux veuves l'allure de fantômes. Mais n'étaient-elles pas des fantômes, entre leurs dévotions à l'église et leur dévotion au cimetière ? Si l'on avait déjà expulsé les morts, on ne savait que faire des veuves et leur présence dans les rues causait un malaise. Ces habits spéciaux les retranchaient du monde. On ne leur parlait qu'en baissant la voix, « pour respecter leur douleur ».

1. Cf. Michel Ragon, *L'Espace de la Mort, essai sur l'architecture, la décoration et l'urbanisme funéraires,* Albin Michel, 1981.

Donc, non seulement depuis « le départ » de mon père, la maison était devenue silencieuse, mais il se faisait de plus un silence autour de nous. La maison du mort devenait maison de la peste. De plus, mon père avait succombé à une maladie contagieuse qui effrayait autant que la peste : la tuberculose. On nous suspectait d'en transporter les miasmes. Ma mère avait beau dire que, sans ses maladies coloniales, mon père ne serait pas mort, qu'on aurait pu soigner sa tuberculose et qu'en réalité la dysenterie l'avait emporté, personne n'en croyait rien. D'ailleurs, pensaient les gens, ces maladies coloniales c'est rien de bon non plus. Peut-être bien que ça s'attrape.

Le vide se fit autour de nous. Je n'étais plus invité à jouer chez les parents de mes camarades d'école. Au deuil, s'ajoutait la pauvreté. Mais pas la misère puisque ma mère touchait une « reversion de pension » et qu'elle trouva un peu plus tard, quand les risques de contagion s'estompèrent, des emplois temporaires de vendeuse dans quelques magasins.

Bien que nous fussions très pauvres (une reversion de pension de sergent ce n'est pas le Pérou !), je n'ai jamais eu conscience de l'être tant que nous vécûmes dans notre petite ville, avec mes grands-parents. La révélation de la pauvreté, proche de la misère, se fit lorsque nous émigrâmes à Nantes et qu'il nous fallut trouver à la fois logement et travail.

Les enfants ont-ils conscience de la pauvreté ? Non. C'est l'affaire des adultes. Tous les enfants sont à la fois pauvres et riches. Du moins ceux d'autrefois qui ne recevaient qu'exceptionnellement de l'argent, que leurs parents soient bourgeois ou prolétaires. Ma mère me donnait parfois quelques sous pour acheter un petit pain au raisin ou un illustré. Les fils de bourgeois enviaient-ils autre chose ? Mais connaissais-je des fils de bourgeois ?

Les plus riches d'entre nos parents étaient commerçants ou artisans : le boulanger, le boucher, le menuisier. Mon meilleur camarade, un moment, fut le fils d'une mercière. Plus tard, un orphelin de père, comme moi, dont la mère travaillait comme vendeuse dans un magasin, comme la mienne. Le médecin, le notaire, quelques gros commerçants représentaient la vraie richesse, qui ne dépassait pas, en réalité, une confortable aisance. Mais leurs enfants allaient au collège et nous ne les fréquentions pas. Nous autres, enfants de la communale ou de l'école des Frères, vivions dans une communauté de pauvres sans histoires. La richesse n'était d'ailleurs pas offusquante, dans notre petite ville. Personne n'y faisait étalage de richesse. Autant dire que la richesse restait invisible. Il n'eût d'ailleurs pas fait bon aux riches de vouloir se distinguer. J'avais entendu parler par ma mère des propriétaires des Grandes Galeries dont la maison était pleine de statues. Nous le savions par une femme qui allait y faire des ménages et qui avait rapporté ce phénomène plutôt stupéfiant : une maison avec des statues comme dans une église. Étrange manie ! Je « décode » aujourd'hui, passé du côté de la culture bourgeoise, que ces bourgeois devaient collectionner des sculptures. Mais le terme de sculpture n'existait pas dans notre vocabulaire. Il n'existait que des statues et les statues ne se trouvaient qu'à l'église et sur les monuments aux morts. Ces collectionneurs, dont on ignorait qu'ils collectionnaient (et qu'il puisse exister un tel jeu de société), paraissaient des lunatiques, des maniaques, pour lesquels on grimaçait un sourire de commisération. N'eussent-ils été riches qu'on les eût pris pour les idiots de la commune.

Qui était riche encore ? Les Cauchard-Vinette. Propriétaires du grand magasin de confection, leurs enfants, en âge de flirter et de traîner aux terrasses du Café du Commerce, donnaient un petit air de scandale du fait de leurs toilettes et de leur liberté d'allure. Mais il s'agissait d'un autre monde, le même que celui des gens aux beaux équipages que l'on voyait dans la cour de l'hôtel Fontarabie. C'était notre cinéma, à nous. Du cinéma, pas la vie réelle, la seule vie réelle étant bien sûr la nôtre, une vie à ras de terre, une vie de bouseux et de gagne-petit, une vie d'obscurs et pas mécontents de l'être.

Au jardin de mon grand-père, qui nous assurait notre année de pommes de terre, de haricots, de légumes verts et de fruits, s'ajoutait le résultat de nos expéditions de cueillette. Finalement, beaucoup de vivres restaient encore gratuits. Il suffisait d'avoir la patience de les trouver. Il n'existait plus de promenades désintéressées depuis la mort de mon père. Toute sortie de la maison, entre ma mère et ma grand-mère, avait un but précis. Nous allions *aux* champignons, ou aux escargots, ou aux plantes. Chaque saison, chaque mois, apportait sa manne gratuite. Il fallait seulement trottiner, se lever de bon matin, avant que des concurrents n'arrivent, fouiner et la cueillette ne pouvait qu'être abondante. Ma grand-mère faisait bouillir les escargots dans un fait-tout, avec du laurier et de l'ail. Nous les mangions dans leur jus, à pleine louche. Parmi les aliments gratuits, se trouvaient aussi les poissons de rivière pêchés par mon grand-père, les anguilles et quelquefois des grenouilles. On trouvait encore, en lisière des chemins, de la salade de pourpier et des pissenlits dans les champs. En bordure des chemins, toujours, personne ne vous empêchait de récolter les noisettes et les châtaignes. Parfois, on allait jusqu'à gauler quelques noix, mais là on sortait de la légalité. Sur les buissons, les mûres assuraient des kilos de confitures.

Au milieu de l'été, nous partions dans la campagne ensoleillée à la recherche « des plantes ». Les plantes, toutes les plantes aux vertus médicinales qui permettaient, elles aussi, de se soigner gratuitement : les grandes fleurs bleues de la bourrache pour les rhumes et les fluxions de poitrine, la menthe qui guérit du hoquet, apaise les coliques aussi bien que la toux, le coquelicot qui combat les insomnies, la mauve aux fleurs violacées qui guérit les bronchites et les angines, le serpolet qui tonifie le cœur, l'aubépine qui régularise la circulation du sang, le lierre qui calme les bronches.

Ma mère raffolait de cette médecine par les plantes. Tout comme elle usait et abusait des eaux minérales. La Bourboule, Le Mont-Dore, Évian, Vichy étaient pour elle non pas des lieux mais des mots fabuleux.

Bien sûr, les livres de médecine la fascinaient et ces livres n'ont pas peu contribué à la rendre hypocondriaque. L'autodidactisme est particulièrement dangereux dans le genre médical. On réussit à se trouver toutes les maladies décrites. Lorsque les remèdes proposés sont aussi simples que ceux du « docteur » Raspail, qui soigne intégralement au camphre, tout va bien, mais parfois les breuvages proposés sont extrêmement compliqués et ma mère s'esquinta l'estomac à les essayer.

J'ai trouvé dans l'armoire de la cuisine plusieurs de ces livres. Un petit opuscule jaune porte sur sa page de couverture :

Le Père Benoît
d'Amiens
La Santé
par les simples
Comment j'ai soigné et guéri mes malades
la médecine naturelle à la portée de tous
édité par l'auteur, 1926

Si vous avez de l'anémie, avec un mauvais estomac, c'est assez simple. Vous prenez quinze grammes d'écorce de bouleau, quinze grammes de reine-des-prés, quinze grammes de pensée sauvage, dix grammes de gentiane, dix grammes de cacao, dix grammes de cola, vingt grammes d'orge, vingt grammes d'avoine, quinze grammes de fleur d'acacia blanc, vous faites bouillir le tout deux heures à petit feu dans un litre d'eau et vous servez.

Les autres remèdes sont à l'avenant.

La *Médecine des Familles* de Raspail est un ouvrage encore plus minuscule, dans le style des almanachs de colportage, qui doit avoir appartenu aux parents de mes grands-parents. Sur la première page :

Médecine des Familles
ou
méthode hygiéniste et curative
par les cigarettes de camphre,
les camphratières hygiéniques,
l'eau sédative, etc.
Contre une foule de maux lents à guérir, ou même incurables et chroniques, qui ne réclament pas ou ne réclament plus la présence du médecin, ou bien enfin qu'on est condamné à soulager en son absence
par F.-V. Raspail.
L'hygiène préserve de la médecine
Paris
Chez Collas, Pharmacien
rue Dauphine, 10
1845

Raspail (qui, lorsqu'on ne l'emprisonnait pas pour exercice illégal du pouvoir, l'était pour exercice illégal de la médecine) préconisait l'emploi du camphre à priser (« de la même manière que le tabac à priser »), des cigarettes de camphre (à fumer), de l'alcool camphré, de l'huile camphrée, du sirop de gomme camphré, de l'eau sédative à base d'ammoniaque. Raspail assurait que sa méthode guérit la gastrite, les maux d'estomac, le rhume, l'asthme, la coqueluche, la migraine, la fièvre cérébrale, la fièvre typhoïde, qu'elle met les opérations chirurgicales à l'abri de la gangrène, de la fièvre, de l'érysipèle et du tétanos et qu'elle peut diminuer des deux tiers les séjours dans les hôpitaux.

Raspail écrit que « le pot-au-feu dirigé avec art est la base d'une alimentation hygiénique... Que de gens j'ai guéris de la gastrite, seulement en réformant leur pot-au-feu », il s'en prend avec véhémence aux vers intestinaux, aux « insectes nocturnes » qui se glissent dans les draps de lit, au froid aux pieds et aux courants d'air.

Ce livre a été lu et relu car ma grand-mère confectionnait le pot-au-feu dominical avec un soin extrême. Je n'ai d'ailleurs jamais compris comment elle s'y prenait pour que ce pot-au-feu dure trois jours. Le dimanche midi, nous avions la viande bouillie avec ses légumes, le lundi nous retrouvions le bœuf du pot-au-feu, froid, coupé en petits morceaux et à la vinaigrette, et le mardi il restait encore de la viande pour un hachis Parmentier. Sans parler évidemment du bouillon qui réapparaissait à tous les repas.

Quant aux « insectes nocturnes », les punaises étaient considérées comme abominables et la maison qui n'arrivait pas à s'en débarrasser se déshonorait. Par contre, les puces tombaient dans le secteur de la fatalité. Et même de la familiarité. Les punaises faisaient honte, alors que les puces faisaient rire.

L'aristocratie a vécu pendant des siècles en commerce aimable avec ses puces. Il suffit de regarder, dans les musées, les innombrables tableaux et gravures où l'on voit une dame plus ou moins dénudée à la recherche de « sa » puce. Je ne sais si, dans mon enfance, les aristocrates et les grands bourgeois conservaient toujours des puces comme animaux familiers, mais nous, nous n'avions pas, dans ce domaine, décollé du XVIIe siècle. La puce reste associée dans mon souvenir à la lingerie féminine. Car ma grand-mère et ma mère soulevaient de temps en temps leur robe ou dégrafaient leur corsage en fouillant frénétiquement pour trouver l'insecte suceur. Et ce qui m'étonnait, ce n'était pas, bien sûr, que se grattent ainsi les puces en famille, mais ce linge blanc qui apparaissait. J'était tant habitué à voir « mes » deux femmes vêtues de noir que cette couleur semblait celle de leur peau. En réalité, je m'apercevais qu'il s'agissait d'une carapace qui, lorsqu'elle s'entrouvrait, laissait apparaître du blanc, un flot de blanc puisque ces dessous féminins étaient aussi nombreux qu'abondants : jupons, chemises, culottes de la taille de nos actuelles jupes-culottes, cache-corset, flanelle, camisole...

Une puce n'y eût pas retrouvé ses petits. Aussi devait-on poursuivre de longues explorations pour arriver jusqu'à l'insecte qui n'attendait que ce moment-là pour sauter du jupon à la camisole. Aussi, la chasse aux puces requérait-elle la collaboration de plusieurs personnes. Ma mère et ma grand-mère s'entraidaient et bientôt je fus invité à participer aux recherches.

L'une des deux femmes s'asseyait sur un tabouret, devant le feu de cheminée pour ne pas prendre froid, et l'autre se lançait dans l'exploration avec mon aide. C'était à la fois une cérémonie et un jeu. Comme pour tout jeu on arrivait parfois près du but (« Oui, par là, par là... Oh ! que ça me gratte ! ») ou on s'en éloignait (« Non, plus à droite ! Vers le haut ! Ça y est, tu l'as perdue ! Maladroit ! »). Et j'avais l'impression d'éplucher ma mère ou ma grand-mère, en écartant toutes ces couches de blanc, pour arriver jusqu'à la peau, elle-même d'un blanc de linge. (On disait : « Il (ou elle) est blanc comme un linge ! ») Jusqu'à la peau qui parfois montrait les rougeurs de la piqûre de la puce, des cloques. Et alors on s'excitait à chercher plus vite, plus vite et parfois on l'attrapait, la puce, juste sous l'ongle. Si ma grand-mère l'attrapait, elle se régalait à croquer la puce, en riant. En riant parce que ma mère trouvait ça choquant et qu'elle s'indignait, chaque fois, comme si c'était nouveau.

Dans un troisième livre de médecine, celui-ci plus sérieux (mais peut-être me paraît-il plus sérieux parce que plus récent, donc plus « moderne ») il est question d'autres insectes corporels, mais ceux-là avaient mauvais genre : le pou et la gale. Il s'agit d'un gros volume broché, à couverture verte avec une croix rouge de pharmacien : *Soignez-vous bien,* par le Dr Octave Belliard, publié par Hachette en 1934. J'ai souvent vu ma mère le consulter et elle me disait : « C'est le Dr Belliard. C'est un savant. Il a son nom sur la place aux Porches. » Vérification faite, il existe bien une place Belliard à Fontenay, mais ce Belliard-là était un général de l'armée napoléonienne dont la maison natale se trouve sur cette place qui s'est appelée en effet avant la Révolution place aux Porches, comme disait encore ma mère. L'homonymie donnait un lustre tout particulier à ce livre qu'il me suffit de feuilleter pour voir qu'il a beaucoup servi à me soigner. L'huile de foie de morue y est recommandée contre la tuberculose. J'en ai donc avalé des litres, à la cuillère à soupe, non sans pleurs et cris. Je suis allé, comme il y est recommandé, boire un verre de sang de cheval à l'abattoir, pour « me remonter ». On m'a mis du goménol dans le nez, contre les rhumes, ce qui ne m'empêchait pas d'être enrhumé tout l'hiver. On m'a donné de l'huile de ricin comme laxatif. On m'a gratifié de quinquina comme fortifiant. On m'a fait des cataplasmes de farine de lin tiède. Tout y est.

A propos des poux, le Dr Belliard en distingue trois sortes : ceux du corps, de la tête et du pubis. On peut être envahi du pou du pubis, dit-il, « en s'asseyant sur une banquette de café ou de voiture publique ». Quant à la gale, qui creuse des galeries dans la peau et donne des démangeaisons nocturnes, le Dr Belliard assure qu'elle est « répandue dans la classe pauvre ».

La classe pauvre, j'en réponds, n'aimait pas la gale, ni les poux ni les punaises. Elle admettait seulement les puces. Évidemment nous n'avions pas d'eau courante, pas de bain, pas d'autre lavabo qu'une cuvette de faïence dans laquelle nous faisions parcimonieusement couler l'eau d'un broc.

Deux expressions sont éloquentes : « méchant comme la gale », « laid comme un pou ». Par contre, l'amoureux appelait volontiers son aimée « ma puce ».

Le livre du Dr Belliard est illustré de dessins et de planches en couleurs. Je me souviens de m'être arrêté longuement devant ces dessins de bandages, d'orthopédie, et de monstruosités diverses comme le mongolisme, le mal de Pott, le « petit vieux hérédosyphilitique » (un enfant monstre), l'éléphantiasis, etc. Il y avait là de quoi peupler copieusement ses cauchemars. Ma mère m'apprenait aussi à reconnaître les champignons vénéneux sur une carte en couleurs et à distinguer les vipères (abondantes en Vendée) des couleuvres. On y voyait aussi des cartes des maladies, par exemple la carte mondiale de la peste. On poussait un soupir de soulagement en voyant que la France y échappait.

Nos sorties du dimanche me familiarisaient avec la mort. Nos lectures des veillées m'initiaient à toutes les maladies.

Comme Raspail, « mes » deux femmes abhorraient les vers intestinaux, le froid aux pieds et les courants d'air. Les vers intestinaux étaient tenus pour responsables d'un grand nombre de malaises. On me demandait de faire mes besoins dans un petit pot de chambre pour examiner si je n'avais pas de vers. Il suffit de feuilleter les journaux de l'époque pour s'apercevoir que cette obsession devait être commune, les publicités pour les vermifuges y apparaissant aussi abondantes que celles des lotions contre les poux.

Dans la hiérarchie des vers, le tænia se plaçait tout au sommet. A tel point que ce devenait presque un honneur de l'avoir. En tout cas, on en parlait autour de vous avec une certaine considération : « Il a le ver solitaire. » Contre le tænia, ma grand-mère connaissait un remède : les graines de potiron.

On s'entraidait ainsi parmi les pauvres, n'appelant un médecin que pour les cas graves. Chacun conservait encore en sa mémoire quelques recettes transmises de génération en génération, depuis le temps de Geoffroy la Grand' Dent, et même sans doute avant. De maisonnée à maisonnée, on se faisait des échanges de tisanes, d'onguents, d'emplâtres et l'on arrivait ainsi, empiriquement, à reconstituer une médecine populaire.

On considérait, par exemple, le bouillon de lapin comme un fortifiant. Une infusion de racines d'orties apaisait les règles douloureuses. Les fleurs de sureau servaient pour les collyres, celles des lilas pour désinfecter les plaies. Les feuilles de noyer soignaient la gorge. Les marrons d'Inde décongestionnaient le système nerveux. Le gui régularisait les battements du cœur. L'écorce de bouleau calmait les brûlures d'estomac. Mon grand-père se coupait souvent, dans ses travaux de jardinage. Pour ces coupures, ma grand-mère employait un remède infaillible : du poivre moulu très fin et inséré dans la plaie. Au bout de deux heures la coupure se refermait.

J'ai toujours vu ma grand-mère et ma mère traîner dans la maison leurs éternelles chaufferettes, dans lesquelles elles mettaient de la braise. Tout cela pour ne pas avoir les pieds froids. Mais à se chauffer toujours les pieds, elles finissaient par écoper des engelures.

En réalité, dans ces maisons sans chauffage (seulement un feu de cheminée dans la salle commune, mais jamais de feu dans les chambres si bien qu'en plein hiver l'eau se transformait dans le broc à toilette en morceau de glace) et bien que la Vendée bénéficie d'un climat assez doux, on n'en finissait pas d'être malade. Les compresses d'eau sédative (recommandée par celui que l'on appelait toujours, bien que ce titre ne figurât nulle part, « le docteur Raspail ») contre les maux de tête, l'alcool camphré (toujours Raspail) pour les frictions (ça réchauffe le sang), les inhalations d'eucalyptus, les sinapismes, les cataplasmes, les sangsues, les ventouses, les lavements, ma mémoire enfantine est pleine d'un remue-ménage de médications et d'appareils destinés à lutter contre les attaques répétées de la maladie.

J'ai toujours connu ma mère malade, ou plutôt *patraque* comme elle disait. Jamais gravement malade, sauf en son extrême vieillesse, mais toujours fatiguée, courbatue, anémiée, migraineuse, mal dans sa peau. L'estomac, le foie, puis l'intestin qui s'est mis à pourrir et qu'il a fallu couper, enlever, jusqu'à devoir pratiquer un anus artificiel. Ce fichu système digestif détraqué dans toute notre tribu. Mon père mort de dysenterie, autant que de tuberculose, l'oncle Alfred mort d'une occlusion intestinale, ma mère morte d'un cancer de l'intestin. Moi-même qui ne tiens qu'à force de régimes. Trop de saletés bouffées, trop de famines. Trop de faim au ventre et, dans les années fastes, trop de nourritures bourratives et indigestes. Trop de *mojettes,* trop de choux, trop de fèves, trop de ragoûts... Peut-être aussi trop de tisanes, trop de décoctions de plantes et d'écorces dont les doses n'étaient peut-être pas très bien calculées. En définitive, une chiasse à rendre Gargantua jaloux. Bouseux on naît, bouseux on reste.

5

Mater dolorosa... Ma mère toujours vêtue de noir, à l'ancienne mode, éternellement veuve.

D'abord disparue sous ses voiles, comme une *pietà*. Effacée, éliminée. Puis peu à peu redécouverte, mais avec combien de pudeur. Veuve à trente-neuf ans, elle n'osa aborder un peu de violet qu'à la cinquantaine. Elle se faisait une fête, de ce violet, mais avec, néanmoins, mauvaise conscience. L'impression de trahir quelque chose, quelque chose de lointain mais toujours là, comme une boule sur l'estomac. A soixante ans, elle se lança dans le brun et le mauve. A quatre-vingts, elle osa arborer du bleu. Ces gilets de lainage que nous lui achetions pour ses fêtes et anniversaires et qu'elle collectionnait, ne les portant que tout à fait exceptionnellement.

N'ayant pratiquement pas quitté ses parents (sinon pour le bref intermède au « pays où fleurit l'oranger ») ma mère se retrouvait, dans son veuvage, la demoiselle solitaire de sa jeunesse (déjà veuve de monsieur Emmanuel, d'ailleurs). Et elle se rejetait avec boulimie dans la lecture.

Demoiselle, elle lisait François Coppée et Pierre Loti. Bien qu'elle n'ait plus repris de livres de François Coppée après son mariage, elle se souvenait encore dans sa vieillesse de certains vers :

Elle était orpheline et servait dans les fermes...

Et surtout ceux-ci qui témoignaient de son obsession de l'ivrognerie, la plaie, le fléau des femmes de son temps :

Il entrait toujours ivre et battait sa maîtresse.
Deux sombres forgerons, le Vice et la Détresse,
Avaient rivé la chaîne à ces deux malheureux.
Cette femme était chez cet homme — c'est affreux !
Seulement par l'effroi de coucher dans la rue.

Coucher dans la rue, cette perspective terrorisait autant les gens de mon enfance que mourir à l'hôpital. Avoir un toit, une chambre, un lit, voilà un bonheur qui ne date que d'hier. Combien de valets de ferme, dans ma famille, n'ont eu pour toit que la charpente d'une écurie et pour lit que la paille d'une litière !

Les hauts lits de bois dans lesquels nous couchions conservaient encore le souvenir de cette paille puisque les matelas ne s'y trouvaient que sous forme de paillasses.

De Pierre Loti, elle avait lu *Le Roman d'un spahi, Madame Chrysanthème, Aziyadé.* Elle me fit lire ces livres très tôt, mais elle n'osait les relire. Mon père s'y trouvait trop présent. N'étaient-ce pas ces romans qui l'avaient poussée vers cette aventure d'épouser « un colonial » ? Néanmoins, elle ne pouvait s'empêcher de reprendre de temps à autre *Pêcheur d'Islande* et de le feuilleter, lisant, çà et là, des phrases qu'elle connaissait par cœur et qu'elle aimait néanmoins retrouver. Car si je dis que ma mère avait une boulimie de lectures, cela ne signifie pas qu'elle disposait d'une immense bibliothèque. Elle ne possédait en réalité que quelques livres, mais qu'elle relisait souvent. On ne lisait pas des livres, on lisait *son* livre.

Ces femmes, ces filles de *Pêcheur d'Islande*, qui attendent interminablement le retour des bateaux, comme elle devait s'y retrouver, elle dont la vie ne fut qu'une longue attente : attente du fiancé parti à la guerre, attente du mari courant les bistrots et les fermes, plus tard attente du fils saisi à son tour par la maladie de la bougeotte.

« Et toutes les heures du jour passaient, l'une après l'autre, et toutes les heures du soir, et toutes celles de la nuit, et toutes celles du matin. Quand elle comptait depuis combien de temps il aurait dû revenir, une terreur plus grande la prenait ; elle ne voulait connaître ni les dates ni les noms de jours. »

Ainsi Loti parle de la petite Gaud, mariée pendant six jours, qui attend son Yan disparu au large de l'Islande.

La mer, le froid, la pluie, le sel, le gel, la brume, toutes ces horreurs, aurait dit ma mère qui détestait la nature, comme tous les gens qui ont pâti des éléments et de la dureté de la terre et de la mer, pendant des siècles.

« Les tombées de nuit lugubres où, de bonne heure, tout se faisait noir dans la vieille chaumière, et noir aussi alentour. »

Comme je m'en souviens de ces tombées de nuit lugubres ! La lumière ne s'allumait qu'à la limite extrême du jour, afin de ne pas trop dépenser. On eût dit aussi que l'on cherchait à allonger le temps du jour, à le prolonger le plus longtemps possible, la nuit et son obscurité étant aussi redoutées que l'hiver.

Et Sylvestre, dans *Pêcheur d'Islande*, Sylvestre parti en bateau (toujours des bateaux et des départs) dans la mer de Chine, Sylvestre troué d'une balle dans la boue d'une rizière tonkinoise et qui meurt sur le retour en France du bateau-hôpital... Toujours des bateaux et toujours en toile de fond exotique ce que l'on n'appelle jamais l'Indochine (ni à plus forte raison le

Viet-nam) mais, du nom de ses cinq États : la Cochinchine, le Tonkin, l'Annam, le Laos, le Cambodge ; les indigènes étant tous dits Annamites.

On voit combien Loti semblait de la famille. Si bien qu'un jour, ma mère, qui ne sortait jamais pour autre chose que le travail ou la cueillette, se mit en tête d'aller visiter la maison de Pierre Loti à Rochefort.

Rochefort est à quatre-vingts kilomètres de Fontenay. Ce n'est plus « le pays ». Le « pays » va à la rigueur jusqu'à La Rochelle, en souvenir sans doute des liens sanglants entre cette ville et la Vendée huguenote. Après, c'est « ailleurs ».

Le dépaysement commença dès l'arrivée à la gare de Rochefort, une gare somptueuse du style casino, avec une grande coupole centrale et un bâtiment longiforme en redan butant sur deux bâtiments terminaux carrés qui s'appliquent à paraître Renaissance. Au-dessus de la grande marquise vitrée de l'entrée, entre des blasons, s'étalent les immenses lettres en cintre qui indiquent : « Chemins de fer de l'État ». Ma mère était toujours émerveillée lorsqu'il s'agissait de « l'État », ce seigneur invisible et omniprésent, bien plus puissant que ne le furent jamais nos hobereaux crottés. Émerveillée et un peu terrifiée ; en même temps reconnaissante puisque l'État lui versait une pension. Mon père avait été « serviteur de l'État » comme le père et la mère de ma mère avaient été serviteurs du baron de la V... Et dans cette ville de Rochefort, construite de toutes pièces sous Louis XIV et Colbert, l'État étalait partout sa présence. Dans le plan de la ville d'abord, tracé à la règle : un échiquier de rues droites, très larges, se coupant à angles droits. Ville de casernes. Ville-caserne.

J'ai très vite su qu'il s'agissait d'un double pèlerinage.

Après avoir suivi l'inévitable rue de la Gare, avenue toute droite bordée de platanes, nous prîmes en effet un chemin de ronde qui entoure l'énorme Hôpital des

Armées. Rue Toufaire, nous nous arrêtâmes devant la tour carrée de la Salle d'Armes de la Marine, intrigués par les trois cadrans d'horloge aux heures contradictoires. Des sentinelles coiffées du bonnet à pompon faisaient les cent pas devant la préfecture maritime, fusil à baïonnette sur l'épaule. Nous allâmes jusqu'aux bâtiments de l'Arsenal, au bord de la Charente. L'un d'eux portait cette curieuse inscription : École des Fourriers.

— Qu'est-ce que c'est un fourrier ?

— Un fourrier (ma mère cherchait, remontait dans ses souvenirs du « pays où fleurit l'oranger » et trouvait les copains sous-officiers)... Un fourrier... oui... quand ton père partait en route, eh bien, il y avait des sous-officiers qui s'occupaient de la nourriture et du logement. On les appelait les fourriers...

Emportée par ses souvenirs, elle me traînait autour des casernes. Les soldats aux képis noirs à ancres de marine nous dévisageaient. L'un d'eux plaisanta :

— Alors, il vient pour s'engager ce gaillard ?

Ma mère répliqua, prenant son ton de tragédienne :

— Son père est venu s'engager là !

Les soldats se mirent à rire :

— Et vous voulez savoir s'il est revenu, ma petite dame ?

Vexée, ma mère me tira par la main vers la rue du Port et nous partîmes, dans une grande excitation, à la recherche de la maison de Pierre Loti. Que comptions-nous y voir ? Pierre Loti lui-même ou mon père ressuscité ? Il devait y avoir des deux.

Ma mère n'osait demander où se trouvait la maison du romancier. Elle savait que cette maison existait, que son intérieur ressemblait aux livres de l'écrivain, avec un salon turc, des statues d'Asie, des armes, des tapis d'Orient, tout un bric-à-brac colonial beaucoup plus fabuleux que celui rapporté par mon père (mais Loti était officier, noblesse oblige !), seulement comment la trouver, cette maison ? Aujourd'hui, la chose serait simple puisque la maison de Loti est devenue un musée et se trouve tout simplement rue Pierre-Loti. Mais lorsque nous allâmes à Rochefort pour ce pèlerinage, Loti n'était mort que depuis une dizaine d'années.

Que de rues de Rochefort n'avons-nous pas parcourues, toutes désespérément semblables. A croire que nous n'avancions pas. A croire que le temps s'était arrêté et que nous piétinions. Ces rues si monotonement droites étaient balayées par le vent du large, glacial. Nous nous trouvions bien loin de *Madame Chrysanthème.* Et puis, lorsque, lassés, nous reprenions le chemin de la gare, tout près de la rue du Port, un homme, intrigué par notre manège, interpella soudain ma mère :

— Voulez-vous visiter la maison de M. Loti ?

Ma mère bredouilla, me prit par la main et s'enfuit. La panique ! Nous aurions voulu trouver Loti tout seuls. Ce monsieur entrait par effraction dans notre rêve. Je devais avoir douze ans. Combien de fois pareille aventure m'est arrivée depuis !

On aborde presque au rivage de son rêve, on va y pénétrer, et quelque chose intervient qui vous fait fuir, quelque chose qui a cassé à tel point le rêve que l'on n'en a plus envie.

Loti et Coppée, auteurs de la jeunesse de ma mère, auteurs de la vie rêvée, de la vie prénuptiale. Auteurs placés dans le rayon des regrets, comme « le pays où fleurit l'oranger ». Dans son veuvage, un autre auteur de prédilection, Pierre l'Ermite.

Peut-être ne connaissez-vous pas Pierre l'Ermite ? Ses romans ont pourtant tiré de trois cent à cinq cent mille exemplaires. Curé de Montmartre, et de son vrai nom Edmond Loutil, Pierre l'Ermite emmenait chaque année les enfants de son patronage dans une colonie de vacances à Noirmoutier. La Vendée apparaît donc souvent dans ses livres.

Deux d'entre eux plongeaient ma mère dans une

grande exaltation : *Comment j'ai tué mon enfant* et *Pas de prêtre entre toi et moi.*

Je m'étais toujours demandé où ma mère avait pris certaines de ses phrases grandiloquentes, que l'on eût dites d'un Corneille ou d'un Racine du pauvre. Je les ai pratiquement toutes retrouvées dans Pierre l'Ermite.

Comment j'ai tué mon enfant est l'histoire d'une mère, veuve d'un colonial, qui couve son fils unique. Mais le curé du patro entreprend d'arracher ce fils de riche à son milieu pour le mettre au service des pauvres. Le jeune homme avoue à sa mère qu'il désire être prêtre :

« Mme Yholdy se jette dans un fauteuil et se met à fondre en larmes.

— Alors, c'est fini, je n'ai plus qu'à mourir, car mon fils, mon seul amour, est mort... Moi qui rêvais de sortir un jour à son bras...

— Mais maman, l'abbé Firmin vous a dit jadis qu'aucune mère n'est plus heureuse ici-bas que la mère d'un prêtre...

— Oui, les femmes de rien ! Les femmes du peuple, les femmes de ton patronage ! Celles dont les fils auraient été des petits employés, des camionneurs... des meurt-de-faim s'ils n'avaient pas été curés ! Mais moi ! Mais toi !... Laisse-leur la prêtrise à ces pauvres... »

Réponse du prêtre à la mère éplorée qui vient le supplier de lui laisser son fils :

« Je vous avais confié mon fils pour en faire un homme et vous voulez l'ensoutaner.

— Votre fils, madame, vous sera toujours pris... par une femme ou par Dieu... »

La mère réussit à récupérer son fils en feignant une

maladie grave, s'arrange pour le faire embusquer pendant la guerre de 14. Mais trop couvé, trop gâté, finalement trop solitaire, ce fils se suicide en se jetant à la mer à Noirmoutier.

Réflexion de la mère :

« Quand les enfants sont petits ils vous marchent sur les pieds. Quand ils sont grands ils vous marchent sur le cœur. »

Je n'avais jamais lu Pierre l'Ermite avant de partir à la recherche des sources de l'accent de ma mère. Sous la coupole de la Bibliothèque nationale, ce petit livre à trois sous des Éditions de la Bonne Presse m'a causé une profonde stupéfaction. Cette mère veuve d'un colonial, ce fils qui veut être prêtre, ce fils couvé que l'on vous arrache (« L'enfant qu'il m'a volé », dit la mère en parlant du curé) combien je comprenais l'affabulation que pouvait en faire ma mère. Non pas que j'eusse ressenti une vocation religieuse. Mais néanmoins, puisque j'apprenais bien à l'école, le vicaire du patronage me faisait miroiter la gratuité du séminaire. Et puisque je parlais toujours « des colonies », pourquoi ne serais-je pas missionnaire ? Mais il en fut comme pour la maison de Loti. De douze à quatorze ans, on en parla beaucoup de ce futur séminaire, et des missions. Mais lorsque, après le certificat d'études, le vicaire vint solennellement rue des Orfèvres, me demander en présence de ma mère : « Alors, c'est oui ou non. Il faut maintenant que tu choisisses. Ou bien tu prends un métier, ou bien tu deviens prêtre.

— Oui, dit ma mère, très agitée, il faut que tu choisisses, tu ne peux pas laisser comme ça monsieur l'abbé, le bec dans l'eau. »

J'ai dit non. J'ai eu tort. Je ne savais pas que l'on pouvait faire des études au séminaire et ensuite jeter la soutane, comme le fit Rabelais de son froc. Je croyais que les études au séminaire se payaient d'une vie obligatoirement ecclésiastique. On ne m'avait pas informé de la séparation de l'Église et de l'État. J'ai dit non. Ma mère a enchaîné, très vite :

— Je savais bien, monsieur l'abbé, qu'il n'avait pas la vocation.

Quatre ans de gagnés, jusqu'à ce qu'arrive la première femme...

Pas de prêtre entre toi et moi ! nous concerne moins directement. Il s'agit d'une jeune fille pieuse, plutôt bigote, amie du vieux curé, et qui s'occupe des enfants et du catéchisme. Elle épouse un jeune avocat brillant qui va à la messe mais ne fait pas ses Pâques. Il jalouse sa bigoterie : « En amour, dit-il, quand on ne donne pas tout, on ne donne rien. » Et à propos du curé : « Cet homme, il est entre toi et moi toujours... Il me vole ma femme. » Réponse de l'épouse : « Vous êtes pour la terre... Lui il est pour le ciel... Tout vrai chrétien a deux foyers : le sien et puis sa paroisse. »

Le mari interdit à sa femme la fréquentation du curé, ainsi que la confession et la communion. Il ne lui permet que la messe le dimanche, le maigre du vendredi et le denier du culte. Puis, en lui glissant de mauvaises lectures (Rabelais, Voltaire, Michelet), il réussit à lui faire perdre la foi. Mais le jour où cette femme s'aperçoit que son mari a une maîtresse, que lui reste-t-il à faire, sinon de perdre la raison ?

Poussant la curiosité jusqu'à lire d'autres livres de Pierre l'Ermite, comme *La Vieille Fille* et *Peut-on aimer deux fois ?* j'y retrouve la plupart des références culturelles de ma mère. Le couplet de *Mignon* (« Connais-tu le pays où fleurit l'oranger... ») et celui de *Carmen* (« L'amour est enfant de bohème »). J'y retrouve souvent le portrait de la Petite Sœur Thérèse de l'Enfant-Jésus encadré dans notre chambre, comme dans la plupart des chambres des personnages de Pierre l'Ermite. J'y retrouve : « Mourir à l'hôpital, c'est mourir deux fois. »

La Vieille Fille... Peut-on aimer deux fois ?... Ces titres seuls pouvaient mener ma mère dans de bien mélancoliques rêveries.

Je me souviens que, du temps où nous vivions en Vendée, la lecture du *Petit Écho de la Mode* constituait le régal hebdomadaire de ma mère. Et non seulement la lecture de cet « illustré », mais les travaux pratiques qui en découlaient. C'est ainsi que ma mère se constituait une bibliothèque de petits romans, grâce à des encarts qui permettaient à chaque livraison de former des cahiers de huit pages en pliant les feuilles suivant une formule indiquée. Ces cahiers étaient ensuite assemblés et brochés en passant un fil aux points désignés par l'imprimeur.

Là encore, puisque je suis allé jusqu'à lire ces brochures jaunies, dont le papier se cassait sous mes doigts, on peut voir facilement dans quelle excitation ces romans mélodramatiques conduisaient une veuve qui se faisait peu à peu une vertu de son veuvage, conduite d'ailleurs sans doute, ou en tout cas aidée dans sa philosophie du renoncement et du culte du « héros mort », par cette littérature édifiante et lénifiante.

Par exemple, ce début de *Il y a danger !* par Emmanuel Soy :

« Ayant terminé cette lettre, la malade, épuisée par cette fatigue au-dessus de ses forces, se renversa dans son fauteuil. De ses grands yeux tristes et creusés, elle regarda la petite fille grave qui, dans un coin de la pièce, jouait sans bruit avec une vieille poupée.

— Pauvre petite... Moi, je m'en vais... Mon combat sera bientôt fini, mais le tien va commencer... Que vas-tu devenir ? »

Le danger, la fatigue, l'angoisse de la maladie et de la mort, l'obsession de l'avenir pour son enfant « qui ne pourra pas faire d'études parce qu'on est trop pauvres », tout y est. On dirait que *Le Petit Écho de la Mode* n'écrivait que pour elle ! Ce qui signifie que les lectrices du *Petit Écho de la Mode* devaient être pour la plupart dans son cas. Vieilles filles, ou veuves, ou divorcées, ou abandonnées, ou malheureuses en ménage, l'éventail de l'infortune féminine était suffisamment grand pour que cette publication, entièrement axée sur le réconfort moral et bien-pensant, soit prospère. Si prospère que ce journal a survécu à toutes les crises politiques et religieuses, à la guerre, à la résistance et à la collaboration, à la Libération comme à Mai 68. Simplement, il a supprimé de son titre l'adjectif « petit ». Petit sous-entendait entre les deux guerres mondiales une idée de gentillesse et aussi de feinte modestie. Le populaire se faisait petit, se disait petit, pour mieux échapper au regard des grands, pour ne pas les indisposer. Le populaire voulait alors passer inaperçu. Vieille habitude paysanne qui savait que le château, tout là-haut, a la manie des grandeurs et qu'il ne tolère autour de lui que la petitesse. Alors autant feindre d'être petit, alors autant crier à qui veut l'entendre que non seulement on est petit mais qu'on a plaisir à l'être, que l'on ne se trouve jamais si bien que dans un trou de belette. Rien ne vous empêche ensuite, la nuit tombée, d'aller saigner le lapin du maître.

Aussi la démagogie de la presse s'empara-t-elle de ce sentiment confus en en faisant l'adjectif de ses titres. *Le Petit Écho de la Mode* n'était pas le seul à tirer sur cette corde sensible. A Bordeaux on lisait *La Petite Gironde,* à Marseille *Le Petit Marseillais,* à Angers *Le Petit Courrier*, à Troyes *Le Petit Troyen,* etc.

Autre roman broché avec du fil de couture par ma mère : *D'un cœur inapaisé,* par Marie Barrère-Affre. En voici la fin :

« Ce soir, debout devant la pierre tombale où le connétable d'Aulussard-Montaltier repose dans la paix suprême, un peu de soleil blond sur ses cheveux argentés,

elle rêve. L'effigie de marbre s'allonge parmi les lettres de l'épitaphe : Fidèle à son Dieu, à son Roy, à sa dame et à sa parole... Doucement, un sourire aux lèvres, Micheline répète : "Fidèle !"

« Lente, elle s'éloigne, faisant tourner autour de son doigt pâle l'alliance brillante et l'anneau où courent les lierres ; et toute l'immortelle espérance est dans son cœur enfin apaisé... »

Ces romans font un abus invraisemblable des points de suspension. Presque tous les titres de ces romans pliables et cousables en comportent. Chez Pierre l'Ermite c'est une telle manie que l'impression de ses livres contient au moins le quart des caractères en points de suspension. Mais les points de suspension permettent de faire flotter le lecteur, de le tenir sans cesse en haleine, c'est un peu comme le heu du langage parlé.

La pierre tombale, le rêve, la fidélité dans le veuvage, l'anneau d'or au doigt, l'espérance, l'apaisement c'est comme un portrait de celle que j'essaie, d'une manière plus longue et finalement peut-être plus malhabile, de raconter.

Je parlais de travaux pratiques. La chronique de la mode, tenue par la baronne de Clessy, permettait de faire jouer ses aiguilles et ses crochets. Je retrouve de nombreux exemples de points de broderie dont ma mère s'est acharnée à vouloir orner tous nos mouchoirs de poche, ce qui les rendait inutilisables, la mauvaise qualité du tissu amenant le linge à se contracter autour des broderies, à se froncer, et finalement à se recroqueviller.

Je feuillette une collection du *Petit Écho de la Mode* de 1936 et je revois ma mère dévorer des yeux toutes ces lingeries, ces dessus, ces dessous, ces « manteaux d'auto », « tailleur de voyage », « robe de visite », « robe du soir », « élégant déshabillé », etc., alors qu'à l'époque, comme je l'ai déjà dit, elle ne se vêtait que de noir. Lorsqu'elle renonça à son voile de veuve, elle

1. Michel Ragon au mont des Alouettes, haut lieu de l'histoire vendéenne.

1

2

3

2. Mon grand-père,
ma grand-mère
et ma mère en 1896.
3. Mon grand-père,
Constant Sourisseau,
cocher du baron de la V.
4. Le baron de la V.,
au centre, tenant son chapeau
des deux mains, entouré
de ses domestiques.
Derrière lui,
ma grand-mère.
Debout, en blanc,
mon grand-père.
5. Les voisins, charpentiers.
6. (pages suivantes)
La vie conviviale se tient
dehors, dans la rue.

4

5

8

7

9

7. Aristide-le-Cochinchinois et ses tirailleurs, vers 1910, dans la région d'Hanoi.
8. Aristide, mon père, valet de ferme, se fait photographier avant de s'engager dans l'Infanterie coloniale.
9-10. Camille, ma mère, fille de domestiques, élevée comme une demoiselle, en 1912.

10

11. La tranchée des baïonnettes, où un régiment vendéen fut enseveli pendant la bataille de Verdun.
12. L'huile de foie de morue. L'un des supplices de mon enfance.

L'IODÉMA
HUILE
DE
FOIE
DE
MORUE
NATURELLE
ET SANS
PRÉPARATION
PROVENANT
DE PÊCHE
FRANÇAISE
A. DULEAU
44·RUE DE LA ROUSSELLE·44
BORDEAUX

13. Décembre 1922. Ma mère épouse son sous-officier qui ressemble à un personnage de Pierre Loti. Au complet, la tribu des Ragon.
14. Vers 1915. Derrière ma mère, Monsieur Emmanuel, le fiancé tué à la guerre (à l'extrême droite). A l'extrême gauche, ma grand-mère.
15. Léonie Villate, ma grand-mère, 45 ans env.
16. Ma mère, à vingt-deux ans.

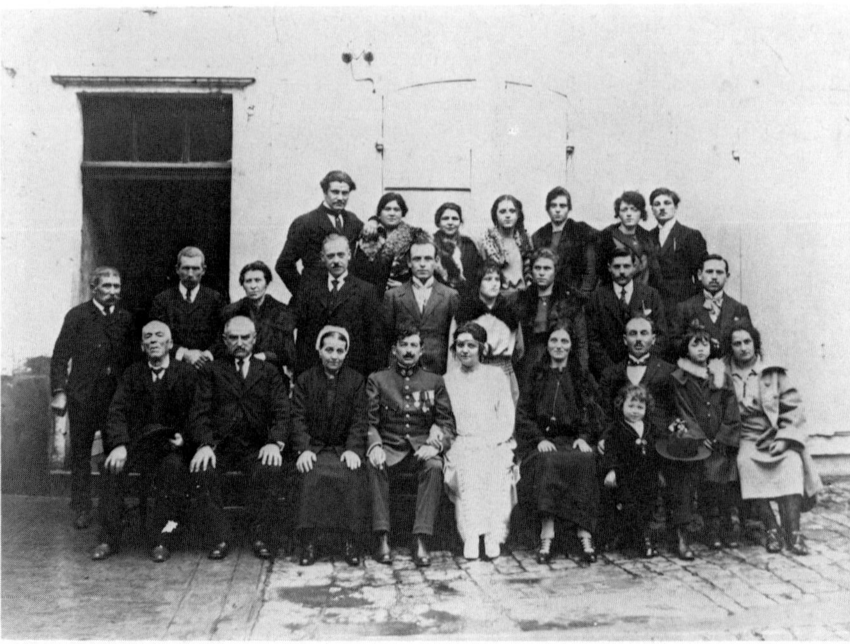

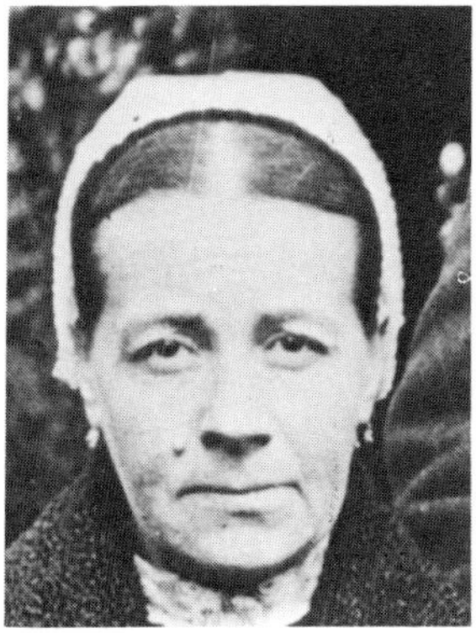

15

16

14

17

17. La coiffe « cabanière » de Fontenay-le-Comte.
18. Jeunes couples vendéens, vers 1900.
19. Ma grand-mère, venue rendre visite à sa fille, mariée, « au pays où fleurit l'oranger ».
20. Le bureau de tabac de Fontenay-le-Comte, tenu par ma mère, et où, un jour, entra un beau sous-officier.

19

20

21

21. *Mon père vivant, je vais à l'école des riches, Saint-Joseph. Premier à gauche, au dernier rang. J'ai sept ans.*
22. *Sarreau noir, ceinture de cuir, mon père est mort, c'est l'école des pauvres, où je me trouverai très heureux. Dix ans.*
23. *Derrière la photo, ma mère a écrit : « Michel et sa fantaisie de petit jouet ». Quatre ans.*
24. *Avec ma mère, à Nantes, en 1942.*
25. *L'École des Frères des Écoles chrétiennes. Dernière année. Je suis à la droite du « frère », en culotte de golf comme Tintin. 1938.*

22

23

24

25

26

26-27. Ma mère est venue me voir à Paris, devant mes boîtes de bouquiniste en bord de Seine, quai Malaquais, en 1955.

27

porta ensuite des petits chapeaux de la plus parfaite banalité, en feutre noir l'hiver, en paille noire l'été. Mais pour ces chapeaux elle allait néanmoins en grand cérémonial chez une modiste, comme toutes les autres femmes (sauf celles qui, comme ma grand-mère, portaient leur éternelle et immuable coiffe blanche). On ne s'achetait jamais des chapeaux tout faits. De même que l'on achetait des patrons-modèles indiqués par *Le Petit Écho de la Mode* pour ses robes que l'on faisait faire par une couturière, on allait chez une modiste, *sa* modiste, avec les derniers numéros de l' *Écho de la Mode* dans son sac à main. Et la quantité de petits chapeaux qui sont décrits, dessinés, dans *Le Petit Écho de la Mode* est phénoménale. Panamas, chapeaux en duvetine, tyroliens, marquis, amazones, bérets en velours, toques, canotiers bretons (« en bakou noir bordé d'un gros-grain rouge ») ; chapeaux à aigrettes, à plume-baïonnette, à fleur, à ruban, avec oiseau, « en ottoman de soie », « en paille exotique », « en paille anglaise », « en paille des Antilles », « en paille Manille » ou encore, lit-on dans un numéro : « Ornés des plus charmantes fantaisies de plumes posées spirituellement à la manière de Robin des Bois, de Puck ou de Merlin l'Enchanteur. »

Donc les pauvres, comme les riches, avaient leurs tailleurs et leurs modistes. Il ne s'agissait évidemment pas des mêmes. Ces couturières (et non tailleurs) et ces modistes étaient elles-mêmes pauvres, comme les laveuses et les ravaudeuses (ce qui sera finalement le métier de ma mère). Mais néanmoins les couturières et les modistes se situaient à un échelon social beaucoup plus élevé que les laveuses et les ravaudeuses. De même qu'un savetier se trouvait nettement moins haut dans les marches du sous-sol qu'un cordonnier. Plus de considération pour celui qui fabrique que pour celui qui répare et à plus forte raison que pour celui qui vend. Le marchand de draps semblait plus riche que le tisserand, mais c'est le tisserand que l'on estimait.

Ma mère partait chez *sa* modiste avec une liasse de feuilles du *Petit Écho de la Mode* pour se faire confectionner un chapeau splendide et elle en revenait avec son éternel feutre rapetassé, transformé, mis à la mode, dont elle se montrait d'ailleurs très contente, ce qui était le principal.

La coutume voulait que l'on se mette des peaux de renard au cou et aux manches. Ma mère tenait autant à son renard qu'à son alliance. Mais ce renard, qu'elle avait fait teindre en noir, datait du temps de mon père. Je revois encore très bien sa tête triangulaire, avec des yeux en billes de verre. Ce renard, seul animal dans notre maison, perdait d'année en année un peu plus de poils. Si bien qu'aux approches de mes quatorze ans, je commençais à me sentir honteux lorsque ma mère le jetait sur ses épaules pour sortir en ma compagnie. Je ne voyais plus de ce renard que le côté mité, pelé, minable. Il me semblait même qu'il sentait mauvais. De plus, la teinture du veuvage se décolorait par endroits, donnant à la bête une couleur pisseuse. Je ne savais comment dire à ma mère de jeter cette défroque, car je voyais bien qu'elle y tenait, que ce déchet de renard conservait pour elle une image de splendeur impossible à retrouver dans du neuf, trop cher, inaccessible. Heureusement la mode du renard passa. Néanmoins ce renard de plus en plus mité, de plus en plus pisseux, sentant de plus en plus mauvais, nous suivit dans nos pérégrinations à Nantes. Jusqu'à ce qu'un jour, un chien affamé ou myope nous le dérobât, ma mère l'ayant posé, malencontreusement pour elle, heureusement pour moi, sur le dossier d'une chaise, devant notre porte, pour le faire sécher au soleil.

Bienheureuse disparition, qui lui permit d'affabuler longtemps sur ce renard, qui devint peu à peu renard argenté et que l'on eût pu vendre à un naturaliste, ce qui nous eût permis de passer des caps difficiles, etc.

Travaux pratiques encore que ceux conseillés par la chronique *La Bonne Cuisine à bon marché.* Bon marché certes, mais bonne cuisine ? Le potage aux cosses de pois, la tarte aux pommes de terre, les navets farcis, le chou à la villageoise, le ragoût de légumes à la bordelaise, le tapioca aux pommes, tout ça venait donc de ce maudit *Petit Écho de la Mode !*

Ma mère se ruait bien sûr sur la *causerie médicale* où le rhume de cerveau se retrouve en bonne place : « Ce n'est ordinairement pas par le froid au visage que l'on s'enrhume du nez ; c'est par le froid aux extrémités... Le refroidissement de la plante des pieds, voilà donc une des causes les plus ordinaires du catarrhe nasal. » Les remèdes indiqués me replongent dans l'environnement médicamenteux de mes jeunes années : fumigations ou inhalations de mauve, guimauve, violette, bains de pieds chauds ou sinapismes, sudation (avec la bourrache de nos cueillettes, prise en tisanes), bouillottes, chauffe-pieds.

Nous conjuguions, avec ma mère : j'enrhume, tu enrhumes, il enrhume. J'ai continué à le faire, inconsciemment, jusqu'à ce que ma femme me réprimande : « On ne dit pas j'enrhume, mais je m'enrhume. » En effet, *Le Petit Écho de la Mode* lui-même écrit « on s'enrhume », alors que nous avons toujours dit : « On enrhume. »

J'ai essayé de me corriger de cette « faute » jusqu'à ce que, retournant dans l'Ouest, j'entende très nettement quelqu'un dire : « J'enrhume. » Je ne faisais donc pas une « faute », sinon contre le français académique, et « l'accent de ma mère » n'avait pas totalement disparu de mon langage, contrairement à ce que je croyais. En vieillissant, j'ai d'ailleurs tendance à récupérer certains mots, sans le vouloir. Ils me remontent à la gorge et fusent soudain, comme un rot que l'on ne peut éviter. Du moins ils apparaissent ainsi dans le contexte du « beau langage », ces mots français déformés ou ces mots patois. Ils détonnent, insolites, sorte d'éructation.

1936. C'est bien une collection du *Petit Écho de la Mode* de 1936 que je feuillette ! Aucune allusion, nulle part, au Front populaire. Les *Livres du moment* recensés sont les *Lettres du sud de Madagascar,* par le maréchal Lyautey, *Henry de Bournazel,* par Henry Bordeaux, *Le P. Mell, apôtre de la Guinée française,* par P. Piacentini, *Mémoires du Sergent Bourgogne* (Hachette), *Bayard,* par Paul Bellaguy, *La Vie de Jésus,* par François Mauriac... La seule allusion à l'actualité pourrait se trouver dans ce « costume d'Éthiopien pour garçonnet de douze à treize ans » que recommande la rubrique de la mode, mais que la postérité n'a pas retenu au même titre que d'autres costumes aussi ridicules dont on affligeait les enfants : costume marin ou costume de golf.

Il me semble réentendre ma mère (il y a pourtant plus de quarante ans) me parler de ce *Courrier de Liselotte* (qui fait aussi un éditorial : *Le Jardin des âmes*). Quelle aubaine pour les solitaires que ces courriers au lecteur. On trouvait aussi dans *Le Petit Écho de la Mode* un « courrier du docteur » et des pensées « d'hommes illustres » que ma mère recopiait sur des petits carnets. Par exemple cette réflexion profonde et bien sentie de René Bazin : « La mort est notre dernier devoir. Il faut bien le faire. »

Et ces placards de publicité, comme ils témoignent bien encore de l'obsession de la maladie qui n'affectait donc pas que ma mère. Goitres, épilepsie, malfaisance des poux, maladies « honteuses » agitent leurs crécelles. Cependant que les Grains de Vals assurent qu'ils combattent la constipation, que les Lithinés du Dr Gustin se posent en vainqueurs des rhumatismes, que l'abbé Soury offre sa jouvence aux femmes sur le retour d'âge, que le Vin de Frileuse s'affirme « le plus fort des fortifiants » et un « donneur de globules rouges », que le Phoscao assure qu'il combat les

« maladies de langueur », que la crème Tokalon préserve la peau, que le « Bon Vermifuge Lune » tue les vers des bébés à la moue pleureuse. Autant de remèdes proposés ne témoignent pas d'une santé florissante chez les lectrices du *Petit Écho de la Mode.*

Dans le vocabulaire des journalistes de la rue Gazan revient souvent le mot « fantaisie ». Tout est matière à fantaisie. D'où sans doute cette inscription de la main de ma mère au dos d'une photo qui me représente en costume marin, tenant un cheval de carton bouilli au bout d'une ficelle : « Michel, avec sa fantaisie de petit jouet. » On y retrouve les termes petit et fantaisie. « Sa fantaisie de petit jouet », cette phrase me plaît beaucoup pourtant. J'y vois chez ma mère une propension à l'allégorie. Ce n'est pas, comme on aurait pu s'y attendre : « Michel, huit ans. » Non, ma mère répugnait à ces constats dépourvus de poésie. L'âge, finalement, lui importait peu. Elle voulait se souvenir en écrivant au dos de la photo de ce moment d'une vie où un petit jouet apportait dans l'existence d'un enfant (et dans la sienne) une « fantaisie », donc un caprice, un goût passager et original. Aussi original, bien que non exceptionnel, que cette « fantaisie » de m'habiller à huit ans en fusilier marin et à treize ans en joueur de golf.

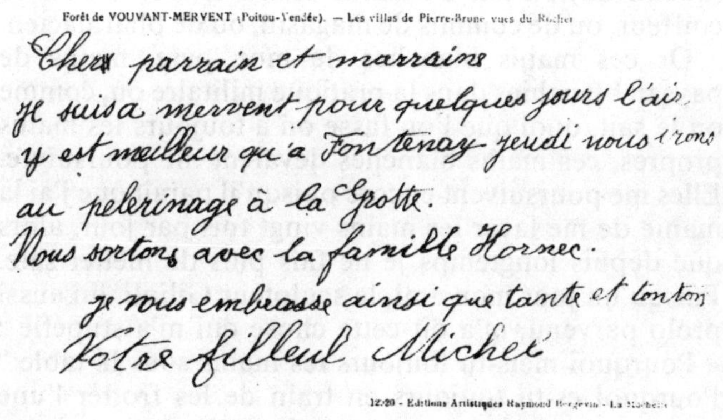
Forêt de VOUVANT-MERVENT (Poitou-Vendée). — Les villas de Pierre-Brune vues du Rocher

Chers parrain et marraine
je suis a mervent pour quelques jours l'air
y est meilleur qu'a Fontenay jeudi nous irons
au pelerinage à la Grotte.
Nous sortons avec la famille Hornec.
je vous embrasse ainsi que tante et tonton
Votre filleul Michel

12.20 - Editions Artistiques Raymond Bergevin - La Rochelle

6

De l'aspect physique de mon père, ma mère retenait un détail qui l'avait beaucoup frappée, car elle y revenait souvent : « ses belles mains blanches ». Des mains blanches, des mains non gercées, non déformées par le travail de la terre, des mains que la bêche ou la cognée n'ont pas transformées en battoirs, cela devait être si rare dans notre milieu que ma mère caressait ce souvenir comme une image de luxe. Elle n'ajoutait pas, comme on pourrait s'y attendre dans mon nouveau langage : « des mains d'intellectuel ». Le mot intellectuel nous était inconnu. Je ne l'ai jamais entendu prononcer avant de le trouver, adolescent, dans des livres. Elle disait (on disait) quand elle (quand on) parlait de mains blanches, des mains de coiffeur, ou de commis de magasin, ou de pharmacien.

Or ces mains blanches de mon père, mains de paysan blanchies dans la pratique militaire où, comme on le sait, quoi que l'on fasse on a toujours les mains propres, ces mains blanches devaient me poursuivre. Elles me poursuivent encore puisqu'il paraît que j'ai la manie de me laver les mains vingt fois par jour, alors que depuis longtemps je ne fais plus de métier sale. Puisqu'un jour mon ami, le sculpteur Gilioli, lui aussi prolo parvenu, m'a dit cette chose qui m'a stupéfié : « Pourquoi mets-tu toujours tes mains sous la table ? Pourquoi es-tu toujours en train de les frotter l'une contre l'autre ? Tu as un malaise avec tes mains. Tu as des mains honteuses. »

Mains honteuses, mains honteuses ? Moi je n'ai pas honte de mes mains. Mais, peut-être, ont-elles honte de moi ?

Peut-être me renvoient-elles toujours, lorsque je les regarde, au souvenir de deux grosses mains, deux mains gercées, calleuses, souvent déchirées de griffures d'épines ; deux mains souvent blessées, avec des plaies soignées à la poix qui emplissaient la cuisine d'une odeur de corne brûlée ; les mains de mon grand-père, que je vois énormes, qui devaient être énormes lorsque l'enfant que j'étais posait dans ces battoirs ses menottes.

Peut-être me renvoient-elles toujours, ces mains, à une image du travail manuel, à une image d'outils. Journalier, payé quotidiennement pour entretenir les jardins potagers des bourgeois de notre petite ville, mon grand-père maniait beaucoup d'outils : bêche, fourche, sarcloir, binette, houe, faucille, râteau, sécateur, pelle et cette brouette vide avec laquelle je le voyais partir le matin et qu'il poussait le soir avec une certaine allégresse. La brouette s'était remplie de légumes, de fruits. On le payait un peu en argent et beaucoup en nature.

Tant d'outils pour un seul homme (j'en oublie, car il y avait aussi les marteaux, les scies, les tenailles, puisqu'il lui fallait toujours réparer quelque chose) qu'ils emplissaient toute une cabane de la cour. Il y avait encore, en ce temps-là, qui se situe vers 1935, des hommes dont le principal outil était la main, mais leurs travaux, de rendement très modeste, leur imposaient quand même une multiplicité d'instruments prolongeant la main.

Dès l'approche de mes quatorze ans, ma mère me parla donc de métiers qui conservent les mains blanches. Pas pharmacien, bien sûr, mais préparateur en pharmacie. Je ne sais comment lui vint cette idée, mais elle me voyait commencer comme garçon de courses dans une pharmacie puis le pharmacien m'aurait appris le secret de ses breuvages et, peu à peu, je serais devenu préparateur. Ce mot « préparateur », dans sa bouche, devenait phénoménal. Ce serait, à n'en pas douter, une promotion sociale assez inouïe pour toute la famille. Elle chercha le pharmacien qui voudrait bien accepter un « débutant » et le « former ». Le plus étonnant c'est qu'elle le trouva. Mais on ne se lance pas dans une telle aventure sans demander conseil à l'abbé de la paroisse. Vexé sans doute par mon refus du petit séminaire, l'abbé s'opposa carrément à ce projet, arguant que le pharmacien en question était un célibataire de mauvaise vie.

Ma mère *qui ne voulait pas tuer son enfant* fit confiance à l'abbé et chercha du côté des coiffeurs. Mais aucun coiffeur ne ressentait un besoin d'apprenti. Commis de magasin paraissait prétentieux et, de toute manière, j'étais trop jeune. Qu'à cela ne tienne ! Si notre petite ville n'avait pas besoin de son fils, elle irait ailleurs, nous irions ailleurs.

Nous allâmes ailleurs, dans la métropole qui chevauche Bretagne et Vendée, c'est-à-dire Nantes.

Lorsque les Vendéens ont un reproche à faire à la nation, c'est à Nantes qu'ils s'adressent. Pas à la Roche-sur-Yon, ville qui n'existe pas puisque créée de toutes pièces par un général de la République devenu usurpateur sous le nom ridicule de Napoléon Ier. En juin 1793, l'ogre paysan qui brandit ses fourches et ses faux n'eut qu'une seule idée : dévorer la bourgeoisie de Nantes. Aller leur montrer, à ces messieurs en habits noirs, que les bouseux du bocage ne se laissent pas *embobicher*, ni *enjominer*. Aller leur montrer qu'on existe, le *dail* à la main, un sacré-cœur rouge cousu sur la poitrine.

Ils étaient quatre-vingt mille qui marchaient sur Nantes, venus du bocage, des Mauges, du marais. En tête de l'immense colonne, des hommes déguenillés, aux uniformes bleus, enchaînés : les prisonniers républicains dont ils se servaient comme boucliers. Puis des cavaliers sans selle, sur des chevaux de labour, avec des cordes en guise d'étriers. Cent trente canons tirés par des bœufs. Tous ces canons, ils les avaient pris à l'armée républicaine grâce à une technique déroutante pour des soldats de métier qui observaient encore les règles du jeu de la guerre. Ils se jetaient à plat ventre lorsque tiraient les canons ennemis et, pendant que les artilleurs rechargeaient leurs engins, se précipitaient en hurlant sur les pièces, assommaient les soldats ahuris et retournaient les canons sur l'infanterie républicaine. Cette artillerie récupérée était commandée par un paysan nommé Six-Sous. Derrière venaient les chariots de mitraille. Puis les fantassins regroupés par paroisses. Le quart de ces fantassins disposait de vieux fusils de chasse ou de fusils de guerre récupérés sur les prisonniers bleus. Les autres étaient armés de bâtons, de coutres de charrue, de pieux, de broches à rôtir et de faux emmanchées à l'envers.

Ils marchaient lentement, de leur démarche habituelle lorsqu'ils suivaient leurs bœufs, sans parler ou presque, égrenant le chapelet qu'ils tenaient à la main ou récitant des prières. De temps en temps, de paroisse à paroisse se relançaient les versets d'un cantique. Le *Vexilla Regis*, composé au VIe siècle par l'évêque poitevin Fortunat, était devenu leur hymne favori. Mais ils aimaient aussi la musique de *la Marseillaise* et ils la chantaient avec quelques couplets modifiés.

Toutes les villes, tous les bourgs républicains rencontrés en cours de route étaient mis au pillage. Dès que les « bourgeois » entendaient le hurlement des cornes à bœufs (qu'ils préféraient aux tambours), la panique s'ensuivait. Les « vainqueurs de Valmy » eux-mêmes étaient à un tel point terrifiés qu'en mars 1793 soixante mille prisonniers encombraient les colonnes vendéennes. Devant traîner des régiments entiers sur les routes, ils auraient bien voulu les échanger contre des chouans prisonniers, mais la République répondait : « On ne traite pas avec les brigands, ce serait reconnaître leur puissance. » Et la République fusillait les prisonniers chouans. Les Vendéens se vengeaient en mettant leurs prisonniers en première ligne. Mais soixante mille prisonniers pour une armée de quatre-vingt mille hommes devenaient une charge impossible. Les Vendéens eurent alors l'idée curieuse de relâcher leurs prisonniers après les avoir tondus, persuadés qu'ils ne se relèveraient pas d'une telle humiliation.

Dans leur marche sur Nantes, les Vendéens paraissaient à un tel point invincibles qu'un de leurs officiers, Lescure, se disait persuadé qu'ils prendraient Paris avant la fin de l'été. Villes, bourgs, villages, rien ne leur résistait en effet. Ils délivraient les prisonniers « blancs », emplissaient les charrettes de sacs de blé, de barriques de vin, de bonbonnes d'eau-de-vie, de munitions, de poudres. Puis repartaient vers le nord, de leur marche lente, rencontrant en chemin des villages incendiés par les républicains qui refluaient, des troupeaux errants, des cadavres, des chiens abandonnés redevenus aussi sauvages que des loups.

Le soir, au campement, ils récitaient leur chapelet, debout, tête nue, leurs longs cheveux raides recouvrant leurs épaules.

Aux approches de Nantes, les Vendéens se divisèrent en cinq colonnes, l'une devant attaquer la ville par la route de Paris, une autre par la route de Vannes, une troisième par la route de Rennes, une quatrième en descendant l'Erdre, et la cinquième, celle de Charette, canonnant la ville depuis Pont-Rousseau. Le 28 juin la ville était totalement encerclée. Mais les bourgeois nantais, au lieu de céder à la panique, se défendirent avec une énergie inattendue. Un marquis, Jean-Baptiste de Canclaux, commandait la garnison républicaine. L'armée vendéenne était menée, elle, par un colporteur, fils de maçon : Cathelineau. Dans cette première grande bataille, toute l'ambiguïté de la Révolution et de la réaction apparaît. Nantes pris par les Vendéens, tous les historiens sont formels, la République était perdue. Rien n'aurait arrêté « l'armée catholique et royale » fonçant ensuite sur Paris, d'autant plus que la Bretagne et la Normandie avaient aussi pris les armes contre la République et que Lyon et Toulon s'insurgeaient.

Mais Nantes fut fatal aux Vendéens. C'était un trop dur morceau pour l'ogre paysan. Il s'est cassé les dents sur cette grosse pierre qui barre la Loire. Le généralissime plébéien Cathelineau, tué en pénétrant dans les faubourgs de Nantes, la panique s'empara des paysans et ce fut la débandade. Le marquis de Canclaux avait sauvé la République.

L'impulsion soudaine de ma mère, qui lui faisait quitter pour la première fois ses parents, procédait un peu de la même folie que l'ogre-chouan. Tenant une valise de carton bouilli d'une main, son fils de l'autre, elle allait leur réclamer son dû à ces messieurs importants. Elle allait se présenter chez eux, nous présenter, en réclamant « une place ». Elle se sentait sûre de son droit. C'est d'ailleurs une de ses caractéristiques que cette certitude que la société lui devait (nous devait) quelque chose. Et une telle conviction finissait par devenir payante. On se débarrassait toujours de cette quémandeuse en lui laissant quelques miettes qu'elle ramassait en remerciant à peine. « Ils » lui devaient bien ça !

Je ne sais d'où elle tirait cet orgueil et ce dédain « des autres ». Elle aura vécu toute sa vie dans une solitude hautaine, regrettant visiblement que je me compromette tant avec le monde.

Notre premier contact avec Nantes fut très dur. Nous n'y connaissions personne. Nous n'y avions ni logement ni travail. Le simple fait de se repérer, de se retrouver, dans tant de rues et de places, lorsque l'on vient d'une petite ville demeurée quasiment villageoise, est déjà paniquant.

En ce qui concerne le logement, nous fûmes assez vite casés au pied du château des ducs de Bretagne. Ma mère se fit en effet engager comme concierge dans un immeuble qui bordait les douves. Ainsi nous retrouvions la position clef de la famille maternelle qui semble avoir toujours dormi sur le paillasson des châteaux.

C'est que, la chose étonnera, mais nous sommes d'une lignée de gens qui n'ont jamais eu de maison. Nous sommes d'une lignée de gens qui n'ont jamais eu de logement décent jusqu'à une date fort récente, et pour qui la notion même d'habiter restait inconnue. Le droit à l'habitat est une revendication plus jeune et plus neuve que le droit au travail.

Nous qui étions des migrants, nous nous trouvions dans la même situation que les actuels immigrés : tout ce qui était bon à habiter se trouvait déjà pris. Il ne nous restait que les déchets. Se loger dans une grande ville, lorsque l'on n'y a pas de « passé », représente une gageure. Il faut s'y faire un trou. Expression on ne peut plus juste. La grande ville est un gros fromage qui craint les souris ; qui pose partout des pièges pour les dissuader de s'approcher de sa croûte, mais lorsque l'on est rat des champs et que l'on n'a pas d'autre ressource que de faire un trou dans ce fromage et s'y enfoncer, il faut passer coûte que coûte, dût-on sacrifier une patte dans un piège.

Le local concédé à la concierge se composait de deux pièces, la première ne disposant que de l'éclairement de la porte-fenêtre sur la cour, la seconde complètement obscure. Cette seconde pièce n'avait sans doute jamais été habitée et devait servir de débarras, voire même de fosse d'aisances car j'en tirais une quantité d'immondices. On en revient toujours aux bouses. Mais des bouses en plein air et des bouses dans un réduit étouffé par les cinq étages qui le surplombent n'ont rien de commun. Pas même l'odeur. L'odeur des bouses de vache, dans un pré, est bucolique. Celle des excréments humains dans une loge de concierge est à faire vomir. Seulement je m'étais mis dans l'idée d'avoir « ma chambre ». Alors je charriai vingt ans, cinquante ans, cent ans d'ordures accumulées dans ce réduit. Puis j'y mis le lit de fer que ma mère voulut bien acquérir chez un brocanteur, décarcassai quelques caisses pour en faire des étagères à livres et branchai tant bien que mal des fils électriques sur l'installation de la loge. Lorsque la lumière jaillit je m'aperçus que les murs vomissaient du salpêtre, que le plafond était si noir qu'il paraissait badigeonné de suie et que l'odeur de merde semblait imprégner le sol. Mais j'avais « ma chambre ». J'en fis les honneurs à ma mère qui commença par trouver la lampe électrique beaucoup trop forte. J'allais m'abîmer les yeux avec une telle lumière. Nous n'avions jamais utilisé que des lampes de 25 W et j'avais commis la prodigalité de mettre une lampe de 40 W. Revenir aux 25 W eut l'avantage de rendre le salpêtre des murs et la suie du plafond moins visibles.

Lorsque la propriétaire de l'immeuble vint visiter notre installation, elle se mit à protester en me voyant occuper le réduit.

— Mais c'est un débarras. Vous ne pouvez pas laisser votre fils coucher là. Ce n'est pas hygiénique. Il n'aura pas assez d'air. Et ce fil électrique qui court sur le mur ? Vous allez mettre le feu...

Ma mère lui coupa la parole :

— Comment voulez-vous qu'on mette le feu avec un fil. Un fil c'est un fil, non ! Et où il est ce débarras, dites-le-moi un peu ? La chambre de mon fils n'est pas un débarras. Et depuis le temps qu'on vit à la campagne, il a bien eu assez d'air.

La propriétaire partit en joignant les mains et levant les yeux vers ce premier étage où elle habitait et qui allait être pendant quelques années notre seul ciel.

Nous étions logés, il s'agissait maintenant de me trouver du travail. Comme ma mère refusait d'accepter tout ouvrage qui me « mettrait aux intempéries », c'est-à-dire tous les métiers de plein air : maçon, charpentier, couvreur, cantonnier, terrassier... et tous les métiers qui risquaient de m'abîmer les mains : mécanicien, plombier, menuisier, chaudronnier, soudeur... nous revenions rituellement faire la queue au bureau de placement tous les lundis matin.

— Mais enfin, madame, disaient les employés excédés, que voulez-vous en faire, de votre fils ? A quatorze ans il ne peut être qu'apprenti.

Elle se pinçait les lèvres :

— Il doit quand même bien y avoir des pharmaciens ou des coiffeurs qui ont besoin d'apprentis ?

— Non, non, nous n'avons pas de demandes dans cette catégorie. Il faut prendre ce que l'on trouve.

Dans ce refus des métiers de plein air et des travaux salissants, s'exprimait bien sûr la vieille peur paysanne des frimas, l'horreur de la nature toujours hostile à ceux qui sèment et qui plantent. Tout comme le mythe des belles mains blanches se superposait à tant de mains déformées par le travail de la terre, entaillées par les outils, brûlées par le soleil et le gel.

Tout cela restait inconscient chez ma mère. Comme elle ne pouvait expliquer les raisons de son refus, elle s'accrochait à lui avec d'autant plus d'énergie.

De semaine en semaine, nous finîmes par prendre nos habitudes dans la salle d'attente du bureau de placement. Nous y rencontrions d'autres habitués. Le ton montait. A la revendication succédait l'invective :

— Ils ont le beau rôle, eux, assis derrière leurs guichets.

— Qu'il pleuve, qu'il vente, ils ont les pieds au chaud.

— Ils gardent les meilleures places pour des privilégiés, nous on ramasse ce dont personne ne veut.

— C'est une place comme ça, qu'il faudrait pour votre petit.

Ma mère en eut le souffle coupé. Avant que quelqu'un d'autre puisse profiter d'un tel conseil, elle se précipitait, me tirant toujours par la main, dans le bureau du directeur où elle entra par surprise, sans frapper.

Finalement, lassés par cette quémandeuse obstinée et de plus en plus hostile, les employés du bureau de placement s'en débarrassèrent en m'embauchant comme garçon de courses.

Ma mère était ravie. Elle me disait : « On commence comme ça et puis après on devient employé de bureau. Tu verras, un jour tu seras toi aussi derrière un guichet et tu feras attendre le monde. »

En attendant, et en guise de place au chaud et à couvert, j'allais arpenter les pluvieuses rues de Nantes. J'allais patauger dans l'eau, ruisseler de toutes les gouttières, courir par tous les temps, d'un bout de la ville à l'autre. J'allais, l'hiver, allumer tous les poêles des bureaux, balayer les pièces dès le petit matin, avant que les employés n'arrivent.

Le soir, je retrouvais notre antre. Si obscur, si humide, qu'il me semblait que nous étions enfoncés dans les profondeurs du sol et que la loge devait communiquer avec les douves du château.

Nous nous sentions bien seuls dans cette immense ville où nous ne connaissions personne. A peine franchissions-nous la porte cochère de l'immeuble, sur une ruelle aux pavés de guingois, que nous recevions en plein visage la masse compacte des murailles du château, de l'autre côté des douves. Murailles sombres, sinistres, hostiles, signe omniprésent de nos anciens seigneurs et maîtres. Même si la duchesse de Bretagne était depuis longtemps inoffensive, son château nous écrasait encore de toute sa masse. « M'sieu not' maître... » Ainsi s'adressait-on, dans la famille de mon père, au châtelain propriétaire des fermes dont nous étions métayers. « M'sieu not' maître », nous semblait, derrière ces murailles, toujours là. Nous collions à ses bottes.

Je remarquai que lorsque nous sortions de l'immeuble, ma mère jetait un regard de biais au château, regard rapide, regard mauvais. Puis elle pressait le pas en me tirant par la main.

Ces premières années à Nantes, ces premières années d'adolescence, sont si obscures que je n'y vois rien. Obscures au sens propre du mot. C'est-à-dire dans la nuit de notre réduit si faiblement éclairé par nos 25 W. Dans la pénombre de la ruelle qui jouxtait le château. Dans la grisaille du brouillard, du crachin et de tous ces immeubles gris.

Enfoncés sous un immeuble, comme au fond d'un tiroir, il nous semblait que nous avions toute la ville au-dessus de nous.

C'est alors que ma mère découvrit qu'il existait une nature autre que la campagnarde, une nature non hostile, disciplinée, muséographique : le Jardin des Plantes. A Fontenay-le-Comte, elle pouvait se passer de nature, du moins elle le croyait. La nature affleurait de partout. Il suffisait d'aller se promener sur la place Viète pour faire sa provision de tilleul. Il suffisait de prendre le chemin de halage, le long de la Vendée, pour se trouver tout de suite au milieu des prairies et y cueillir tantôt des jonquilles, tantôt des violettes, tantôt des pâquerettes.

A Nantes, nous nous trouvions en plein centre avec un couvercle d'immeubles au-dessus de notre tanière. Au bout de quelques mois, nous étouffions. Par la force de l'habitude, ma mère alla se promener le dimanche vers la gare et, tout près, trouva le Jardin des Plantes dont elle ne soupçonnait pas l'existence.

Ce parc public lui causa sans doute l'un des rares plaisirs de sa vie, et des plus durables. Jusqu'à ce qu'elle ne puisse plus quitter hôpitaux et maisons de retraite, ce Jardin des Plantes fut, avec le Grand

Magasin Decré, son lieu de prédilection. Il est singulier de voir cette femme, qui était le désordre même, qui laissait toujours traîner vaisselle et linge, fascinée par des systèmes où le rangement est extrême. Sans doute, depuis « le pays où fleurit l'oranger », n'avait-elle pas rencontré nature aussi accueillante. Les grands arbres aux essences variées, la pelouse, les cours d'eau où nageaient des poissons rouges, les petits ponts en arceaux, et toute la partie botanique du jardin avec cette multiplicité de plantes étiquetées, tout cela l'enchantait. Elle qui aimait herboriser (pour les tisanes) me montrait l'infinie variété des plantes, se perdait un peu dans le latin des étiquetages, s'extasiait devant l'inattendu de certaines herbes exotiques.

Bientôt elle connut le Jardin des Plantes dans tous ses recoins : les serres avec les orangers, la statue de Jules Verne, le cèdre tricentenaire, les roseraies, l'immense saule pleureur du bassin aux carpes.

Nous ne prenions pas de chaises puisqu'il fallait payer une location, mais cherchions un banc à l'ombre. Il y faisait bon lire, sous le bruissement des branches et dans la jacasserie des oiseaux.

A cette époque, elle s'était plongée dans Delly, ayant lu et relu depuis longtemps tout Pierre l'Ermite. Quant à moi je découvrais avec ivresse Jean-Jacques Rousseau. Ce ne pouvait être plus à propos puisque ma mère manifestait le même goût de la nature que Jean-Jacques, c'est-à-dire d'une fausse nature, d'une nature policée, citadinisée, hygiénisée, rassurante. Ma mère m'a mené à Jean-Jacques Rousseau par le biais du Jardin des Plantes, cela est certain. Et toute ma vie en sera transformée.

Par le fait que je n'avais alors d'autre ami (d'autre amie) que ma mère et qu'elle ne fréquentait elle-même personne d'autre que moi, ces premières années de mon adolescence ont sans doute été les plus satisfaisantes qu'une mère puisse obtenir. Et ceci malgré la dureté de notre condition : logement infect, mon salaire insignifiant de garçon de courses, les heures de ménage que ma mère ajoutait à sa maigre pension.

Mais le dimanche après-midi nous retrouvions le paradis du Jardin des Plantes et nos lectures. Ma mère se montrait très contente de me voir lire les *Rêveries du promeneur solitaire.* Elle me prenait parfois le livre des mains pour le feuilleter et lisait à haute voix :

— *Je ne cherche point à m'instruire : il est trop tard. D'ailleurs je n'ai jamais vu que tant de science contribuât au bonheur de la vie ; mais je cherche à me donner des amusements doux et simples, que je puisse goûter sans peine, et qui me distraient de mes malheurs. Je n'ai ni dépense à faire ni peine à prendre pour errer nonchalamment d'herbe en herbe, de plante en plante, pour les examiner, pour comparer leurs divers caractères, pour marquer leurs rapports et leurs différences, enfin pour observer l'organisation végétale de manière à suivre la marche et le jeu de ces machines vivantes...*

Comme elle lisait Jean-Jacques avec le ton juste ! Il semblait que ce fût une lettre reçue hier. Je la remerciais du fond du cœur d'aimer celui que je reconnaissais pour un grand frère. La lecture de Rousseau m'aidait à faire le passage difficile entre l'état de nature et l'apprentissage de la ville, entre l'âge d'enfance et celui de jeune homme. Grâce aux *Confessions,* je compris mieux le déchirement qui était le mien puisqu'il fut celui de Jean-Jacques lors de son premier emploi : « grapignan », comme j'étais « courantin », deux mots pour dire ce que l'on appelle plus communément saute-ruisseau. On est si petit à quatorze ans, si frêle, si démuni face à tous ces adultes qui vous houspillent, qui se plaignent de vous avoir dans leurs jambes si vous vous tenez trop près et qui hurlent parce que vous n'arrivez pas dans la minute même où ils appellent, si vous vous tenez trop loin. Je n'osais dire à ma mère que mon travail au bureau de placement ne correspondait guère aux ambitions qu'elle se faisait pour moi. Je regardais mes mains rougeaudes, abîmées l'hiver d'engelures, noircies par le charbon des poêles.

— Mon pauvre petit, soupirait ma mère, tu n'auras jamais les belles mains blanches de ton père.

N'affabulons pas ! En regard de ce que fut le travail des enfants dans les filatures et dans les mines, au XIXe siècle, notre adolescence ouvrière n'eut rien de tragique. Seulement une jeunesse triste, trop écrasée par l'autorité des adultes. Non seulement nous étions des enfants mis au travail avec des vieux, privés de tout contact avec d'autres jeunes de notre âge, mais nous devions subir le rudoiement des adultes. L'enfant prolétaire, forcément travailleur non qualifié, se trouvait par voie de conséquence l'homme à tout faire, le taillable et corvéable à merci, le toujours disponible, la bête de somme, le chien.

Un seul camarade me faisait envie. Il était groom dans un hôtel, avec un uniforme rouge, toujours très propre, et on lui donnait des pourboires.

Ce que je pouvais comprendre alors, mais qui me donnait un malaise bien plus profond que cet asservissement des enfants prolétaires aux adultes, c'est que mon exil à Nantes signifiait la perte de mon identité rurale et mon entrée douloureuse dans un monde inconnu : celui de l'urbain et du moderne. Par là même je subissais, je participais à la révolution normale de mon siècle. Mais je l'ignorais. Je tirais encore de toutes mes forces pour m'accrocher à la civilisation du cheval et des bœufs. Mais les tramways de Nantes, les sirènes des bateaux dans le port, les sirènes des usines de locomotives des Batignolles, les sirènes de la Sucrerie Say, de la Conserverie Amieux, du chantier naval ; le sifflet de la locomotive qui traversait encore la ville en traînant derrière elle des kyrielles de wagons, les autos, les camions, tout ce tintamarre me disait que j'étais maintenant prisonnier de la ville.

De mon adolescence prolétarienne à Nantes, je ressens encore une impression de dérive. Dérive d'un monde paysan à un monde industriel, dérive de l'artisanat à l'usine, du cheval à l'auto, de l'individu à la foule. Dérive aussi de logement provisoire en logement provisoire, de logement d'infortune en logement d'infortune.

La solitude de Jean-Jacques était la nôtre, comme son dénuement. Je lisais *La Nouvelle Héloïse, Émile.* Je lisais... du moins, je lisais en morceaux choisis ne pouvant guère me payer que les petits classiques brochés achetés d'occasion passage Pommeraye.

Lorsque j'en arrivai au *Contrat social* une grande exaltation m'envahit. La révolution était pour demain. Nous allions entrer sans plus tarder dans le domaine des égaux. Je lisais des passages du *Contrat social* à ma mère, qui faisait la moue. Tant de promesses édéniques lui paraissaient suspectes. Elle préférait le romantisme de *Julie* ou le ton larmoyant des *Confessions*.

La lecture de Pierre l'Ermite et de Delly brisait ses élans. Belle mécanique réactionnaire que cette littérature démontrant que la résignation est la plus grande des vertus. Pendant que je lisais Jean-Jacques Rousseau, ma mère lisait de Delly : *Fille de chouan, Le Chant de la misère, Une misère dorée.*

Ma mère, comme les centaines de milliers de lectrices de Delly, était d'abord happée par la description de la misère. La misère de l'héroïne constituait en quelque sorte le piège où « l'ordre moral » faisait tomber le lecteur. L'héroïne du *Chant de la misère* est la fille d'un ouvrier éternellement chômeur et d'une mère qui se tue au travail à sa machine à coudre. Pourtant elle devient institutrice et épouse un fermier militant catholique. Quoi d'extraordinaire ? Mais une « institutrice laïque » qui épouse un militant catholique, ça ne se voyait alors que dans des romans !

Une fille de chouan qui épouse un directeur de fabrique, ça ne se voyait pas non plus dans tous les bocages. Ma mère se consolait de nos malheurs en lisant dans Delly des phrases comme celle-ci :

— Les grands bonheurs sont silencieux — surtout lorsque planent sur eux de douloureux souvenirs...

Ou celle-ci :

— La souffrance est la monnaie de ce monde. Il ne faut jamais la regretter, c'est à elle que nous achetons le bonheur sans fin... Et c'est par elle que les âmes sont sauvées.

Pas assez de souffrance dans le *Contrat social.* Elle ne voulait pas me décourager, mais pour elle ce livre ne tenait pas debout.

Dans nos premières années nantaises se place le début de la Seconde Guerre mondiale, mais il est bien évident que cet événement, capital dans l'Histoire, n'était qu'une péripétie mineure dans notre histoire à nous. Les guerres faisaient partie d'un fond de décor dans notre culture : guerres de Religion, guerres de Vendée, tranchée des baïonnettes, guerres du Tonkin, Clemenceau (« le Tigre ») dont j'avais visité la maison à Saint-Vincent-sur-Jar (visite annuelle du patronage), monuments aux morts dans tous les villages, sonneries aux morts le 14-Juillet et le 11-Novembre ; et tout ce recensement des « campagnes » de mon père sur son livret militaire. Pour les paysans, la guerre représentait une fatalité contre laquelle on ne peut rien. On la redoute comme la grêle qui saccage la floraison des arbres fruitiers, comme l'ouragan qui couche le blé, comme la sécheresse qui détruit la fertilité du sol, comme l'inondation, comme la peste, comme la tuberculose, comme la mort... Mais on ne s'en inquiétait pas trop tant qu'elle n'était pas là. Elle viendrait bien assez vite. La guerre ne paraissait tangible que lorsque les soldats ennemis commençaient à brûler les villages, à piller les fermes. Alors le moment venait de faire face. Et il y avait des millénaires que l'on faisait face, toujours battus, toujours vaincus ; étrillés, clopineux, bancals, estropiés. Ceux qui traînaient leur jambe de bois, ceux qui laissaient flotter une manche vide à leur veste, et les borgnes, et les gueules cassées, et les infirmes dans leurs poussettes, je les connaissais depuis ma plus lointaine enfance. Les deux premières peintures dont je me souvienne sont deux images de guerre : *Le rêve passe,* d'Édouard Detaille, en reproduction ai-je déjà dit chez le coiffeur de la rue des Loges et la *Tranchée des baïonnettes* peinte par le cafetier de la rue de la République et qui avait été solennellement exposée au musée de Fontenay.

C'était la première fois que nous allions dans un musée, ma mère et moi. Je m'en souviens comme d'une cérémonie à l'église. Tout le monde, endimanché, parcourait d'intimidantes pièces au plancher ciré où l'on voyait à la dérobée des « peintures à l'huile » : des portraits « d'époque » de Nicolas Rapin et de Tiraqueau, des paysanneries de Milcendeau et des allégories de Paul Baudry ; ces deux artistes étant les deux grandes gloires picturales vendéennes. Paul Baudry (qui s'en souvient ?) fut le peintre préféré de Napoléon III et l'inauguration à Paris de son décor du grand foyer de l'Opéra fut un événement national. On nous arrêta pour nous obliger à regarder les gravures de « Monsieur » Octave de Rochebrune, qui fut propriétaire au siècle dernier de ce château de Terre Neuve où Nicolas Rapin recevait jadis Sully et Agrippa d'Aubigné. Puis enfin nous arrivâmes dans la pièce où la *Tranchée des baïonnettes* occupait tout un mur. Mais nous fûmes déçus. Le tableau nous sembla trop petit. On s'attendait à voir les personnages grandeur nature. Les soldats du 137e régiment d'infanterie étaient bien là, dans leur capote bleue, enfouis dans la tranchée qui allait devenir leur tombeau. Mais ils nous parurent raides, empesés, pas vivants du tout. Quelqu'un dit, grave : « Ils ont été enterrés vivants. » Un autre ajouta : « On est de la chair à canon, faut bien dire... » Mais une impression de gêne poussait au silence. La présence de ma mère avec son voile de veuve ne faisait qu'ajouter à ma morosité. Bien des années passeraient avant que je retourne dans un musée. Ma mère ne fit pas de commentaires, sinon que « c'était peint à la main ». Ce qui sous-entendait que ça avait de la valeur, cette valeur que l'on donnait à l'objet, lentement et artisanalement produit. Elle ajouta toutefois : « Ce cafetier, quand même, c'est un artiste ! » Quand même ! C'est-à-dire malgré la boisson, malgré le mauvais exemple du lieu où il vivait, « dans la vinasse ».

La guerre, d'abord lointaine, mythique, se rapprocha brusquement et se transforma, on le sait, en déroute, exode, défaite, occupation, collaboration, résistance, libération.

Au moment de l'exode et aux premiers temps de l'Occupation, un certain nombre de bourgeois nantais crurent plus prudent d'émigrer dans leurs terres. C'est ainsi que de concierge dans la rue du Château, ma mère devint gardienne d'appartements vides. Étrange travail, mais qui nous enchanta. Il nous permit d'abord de quitter notre cloaque médiéval pour aller habiter dans les beaux quartiers. Rien que des immeubles cossus. Nous couchions un jour dans un appartement, un autre jour dans un autre. Ma mère aérait, faisait le ménage, et surtout du remue-ménage, afin qu'il soit bien visible que ces appartements n'étaient pas vacants. Non seulement un appartement libre pouvait recevoir la visite de cambrioleurs, mais il risquait aussi d'être réquisitionné. La réquisition inquiétait plus les propriétaires que la cambriole, les compagnies d'assurances ne couvrant que le second sinistre.

Ce vagabondage dans les maisons des autres, où l'on trouvait le nécessaire en arrivant, et un confort qui nous « laissait baba » ; ce furetage dans les appartements délaissés qui nous amenait de curieuses découvertes, quelle excitation ! Nous vîmes qu'il existait des salles de bains et des baignoires, de l'eau chaude au lavabo et à l'évier, des tapis dans les chambres, des fauteuils dans lesquels, disait ma mère, « on pouvait dormir debout ». Et puis des livres... Dès que j'arrivais dans un de ces appartements, je partais à la recherche de nouveaux livres. Il en traînait toujours, de-ci de-là. Certains appartements disposaient même de grandes bibliothèques vitrées, mais fermées à clef. Quel supplice de voir tant de dos de livres, sans pouvoir les sortir du rayon ! J'essayais toutes les clefs que je pouvais trouver. Parfois, une simple épingle à cheveux suffisait pour ouvrir une serrure. Alors quelle orgie ! Nous n'abîmions rien, nous remettions tout en place, mais nous passions, ma mère et moi, des demi-nuits à lire. Comme nous ne payions pas l'électricité, nous avions enfin une lumière convenable. C'est dans un de ces appartements que je lus *les Fleurs du mal,* sous l'œil réprobateur de ma mère qui n'en voulait pas à Baudelaire dont elle n'avait jamais entendu parler, mais au titre qui « présentait mal ». Par contre, nous nous délectâmes ensemble avec les élégies de Lamartine.

L'Histoire nous montre le pays s'enfonçant dans les ténèbres de l'Occupation, les premières lueurs vacillantes des foyers de résistance, les déportations, les exécutions, la torture, l'héroïsme et la trahison. Mais il en était de ces ténèbres comme des fameuses « ténèbres du Moyen Age ». Combien de moyenâgeux, ignorants qu'ils étaient, n'ont jamais perçu ces ténèbres ? Combien, au contraire, ont été irradiés des lumières de la foi et de l'amour ? Les sculpteurs qui taillaient dans la pierre les images du portail de la cathédrale de Reims vivaient-ils dans les ténèbres ? Le paysan qui vannait son grain dans la splendeur du mois d'août vivait-il dans les ténèbres ? Paradoxalement, alors que tout allait si mal en France, jamais nous n'avions été aussi bien. Mais il faut dire que notre hérédité vendéenne est singulière. Les Vendéens sont foncièrement des ruraux, taciturnes, repliés sur eux-mêmes et sur leurs tribus, hostiles au changement, collant de toute la force de leurs sabots à la glaise, à la glèbe. On les dirait imperméables à l'aventure et pourtant régulièrement ils se lancent collectivement dans les équipées les plus folles. Ces sédentaires sont pris de temps à autre, et inopinément, de la maladie du vagabondage. D'où l'énorme recrutement de soldats de la coloniale et de missionnaires [1] en Vendée. D'où la passion avec laquelle les Vendéens se sont lancés par deux fois dans des guerres perdues d'avance contre le pouvoir parisien : la première fois contre le Roi, la seconde fois contre la République. La première fois, ils s'appelaient parpaillots, la seconde chouans. Mais on aurait pu penser qu'il s'agissait des mêmes, si les premiers n'avaient été massacrés. Sauf ceux qui s'enfuirent sur des voiliers et larguèrent vers l'Acadie.

De 1605 à 1628 (date à laquelle La Rochelle est vaincue par les troupes royales), les Vendéens passent la mer et s'installent sur la côte est du Canada. Ils y fondent l'Acadie, l'heureuse Arcadie avec une faute de prononciation. Qu'ils y aient trouvé l'innocence n'est pas sûr, mais leur bonheur certainement. Un siècle

1. Le premier missionnaire vendéen, le jésuite Jean-Venant Bouchet, né à Fontenay-le-Comte en 1654 est mort aux Indes anglaises en 1734. La Vendée dénombre quatre missionnaires martyrs : le premier massacré par les Indiens du Canada en 1703, un autre décapité en Corée en 1839, un troisième supplicié au Tonkin en 1843 et le dernier en Cochinchine en 1844. Treize missionnaires vendéens furent élevés à la dignité épiscopale. Les missions catholiques comprenaient deux cents missionnaires vendéens au XIXe siècle. On en dénombrait encore cent soixante-huit en 1944.

Cf. O. Denis, *Le livre d'or des missionnaires vendéens,* diocèse de Luçon, Fontenay-le-Comte, 1944.

En ce qui concerne les soldats de la coloniale, consulter *Ma sœur aux yeux d'Asie* de Michel Ragon, Albin Michel 1982.

après, les Anglais arrivent et les Vendéens-Acadiens résistent aux Anglais comme ils avaient résisté aux troupes de Richelieu. N'en pouvant venir à bout, l'Angleterre décide tout simplement la déportation massive et totale des Acadiens. Sur trois mille quatre cent cinquante que l'on traîne à l'île Saint-Jean, mille trois cents meurent en mer. Un millier est transporté en Virginie, un autre millier au Maryland, mille cent quarante en Angleterre et deux mille trois cent soixante-dix sont ramenés dans « le vieux pays »,[1] ou plutôt à la lisière du « vieux pays » puisqu'ils sont parqués à Belle-Isle-en-Mer. Cette déportation totale d'une population, complétée par l'incendie systématique des maisons, des granges et la confiscation du cheptel, les Acadiens l'appelèrent « le grand chambardement ». Ils attendirent un siècle dans leurs exils puis, dans la deuxième moitié du XVIIIe siècle, ils recommencèrent individuellement par retourner dans leur Acadie. Ils y sont aujourd'hui près de deux cent mille. Et ils parlent le dialecte vendéen. Ils disent « il mouille » quand il pleut, il « mouillasse » quand il pleuvote. Il *pigouillent* la vase avec une perche comme dans le marais vendéen. Ils appellent eux aussi une brouette une *berouette,* un oiseau un *ozo,* un merle un *marl,* des épluchures des *éplures,* une génisse une *taure,* du fromage du *feurmage.* Ils mettent des *eux* au bout d'une quantité de mots : *parleux, bouseux, rado-*

1. Le gouvernement de Louis XV forma le projet d'installer la majorité des Acadiens rapatriés en Poitou. Mais beaucoup refusèrent les terrains incultes qui leur étaient proposés et partirent en Louisiane. Néanmoins une colonie acadienne se fixa dans la région de Châtellerault où elle mit en pratique une expérience physiocratique. Une dizaine de familles acadiennes perpétuent aujourd'hui, dans les mêmes lieux, la mémoire acadienne. Une des anciennes fermes a été transformée en un modeste musée acadien. Les descendants de ces colons qui mirent en valeur des terres délaissées du Poitou m'ont fait la surprise de m'y inviter en 1986, m'offrant en souvenir une soucoupe ornée d'un médaillon avec ce libellé : « Les cousins Acadiens du Poitou ».

Cf. Papuchon, *La colonie acadienne du Poitou,* 1908

Ernest Martin, *Les exilés Acadiens en France au XVIIIe siècle et leur établissement en Poitou,* Hachette, Paris, 1936.

teux, conteux, buveux, coureux, traîneux... Avec ce que cette terminale *eux* contient de méprisant. Par contre les finales en *ouère* indiquent presque toujours un objet fonctionnel : *pressouère* (pressoir), *rasouère* (rasoir), *tirouère* (tiroir), *mirouère* (miroir). Ajoutons que tous ces mots-là sont aussi chez Rabelais. Mais nous reviendrons en Acadie où je suis allé un jour à la recherche de l'accent de ma mère...

« Le grand chambardement », une expression tranquille pour un drame aussi atroce. Les Anglais dépècent un peuple en Acadie, démantèlent ses tribus, ses familles, éparpillent une population à des milliers de kilomètres pour qu'ils ne puissent même pas avoir l'idée de se rejoindre. Ils expérimentent sur les Vendéens ce qu'ils feront deux siècles plus tard avec les Indiens. Mais on parle encore vendéen en Acadie.

Autre « grand chambardement », dont l'histoire de France fait peu de cas et que les Vendéens appellent « la grande virée de galerne ». C'est ce que d'une manière plus moderne on pourrait nommer « la Longue Marche » en faisant référence à celle de Mao. Cette longue marche, c'est celle des Vendéens de 93, vaincus, et qui cherchent une nouvelle fois à quitter la Vendée. Ils se heurtent à la Loire le 18 octobre. Ils sont cent mille et derrière eux les villages brûlent, ceux qui ne sont pas partis sont massacrés par les Bleus. Cent mille, dont vingt mille non-combattants : dix à douze mille femmes, trois cents prêtres, des enfants par milliers, des vieillards, des religieuses, des aristocrates en familles complètes avec leurs domestiques. Ils sont cent mille qui traversent la Loire par groupes de dix sur ces longs bateaux plats, noirs, des passeurs et des pêcheurs d'alose. Des radeaux sont improvisés avec des futailles. La noblesse qui les suit, plutôt qu'elle ne les conduit, est épouvantée. Bonchamps et Lescure, blessés à mort, sont emportés sur des civières. La Rochejaquelein, furieux, refuse de partir. Mais on le nomme généralissime. Il se cache, pleure, répète qu'il n'est pas digne de cet honneur, qu'il est trop jeune, qu'il ne pourra pas imposer une discipline à une armée en déroute. De plus, il est blessé et porte le bras en écharpe. Il a vingt et un ans. On le pousse. On l'entraîne. Il sera généralissime malgré lui. La traversée dure vingt-quatre heures, entre Saint-Florent-le-Vieil et Varades. Très peu savent nager. Certains cavaliers lancent néanmoins leurs montures dans le fleuve. Des infirmes, des vieillards, sont piétinés par la foule affolée. Et les Vendéens ont avec eux cinq mille prisonniers républicains. Il n'est pas question de les emmener dans l'exode. La foule veut les massacrer quand Bonchamps et Lescure, mourants, s'interposent. « Grâce aux prisonniers ! » Dans l'église de Saint-Florent-le-Vieil se trouve aujourd'hui le tombeau de Bonchamps surmonté d'une sculpture très « romaine » de David d'Angers qui m'avait beaucoup impressionné lorsque, revenant du maquis, j'étais allé à vélo rendre mes dévotions à l'ancien chef vendéen. Et la carte postale que j'avais alors achetée, cette carte postale du tombeau représentant le pardon et la grâce, je l'ai toujours. Elle est là, dans mes papiers, parmi mes notes sur la « grande virée de galerne ». Et Bonchamps mourant, qui ressemble à Atala, me regarde toujours de ses yeux de marbre blanc.

Bonchamps mourut lorsqu'on le descendit sur la plage de la rive droite. Le lendemain les Républicains déterreront son cadavre, lui couperont la tête et l'enverront à la Convention.

La Vendée n'est plus, mais les Vendéens s'échappent. Les chefs qui les suivent sont désemparés. La Rochejaquelein voudrait attaquer Nantes. Stofflet pense qu'il faudrait se ruer sur Cholet. Mais les paysans sortent à découvert, montent vers les collines du Maine, puis bifurquent vers la Bretagne. La colonne fait seize kilomètres de long. Les quatre mille hommes de Stofflet forment l'avant-garde. La traversée de la Loire n'a permis d'emporter que quelques canons. Un millier de cavaliers seulement protège les flancs de l'immense cohorte. Les paroisses se sont regroupées. On chante des cantiques. La plupart des marcheurs ont les pieds nus. On a emporté ce que l'on a pu et les vêtements sont si hétéroclites que l'on voit même des femmes enveloppées dans des morceaux de tapisseries de laine enlevées à des châteaux. L'exode paysan se fait par des milliers de charrettes à bœufs, mais il y a aussi une cinquantaine de carrosses, des bannières tenues à bout de bras, des crosses d'évêque, des croix d'argent et des reliques arrachées des églises.

Bizarrement, cette horde affamée, grelottante dans les premiers frimas d'automne, encombrée d'une multitude de non-combattants, enlève d'assaut toutes les villes qui se trouvent sur son passage : Candé, Segré, Château-Gontier. Comme à leur habitude, dans chaque ville les Vendéens brûlent les papiers administratifs et les arbres de la Liberté. Mais, contrairement à ce qu'avait toujours espéré Bonchamps, la Bretagne ne se soulève pas. Six mille jeunes paysans bretons viennent néanmoins se joindre aux Vendéens à Laval. Avec leurs longs cheveux, leurs vêtements en peau de chèvre, leur langue incompréhensible aux Poitevins, ils formeront un groupe à part. Mais ils se battent avec les Vendéens à Laval et les aident à repousser l'attaque de trente mille Mayençais. Comme d'habitude, une offensive des Bleus est une belle occasion de récupérer des canons. Une nouvelle fois les Mayençais sont en déroute, avec treize mille tués, blessés ou prisonniers. Les Vendéens ont récupéré dix-neuf canons, des caissons de munitions, des chariots chargés de pain et d'eau-de-vie.

La longue colonne va vers Fougères, précédée des tambours de Stofflet qui jettent la panique jusqu'à Rennes. Il est vrai que la Convention a affiché partout en Bretagne et en Normandie : « Toute ville qui recevra dans son sein des brigands ou qui ne les aura pas repoussés avec tous les moyens dont elle est capable sera punie comme une ville rebelle et, en conséquence, elle sera rasée et les biens des habitants seront confisqués. » A cette menace s'ajoute pour les citadins la terreur de voir arriver une population affamée, de cent mille personnes, qui ne peut s'approvisionner que sur l'habitant.

Le but, l'aspiration confuse de la foule vendéenne qui a fui son bocage, c'est de rejoindre la mer et, au-delà, les navires anglais qui les emmèneront vers une nouvelle Acadie. Le 13 novembre, ils arrivent devant les murailles fermées de Granville. Comme ils n'ont pas de matériel de siège, ils prennent une soixantaine d'échelles dans des fermes. Mais ces échelles sont trop courtes. Ils tentent alors d'escalader les murs en y plantant des baïonnettes. Mais Granville se défend avec la même énergie que Nantes, jadis. Après trente-six heures d'attaque, les murs ne cèdent pas. Dans les villages d'alentour l'hostilité de la population contre les Vendéens est très vive. On leur lance des pierres. On tire sur eux par les lucarnes des greniers. Les cent mille Vendéens se pressent sur les plages, s'entassent en bord de mer comme ils l'avaient fait un mois plus tôt au bord de la Loire. Les bateaux anglais ne viennent pas. La fusillade s'entend pourtant de Jersey.

Le futur Charles X, qui est en Angleterre, ne bronche pas. Ces noblaillons vendéens, aussi crottés, aussi loqueteux, aussi sanguinolents que les paysans, la haute aristocratie et la cour les méprisent. Pour les frères de Louis XVI ces chefs de « brigands » sont peu sûrs. Cette petite noblesse vendéenne aussi provinciale, aussi renfermée, aussi frondeuse que la paysannerie qu'elle est censée surveiller, la surveille bien mal puisqu'elle devint huguenote comme elle par esprit d'indépendance. Louis XIV la détestait cette noblesse vendéenne. Et c'est tout à l'honneur de ces noblaillons crottés que d'avoir suscité la colère du « Roi-Soleil » : « Entendrai-je toujours parler de la noblesse du

Bas-Poitou ! » Puis le mépris désabusé du Régent : « La noblesse du Bas-Poitou est la plus misérable du Royaume. »[1]

Ils attendent sur la plage, après leur échec du siège de Granville, entassés, affamés, les blessés mourant en geignant contre les rochers. Ils attendent le bon vouloir de la famille royale en exil. Ils sont théoriquement « l'armée royale », la seule qui combatte la République. Mais la famille royale ne bouge pas. Pour elle, l'avenir de la France est à Coblence. Alors, quand ils comprennent qu'ils ne peuvent pas espérer une nouvelle Acadie, un cri retentit, se propage, déferle : « A la Loire ! A la Loire ! » Les généraux veulent aller en Normandie. Ils refusent. Ils prennent le chemin du retour.

Mais à Dol les Bleus attaquent. Comme la ville est formée d'une seule rue large, les femmes et les blessés se rangent en file le long des murs. Les bagages, les chariots, sont placés au milieu de la rue. La cavalerie se tient sur deux rangs, entre les canons et les femmes. Les Vendéens, pour la première fois, se sont laissé prendre dans une souricière. Cernés, sabrés, déchiquetés par les éclats d'obus, les paysans refluent dans la ville, foulant aux pieds les blessés. Les morts sont si nombreux qu'ils servent d'escaliers pour passer pardessus les charrettes. Les bêtes d'attelage sont étouffées. Les officiers frappent les fuyards. Les femmes s'accrochent aux soldats pour les supplier de se battre. Les prêtres crient que ceux qui fuient iront en enfer, ceux qui meurent en se battant au paradis. Rien n'y fait. La panique est totale. La déroute complète. Les voitures passent sur les cadavres et les blessés dont on entend les os craquer.

Entre Dol et Le Mans les Bleus ont mis le feu à

1. Parmi les généraux vendéens, trois s'apparentaient toutefois à la haute noblesse : le prince de Talmont, le marquis de Lescure et le comte de La Rochejaquelein.

l'unique route possible en enflammant des arbres abattus qui forment un brasier. Les Vendéens doivent s'employer à éteindre ou à écarter les brandons pour frayer un chemin à la colonne, à son artillerie et à ses caissons de poudre. C'est un passage effrayant dans un terrain fumant, noirci, couvert d'étincelles, prémices de l'enfer qui attend les soixante mille survivants qui ne forment plus une armée, mais une confusion de soldats, de blessés, de malades. Ceux qui sont semés en chemin sont sabrés par les hussards. Des mères, désespérées, jettent leurs enfants dans les buissons, espérant qu'ils seront recueillis par des paysans. Dans les villages retraversés, on trouve les cadavres de la marche en avant, à demi dévorés par les loups.

On arrive à Laval. Ceux qui les avaient bien accueillis à l'aller ont été guillotinés ou fusillés, et tous les blessés laissés à l'hôpital jetés à la rivière ou sabrés dans leurs lits. Mais les deux mille défenseurs de la ville ayant pris la fuite, les Vendéens peuvent se reposer pendant deux jours. Affamés, ils se jettent sur le blé, l'eau-de-vie, le cidre. On se regroupe autour de grands feux de genêts et l'on dépèce des vaches que l'on mange par lambeaux sanglants. Le cidre, boisson inhabituelle pour les Vendéens, provoque coliques et dysenterie. Aux blessures, à l'épuisement d'une aussi longue marche et d'escarmouches incessantes, s'ajoute la déprime de la chiasse. Et puis, il fait froid. Pour ces hommes et ces femmes qui craignent tant le froid, aucun vêtement d'hiver. Ils s'accrochent des couvertures autour du cou avec des ficelles. Comme ils n'ont plus ni sabots ni chaussures, ils s'enveloppent les pieds dans des chiffons. Cette foule exténuée arrive le 3 décembre devant Angers qui ferme ses portes et se prépare à la résistance. Après trente heures d'attaques sans résultat, les Vendéens se replient, abandonnant au pied du mur deux mille femmes, vieillards et enfants, qui seront fusillés. Les cadavres empestent à tel point les rues angevines que l'on y brûle solennellement « l'encens de la Patrie, pour purger l'air infect qu'ont pu y laisser les brigands de la Vendée ». Sur la route de La Flèche, les fuyards sont rattrapés par la cavalerie hurlante du général républicain et ci-devant noble Jean-Fortuné Bouïn de Marigny. La piétaille paysanne est une fois de plus sabrée par un noble, au nom de la République. Les six mille Bretons sont partis dans le Maine où ils vont former ce que la République appellera « la bande noire des pillards ». Les Vendéens espéraient trouver des vivres à La Flèche. Mais pillée et repillée, La Flèche est exsangue. C'est une armée de fantômes, transis par le vent glacé, pouvant à peine tenir un fusil, qui arrive au Mans. A travers ses fenêtres, la population terrorisée voit déambuler cinquante mille gueux, hâves, déguenillés, traînant quand même trente pièces de canon, des charrettes chargées de blé et une cinquantaine de carrosses emplis de femmes. Le défilé ne fait plus que douze kilomètres, mais c'est quand même encore une colonne énorme, qui passe en silence dans les rues et se loge à quatre-vingts ou cent dans les maisons dont elle enfonce les portes à coups de crosse.

Kléber, Marceau, Westermann se ruent avec leurs troupes sur Le Mans. Les feux de peloton abattent les Vendéens entassés dans les rues, comme des quilles. Dans le carnage, les chariots et les canons renversés, beaucoup de personnes sont écrasées par les fourgons. Les fuyards poursuivis par la cavalerie jonchent de cadavres la route du Mans à Laval. Dix mille morts ensanglantent les rues du Mans. Les soldats Bleus retournent les cadavres pour les dépouiller de leurs montres, de leurs bijoux, de leurs assignats et de leurs pièces d'argent. Parmi les prisonnières, ils se répartissent les femmes les plus distinguées et les religieuses comme butin de guerre. Les mortes sont dénudées, alignées nues, jambes relevées. Les soldats s'amusent à, disent-ils, « mettre les femmes en batterie ». Puis ils introduisent des cartouches dans les vagins, qu'ils font exploser.

Ceux qui ont pu fuir Le Mans et qui s'égarent sur la route de Paris sont pris et exécutés, les autres font une course de cent quarante kilomètres en vingt-quatre heures. Ils passent à Sablé, se retrouvent à Laval pour la troisième fois. Comme il pleut à torrents, les chemins sont embourbés. Il n'est plus question de pouvoir conduire des chariots ou des carrosses. Les blessés sont abandonnés au bord des routes. Il seront massacrés. Qui s'endort est massacré. Qui s'arrête pour manger est massacré. Qui tombe de fatigue est massacré. Dans tous les villages, les pelotons de prisonniers vendéens sont abattus à coups de piques et de sabres. Des rescapés refluent vers le nord de Nantes. Sur six cents enfants vendéens capturés, trois cents seront noyés comme des chatons dans la Loire et trois cents autres étrangement épargnés. Baptisés « Enfants de la Patrie », ces derniers, élevés en « patriotes », ne seront jamais rendus aux familles.

La panique est totale aux abords de la Vendée si proche, mais dont la Loire interdit le passage. Le 16 décembre, le plus gros des fuyards arrive néanmoins à Ancenis, s'empare des bateaux du port et construit des radeaux avec des barriques. La foule patauge dans la boue des berges. Les radeaux canonnés par les Bleus qui tiennent la rive gauche, bien peu de Vendéens réussiront à passer avant que n'arrivent les hussards qui les dispersent.

Un flot de Vendéens en déroute se meut sur Nantes. Ils sont cueillis aux portes de la ville comme du gibier cerné par des rabatteurs. Mais que faire de tant de prisonniers ? Les prisons de Nantes sont pleines et même les noyades de Carrier dans la Loire n'éliminent que dix mille personnes. Le typhus frappe les rescapés vendéens et les Nantais sont effrayés par l'épidémie. Lorsqu'il arrive à cet épisode, Michelet dira avec une horrible désinvolture littéraire : « On avait tué pour le péril, on tua pour la salubrité. »

Des cent mille Vendéens qui passèrent la Loire deux mois plus tôt, il ne reste plus qu'une colonne de quinze mille soldats, femmes, enfants, vieillards. Ils se dirigent vers Savenay, cherchant toujours à franchir le fleuve. Après une nuit de marche sous une pluie qui n'a pas cessé depuis un mois, ils se trouvent face à face avec quinze mille soldats républicains qui avancent sur trois colonnes, comme à la parade. Deux cents cavaliers seulement s'échappent dans la forêt du Gavre. Il faudra des semaines pour brûler à la chaux et enterrer quinze mille cadavres. Carrier fera afficher dans Nantes : « Les brigands sont foutus. Il n'y a plus de calotins et de royalistes. » Et Westermann écrira à la Convention : « Il n'y a plus de Vendée, elle est morte sous notre sabre libre, avec ses femmes et ses enfants. Je viens de l'enterrer dans les marais et les bois de Savenay. »

Cette « longue marche » n'aura duré que soixante-six jours, du 18 octobre au 23 décembre 1793, alors que la « Longue Marche » de Mao se poursuivra durant un an et couvrira douze mille kilomètres. Mais si, au lieu de monter au nord, vers l'Angleterre, les Vendéens étaient partis à l'est, peut-être seraient-ils arrivés eux aussi au Yen-an. Et nous y serions encore !

Tout ceci pour essayer de m'expliquer par les hasardeuses lois de l'hérédité la peur de l'inconnu chez ma mère, son côté lapin de choux et ses brusques accès de vagabondage. Son coup de foudre pour un sous-off de la coloniale et l'Acadie qu'elle trouva « au pays où fleurit l'oranger ». Puis son brusque repliement sur la terre vendéenne et son refus de suivre mon père « aux colonies ». Et toute sa vie j'observe le balancement entre le désir de se cacher dans un trou de souris et la brusque détermination de partir ailleurs, vers l'inconnu, sans rien regretter de ce qu'elle abandonnait. Sa mère, dont elle semblait ne pouvoir se passer, et qu'elle laisse à Fontenay pour partir avec moi à Nantes, sans logement, sans travail. La conciergerie près du château des ducs de Bretagne, délaissée brusquement pour un transbordement journalier d'un appartement vide à un appartement vide. Puis la facilité avec laquelle elle admit que je quitte ma place de garçon de courses pour entamer moi-même un vagabondage de travaux divers dont le moins que l'on puisse dire c'est qu'aucun ne présentait une perspective d'avenir.

Manutentionnaire dans un entrepôt près des quais de la Loire, expéditionnaire, débardeur au cul des camions, manœuvre ici et là, au hasard des besognes, voilà qui nous menait loin du préparateur en pharmacie et de ses belles mains blanches. De quinze à dix-neuf ans, j'ai vécu ainsi, dans ce que l'on appelle les bas travaux, compagnon d'autres paysans sans terre, d'autres bouseux devenus citadins d'infortune. On pourra s'étonner que ma mère, venue spécialement à Nantes pour ma réussite sociale, s'en soit soudain totalement désintéressée. Mais c'est que, tout comme moi, ou moi tout comme elle, tellement captivés par les livres que nous lisions, le monde de la vie quotidienne ne nous importait plus. Nous affabulions à tel point toutes les nuits que les travaux du jour devenaient sans importance.

Soudain, elle prit une décision inouïe : bazarder le phonographe et les disques de mon père. Décision inouïe parce que tout ce qui avait trait à mon père prenait valeur de relique. Nous transportions partout une de ses cantines militaires noires recouverte d'un treillis d'osier, bourrée de ses « souvenirs ». Parmi ceux-ci, le phono et les disques.

Il s'agissait bien sûr d'un phono dont on remontait le ressort avec une manivelle, flanqué d'un pavillon bleu. Depuis la mort de mon père, il ne fonctionnait plus. Jamais. Si je réfléchis bien, je dois avoir passé une dizaine d'années sans entendre aucune musique.

Constatation étrange puisque, aujourd'hui, j'envisage difficilement de passer un seul jour sans écouter de la musique et que, si même je voulais le faire, celle des transistors et des télés des voisins viendrait certainement me rejoindre. Un soir donc, ma mère sortit le phono de sa cantine noire, vissa le pavillon, remonta le mécanisme et décida de passer tous les disques. Je me souvenais vaguement des « séances de phonographe » du temps de mon père. Le phono marchait assez souvent et l'on y entendait Bruant hurler je ne sais quoi, Déroulède déclamer *Le rêve passe* et je ne sais qui chanter *Le Credo du paysan*. Les disques de mon père étaient pour moitié militaristes et pour moitié populistes. Ceux de ma mère donnaient des extraits d'opérettes ou d'opéra-comique : *Mignon, Le Pays du sourire, l'Arlésienne, Fuliculi Fulicula...*

L'audition de notre discothèque familiale prit plusieurs soirées. Non que les disques fussent si nombreux, mais ma mère repassait plusieurs fois le même, comme si elle avait voulu s'en imprégner avant de s'en débarrasser à jamais. Ainsi *Les Millions d'Arlequin* revinrent-ils souvent, tout crachoteux et grésillants qu'ils fussent. Et *Lakmé, ton doux regard se voile...*

Elle me reparla de ces disques jusque dans son extrême vieillesse. Elle aimait les grands airs (le grand air du *Barbier de Séville*), les valses et opérettes viennoises, le violon lorsqu'il devenait extrême virtuosité. Elle disait du violoniste, estomaquée : « Il en met un coup ! »

Alors pourquoi voulut-elle s'en défaire ? Et pourquoi y mit-elle une certaine solennité, m'emmenant avec elle, presque triomphante, nous partageant tous deux la charge du phono, du pavillon et des disques ? L'événement était suffisamment d'importance et si bien préparé, que près de quarante ans plus tard je nous revois très bien, entrant chez un brocanteur du centre de la ville, fourguant notre camelote et repartant tout joyeux, allégés certes de la charge dont nous

nous étions délestés, mais il s'agissait de bien plus que cela ! Je crois que ce jour-là, et dans le contexte du vagabondage qui était alors le nôtre, ma mère décida de se débarrasser un peu de l'encombrante dépouille de mon père. La preuve, pour la première fois depuis son veuvage, et avec l'argent que venait de lui donner le brocanteur, elle se paya (elle me paya) le cinéma.

7

Donc, après un an de vagabondages dans les appartements vides de bourgeois prudents, ma mère se remit dans un trou de souris : cette petite maisonnette au bord de l'Erdre, dans un quartier de blanchisseurs et de maraîchers qui nous faisait retrouver une semi-campagne. Mais, en même temps, si les bourgeois revenus retrouvaient le confort qu'ils nous avaient prêté, nous retrouvions, nous, l'absence d'eau courante, de w.-c. privés et d'éclairage généreux. Les w.-c. à la turque, dans des cabanes de bois au bord de la rivière, étaient communs à tout ce monde de blanchisseurs, de ravaudeuses, de repasseuses, qui logeait dans des petites masures semblables à la nôtre, maintenant démolies et remplacées par un lotissement de « villas » prétentieuses, toutes alignées au milieu de leurs pelouses [1]. Elles ont mangé le grand pré où les blanchisseurs étalaient les draps. De mon temps, comme disent les vieux, toutes les habitations se tenaient serrées en bordure de l'eau, laissant le plus de place possible pour le séchage du linge et les jardins potagers. Cette promiscuité donnait une certaine truculence à la vie de la communauté blanchisseuse. Le fait

1. Je suis retourné récemment dans mon ancien quartier. En réalité la maison que nous habitions n'a pas été démolie, mais elle est méconnaissable puisque réunie aux maisons des blanchisseurs voisins, dans une habile rénovation.

de puiser de l'eau à la même pompe commune et de déféquer dans le même « cabinet » devait aussi contribuer à nouer des relations de voisinage qui passaient de la plus grande cordialité aux plus violents orages.

Ma mère, qui ne s'est jamais liée facilement, emmenant partout avec elle sa méfiance paysanne, se plut d'emblée dans ce milieu qui ne différait guère de celui de Fontenay. Nous étions encore à Nantes, tout en n'y étant plus. Bien loin du sinistre château d'Anne de Bretagne et de la conciergerie qui le flanquait, bien loin des beaux appartements du cours Saint-André ou de l'Ile-Feydeau. Nous étions à la campagne tout en étant en ville, blanchisseurs et maraîchers s'étant réservés un îlot de verdure dans le quartier Saint-Donatien. Et comme souvent, ce quartier un peu excentrique constituait en soi un bourg, avec son église, ses commerçants, son tissu de parentés et de copinages. A partir du moment où ma mère trouva ce petit logement au loyer modique, elle ne sortit pratiquement plus de ce quartier, sinon dans sa vieillesse où elle reprit goût au vagabondage.

Et les drames qui allaient éclater entre nous deux commencent avec cette phase casanière chez ma mère, juste au moment où j'étais saisi à mon tour par la bougeotte. Mais comment aurions-nous pu conserver ces moments privilégiés du Jardin des Plantes et des lectures communes alors que ma mère approchait de ses cinquante ans et que j'allais en avoir dix-huit ?

Non seulement ma mère trouva dans notre nouveau quartier un environnement qui lui convenait, mais nos voisins blanchisseurs l'embauchèrent aussitôt comme ravaudeuse. Ce sera son plus long métier, qu'elle continuera pour son propre compte bien après qu'il n'y eut plus de blanchisserie dans le quartier Saint-Donatien.

J'avais dix-huit ans. La fille d'un de nos voisins blanchisseurs en avait quinze. Quoi de plus naturel que de sortir enfin des livres et de mettre à l'épreuve tant de recettes amoureuses. La fureur de ma mère me surprit. Pourtant la littérature est pleine de mères possessives. Mais on applique mal la psychologie des livres à ses propres aventures. Du moins dans la spontanéité de ses premiers élans. Je ne reconnaissais pas ma mère. Ou plutôt si, je retrouvais avec stupeur et effroi cette mégère que j'avais aperçue un jour, bousculant mon père ivre. Et dans sa rage, elle me parlait patois, retrouvant d'instinct la langue de la dérision et du mépris :

— Tu t'es laissé *embibocher, enjominer* par cette *petasse*... Ça me turlupine de te voir aussi *beudat*... Ce n'est pas pour faire des *rapiamusses*, mais tu me *mines*, tu me *mines*...

Nos voisins s'appelaient Barbeau. Elle féminisait leur nom, en parlant de ma petite amie, comme il est d'usage dans le bocage :

— La Barbelle, c'est une grimaceuse...

Bien évidemment, ce rejet de mon premier amour par ma mère ne fit que lui donner plus d'importance. La Barbelle était apprentie coiffeuse. J'allais midi et soir l'attendre à la sortie de son « salon ». Nous musardions et nous nous becquetions tout le long de la rivière, nous séparant seulement à proximité de nos maisons voisines. Ma mère guettait notre retour, du haut de l'escalier de ciment :

— Tu crois que je n'ai pas compris votre manège... Pas la peine de vous cacher... Tu ne peux plus te passer d'elle mon pauvre *gâ*... C'est bien fini, maintenant, ta mère, qui a tout sacrifié pour toi, ne compte plus...

L'expression des grands sentiments se faisait toujours en français académique. Ce reproche des sacrifices, faits en ma faveur, me blessait alors beaucoup. Si j'avais réfléchi j'aurais eu du mal à déceler de quels sacrifices il s'agissait. Car enfin je travaillais depuis l'âge de quatorze ans et donnais intégralement mon salaire à ma mère.

L'explication du drame était pourtant simple, mais lorsqu'on le vit tout s'embrouille. Depuis la mort de mon père, et surtout depuis que nous étions à Nantes, personne n'était venu s'immiscer entre ma mère et moi. Les après-midi des dimanches au Jardin des Plantes, les demi-nuits de lectures dans les appartements vides des beaux quartiers, tout cela avait marqué les plus hauts sommets de l'amour filial et maternel. Maintenant, on ne pouvait plus que redescendre. Et voilà que cette *drôlesse* (comme elle disait) me tirait par la main pour que je descende plus vite.

Un jour elle me lança à brûle-pourpoint, sans hausser cette fois-ci le ton, avec une grande mélancolie dans la voix :

— Alors, toi aussi tu t'en vas ?

— Mais non, maman, tu vois bien que je suis toujours là.

— Si, si, tu t'en vas...

Et elle ajouta après un peu d'hésitation, et en baissant la voix :

— ... comme ton père... Je serai donc toujours seule.

Elle se mit à pleurer, d'abord doucement, puis en hoquetant, comme un enfant, puis en gémissant, enfin en poussant des cris.

J'étais effrayé par cette crise de larmes qui tournait à l'hystérie. Je m'approchai et lui touchai l'épaule. Mais elle me repoussa :

— Non, va-t'en, puisque tu ne m'aimes plus...

La jalousie de ma mère prit des proportions de plus en plus grandes, de plus en plus irraisonnées. La Barbelle produisait la première cassure. D'autres allaient suivre, jusqu'à notre séparation définitive. Les livres, qui nous avaient unis, devinrent soudain eux-mêmes des ennemis. Elle me reprochait maintenant de trop lire, de trop dépenser d'électricité, d'avoir de « mauvaises lectures ». Ces lectures, devenues des études sans fin, devenaient déplacées. Trop, c'est extravagant.

— A quoi ça te sert ? Tu t'abîmes les yeux...

Pourtant j'étais sorti des livres, mais là encore nous nous séparions. La lecture n'avait jamais été pour ma mère, malgré la passion qu'elle y mit, autre chose qu'un divertissement. Je découvrais qu'il s'agissait d'un moyen de connaissance et que le savoir, pour quelqu'un de ma condition, pouvait devenir une accession au pouvoir.

Ce qui me mena à l'action et bientôt à la clandestinité. L'Histoire n'eut pas de prise sur nous, tant que nous restâmes en marge. Mais maintenant que je devenais acteur, l'Histoire, après la Femme, me prenait, elle aussi, par la main.

Un soir, juste avant le couvre-feu, alors que la campagne « s'anuitait », je pris la vieille bicyclette des équipées de mon père et pédalai vers la Loire, vers les ponts, vers la Vendée. Les Vendéens avaient repris déjà depuis longtemps le maquis dans le bocage. J'allais les rejoindre.

C'est ainsi que je renouai avec la chouannerie.

De la forêt de Mervent-Vouvant, chère à la fée Mélusine et aux Lusignan, aux bois de Tiffauges qui forment une corbeille verte au château de Gilles de Rais, les maquis vendéens étaient archipleins. Trop pleins. Dès que se formèrent les premiers maquis presque tous les paysans d'alentour affluèrent en effet, avec leurs fusils de chasse et leurs cartouches. Il fallut les dissuader en douceur, leur dire qu'ils n'avaient aucune raison de se cacher, que les maquis devaient être laissés en priorité aux réfractaires et aux pourchassés. Comme en 93 ils se tenaient prêts à repartir pour une autre folie collective.

C'est au maquis que je me découvris pour la première fois Vendéen. Il va sans dire qu'auparavant le Genève de Rousseau, le Grenoble de Stendhal, le Paris de Michelet et de Zola étaient plus vivants pour moi que le bocage vendéen. Que dis-je, les plaines enneigées de Tolstoï, les bouleaux de Tchekhov, le Weimar de Goethe, les loups de Jack London, la baleine de Melville, tout cela comptait bien plus que des souvenirs et des images d'une enfance encore trop proche.

Cette proximité empêchait d'ailleurs que ce retour fût une vraie redécouverte. Non seulement le patois ne me surprenait pas, au maquis, mais je le parlais encore avec naturel. Je passais sans problème de la langue de Rousseau à celle de Rabelais. Ma seule surprise fut de pénétrer, par le biais de l'histoire contemporaine dont j'étais devenu acteur, dans une histoire vendéenne que je connaissais mal. Le commandant du maquis, lui, la connaissait si bien qu'il s'identifiait à Monsieur de Charette. Il nous avait fait réapprendre l'imitation du ululement de la chouette, comme cri de ralliement.

D'où venait-il ? Qui était-il ? Certainement pas noble puisqu'il avait surtout retenu de l'épopée de 93 l'aspect démocratique de l'insurrection, le moins connu. Les aristocrates étaient plus nombreux dans l'armée républicaine que dans l'armée vendéenne, nous disait-il à notre grand étonnement. Qui a défendu Nantes avec efficacité contre la ruée vendéenne, sinon le marquis de Canclaux ? Qui commandait la garnison de Cholet lorsque la ville fut attaquée par les bandes du garde-chasse Stofflet, sinon un autre marquis : de Beauvau ? Qui défend Fontenay, sinon le général républicain Beaufranchet d'Ayat, fils d'une favorite de Louis XV ? Qui dirige l'armée républicaine de Luçon, sinon Louis de Beffroy, ancien page du roi ? Qui est maire d'Angers, sinon Jean Planche de Ruillé dont les titres de noblesse remontent aux Croisades ? Qui commande l'armée de La Rochelle, sinon Lauzun, duc de Biron, ex-favori de la reine ?

L'érudition de notre commandant, pour tout ce qui touchait à la chouannerie, nous stupéfiait. Il nous disait aussi, bien sûr, que les Vendéens n'étaient pas, en fait, « les chouans », que la guerre de Vendée et la chouannerie désignaient deux choses, la chouannerie étant avant tout bretonne et normande. Mais le terme a prévalu à tel point que nous nous sentions chouans. Nous faisions d'ailleurs une guerre de chouans, c'est-à-dire de guet-apens, de coups de main, notre commandant reprenant le vieux cri de guerre à l'approche des convois allemands : « Égaillez-vous, les gars ! »

Quel âge avait cet homme étrange, qui semblait émerger d'une très lointaine histoire, dont il se montrait encore si imprégné ? Nous qui avions vingt ans, nous le voyions vieux. Sans doute quarante ou cinquante ans. Jamais il ne nous parla de sa vie avant la guerre, ni d'où il venait. Nous ne savions bien sûr pas son véritable nom.

Il nous disait encore : « La chouannerie paysanne... d'accord. Mais c'est vrai et faux. On pourrait tout autant parler de chouannerie ouvrière. Le Choletais, région la plus manufacturière de l'Ouest, s'insurgea aussi totalement que le bocage poitevin. Si plus de la moitié des "chouans" vendéens étaient paysans, les deux cinquièmes étaient des artisans, surtout des tisseurs de lin dont les ancêtres avaient été huguenots sous la Ligue. Mes petits gars, nous sommes de tous les extrêmes et de toutes les passions. Nous avons été passionnément huguenots avant Henri IV, passionnément catholiques avec Grignion de Montfort, passionnément républicains en 1789, passionnément antirépublicains en 1793. »

De temps en temps nous nous déplacions, d'une cache à l'autre. C'est ainsi que nous aboutîmes un jour dans les ruines d'un château fort sinistre, dont il ne restait plus, haut levé, que le donjon.

— Allez, monte en haut de la tour, me dit le commandant, et guette, guette comme sœur Anne en te souvenant que nous sommes ici dans le château de Barbe-Bleue.

Et comme nous restions perplexes :

— Tiffauges... Ça ne vous dit rien, Tiffauges... En 1793 douze paroisses ont attaqué Tiffauges, tué le seigneur de l'Échasserie, bu son vin et jeté les républicains prisonniers dans les caves du château de Barbe-Bleue où nous sommes... Allons, ne restez pas bouche bée comme ça, vous allez avaler des mouches... Gilles de Retz (ou de Rais), vous connaissez, celui dont on a fait le Barbe-Bleue de la légende, le compagnon chéri de Jeanne d'Arc... Vous ne vous étonnerez pas si je vous dis qu'il se trouvait trois Vendéens parmi les compagnons de Jeanne d'Arc. Quand il y a des coups à prendre quelque part, nous sommes toujours là. Gilles de Retz, qui porta la sainte ampoule au couronnement de Charles VII, Arthur de Richemont, gouverneur de Fontenay, et Dunois, seigneur de Mervent... Après le martyre de Jeanne d'Arc, Gilles de Retz s'enferma à vingt-six ans dans ce château de Tiffauges et y fera venir sorciers, astrologues, alchimistes qui mettront toute leur science à tenter de faire apparaître le diable. Le diable n'apparaîtra pas, mais se logera dans le corps de Gilles qui sera brûlé comme Jeanne... Sorcière et sorcier... Étrange histoire, ne trouvez-vous pas ?

Heureusement, nous restâmes peu dans les ruines du château de Tiffauges, un peu trop visibles d'ailleurs pour l'ennemi.

C'est aussi notre commandant qui nous raconta « la longue marche ». Et lorsque nous l'interrogions sur cette curieuse ruée vers la Manche, alors que les Vendéens disposaient d'une autre mer à portée de la main, il nous fit encore une réponse qui nous laissa pantois :

— Qui sait si les Vendéens de la fée Mélusine n'allaient pas vers la forêt de Brocéliande à la recherche de l'enchanteur Merlin, qui ne se montra pas.

8

Dès mes vingt et un ans, je quittai Nantes et ma mère, après avoir vendu le vieux vélo de mon père pour me payer le train jusqu'à Paris. L'autre culture, celle des livres, m'emportait définitivement. Où ? Je ne le savais pas et ne m'en souciais guère. Ne m'importait que ce grand air de liberté et de vacuité qui me fit passer pendant si longtemps d'un gagne-pain à l'autre sans problèmes ni remords. Les travaux manuels, même les plus durs, ne me rebutaient pas dans la mesure où ils ne gênaient en rien mon aventure intellectuelle.

De ce départ, de cette séparation définitive avec ma mère jusqu'à la mort de celle-ci, je compte avec stupéfaction trente années. Bien plus long que notre vie ensemble. Alors qu'en réalité, dans notre mémoire, dans notre chair, c'est notre vie « avant », à Fontenay et à Nantes, qui semble la plus longue.

Pendant ces trente années, les lettres hebdomadaires ont tissé un lien secret, plus sans doute que les séjours que ma mère vint faire à Paris chaque été, toujours contrariés par l'exiguïté de mes logements et la présence de brus découragées aussi bien par son excessive humilité que par ses exigences.

Trente années pendant lesquelles se répète une longue complainte de la solitude et de l'ennui. Trente années de double veuvage. Trente années où elle s'accrocha de toutes ses forces à mon absence, ne vivant pratiquement plus que dans l'attente de mes lettres et de nos brèves retrouvailles annuelles.

En même temps que je me séparais de ma mère, je m'éloignais de la Vendée. Mère et terre sont étroitement liées, on le sait. Couper le cordon ombilical de l'un c'est couper le cordon ombilical de l'autre. Les retrouvailles de la Vendée dans le maquis n'étaient pas un vrai retour, mais la continuation, sous une autre forme, d'une enfance perturbée par l'exil.

Au fur et à mesure que je pénétrais plus profondément dans la culture française et que, Rastignac paumé, je n'en ambitionnais pas moins de conquérir Paris, la Vendée disparaissait peu à peu dans ses brumes. Il n'y a pas de quoi se montrer fier d'appartenir au département le plus réactionnaire de France lorsque l'on se croit de gauche. Ni de s'en vanter. La Vendée, comme ma mère, ne m'arrivait plus dans mon tohu-bohu parisien que comme une image désuète, folklo, minable.

J'étais plus misérable à Paris que je ne l'avais jamais été avec ma mère, et allais le rester longtemps, mais cette misère ne me semblait pas comparable à celle que nous avions connue à nos débuts à Nantes. Entre ce rez-de-chaussée humide, obscur, coincé contre les douves du château des ducs de Bretagne et mes mansardes parisiennes, rien de commun. Sinon l'inconfort. A Nantes, nous butions du nez sur un passé étouffant. A Paris, tout l'espoir m'était permis. J'avais coupé toutes les amarres avec mon passé, sinon ce fil ténu qui me reliait à ma mère par cette correspondance qui, par là même, me devenait de plus en plus pesante. J'avais l'impression d'être libéré, enfin. J'étais progressiste, techniciste et si heureux de l'être.

A la fin du Moyen Age, lorsque naquirent les villes franches, tout serf qui réussissait à s'échapper de la glèbe et à vivre pendant un an dans la ville bourgeoise sans être repris par son seigneur et maître devenait un homme libre. J'étais ce serf, me faufilant dans la ville bourgeoise, m'appliquant à m'y rendre utile, à m'y faire des amis, tout en ayant l'angoisse d'être un jour « reconnu » et reconduit d'où je venais. Cette crainte ne m'a d'ailleurs jamais quitté. Autant je la sais aujourd'hui irraisonnée, autant régulièrement elle m'oppresse et je dois la vaincre au moyen de petits comprimés roses qui s'achètent, sur ordonnance, dans toutes les pharmacies.

Ma mère continua à Nantes son travail de ravaudeuse qu'elle agrémenta par la suite de celui de gardienne d'enfants. Les blanchisseurs ayant fermé leurs ateliers pour se transporter plus loin dans la campagne, ma mère se fit une petite clientèle de particuliers. Tous gens de la haute bourgeoisie ou de l'aristocratie qui l'adoptèrent bientôt comme on s'attachait autrefois les « gens de maison ». Si bien que ma mère se retrouvait un peu dans la situation de ses propres parents, domestiques d'un hobereau.

Mais les relations de ma mère avec ses employeurs ne cessèrent de devenir plus ambiguës au fil des ans. Elle n'acceptait plus de travailler « pour n'importe qui », choisissait ses maisons, avait ses têtes. Les « dames » qu'elle consentait à élire devaient passer par ses lubies et, le plus curieux, c'est qu'elles demeurèrent, pendant quinze ou vingt ans pour les plus privilégiées, d'une patience, d'une gentillesse et, on peut même le dire, d'une affection à toute épreuve. Ma mère s'intégra dans ces grandes familles le plus naturellement du monde. Elle allait y faire ses journées, mettant des pièces aux draps, retournant les cols de chemise, raccommodant les chaussettes, mais les dames l'invitaient à quatre heures pour prendre le thé avec elles. Et ça, elle y tenait. Pas de thé (et le thé pris au salon, bien sûr, pas à la cuisine), c'en était fini de cette famille mal élevée. Les années passant, on l'invita l'été à séjourner quelques semaines dans les châteaux. Elle continuait à y ravauder, à y repriser bien sûr, mais elle pouvait se promener dans les parcs dont elle appréciait tant les grands arbres aux essences exotiques qu'elle m'en parlait longuement dans ses lettres. Ils lui rappelaient notre cher Jardin des Plantes. Dans ces châteaux, elle se mit de nouveau à lire, et uniquement des nouveautés, sans doute avec quelque malignité pour épater ses hôtes, nouveautés que je lui envoyais ; en général des romans de mes amis. Ils l'intéressaient d'ailleurs en tant que tels. En les lisant, c'étaient un peu d'autres lettres de moi qu'elle recevait.

Et puis, certains de mes amis devinrent célèbres ou notoires. Elle pouvait donc recevoir de leurs nouvelles par les journaux. Elle me découpait de temps en temps de ces informations ou de ces anecdotes, sur l'un ou l'autre. De même qu'elle me donnait des nouvelles régulièrement de ses « dames », de leurs maris, de leurs enfants. Plutôt qu'une ravaudeuse, le rang qu'elle se donna dans ces grandes familles était celui d'une demoiselle de compagnie. Finalement, oui, dans sa vieillesse, ma mère devint la « demoiselle » espérée par ses parents. La demoiselle pauvre à laquelle les riches font une place à table. Mais je sais bien qu'en réalité elle considérait ces femmes riches, qui voulaient bien l'accueillir, comme ses propres dames de compagnie.

Au moment des cassures (la première femme, les études, le maquis) elle eut un sursaut de révolte et d'autorité. Mais à partir du moment où elle comprit que j'étais parti pour Paris sans idée de retour, elle se replongea dans la résignation. Pendant les trente ans qui lui restaient à vivre, je ne la vis plus jamais se mettre en colère, ni même s'indigner de quoi que ce soit. Tout ce qui m'arriva, pour aussi extravagant que ce fut parfois, elle le trouva naturel. De mes deux premiers mariages avec des étrangères, auxquels elle ne fut pas conviée, jamais elle ne fit de commentaires. Elle passa même d'une bru à l'autre avec une indifférence désarmante. Il me sembla même qu'elle affectait de ne pas s'apercevoir qu'il ne s'agissait plus de la même.

J'ai déjà dit qu'à Fontenay-le-Comte, dans mon enfance, nous suivions des itinéraires précis, si précis qu'ils ressemblaient au marquage du territoire par un animal. De la rue des Orfèvres et du pont des Sardines partaient ainsi des lignes de fuite qui aboutissaient en semaine dans la toute proche rue des Loges où ma mère travaillait dans une coopérative, et le soir au jardin du grand-père par-delà le Pont-Neuf et la passerelle du champ de foire. Le samedi était un peu jour de fête en raison du marché qui donnait une extrême animation de la rue des Drapiers à la place Viète. Enfin le dimanche, après l'aller et retour à l'église Notre-Dame pour la messe, ce qui occupait la matinée, nous consacrions l'après-midi à la visite du cimetière.

En dehors de ce tracé, rien. Du moins pour ma mère, car personnellement je vagabondais par toute la ville avec mes camarades d'école. Du temps où vivait mon père nous allions au cirque lorsqu'il s'en installait un sur la place du champ de foire, nous allions faire la grande promenade à la gare et parfois même jusqu'à Pissotte où se tenait un *préveil.* Mais, une fois veuve, ma mère se défendit tous ces divertissements. Ses itinéraires se rétrécirent, comme sa vie.

A Nantes, lorsqu'elle fut de nouveau seule (j'allais dire de nouveau veuve, mais il y a bien de ça), elle ne sortit plus guère de son quartier puisque les dames chez lesquelles elle allait travailler y habitaient toutes. Tant qu'il y eut des tramways, elle se hasarda le dimanche à aller jusqu'à la place Royale et à remonter la rue Crébillon jusqu'au théâtre Graslin. Mais lorsqu'aux tramways succédèrent les autobus, elle se refusa à les emprunter, sous prétexte qu'elle devenait malade en voiture à cause de l'odeur de l'essence. Bizarrement, elle se remit à prendre le chemin de la gare, comme du temps de mon père. Mais ce n'était pas la même gare et celle-ci aboutissait à Paris. Tout comme mon père, dans son attirance de la gare, à Fontenay, devait voir au-delà des locomotives les navires de Marseille qui appareillaient pour Saigon, ma mère, dans la salle des pas perdus, dans cette effervescence de voyageurs aux guichets et aux portillons, rêvait à la gare Montparnasse où elle retrouvait son fils une fois l'an.

En revenant de la gare, elle s'asseyait sur un banc du Jardin des Plantes, notre cher Jardin des Plantes... Mais c'était là certainement lieu de mélancolie. En revanche, elle se paya un vrai plaisir dans sa vieillesse, dont elle ne se lassa jamais tant qu'elle fut valide ; un plaisir qu'elle cultivait avec gourmandise ; sa petite folie en quelque sorte : une fois par semaine elle allait aux grands magasins Decré, montait par l'ascenseur sur la terrasse et s'y faisait servir un café. Comme une dame.

A Paris, bien que ses séjours y fussent brefs, elle réussit à trouver un substitut de Decré : la Samaritaine. Où que j'habite, et je changeais souvent de domicile, il lui fallait trouver le chemin le plus court pour aller à ce magasin. C'était toujours son premier souci, presque dès son arrivée :

— Mais maintenant que tu as déménagé, comment est-ce que je vais faire pour retrouver la Samaritaine ?

Il nous fallait l'y conduire au plus tôt. Et l'y laisser, car c'était là son domaine secret, son itinéraire de rêve. Quel rêve ? L'abondance d'objets, de linges, de vêtements, d'appareils électro-ménagers ? La foule anonyme qui la changeait de tant de jours de solitude ? Sans doute. Mais je crois bien que, plus encore, ma mère aimait des grands magasins leur modernité. Et sans doute aussi des gares.

Comme la plupart des paysans et des ruraux, elle n'aimait que le moderne. Seuls les citadins prennent goût au rustique, à condition toutefois qu'il soit confortable. Le rustique, n'ayant jamais été confortable pour les rustres, reste entaché pour eux des plus calamiteux souvenirs. Le goût de ma mère pour le moderne m'a aidé à comprendre pourquoi les paysans vendent leur fermette aux gens des villes et se font construire à la place un pavillon acheté sur catalogue. Cette accession à la modernité est pour eux le signe évident de la réussite sociale.

Avec quel dédain ma mère parlait des « vieilleries ». La maisonnette qu'elle habitait au bord de l'Erdre était une vieillerie. Ses meubles étaient des vieilleries. Elle n'aimait rien de toutes ces « reliques », comme elle disait. Le jour où elle me demanda de tout « bazarder », elle n'eut visiblement aucun regret.

Trop pauvre pour accéder à la modernité, elle y arriva néanmoins dans sa vieillesse, par le biais des hôpitaux et des maisons de retraite. Elle me répétait :

— Regarde comme c'est beau ! C'est tout propre. C'est neuf. On se croirait dans du corbusier.

Non, ce n'est pas moi qui lui ai donné le goût de l'architecture de Le Corbusier. Pour la bonne raison que je n'ai jamais pu arriver à lui faire comprendre que Le Corbusier était un homme. Pour elle, il s'agissait d'un immeuble, situé de l'autre côté de la Loire, et où habitait l'un de ses petits-neveux, facteur à Rezé (fils de ce Camille Godreau dont nous avons vu la photo-carte postale en militaire, datée de 1918). Et elle croyait de plus que tous les immeubles de grande hauteur s'appelaient des corbusiers. Lorsque la nouvelle gare Montparnasse fut construite et qu'elle sortit sur le parvis, elle fut éblouie :

— Ah ! c'est beau ! C'est plein de corbusiers.

Quand elle allait voir le fils Godreau dans l'Unité d'Habitation Le Corbusier de Rezé, elle m'écrivait :

— Dimanche, je suis allée me promener au corbusier de Rezé... Ils sont bien logés, eux. Ah ! que j'aimerais quitter mes vieilleries pour du moderne !

Elle qui eût pu faire de si exotiques voyages avec

mon père semblait avoir fait le plein de ses dépaysements « au pays où fleurit l'oranger ». De ces orangers et de ces mimosas de la Côte d'Azur, elle allait en humer le parfum toute la vie. Je ne l'ai jamais entendue ensuite envier quelque voyage que ce soit, si ce n'est Lourdes où elle eût aimé participer à un pèlerinage. Elle n'aimait pas la campagne, elle n'aimait pas la mer, elle n'aimait pas le soleil. Les quelques fois où nous nous rendîmes, pendant mon enfance, au bord de l'Atlantique, cette immensité d'eau lui parut une fois de plus de l'extravagance. Et puis ce vent qui vous énerve n'a rien de bon. A tout prendre mieux valait les chemins creux et les ruisseaux du bocage.

Mais elle n'aimait que les villes, surtout les grandes villes. Toujours cette séduction de la modernité. Elle se plaisait bien à Nantes, elle se plaisait bien à Paris. Son seul regret venait de ce que j'y habitais toujours des logements sur cour et que l'on n'y voyait rien, que l'on n'y entendait rien. Elle descendait donc très vite dans la rue, à la recherche de l'animation, s'asseyait sur un banc des boulevards et regardait la foule passer.

Elle ne fit que deux longs voyages dans sa vie, mais je crois que les deux lui apportèrent beaucoup de plaisir. Le premier pour son propre mariage et le second pour mon troisième mariage où, là, elle fut invitée puisqu'il se faisait en famille et non pas dans l'intimité comme les deux premiers. Aller dans les Vosges, et de surcroît en plein hiver, lui demandait de traverser toute la France d'ouest en est. Mais bien qu'elle eût déjà soixante-quinze ans, et vécût de plus en plus confinée, elle se lança dans cette aventure avec le plus grand naturel.

Jamais elle n'avait vu autant de neige et, comme la mer, cette surabondance blanchâtre l'offusqua. Elle refusait de regarder dehors, tournant le dos à la fenêtre, pour, disait-elle, « ne pas voir ça ».

Fit-elle un rapprochement entre le corbusier où habitait son neveu et Le Corbusier qui avait construit la chapelle de Ronchamp où nous nous mariâmes, je ne crois pas. Tout cela devait plutôt lui confirmer, quoi que j'en dise, que toute construction très moderne est un corbusier.

Et de toute cette abondante famille de ma femme, rencontrée à la noce, elle vit tout de suite ce qu'elle pourrait en tirer : des correspondants. Recevoir des lettres devenait de plus en plus une obsession. Son goût de la lecture se détacha des livres, dans sa vieillesse, au profit des seules lettres. Elle aimait en écrire et elle aimait en recevoir. Mais tout son problème venait de la difficulté de se trouver des correspondants.

Lorsqu'elle séjournait chez moi, à Paris, on aurait pu penser que le courrier ne lui manquait plus. Mais il n'en était rien. Elle attendait alors avec inquiétude les lettres de ses « dames ».

— C'est quand même bizarre que Mme de X... ne m'ait pas encore écrit...

— Mais enfin, maman, elle n'a pas que ça à faire. Elle a un mari, des enfants, des domestiques, tout un train de maison à mener.

Elle pinçait les lèvres :

— Quand même, elle pourrait bien m'écrire.

La lettre de Mme de X... ne tardait d'ailleurs pas à arriver, débordante de nouvelles de la vie quotidienne de ses enfants et de sa maisonnée. Ma mère la lisait, la relisait, m'en faisait des commentaires. Puis quelques jours plus tard, elle commençait à se plaindre que Mme de Z..., elle, ne lui avait pas encore écrit, qu'elle était finalement beaucoup moins bien attentionnée que Mme de X...

— Si je ne lui manque pas, je n'irai plus chez elle.

A aucun moment elle ne paraissait s'apercevoir que ces dames avaient certainement peu besoin d'elle. Le ravaudage était déjà tombé en désuétude. Et les ravaudeuses ne manquaient pas. Leur attention envers ma mère partait certainement d'un sentiment charitable. Je crois aussi que, comme il est coutumier dans les familles aristocratiques, elles avaient fini par s'attacher à cette vieille femme qui, peu à peu, s'incorporait à leur famille.

On a dit du soulèvement vendéen de 93 que celui-ci, fomenté par les nobles et les prêtres, entraîna les paysans qui ne firent que suivre le mouvement. Rien de plus faux. Michelet lui-même, qui exécrait l'insurrection vendéenne, constate que la noblesse n'eut aucune part dans l'insurrection. « Les pieds au feu, dit-il, ils faisaient les morts. »

La révolte initiale a été foncièrement rurale. L'ennemi du paysan et de l'artisan villageois était le bourgeois des villes et le bourgeois s'affirmait républicain. Si le bourgeois avait été royaliste, la paysannerie vendéenne se serait insurgée au nom de la République. La ruée des paysans se fit immédiatement sur les villes, ces villes qui les pressuraient : sur Fontenay, sur Luçon, sur Cholet, sur Saumur, sur Nantes. Et pas une seule ville de l'Ouest n'a pactisé avec les insurgés. Bien au contraire, toutes ont résisté avec acharnement aux assauts des « brigands », comme les appelaient les bourgeois et les Parisiens.

Là encore, l'Histoire est à refaire. Ce que l'on a appelé les guerres de Vendée se place dans la suite des grandes jacqueries paysannes. La légende de l'insurrection catholique et royaliste a été entretenue par la Restauration, ce qui constituait une entreprise de récupération bien normale. Elle fut ensuite entérinée par la IIIe République pour d'autres raisons : comment la République bourgeoise aurait-elle pu faire de son ennemi chouan un héros de la liberté ? Récupérée par les uns, rejetée par les autres, la chouannerie devait y perdre toute sa personnalité.

Les premières dépêches des villes républicaines de l'Ouest, envoyées à la Convention, ne font d'ailleurs aucunement état d'une rébellion royaliste, mais d'une attaque par vingt mille brigands (le nom leur restera) dont le mot d'ordre est : « Point de roi, point de loi. » Ce qui emplit de terreur les villes républicaines, et de stupeur la Convention, c'est justement que ces insurgés n'ont aucun chef connu. C'est une insurrection anonyme, plébéienne. Une insurrection générale de la Vendée, du Choletais, du Saumurois, des Deux-Sèvres, de la Mayenne, du pays de Retz, qui est en fait la résultante d'une infinité de révoltes locales, non conjuguées. Aucun des premiers chefs ne se connaît. Aucun de ces premiers chefs n'est aristocrate.

Jacques Cathelineau est colporteur de laine et sacristain d'un village des Mauges. Son père est maçon. Lorsque les paysans viennent le chercher, il pétrit le pain familial. Les mains pleines de pâte, il sort, fait sonner le tocsin, et abat le drapeau tricolore sur le clocher. Ils sont vingt lorsqu'ils partent de leur village de Pin-en-Mauges, quatre-vingts lorsqu'ils réussissent à s'emparer d'un canon, quatre cents lorsqu'ils attaquent Chemillé.

Stofflet est le fils d'un meunier de Lunéville. Il a été quatorze ans caporal dans l'infanterie de Lorraine et se trouve en Anjou comme garde-chasse de son ancien colonel. Il rassemble aussi une troupe de paysans et rejoint Cathelineau. Ensemble ils attaquent et prennent Cholet. Puis, comme Pâques est là, les paysans retournent dans leurs fermes. Lorsque l'armée républicaine arrive, il n'y a mystérieusement plus de révoltés.

Joly, qui sera plus tard le rival puis le lieutenant de Charette, est un ancien sergent des armées royales, alors cordonnier et tailleur. Pajot est valet d'écurie. Guérin marchand de beurre, Gaston perruquier, Brignaud ouvrier sellier. Les trois frères Thoumazeau, laboureurs, sont faits capitaines. Le serrurier Paviot, le maçon Marsaut, le greffier Gazeau, le cultivateur Lefebvre, sont lieutenants. C'est un forgeron, Le Couvreur, qui commande l'artillerie de Charette et un ex-séminariste de dix-sept ans, fils d'un cordonnier, Forestier, qui est le premier général de la cavalerie.

C'est seulement après Pâques que la chouannerie vendéenne passe du coup de main à l'armée constituée. Et alors ces paysans, ces artisans, ressentent le besoin de se donner des chefs qui soient des militaires de carrière. Et comme les officiers, alors, ne se recrutaient que dans la noblesse, ils vont prier leurs nobles de se joindre à eux. En fait, ils font exactement la même chose que la République dont l'armée est presque entièrement encadrée par des aristocrates, officiers de carrière. Mais là se place le seul épisode comique de l'insurrection vendéenne : les nobles n'ont aucune envie de se battre et les paysans doivent les forcer, les menacer même, pour qu'ils acceptent de devenir leurs chefs. D'Elbée accueille les paysans qui viennent le chercher par des reproches : « Qu'avez-vous fait, mes enfants ? Pouvez-vous résister aux troupes de la République ! » Le marquis de Bonchamps leur dit que la lutte est perdue d'avance. Henri de La Rochejaquelein quitte son château en pleurant, poursuivi par les quolibets. Sapinaud de La Verrie tente d'empêcher les paysans de sonner le tocsin et résiste pendant trois jours aux menaces de mort des villageois. Le marquis de La Roche-Saint-André est enlevé de son château en robe de chambre. Cesbron d'Argonne postulait pour un grade dans la gendarmerie de la République. On lui en impose un dans l'armée vendéenne qu'il n'accepte qu'en geignant : « Que de potences tendues si nous ne réussissons pas ! »

L'aristocratie de l'Ouest suit les paysans révoltés à contrecœur, mais les premiers chefs vendéens les voient également arriver sans plaisir. Cathelineau et Stofflet aiment peu les nobles. Joly les déteste. Lorsque Cathelineau délivre les aristocrates des prisons de Bressuire, il leur dit : « Messieurs, en vous tirant de prison et en vous associant à nous, nous n'avons pas eu l'intention de nous donner des maîtres. Si notre manière de faire la guerre ne vous convient pas, séparons-nous. »

De même, lorsque le marquis de Bonchamps accepte de prendre part à l'insurrection, il saute sur son cheval. Mais les paysans l'en font descendre prestement et lui disent d'aller à pied, comme eux.

Le 18 août, deux mois après l'attaque catastrophique de Nantes, qu'ils avaient commandée, les nobles écrivent au comte d'Artois (le futur Charles X), pour l'informer qu'ils ont pris les armes pour défendre Louis XVII. En réalité ils affabulent et tentent de récupérer l'anarchie paysanne dont ils ont d'abord été prisonniers. Les émigrés et les princes, tout comme les Anglais, ne s'y trompent pas qui bouderont toujours la soi-disant « armée catholique et royale » et ne lui porteront aucun secours. Ils la laisseront même se faire massacrer à Granville.

Pourtant, après la mort de Cathelineau, les nobles et les prêtres réussiront à enrégimenter les paysans jusqu'alors groupés par familles, et les élections d'officiers par paroisse seront supprimées. A Londres et à Coblence on continuera néanmoins à se demander si ces bandes populaires ont des chefs respectables et s'il ne s'agit pas tout simplement d'une jacquerie.

Ni la noblesse ni le clergé n'ont eu aucune responsabilité initiale dans la chouannerie. La première phase de la prise de conscience sociale, en Vendée paysanne, s'est d'ailleurs manifestée comme « patriote » et « républicaine », pour autant que ces mots signifiaient quelque chose à des gens pour qui les problèmes locaux étaient évidemment plus importants que la politique nationale. Les Cahiers paroissiaux présentés aux états généraux de 1789 ne présentent des doléances que contre le clergé monastique, la noblesse dont on conteste la validité du droit de chasse, et les aumônes obligées aux vagabonds. Comme on le voit, le paysan ne conteste que ses trois parasites traditionnels.

Aux élections de 1790, la participation électorale de la paysannerie est intense. Parmi ses élus, ni noble ni prêtre, mais pour la moitié au moins de vrais paysans, les autres étant des artisans ou des marchands de foire. Ces premières élections montrent une unanimité paysanne et rurale contre les citadins qui va ne faire que s'amplifier.

L'année suivante, paysans et ruraux s'aperçoivent qu'ils ont été joués par un troisième larron qui tire les marrons du feu : le bourgeois. Aux nouvelles élections législatives, hommes de loi et marchands des villes enlèvent tous les sièges. Les paysans se sont plaints de ce que les couvents accaparaient trop de terres. Mais ce n'était pas pour les voir changer de mains. Les biens du clergé et de la noblesse, devenus biens nationaux, se transforment en biens bourgeois. Une identification entre national et bourgeois, entre « patriote » et bourgeois, entre « républicain » et bourgeois se fait donc tout naturellement dans la conscience paysanne. Et ils ont raison. Tous les bourgeois sont bien « républicains » et « patriotes ». Il n'y aura pas que des paysans dans la chouannerie, mais on serait bien en peine d'y compter nombre de bourgeois. Les trois quarts des acquéreurs des biens nationaux sont des bourgeois des villes et des bourgs, parfois gens de villes lointaines. La terre change de mains mais ce n'est pas celui qui la cultive qui en hérite. Lui ne fait que changer de maître. La Révolution bourgeoise est antipaysanne.

Puisqu'il en est ainsi, les paysans désertent les marchés. Ils font la grève de la production. La bourgeoisie des villes et des bourgs répond par des taxations et des réquisitions. Les appels à « piquer le bourgeois » commencent à retentir sur les places des villages. Dans les églises, les bancs des bourgeois sont cassés à coups de hache et, premier symptôme, les bancs des aristocrates épargnés. On veut bien accepter que l'aristocrate soit assis dans l'église, mais pourquoi le bourgeois ne serait-il pas debout dans la nef, avec les paysans ? Un glissement commence à se faire en faveur des nobles qui ont tout de suite accordé le droit de chasse à leurs métayers. Un glissement va aussi se faire au profit des prêtres lorsque les réfractaires sont remplacés par des assermentés l'été 1791. Les prêtres réfractaires sont en effet des gars du pays, fils de paysans ou d'artisans, que l'on arrache des villages au profit « d'étrangers ».

La révolte couve pendant trois ans, puis se propage de ferme en ferme, de village en village et éclate soudain comme la grêle lorsque le 10 mars 1793 des milliers de paysans en sabots, armés de faux, de serpes, de haches, de fourches et de quelques fusils de chasse s'ébranlent à la sortie des messes et se jettent sur les villes.

Le tocsin sonne dans six cents villages à la fois. Cholet, Bressuire, Thouars, Parthenay, La Châtaigneraie, tous ces gros bourgs, toutes ces villes, tombent aux mains des paysans les uns après les autres. Fontenay est pris à son tour, puis Saumur, Angers. L'armée de Werstermann, envoyée pour annihiler les « brigands », est complètement exterminée. Seulement cinq cents soldats républicains en réchappent, sur huit mille. Dans toutes ces villes, les Vendéens raflent cinquante canons, quinze mille fusils, des presses à assignats. Ils font des papillotes avec les assignats, brûlent tous les papiers des hôtels de ville, brûlent aussi bien les demeures des aristocrates que des bourgeois, ouvrent les prisons, emplissent toutes les charrettes disponibles d'armes et de victuailles. Puis s'en vont.

Jamais ils n'occupent aucune ville. Ils viennent seulement les « châtier ». Sauf lors de la « longue marche », ils ne formeront jamais une véritable armée. Ces paysans et ces artisans ne quittent en réalité leur ferme et leur établi que pour quelques jours, parfois même quelques heures, pour de brèves échauffourées.

Ils ne veulent pas conquérir le pouvoir, mais le détruire.

Leurs généraux aristocrates, lorsqu'ils commenceront à former une armée, ne savent eux-mêmes où les conduire après leurs foudroyantes victoires. A Tours, dit La Rochejaquelein ; à Nantes, dit Charette ; à Paris, dit Stofflet. En réalité ils ne suivent aucun plan, sinon de bouter hors de leurs pays les « intrus » et les « bleus ». Aucune discipline non plus. Non seulement ils acceptent mal les ordres des chefs qu'ils se sont donnés, mais ils refusent de monter la garde ou de partir en éclaireurs, se livrent vite au découragement, abandonnent parfois en masse un cantonnement.

Lorsqu'ils se déplacent au loin, ils préfèrent bivouaquer plutôt que dresser des tentes. Paysans et gentilshommes mangent aux mêmes écuelles. Aucune complaisance pour la noblesse, mais une complicité. Ces paysans se disent et s'estiment aristocrates comme le noble. Leur mot de passe : « Aristocrati Victoria », ne signifie pas soumission à la noblesse, mais nous sommes tous aristocrates. Aristocrates ou brigands, les deux termes sont aussi bien reçus par eux.

Au début de l'insurrection, aucun signe distinctif ne différenciait officiers et soldats. Lors de la « longue marche », les écharpes blanches arborées par les officiers furent encore reçues avec hostilité.

Les premiers mois de l'insurrection constituent une grande fête populaire, une fête démentielle, horrible, dont ils paieront cher les bavures.

Ils étaient partis de chez eux en enfilant leur culotte bouffante des dimanches, leur veste de toile, un vaste chapeau. C'est-à-dire tels qu'ils étaient à la sortie de la messe, accrochant à leur boutonnière leur chapelet. En tête marchaient les hommes avec des armes à feu : arquebuses datant des guerres de Religion, fusils de chasse, lourdes canardières, fusils enlevés aux Bleus. Puis les armes blanches : faux emmanchées à l'envers, couteaux de pressoir, bâtons ajustés d'une pointe de fer, sabres et baïonnettes pris à l'ennemi. Puis venaient les cavaliers, la plupart des chevaux ayant été dérobés dans les gendarmeries. Pas de selles, et des cordes en guise d'étriers. Enfin l'artillerie, toute récupérée dans les villes républicaines.

Cette jacquerie paysanne, c'est Gargantua ressuscité, Gargantua qui, dans toutes les villes, fait des razzias d'assignats et de barriques de vin et qui brûle ce qu'il ne peut ni boire, ni manger, ni emporter. C'est Gargantua encore, dans sa cruauté énorme : les « intrus », les percepteurs, les maires, égorgés, coupés en morceaux, enterrés vivants ; le curé constitutionnel traîné à la queue d'un cheval et dont la tête éclate contre un mur ; un autre curé constitutionnel assommé à coups de fourche et émasculé par une femme. On organise même des chasses aux « patriotes » qui sont des parodies des chasses à courre de la noblesse. Le sonneur de cor sonne à la vue du « patriote » qui est coursé par les chiens, rattrapé et mis à mort.

Ces dévots sont, à ce moment-là, bien peu chrétiens. Ni lorsque, assiégeant Nantes sur la rive gauche de la Loire avec Charette, ils oublient de prendre d'assaut la ville. Pendant que les troupes de D'Elbée se risquent jusque sur la place Viarme, que Cathelineau est tué dans les faubourgs du nord, ils passent leur nuit à danser, à boire, à chanter des chansons grivoises au rythme des violons et des musettes. Puis ils s'en retournent chez eux.

Barbe-Bleue, Gargantua, Geoffroy la Grand' Dent, Grandgousier, l'Ogre, le Géant aux bottes de sept lieues, par quelles malices revenus...

9

A Paris, dans le métro, ma mère lit un journal puis en a assez et le jette avec dédain au beau milieu du compartiment.

Je n'ai jamais eu cette liberté du geste et cette indifférence aux autres. Je ramasse précipitamment le journal, le replie et lance un regard effaré aux autres voyageurs qui affectent de ne rien voir.

— Mais maman, il ne faut pas jeter comme ça, n'importe où...

Elle hausse les épaules :

— Pas intéressant, *ton* journal.

Comme si c'était *mon* journal ! J'avais cru lui faire plaisir en lui achetant *un* journal à la librairie de la gare.

Je suis souvent choqué de son dédain, de son mépris même, pour les autres. Dans une chambre d'hôpital, à trois lits, elle me disait à voix haute, en me montrant ses deux compagnes : « Celle-là est bien, l'autre n'est pas intéressante. » Comme ça, devant les intéressées, comme s'il s'agissait de meubles. Espérons qu'elles étaient dures d'oreille.

Sa solitude a toujours été extrême et entretenue. Je ne lui ai jamais connu d'amie. Du moins d'amie de sa condition. Seules ses employeuses aristocrates l'intéressaient. Et elle les considérait comme des amies.

Qu'elles la traitassent comme une cousine pauvre ne l'affectait pas. Elle s'en trouvait même fort bien.

Mais les gens de son milieu, les voisins, elle passait entre, sans les voir. Elle ne les détestait pas. Mais pour elle ils semblaient d'une autre espèce. On aurait pu en conséquence croire qu'elle se sentait sortie de la cuisse de Jupiter. Mais non. Elle se montrait en même temps très humble. J'ai essayé vainement de lui faire fréquenter la mère d'un de mes amis, veuve d'un architecte et qui se trouvait elle aussi très seule à Nantes. Rien à faire. Elles se sont vues et la veuve de l'architecte était une femme très simple, vivant plus chichement que modestement, mais ma mère me disait : « Elle est gentille, mais je ne peux pas la fréquenter. Nous ne sommes pas du même monde. »

Sa conscience de classe ressemblait donc à celle des chouans. Aussi farouche et aussi irraisonnée. Et plutôt qu'une conscience de classe, parlons plutôt de la lucidité d'être d'une telle pauvreté, que celle-ci vous place en dehors de toutes les classes, dans la plus complète marginalité.

Oui, au fond, il lui plaisait de vivre aux crochets des gens de la haute, en cousine pauvre. L'état de personne assistée ne l'affectait pas du tout. Bien au contraire. Il semblait que tout lui soit dû, que le monde entier avait une dette à son égard et qu'elle pouvait ramasser les miettes des festins des autres sans remords ni sans honte. Elle n'eut d'ailleurs jamais le goût des festins, mais celui, très vif, de la récupération.

Sans doute vivait-elle encore, anachroniquement, dans la civilisation de la cueillette. Autant elle avait horreur de l'agriculture (pendant l'Occupation allemande, alors que nous pouvions cultiver un bout de terrain de nos voisins blanchisseurs, elle m'en laissa le soin, prétextant que ça la fatiguait), autant elle raffolait de la cueillette. J'ai déjà parlé de nos maraudages dans mon enfance et de sa joie d'aller à la recherche d'escargots, de champignons, de châtaignes, de plantes à tisanes et de plantes aromatiques, de fleurs sauvages, voire de fruits et légumes chapardés. On pouvait alors encore se nourrir en glanant. Et en y ajoutant le gibier braconné et la pêche.

Ma mère a toujours eu un goût aristocratique du non-travail. Elle a toujours détesté travailler. Prendre un emploi lui semblait une sorte de déchéance. C'est sans doute pourquoi très tôt, après ses espoirs déçus de me faire obtenir un emploi à mains blanches, elle ne s'opposa jamais à mon vagabondage du travail, à mon état de manœuvre non professionnalisé et finit par le trouver naturel. A part un poste de vendeuse à la coopérative alimentaire de Fontenay, je ne lui ai connu que des emplois marginaux : concierge, gardienne d'enfants, femme de ménage, ravaudeuse. Elle aimait ce vagabondage comme elle aimait le vagabondage de la cueillette. Cette fille de paysans avait le goût nomade. Mais je ne l'ai jamais entendue se dire paysanne, ni Vendéenne et encore moins Nantaise. Elle aurait pu vivre n'importe où, avec la même indifférence.

Et où elle vivait, elle campait. Je veux dire qu'elle ne semblait jamais installée. Venait-elle chez moi à Paris qu'elle ne déballait de sa valise que le minimum, laissant le reste en vrac, prêt à être remporté le lendemain. Et chez elle, à Nantes, dans cette maisonnette dont j'ai déjà décrit le délabrement, le désordre était extrême puisqu'elle ne jetait jamais rien. Ou, plutôt si, de la même manière qu'elle lançait le journal lu au beau milieu du compartiment du métro, elle balançait les boîtes de conserve ouvertes de la porte de sa cuisine et il se formait ainsi un tas d'ordures poussé sous l'escalier. Chaque fois que j'allais la voir à Nantes, je devais emprunter une brouette pour charrier les immondices accumulées pendant un an.

Je l'ai déjà dit, des deux pièces minuscules qui composaient la maisonnette, l'une d'elles ne servait que de débarras. Les journaux repliés, jaunis, s'y entassaient en piles depuis dix ou vingt ans. Les habits y étaient devenus chiffons et s'étageaient en monticules. Dans une boîte à chaussures je trouvai même des papiers de couleurs, découpés, et sur la boîte cette inscription qui me laisse encore perplexe : « Petits papiers ne pouvant servir à rien. »

Dans ce désordre insensé, donc parfois d'étranges soucis de rangements.

Mais une impression générale de laisser-aller. Tout traînait, tout était désaccordé, déboîté, mal assorti. Elle n'aimait faire ni le ménage ni la cuisine. Et pourtant elle disposait de temps à ne savoir qu'en faire, se plaignant d'ailleurs toujours de s'ennuyer. Elle aurait pu se fignoler des petits plats. Mais non. Elle gaspillait le peu d'argent dont elle pouvait disposer à s'acheter des plats tout préparés : aile de poulet rôti et même salade de carotte assaisonnée.

Il semble d'ailleurs que cet ennui, elle le traînait de loin, de très loin, de la nuit des temps. Il m'a longtemps *grappigné* moi aussi, m'entraînant dans d'immenses plaines de mélancolie.

Sans aucun doute, ce qui me paraît le plus long, dans ma vie, c'est mon enfance, une interminable enfance triste, avec d'interminables journées de pluie, de solitude dans le grenier à la recherche des souvenirs de mon père qui, eux, gardaient encore une aura ensoleillée. Entre mes deux femmes en noir (ma grand-mère et ma mère, le grand-père ne figurant qu'en fond de décor), que de journées grises.

Le spleen n'atteint pas que les dandys. Ou peut-être ma mère avait-elle une sorte de dandysme populaire. Une incurable mélancolie, en tout cas.

Mais qui n'a pas connu la lenteur du temps provincial, le ciel si souvent gris, le regard furtif derrière les rideaux soulevés de la fenêtre, la rue où ne passe âme qui vive, le silence si oppressant que les cloches de l'église sont enfin la preuve que l'on est encore de ce monde ; qui n'a pas connu cette civilisation rurale aujourd'hui disparue dans la pétarade des motos et des voitures, dans la tonitruance des transistors et où l'on n'est plus jamais seul puisque l'écran de télé vous relie au reste du monde ; qui n'a pas connu la solitude du pauvre dans un monde où chacun se renferme, se referme, ne sait pas ce qu'est l'ennui.

Ma mère avait horreur de la campagne « où l'on ne voit personne » et où « on ne trouve personne à qui parler ». Elle n'a jamais lu Louis-Ferdinand Céline, dont le style l'aurait beaucoup choquée, et pourtant se trouve dans *Voyage au bout de la nuit* une phrase qui me frappa de plein fouet, tellement je crus entendre ma mère ronchonner : « Moi, d'abord, la campagne, faut que je le dise tout de suite, je l'ai toujours trouvée triste, avec ses bourbiers qui n'en finissent pas, ses maisons où les gens ne sont jamais et ses chemins qui ne vont nulle part. »

Son appréhension de l'hiver m'a longtemps semblé un peu ridicule. Mais depuis que je vis souvent à la campagne, voilà que j'en viens moi aussi à trouver l'hiver interminable. Pendant si longtemps citadin, j'avais fini par croire naturel ce qui est artificiel. La ville estompe les altérations climatiques. La ville protège du temps et empêche même de voir le temps qu'il fait. Elle vise à la climatisation avec ses hauts immeubles soudés les uns aux autres, masses compactes, entre lesquels on se glisse en de longs couloirs propices aux bourrasques. Mais ces rues ne sont que des passages et l'on peut s'engouffrer dans des lieux couverts, s'enterrer dans le métro, se réfugier dans la climatisation mobile des autobus, des taxis, des voitures particulières. Les intempéries sont vite annulées dans la ville et il faut lever très haut le nez pour apercevoir le temps qu'il fait.

A la campagne, au contraire, et même aujourd'hui avec un meilleur chauffage des maisons, avec un bon éclairage, avec tout le confort intérieur urbain, l'hiver reste hostile. Visiblement hostile. La pluie fouette les vitres, le vent secoue les volets, la toiture semble parfois devoir céder aux coups de masse de la tempête, l'orage effraie, l'inondation menace, la neige bloque la circulation. La boue est collante, la pluie cinglante, le vent hurleur. Et les arbres restent si longtemps sans feuilles, la terre labourée demeure si longtemps sans herbe. La marche du temps semble arrêtée. Cette impression d'arrêt du temps devient angoissante. Et j'ai froid. De plus en plus froid. C'est mon propre hiver interminable qui s'approche. Il a quitté ma mère pour s'abattre sur mes épaules.

J'ai dit que ma mère se cherchait des correspondants, qu'elle les sollicitait. En réalité, là encore, son goût de la lecture était plus vif que celui de la vie. Les relations ne lui importaient que si elles devenaient génératrices de textes écrits. Et lorsque les lettres lui manquaient trop, elle s'en écrivait à elle-même, témoin celle-ci que j'ai retrouvée dans ses affaires, et intitulée, en haut à droite : *Lettre à moi-même.*

Dans ce titre, certainement une allusion consciente au livre de Françoise Mallet-Joris que je lui avais donné. Et qu'elle avait lu avec avidité puisqu'elle savait que Françoise était de mes amis. Cette lettre est datée du premier janvier 1974. Premier janvier ! Jour de l'an ! Toutes ces fêtes, elle les appréhendait. Seule, elle s'y sentait bien sûr encore plus solitaire que les autres jours. Et le facteur ne passe pas les jours fériés.

Voilà le texte de cette *Lettre à moi-même* :

« Jour semblable aux autres, seule dans ma chambre, sans famille pour égayer ma solitude ; je suis descendue une heure et demie à la télévision qui m'a fatigué le cerveau. J'attends demain pour avoir des nouvelles de mon fils qui doit être rentré à Paris venant de R...

« Tristes journées que les jours de fête pour les personnes seules, un peu d'ambiance parmi les pensionnaires mais ce ne sont que des étrangers que l'on côtoie tous les jours.

1er Janvier 1974 Lettre à moi même

Jour semblable aux autres, seule dans ma chambre sans famille pour égayer ma solitude, je suis descendue 1h1/2 à la télévision qui m'a fatiguée le cerveau.

J'attends demain pour avoir des nouvelles de mon fils qui doit être rentré à Paris venant de Roucase

Tristes journées que les jours de fête pour les personnes seules, un peu d'ambiance parmi les pensionnaires mais ce ne sont que des étrangers que l'on côtoie tous les jours.

Voilà la vie du 3e âge avec ses complications de santé surtout qui ne font qu'augmenter.

Triste vie triste âge et qu'il faut pourtant accepter

« Voilà la vie du troisième âge avec ses complications de santé, surtout, qui ne font qu'augmenter.

« Triste vie, triste âge, et qu'il faut pourtant accepter. »

Ma mère avait alors quatre-vingt-un ans. Elle se trouvait en maison de retraite dans ce pays de Retz qui formait une marche entre Bretagne et Vendée jusqu'à ce que les ducs de Bretagne prennent prétexte des légendaires orgies de Gilles de Retz pour le capturer, le brûler place du Pilori et accaparer ses terres qui donnèrent ainsi à la Bretagne une assise de l'autre côté de la Loire. [1]

La marquise de X... avait réussi à trouver à ma mère une « maison de vieux » assez exceptionnelle, qui ressemblait plus à un hôtel de vacances qu'à un « mouroir ». Elle s'y plaisait bien, dans la mesure où l'on peut évidemment se plaire dans une antichambre de la mort. En tout cas, j'étais rassuré par le fait qu'elle y trouvait tout le confort, n'y manquait de rien, pouvait y recevoir des soins en permanence. Avant que la marquise de X... fasse jouer ses relations pour obtenir ce lieu privilégié, ma mère avait dû passer par toutes sortes de maisons de retraite où elle ne restait jamais longtemps, reprenant très vite sa petite valise de carton bouilli et revenant dans sa masure des bords de l'Erdre.

Mais il devenait impossible de la laisser seule dans

1. Le pays de Retz (ou pays de Rais) tire son nom de Rezé, son ancienne capitale. Son territoire correspond à peu près à la rive gauche du département de la Loire-Atlantique. Avant le IXe siècle, le pays de Retz s'incluait dans le comté du Poitou qui, lui-même, dépendait du duché d'Aquitaine. Mais le duc de Bretagne en fit la conquête, s'offrant ainsi une marche de l'autre côté de la Loire, qui lui fut concédée par Charles le Chauve en 851. Après la destruction de Rezé par les Normands, Machecoul devint la capitale du pays de Retz, avec des souverains indépendants aussi bien du duc de Bretagne que du duc d'Aquitaine. Gille de Retz en fut le dernier seigneur. A sa mort son domaine tomba dans l'escarcelle des ducs de Bretagne qui étendirent ainsi leur souveraineté au-delà de la Loire et aux dépens de l'Aquitaine. Pendant les guerres de Vendée, le pays de Retz sera l'un des hauts lieux de l'insurrection, sous le commandement de Charette.

cet inconfort. Puisque le propriétaire attendait la mort de ma mère pour se débarrasser de cette maisonnette délabrée, aucune réparation ne s'y faisait. On ne pouvait plus ouvrir aucune fenêtre. L'odeur, à l'intérieur, suffoquait : un mélange de moisi et d'urine. La toiture d'ardoise, arrachée par une tempête et remplacée par de la tôle ondulée, ne constituait plus une protection, ni du chaud ni du froid. Le seul chauffage pour l'hiver venait de la cuisinière à charbon. Mais ma mère se chauffait presque uniquement avec sa chaufferette à charbon de bois, dont elle usait comme d'un brasero.

Même les pires des « maisons de vieux » valaient mieux que sa masure. Mais, en général, ces « maisons » tombaient dans deux excès : ou bien l'archaïsme d'une pension de bonnes sœurs à la bonne franquette où il était interdit d'être malade sous peine d'être envoyé immédiatement à l'hôpital, ou bien le modernisme aseptisé d'un établissement trop poli pour être aimable. Et toutes présentaient pour ma mère le grave défaut de se situer à la campagne.

C'est en effet une idée absurde que de construire les maisons de retraite à la campagne. Qu'il existe à la campagne des maisons de retraite pour la population rurale d'accord, mais que l'on y envoie les vieillards citadins n'est rien d'autre que de la déportation. Les maisons de retraite des citadins devraient se situer en plein cœur des villes. La vieillesse est justement l'âge où l'on a le temps de flâner, de visiter des musées, de lire dans des bibliothèques, de traînasser aux terrasses des bistrots. Ce sont les gens en pleine activité qui ont envie du calme de la campagne, pas ceux qui sont disponibles. Mais l'expulsion des vieux du cœur des villes est volontaire. Le spectacle de la vieillesse dérange. Il suggère trop la mort que l'on expulse elle-même dans des cimetières de plus en plus lointains. Nos asiles de vieillards sont comparables à ces nefs des fous que l'on faisait jadis descendre les fleuves, pour se débarrasser ainsi hypocritement des malades mentaux. Nous expulsons les vieillards des villes pour que le spectacle de leur décrépitude ne nous atteigne pas et qu'ils meurent en silence loin de nous, sans que l'on s'en aperçoive.

Si ma mère avait pu entrer dans une maison de retraite semblable à celle où elle a fini sa vie, mais qui se serait située à Nantes, son ennui aurait été moins grand et en tout cas elle y eût trouvé du plaisir. Le seul reproche qu'elle faisait à la maison de retraite trouvée par la marquise de X..., c'était sa situation dans les vignes et le maïs. « On n'y voit rien, se plaignait-elle, on n'y entend rien. On se croirait dans un désert. »

Sinon elle appréciait le modernisme de l'établissement, sa propreté. La variété et l'abondance de la nourriture, très certainement relative, lui paraissaient de la goinfrerie. Elle s'était tellement habituée à vivre chichement, que tous ces plats arrivaient à lui couper l'appétit. « Je ne sais pas comment elles font, les autres, pour avaler tout ça. Moi *ça me fait zire.* On dirait des ogresses. Et puis, elles mangent salement. »

Toujours cet esprit à dénigrer les autres, les « étrangers ». Mais qui n'était pas « étranger » pour elle, à part ses propres parents, son mari et moi !

Il est vrai que, malgré son désordre, son laisser-aller et la saleté de son propre logement, ma mère était quant à elle d'une grande propreté. Avec ses vieux vêtements bien reprisés, ses bas de laine ou de coton gris, son éternel chapeau de feutre noir, son *périmper,* ses cheveux qui n'ont jamais blanchi et sont devenus finalement d'un châtain grisâtre, elle réussissait à conjurer l'un de ses soucis : surtout ne pas présenter mal.

Le logement pouvait être une masure où s'entassaient les ordures, l'important c'est qu'elle en sorte bien débarbouillée et parfumée à l'eau de Cologne. Son insouciance complète de l'environnement lui fit abandonner sans regret et sa maisonnette et son contenu. Elle pouvait se transporter n'importe où, pourvu qu'elle puisse traîner avec elle sa petite valise avec ses papiers, les photos de mon père et quelques souvenirs essentiels.

La première fois que j'allai la voir dans son ultime maison de retraite, elle me fit les honneurs du lieu avec tant de plaisir, insistant sur la modernité de la construction, les portes-fenêtres à vitres pleines et leurs entourages de métal, les balcons, l'ascenseur, le chauffage central, l'éclairage électrique abondant. Cette accession à la modernité qu'elle ne put faire que dans sa vieillesse l'enchantait. Elle me montra aussi la salle de télévision et le réfectoire. Elle regardait peu la télévision, qui l'ennuyait, préférant lire, seule dans sa chambre.

J'allai rendre visite à la directrice pour la féliciter de la qualité de son établissement et lui dire tout le plaisir que ma mère y éprouvait.

— Votre mère est étrange, me dit-elle. Elle ne se lie avec personne. Et nous avons dû la réprimander car elle cueille des fleurs dans les massifs. Vous pensez, si tous les pensionnaires en faisaient autant !

Je promis d'insister pour que ma mère ne cueille rien, mais je savais bien que ce serait impossible. Toujours ce goût du maraudage qui la reprenait. Comment faire comprendre que ma mère en était encore à la civilisation de la cueillette et que l'on aurait beau l'enfermer elle trouverait le moyen de chaparder quelque chose ! Mais en même temps une angoisse m'étreignait, une crainte qu'elle ne soit renvoyée.

Avant de repartir, j'insistai auprès d'elle pour qu'elle se contente de regarder les fleurs. « Tu comprends, elles sont un ornement pour la maison tout entière. Elles sont à vous toutes. »

Elle m'écouta bien sagement, prit une clef, ouvrit un placard et en sortit en pouffant de rire, comme une petite fille qui fait une farce, une carafe d'eau dans laquelle trempaient des dahlias. Puis elle referma prestement le placard sur les fleurs.

— Comme ça ils ne peuvent pas les voir. Mais moi je les regarde de temps en temps.

10

Longtemps, après la mort de ma mère, je retrouvais par hasard dans un débarras, sous une pile de vieux journaux et de dossiers, la valise de carton bouilli, vert wagon, qui l'accompagnait dans ses voyages annuels à Paris.

Dès sa descente de la gare Montparnasse, oiseau effarouché, oiseau vite perdu dans la cohue des voyageurs, me cherchant du regard, craignant de ne pas me voir l'attendre (comme si j'avais manqué, une seule fois, ces rendez-vous !), éperdue de bonheur dès qu'elle m'apercevait puis, les embrassades accomplies, retrouvant son anxiété pour me demander :

— Ma valise est-elle arrivée ?

Car elle avait de curieuses idées de luxe (chacun a les siennes) et parmi celles-ci l'habitude de faire voyager son bagage à part, livré à domicile par camion direct. Elle voyageait par rail et sa valise par route. Toutes les deux se rejoignaient au jour dit dans mon petit logement parisien, mais ma mère était toujours si étonnée de cette merveilleuse convergence qu'elle ne se rassurait que lorsqu'elle pouvait enfin ouvrir sa valise dans sa chambre et en vérifier le contenu.

Par quel étrange cheminement cette valise se trouvait-elle encore dans ce placard ? Et pourquoi ne l'avais-je jamais remarquée au cours de ces dernières années où je venais pourtant si souvent farfouiller dans ce débarras ? A croire que ma mère l'avait déposée subrepticement « dans mes affaires », avec cette espièglerie qu'elle montrait parfois. En tout cas, l'impression que ma mère était « partie », en m'abandonnant sa valise, me fut extrêmement désagréable.

Car pourquoi aurais-je conservé une valise aussi minable, aussi peu réutilisable ; éraflée, décolorée, les coins déglingués s'en allant en lambeaux, l'anse métallique raccommodée avec un bout de ficelle effiloché ?

En l'ouvrant, je m'aperçus qu'elle n'avait jamais été vidée. Tout y était. Tout le nécessaire habituel des voyages de ma mère. D'abord la bouillotte en caoutchouc vert, marque Unis France Leglot, avec son bouchon vissé et un curieux relief en Z sur les parois qui lui donnait une allure de radiateur. La bouillotte, c'était l'objet à ne pas oublier, la source individuelle de chaleur que l'on n'était jamais sûre de trouver lorsque l'on s'en allait chez les autres, où toujours il fait plus ou moins froid. Habitude paysanne modernisée puisque la bouillotte remplaçait la chaufferette à braises que, dans mon enfance, ma mère transportait partout. Bouillotte apparemment en bon état, presque neuve, comme cette brosse à habits au poil noir et en bois jaune, qui alliait la propreté au confort.

Bon, la bouillotte et la brosse, je comprends, mais pourquoi ma mère avait-elle placé dans sa valise une lampe de poche bleue ? En quoi avait-elle besoin d'une lampe de poche dans mon logement qui, sans être spacieux, disposait néanmoins d'une installation électrique ? Peur de manquer de lumière, bien sûr, mais peur vraiment irraisonnée, vieille peur de pauvre. Ma mère traînait une telle vie de pauvreté, de privations, de vexations, qu'elle finissait par s'effrayer de tout.

Peur de manquer le train de son voyage annuel si attendu, qui explique la présence de cet énorme réveil, marque Japy Alouette, dont les aiguilles marquent cinq heures trente. Sans doute un lever hâtif pour ne pas rater le train de huit heures. Mais ensuite, qu'avait-elle besoin de réveil ? Peur, installée chez moi, de ne pas se lever à l'heure ? Mais quelle heure ? Rien ne l'obligeait. Il est vrai que, tout au long de la journée, je la voyais regarder perpétuellement l'heure, la lisant mal sur les aiguilles de sa montre-bracelet, trop miniaturisée. Aussi ce gros réveil mastoc, solide, devait la rassurer dans l'aventure de son voyage annuel.

Et elle ne partait pas sans biscuits, je veux dire sans son matériel de ravaudeuse. Le ravaudage, son dernier métier, métier déjà anachronique, qu'elle s'obstinait à vouloir pratiquer malgré des gains de plus en plus dérisoires, elle le continuait chez moi, pour le plaisir, bien que j'eusse préféré lui éviter ce travail qui lui abîmait les yeux. Je trouvais donc une pelote de coton blanc, « Coton à la Ruche » dix grammes, « modèle déposé » ; une pelote de coton beige, plus petite, à moitié utilisée ; une pelote de coton bleu-noir ; un rouleau de fil vert d'eau, très clair ; un petit porte-aiguilles, avec des aiguilles, acheté aux Nouvelles Galeries de Nantes, 7 francs 95 ; une pochette à pression ornée de dessins de fleurs rouges, lilas et vertes, contenant huit épingles de nourrice ; une pochette à fermeture-éclair dans un très moche matériau, sorte de toile cirée avec des motifs géométriques fades (pochette ouverte et vide). Deux épingles à nourrice et une aiguille à broder, en os, se baladaient par ailleurs dans la valise, peut être sorties malencontreusement de la pochette ouverte et vide.

Se baladaient également une ficelle en plastique, verte ; un stylo à bille noir ; un stylo à bille bleu ; un crayon au bout de bois mâchonné et deux petites clefs plates qui, vérifications faites, correspondaient aux serrures de la valise.

Étrange idée de mettre les clefs d'une valise à l'intérieur de celle-ci, mais passons... Les stylos, c'était bien sûr pour écrire ses notes de voyage sur ces petits agendas des Chemins de Fer Français et des Territoires d'Outre-Mer, qu'elle semblait posséder en abondance et avait trouvés je ne sais où, et aussi des lettres à ses « dames ». D'ailleurs, dans la valise, les timbres-poste n'étaient pas oubliés : un timbre vert à 0 fr 60 et trois timbres rouges à 0 fr 80.

Mais pourquoi diable apportait-elle une taie d'oreiller à jours, qui n'avait jamais servi comme tant d'autres linges conservés dans son armoire de merisier, dont les pliures montraient le jaunissage du temps, et qu'elle entendait certainement remporter aussi neuve. Pourquoi aussi ces deux serviettes de table blanches, également brodées, sinon pour se faire accompagner des restes de son trousseau de noces ? Pourquoi ce gant de toilette minuscule, où il serait même impossible de glisser une main d'enfant ; et ce gant de toilette de taille normale, rose et blanc ?

Car enfin ma mère ne manqua jamais de linge chez moi et il était invraisemblable qu'elle eût pu supposer qu'une taie d'oreiller, qu'une serviette de table, qu'un gant de toilette lui manquent !

Par contre, la profusion des mouchoirs s'explique par une autre peur, plus légitime, celle des rhumes : un petit mouchoir à dentelle, brodé et marqué R (qui, visiblement, lui non plus n'avait jamais servi, emporté pour le plaisir, pour le luxe), un mouchoir blanc bordé d'un liseré rouge, marqué C (l'initiale du prénom de mon grand-père), un mouchoir à carreaux rouges et blancs, deux mouchoirs à carreaux bleus et blancs, un mouchoir à dentelle blanc, déchiré.

Enfin quelques vêtements qui, eux, se justifiaient : une très ancienne chemise écrue, brodée, tissée à la main sans doute au début du siècle par le grand-oncle tisserand de village ; une moderne combinaison à épaulettes, bleu clair, ornée d'un semi de fleurettes bleues et rouges ; un grand cache-nez neuf en laine, noir, avec des liserés rouges et verts, pour se protéger du vent (elle craignait les courants d'air des rues de Paris) ; et dans un sac de plastique transparent un beau châle noir à franges et une jupe noire faufilée de fils blancs à la taille. Trop ample, sans doute, étant donné l'état de maigreur de ma mère, empirant avec l'âge, elle se proposait de la resserrer. Un bon travail de couture en perspective. Elle n'aimait pas arriver les mains vides. Ses mains inactives, elle s'ennuyait vite et on devait, de toute urgence, lui apporter quelque chose à coudre ou à repriser.

Que faire de cette valise et surtout de son contenu ? Cette valise réapparue, si loin du temps des obsèques, détachée de son contexte mortuaire, posée là comme une farce ou comme un piège. Que faire des vêtements des morts, de leurs objets trop familiers, trop personnels, pour que l'on puisse s'en servir soi-même d'objets usuels ? Les Anciens n'avaient pas tort qui enterraient leurs défunts avec leurs habits, leur vaisselle, leurs bijoux, leurs armes. Ils ne les laissaient pas partir sans bagages. Ils n'oubliaient ni les réserves de nourriture pour l'ultime voyage ni la menue monnaie pour le pourboire au portier du paradis.

11

Très étrangement, l'odeur spécifique de la masure nantaise je l'ai retrouvée à Fontenay-le-Comte. Nous étions face à la maison de mon enfance, ma femme et moi, et en observions la décrépitude. Elle semblait abandonnée. Pas de rideaux aux fenêtres. Par la porte d'entrée, vitrée, j'apercevais tout au fond, dans ce qui fut la cour où mes grands-parents élevaient des poules et des lapins, de vieilles machines rouillées qui semblaient elles aussi à l'abandon.[1]

1. Merveille des relations épistolaires entre lecteur et auteur. Le 28 avril 1980, trois mois après la publication de la première version de *L'Accent de ma mère,* je recevais de Fontenay-le-Comte cette lettre :

« Nous sommes heureux, mon mari et moi, de vous faire savoir que votre ancienne maison, 8, rue des Orfèvres, nous appartient. Nous avons retrouvé sur l'acte d'achat de cet immeuble le nom de votre grand-père, M. Sourisseau. Si cela peut vous être agréable, et au cas où vous en auriez le loisir, toute facilité vous est donnée de venir revoir, quarante ans après, l'intérieur d'une maison où il reste encore un peu de vous. Oh ! pas grand-chose, sans doute... La chambre noire de votre grand-mère, la cuisine et la pièce commune de vos parents ; les fenêtres et les balcons qui vous ont frappé, l'escalier et la rampe jusqu'au grenier, vous rappelleront peut-être quelques souvenirs entassés dans les coins de votre grande mémoire.

« Vous faire visiter cette demeure dans l'état actuel, avant que d'importantes transformations y soient entreprises, serait un grand bonheur pour mon mari et pour moi-même. Heureux serions-nous de vous recevoir, au 12, rue des Orfèvres. Horlogers-bijoutiers depuis trente-cinq ans dans votre ancien quartier, il est d'autres vestiges que vous saurez reconnaître sans peine : ici, chez nous, le patois vendéen est toujours resté notre langue habituelle en famille et assez souvent avec certains de nos clients. »

J'ai répondu, bien sûr, à l'invitation de Mme et M. Poupeau, visité la maison de mes grands-parents, alors transformée en ateliers d'électronique. Je ne reconnaissais rien. Tout était plus petit, si petit, minuscule.

— Regarde, me dit Françoise, les rambardes des fenêtres en fonte. Y étaient-elles lorsque tu habitais là ?

Je ne les avais pas reconnues. Et pourtant, que de rêves à travers les fenêtres sur ces entrelacs qui finissent en épis de maïs. Et ces deux paons qui becquettent une jardinière de fleurs, je les avais oubliés. Pourtant ils m'étaient aussi familiers que celui de la pendule à balancier de ma grand-mère. Je suis précipité quarante ans en arrière. La rue des Orfèvres n'a pas changé. S'y trouve toujours le café, face à la maison de mes grands-parents, et le magasin d'alimentation au coin du pont des Sardines. Mais un barrage en amont de la Vendée fait ressembler maintenant la rivière à un canal. Jadis coulait beaucoup moins d'eau. Nous descendions sous le pont des Sardines et allions jusqu'au Pont-Neuf en barbotant entre les pierrailles et les nénuphars.

Je cherche à lire notre passé sur la façade de cette maison qui semble morte. Et soudain je sens une odeur, une odeur qui me rappelle...

Je dis à Françoise : « Tu ne sens pas une étrange odeur ?

— Si, c'est la même odeur qu'à Nantes, chez ta mère. »

C'est bien ça. C'est cette odeur de moisi et d'urine qui vous saisissait à la gorge dès que l'on entrait dans la masure. Comment se peut-il qu'ici aussi... Et il ne s'agit pas d'une impression puisque ma femme sent la même odeur. Aucune autre maison ne sent comme ça. Serait-ce l'odeur de notre tribu, ineffaçable dans le temps ? Ou bien l'odeur de la vieillesse, de la décrépitude et de la mort ?

Je suis venu à Fontenay voir si les travaux funéraires ont bien été effectués au cimetière et payer l'entreprise. Mais en même temps c'est un pèlerinage.

Dans la petite rue qui aboutit à la fontaine des Quatre-Tias, je vais voir ce qu'il en est du Café du Cerf tant fréquenté par les deux hommes de la famille. Il n'existe plus. Un garage privé occupe ce qui devait être la salle de café. L'inscription, Café du Cerf, subsiste, mais effritée.[1]

La fontaine des Quatre-Tias, chère à Rabelais et à ma mère, n'a pas changé, sans doute protégée en tant que monument assez exceptionnel de la Renaissance. Ce qui n'a pas empêché de flanquer en plein centre des sculptures une plaque bleue avec l'inscription « Eau non potable », beaucoup plus visible que le « Fontanacum Felicium Ingeniorum Fons et Scaturigo » écrit par Rabelais comme on le sait et auquel s'ajoute une date : 1542. En fond de décor de la fontaine, les grands arbres de ce qui est agressivement spécifié : « Propriété privée. » D'autres panneaux indiquent : « Défense d'entrer », « Chantier interdit au public », « Défense de stationner ».[2]

Derrière ces grands arbres, les ruines du château fort des comtes du Poitou. Du temps où Fontenay était la capitale du Bas-Poitou, ce qui lui valut la spécificité « le Comte ». On s'est servi des remparts pour construire une usine, avec une haute cheminée de brique. Mais elle semble à son tour abandonnée. Tout le long du château monte une voie serpentine, la rue du Marchoux, sans doute survivance du quartier populaire qui devait flanquer la demeure seigneuriale. Ma mère me disait :

— Ne va pas rue du Marchoux, c'est mal fréquenté.

L'histoire de cette petite ville, qui fut importante dès l'époque mérovingienne, qui devint capitale du Bas-Poitou sous Louis IX, et enfin l'un des grands foyers de la culture humaniste sous la Renaissance, est inscrite dans son plan. On peut aussi la suivre par ses

1. Elle n'existe plus, complètement effacée. Plus aucune trace du Café du Cerf, sinon dans ce livre.
2. Après la publication de la première version de *L'Accent de ma mère,* tous ces panneaux ont été enlevés et la fontaine très bien restaurée. Comme quoi, finalement, les livres sont utiles.

noms de rues. Le Moyen Age y est encore très présent. La rue des Loges, qui va du pont des Sardines à l'église Saint-Jean est l'ex-faubourg des Loges où, pendant cinq siècles, drapiers, chapeliers, tanneurs, cloutiers, potiers, couteliers tinrent échoppes. Tout comme le Marchoux, où les tisserands en fil de lin travaillaient dans leurs caves, le faubourg des Loges est à l'origine de la ville industrieuse, au pied de cette forteresse devenue un parc sauvage qui fut si longtemps le fief des Lusignan, ces ogres de la forêt de Vouvant, jusqu'à ce que Saint Louis vînt lui-même le leur enlever pour le donner à son frère Alphonse de Poitiers.

La rue des Loges a-t-elle changé depuis la fin du Moyen Age ? Il ne semble pas. Des maisons à colombages sont restaurées. En fortifiant les fondations, on trouve même des pieux de bois qui sont des pilotis de maisons, remontant à l'âge du bronze.

Au XVe siècle, les corporations des drapiers et des tanneurs étaient si florissantes que Louis XI put ériger la ville en commune bourgeoise. Tout comme la rue des Orfèvres, la rue des Drapiers subsiste. Dans mon enfance, au rez-de-chaussée de la maison de ma grand-mère, un drapier s'installait tous les samedis et déroulait dans la cour ses pièces de toile. Le marché envahissait la ville. Et si les foires de Fontenay ont été fameuses dès le Moyen Age, elles le demeuraient encore avant la Seconde Guerre mondiale. Un jour par semaine Fontenay devenait vraiment une ville-marché, non seulement le marché aux légumes, aux fruits, aux volailles, aux vêtements, qui descendait de la place Viète jusqu'à la rue des Orfèvres, mais aussi le marché aux bestiaux sur le champ de foire, avec ses troupeaux de bœufs, ses chevaux frisons, ses chevreaux aux pattes entravées qui pleuraient comme des enfants. Souvenir encore de ces marchés que la rue du Marché-aux-Herbes, près de l'église Notre-Dame, et la rue du Pont-aux-Chèvres.

Quant à la place Belliard, elle serait une des plus

jolies places de France, avec ses maisons à arcades de la Renaissance, si la Caisse d'Épargne n'en avait pas détruit le quart pour se construire une prétentieuse et consternante pâtisserie. Forum de la cité au Moyen Age, puis marché, puis pilori, elle redevint forum pendant la Révolution sous le nom de place de la Réunion. De nouveau marché pendant mon enfance, il semble aujourd'hui qu'elle serve surtout de parking. Moins que le champ de foire, en partie asphalté et qui a perdu ses grands arbres, devenu gare autoroutière.

Souvenir encore du Moyen Age que le faubourg d'Enfer, au nord de la place Viète, avec sa serpentante rue de la Tuée.

Du temps où nous faisions nos dominicales promenades à la gare, avec mon père, il arrivait que nous contournions les rails pour aller à Jéricho. Jéricho ! Jéricho ! Ce nom prenait une connotation magique, orientaliste et biblique. Nous aboutissions devant une grande muraille nue et une tour rectangulaire. Sans doute était-ce tout ce qui restait de la ville écroulée sous les éclats des trompettes de Josué.

Je n'ai pas retrouvé ces ruines mais une zone industrielle qui s'appelle Jéricho-Nord.

Pourquoi ce nom de Jéricho ? Le nom existait au Moyen Age et en ce lieu s'assemblaient à époques fixes des milliers de bohémiens qui venaient y élire leur roi. La réputation des bohémiens de Vendée était si bien faite que Tallemant des Réaux racontant les aventures d'une bohémienne, la belle Liance, dit : « Elle est de Fontenay-le-Comte, en Bas-Poitou. C'est une grande personne qui n'est ni trop grasse ni trop maigre, qui a le visage beau et l'esprit vif ; elle danse admirablement. »

On raconte aussi que l'argot aurait pris naissance aux foires de Fontenay-le-Comte et de Niort où affluaient des marchands de tout le royaume, des étrangers, des jongleurs, des soigneurs d'herbes et une ruée de bohémiens dits argotiers, cajoux, francs-mitoux, sabouleux, gloutons, mercandiers, piètres, hubins, rufez, callots.

Sur toutes les routes, ces argotiers qui épouvantaient les campagnes, et les fascinaient, trouvaient des refuges désignés, sortes de ghettos-relais où ils recevaient logement et nourriture. Aux portes de Fontenay, c'était Jéricho.

Ces êtres étranges qui pullulaient dans la plaine devaient fatalement s'attirer la haine, aussi bien des paysans (qui se retrouvera dans les doléances aux états généraux) que de la bourgeoisie de Fontenay. Lorsque celle-ci devint protestante (tous les artisans de la rue des Loges l'étaient), l'une de leurs premières suppliques à Sully fut de les débarrasser des vagabonds et bohémiens qui recevaient droit de cité à Jéricho. Sully les traquera comme des bêtes, faisant pendre les uns, brûler les autres. Mais un grand nombre se réfugiera en forêt de Mervent où des battues seront organisées de temps à autre par les paysans pour les débusquer. En 1639, leur dernier chef, dit Chevalier à la Plume Rouge, sera capturé avec ses deux lieutenants et tous les trois rompus vifs sur la place du Marché-aux-Porches.

Mais tant de bohémiens, pendant tant de siècles, doivent bien avoir égaré leur semence dans des utérus paysans. Et ce goût de l'errance, des « colonies », cette maladie de la bougeotte, cette attirance pour l'exil, ces longs périples de nomades qui affectèrent l'armée chouanne, n'auraient-ils pas leur origine dans une symbiose entre paysans et bohémiens ? Cela expliquerait mieux, aussi, l'étrange comportement de ma mère, à la fois lapin de choux et renarde.

Au XVIe siècle, les fils et petits-fils des artisans et commerçants de la rue des Loges sont devenus hommes de loi, magistrats, hommes de science et hommes de lettres. En un mot la classe bourgeoise, de plébéienne devint intellectuelle. Face à l'inculture de la noblesse, elle se grise de lectures latines et ce savoir nouvellement acquis la venge de sa situation sociale inférieure. D'autant plus qu'au savoir elle ajoute la richesse. Bientôt elle saura se servir de ce savoir et de cette richesse pour, à son tour, asservir.

Centre littéraire, artistique et scientifique, Fontenay qui dispose jusqu'au XVe siècle d'un art local, spécifiquement poitevin, va accueillir à partir du XVIe siècle des artistes flamands et italiens, artistes ambulants qui propagent l'art de la cour. Cet art aristocratique et bourgeois va peu à peu se substituer à l'art populaire local qui n'existera plus dès le XVIIIe siècle.

Mais au XVIe, la chose n'est pas si simple. Rabelais, dans son couvent des cordeliers du Puy-Saint-Martin, traduit Hérodote, mais il lit aussi les almanachs de colportage. Il peut converser en grec avec ce bourgeois érudit qu'est Tiraqueau, mais il parle aussi patois avec les paysans des foires.

Fontenay a su mettre à l'honneur sa bourgeoisie érudite de la Renaissance. La rue Tiraqueau est une grande artère qui part de la place Viète et va vers Cholet-Bressuire. Près de la zone industrielle Jéricho-Nord, on trouve aussi un C.E.S. Tiraqueau. Le mathématicien François Viète a donné son nom à la place dont nous parlons souvent et au collège Viète. Le jurisconsulte Barnabé Brisson, conseiller de Henri III, nommé président du Parlement de Paris par la Ligue, a aussi sa rue non loin de la place Viète et qui prend dans la rue Rabelais. Nicolas Rapin, poète ami de Ronsard, nommé prévôt général de l'armée en Poitou par Henri III, rallié à Henri IV et comme tel devenu connétable de France, maire de Fontenay lorsque la ville fut protestante, n'a reçu qu'une rue montante, tortueuse, étroite, qui prend dans la rue du Puy-Saint-Martin, mais qui se justifie par le fait qu'elle aboutit au très beau manoir de Terre Neuve, que Nicolas Rapin fit construire en pur style Renaissance et qui a été fort bien conservé.

Viète, Rapin, Tiraqueau sont des noms familiers à

mon enfance, mais j'ignorais ce qui se tenait derrière la façade de ces noms. Viète représentait pour moi une place, belvédère ombreux tout en haut de la rue Georges-Clemenceau, faisant le pendant à la gare aux volets et portes verts, tout au bout de la rue de la République. Gare verte/Place Viète. Gare viète/Place verte devenait une comptine.

Tout petit, ma mère m'emmenait jouer aux billes place Viète. N'était-ce pas un peu l'esquisse de notre futur Jardin des Plantes ? Parfois, le dimanche, nous allions écouter avec mon père le concert qui se donnait sous le kiosque à musique. Toutes les dames portaient des ombrelles claires, les messieurs des canotiers. On y jouait *Cavaleria Rusticana* et *Le Beau Danube bleu.* Il me semble que le bonheur ressemble à ces dimanches où le soleil perlait sous les grands marronniers.

Nous avons pique-niqué, ma femme et moi, sur un banc de la place Viète. Il y reste encore des bancs et des arbres. Mais le kiosque à musique rouille lamentablement et l'on est allé jusqu'à goudronner le centre de cette place ombreuse pour en faire un parking rationnel, avec places de voitures peintes en blanc comme il se doit. Face au kiosque à musique se trouve encore un bassin (sans eau) avec un fronton où l'on retrouve l'inscription de Rabelais : « Fontanacum Felicium Ingeniorum Fons et Scaturigo. » Puis trois noms gravés dans la pierre en très grandes lettres : André Tiraqueau, François Viète, Nicolas Rapin. Dessous, en plus petit : Rabelais, Pierre Lamy (celui sans doute que Rabelais appelait Pierre Amy), Barnabé Brisson (puni d'avoir été ligueur et condamné à mort comme tel), Julien Collardeau et six autres noms qui ne m'évoquent rien.

Rabelais a reçu pour rue une très grande artère, égale à celle de Tiraqueau. C'est la N. 148 qui part de la place Viète (encore) et qui va vers La Roche-sur-Yon/Luçon. On y rencontre à la fois le théâtre et la prison. Le couvent des Cordeliers, détruit, ne se situait pas là mais dans ce qui s'appelle toujours la rue du Puy-Saint-Martin, rue que j'empruntais souvent puisqu'elle conduisait au patronage. Ce dernier a été transformé en « Stade Dieu Patrie ». Tout près de la rue du Puy-Saint-Martin se trouve bien sûr la rue des Cordeliers, ainsi que la rue Pierre-Lamy (vérifications faites c'est bien de Pierre Amy qu'il s'agit) et la rue Collardeau. Les Collardeau ? Cette dynastie bourgeoise fontenaisienne qui compta, au XVIe et au XVIIe siècle, un théologien, un juriste et un poète.

Ce qui me paraissait le grand hôtel de Fontenay, pendant mon enfance, s'appelait hôtel de Fontarabie et sa grille d'entrée s'ouvrait rue de la République (disons en passant que cette rue de la République fut une route royale construite en parallèle au faubourg des Loges au XVIIIe siècle pour dégager le centre commerçant de la ville. Elle devint rue Nationale sous la Révolution). L'hôtel de Fontarabie devait son nom espagnol au fait qu'il fut jadis le rendez-vous des marchands de mules basques. Il a toujours aussi agréable allure avec sa cour intérieure et sa grille d'entrée couverte de glycines. Quatre chambres avec balcons donnent sur la rue. La tentation était grande de s'offrir une revanche sur une enfance pauvre en demandant une de ces chambres avec balcon, ce que j'obtins sans difficulté. Je revoyais les beaux équipages qui dételaient dans la cour, les chevaux attachés aux anneaux de la façade et qui hennissaient lorsque passaient dans la rue des fardiers de grumes arrivant de Vouvant. Cet hôtel de Fontarabie représentait pour moi l'image même de la réussite sociale. Autant le Café du Cerf, où allaient s'enivrer mon grand-père et mon père, respirait le péché, autant l'hôtel de Fontarabie exprimait la grâce. Il m'arrivait de rester planté là, face à la grille, fasciné par les allées et venues des « voyageurs » et des domestiques.

On nous a conduits dans la belle chambre sur la rue. J'ouvre les persiennes et vois passer dans la rue de la

République, tout en bas, tout près, une femme en noir qui tient un petit garçon par la main. Je les reconnais. C'est ma mère et moi.

Et aussitôt l'hôtel de Fontarabie de mon enfance disparaît. La « belle chambre » se révèle en réalité une pièce minable, sans aucun confort et le prix affiché est d'ailleurs des plus bas. Nous descendons au restaurant. C'est une grande salle aux trois quarts vide, sorte de réfectoire pour voyageurs de commerce de dernière catégorie. Il n'y a pas de carte, seulement un menu de pension avec la sempiternelle soupe aux légumes vermicelle et le poulet frites si cher à ma mère. En réalité, oui, elle eût aimé ce menu et cet hôtel. C'est moi qui ai changé de culture, qui ai changé de goût, qui ai changé... L'hôtel de Fontarabie est sans doute toujours le même que du temps des muletiers espagnols. Mais les bourgeois de Fontenay n'y vont plus. J'apprends qu'il existe un nouvel hôtel, très chic, très snob, qui s'appelle bien sûr « Le Rabelais ». Je me procure un dépliant qui, en allemand, en français et en anglais donne ce programme bien contemporain : « Dans la tranquillité d'un parc, à trente minutes de la mer, là où vécut François Rabelais, près de la forêt aux légendes. A quelques pas de la Venise Verte et sur la route des Abbayes un magnifique ensemble hôtelier et restaurant gastronomique climatisé. Bar, club, T.V. Salons particuliers pour séminaires, lunchs, repas d'affaires. Terrasse panoramique. Piscine chauffée. Ascenseur. Parking et garage privés. »

Tout y est. Du moins sur le dépliant. Nous allons y dîner un soir mais je suis ainsi fait, le cul entre les deux chaises de mes deux cultures, que je ne me trouve bien ni parmi les pauvres ni parmi les riches.

Dans la salle de restaurant (où la nourriture est aussi prétentieuse que minable) deux grands panneaux rappellent qu'il s'agit de Rabelais. L'un retranscrit le poème de la Dive Bouteille, l'autre montre des moines paillards zyeutant les dessous d'une dame. Pauvre

Rabelais qui parcourait les rues de Fontenay nu-pieds, dans sa robe de bure, sanglé de sa ceinture de corde et mendiait des aumônes pour son couvent. Mais tout finit par la parodie et le dérisoire. Il était aussi fatal que Fontenay offre un « restaurant gastronomique climatisé Rabelais » que Rouen une « rôtisserie Jeanne-d'Arc » et la rue Saint-Louis-en-l'Isle, à Paris, une « poissonnerie au Rouget de l'Isle ».

12

Je reprends sa collection de petits carnets qui forment une sorte de Journal Intime, où rien n'est vraiment intime. C'est plutôt une sorte de mémorandum, de notes en vrac inscrites pour se souvenir ensuite lorsqu'elle se trouvait seule. Je feuillette l'un d'eux qui ne contient qu'une seule date (1964), et qui visiblement a été rédigé lors d'un de ses séjours chez moi, à Paris.

Ce carnet est, bien sûr, du papier de récupération. Toujours ces agendas de l'Orphelinat des Chemins de Fer Français et des Territoires d'Outre-Mer. D'où, diable, pouvait-elle sortir ces opuscules ? Ces notes sont relatives aux spectacles que nous voyions ensemble (en général des films, mais nous n'aimions pas les mêmes films et je me forçais à l'emmener voir des spectacles susceptibles de l'intéresser, mais où je ne me barberais quand même pas trop. Ce qui avait pour résultat de tomber toujours sur des films « moyens » qui ne plaisaient finalement ni à l'un ni à l'autre). On y trouve aussi des relevés de dépenses, des comptes, des listes de médicaments à prendre et, mélangés à tout ça, des aphorismes et pensées diverses relevés au fil de ses lectures.

Prenons par exemple ce petit carnet d'une époque parisienne. Il s'ouvre par : « Lino Ventura avec *La Peau des autres* côté gauche » et se ferme par : « Rex.

Le Crépuscule des aigles 6 et 700 francs. 20 h 50 Grand film. »

Que signifie ce « côté gauche » ? L'emplacement où nous étions assis dans la salle ? Mais pourquoi aurait-elle attaché de l'importance à cette situation ? Il y a plein de petits mystères, ainsi, dans ces carnets, car ces choses avaient certainement de l'importance pour elle...

Je trouve aussi, dans les premières pages, la liste des cartes postales à envoyer. Toutes les adresses de *ses* dames. Puis : « Self-service Bonne-Nouvelle. » Plus loin : « Valise. Imper. » Une liste de dépenses : « Gâteau 105. Fleurs 130. Timbre 75. Journal 30. Total 340. »

« Voiture 2 chevaux, marque allemande. Wolgashen. » (Il s'agit de notre 7 chevaux Volskwagen.)

« Visite dispensaire samedi à neuf heures. 1 080 francs consultation, remboursée par les Assurances sociales, ce qui me reste à 200 francs la consultation après remboursement. »

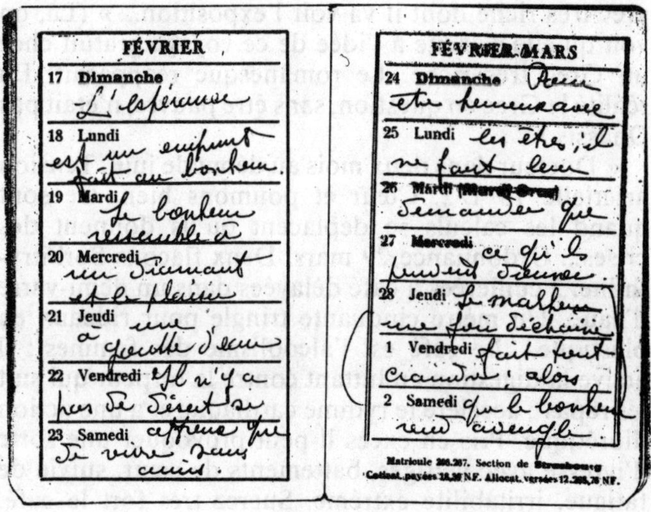

FÉVRIER

17 Dimanche L'espérance

18 Lundi est un enfant fait au bonheur.

19 Mardi Le bonheur ressemble à

20 Mercredi un diamant et le plaisir

21 Jeudi une goutte d'eau

22 Vendredi Il n'y a pas de désert si

23 Samedi affreux que de vivre sans amis.

FÉVRIER-MARS

24 Dimanche Pour être heureux avec

25 Lundi les êtres, il ne faut leur

26 Mardi demander que

27 Mercredi ce qu'ils peuvent donner.

28 Jeudi Le malheur une fois déchaîné

1 Vendredi fait tout craindre ; alors

2 Samedi que le bonheur rend aveugle.

Matricule 200.207. Section de Strasbourg

Cotisat. payées 28,30 N.F. Allocat. versées 12.203,70 N.F.

« Vu film Beckett par Richard Burton avenue Bosquet. Film à grand spectacle. De neuf heures à minuit la durée. »

« Sucre n° 4. Pain. Café décaféiné. »

« Ce ne sont pas les richesses qui font le bonheur. C'est l'usage qu'on en fait... Regretter le passé, c'est courir après le vent... Les amis véritables se reconnaissent à l'épreuve du malheur... Bonbon 80. Journal 30. Timbre 50. Total 160... Reçu mandat assurances sociales (elle ne disait jamais Sécurité sociale, tout comme elle comptait toujours en anciens francs ; mais ma grand-mère comptait bien en sous et en louis alors qu'il n'y avait plus ni sou ni louis depuis belle lurette)... Acheté chaussures chez Raoul. 4 500 francs, je crois en chevreau doublé. Écrit à Mme de X... Ne demande pas que les choses se fassent comme tu veux. Borne-toi à vouloir les événements comme ils arrivent. C'est le secret du bonheur... *Elle* 100. Brioche 120... Timbre 1,55 franc. 19 juillet. Dimanche. *Pèlerin* 50... Michel part en Grèce à Athènes, par avion, une dizaine de jours. Voyage gratuit. Chez un sculpteur grec très riche dont il va voir l'exposition... » (Là, on voit qu'elle s'excite à l'idée de ce voyage gratuit chez un Grec très riche. Le romanesque réapparaît. En réalité le Grec en question, sans être pauvre, n'était pas Onassis.)

« Docteur dans deux mois au début de juin. Tension artérielle 13 1/2. Cœur et poumons bien. Ce sont quand les calculs se déplacent qu'ils donnent des crises... Ordonnance 29 mars. Deux flacons Sorbitrythline. 2 cuillerées à café délayées dans un demi-verre d'eau... Un mètre cinquante tringle pour rideaux en plastique... Le café est l'alcoolisme des femmes ; il active la digestion en luttant contre la torpeur qui suit les repas ; accélère le rythme cardiaque et a une action diurétique. Pris en excès il peut provoquer une sorte d'ivresse avec vertiges, battements de cœur, suivie de fatigue, irritabilité extrême. Sucrez très fort le café, ceci neutralise un peu l'action de la caféine. Ou bien buvez du décaféiné. »

Ma mère faisait en effet un emploi irraisonné de café très sucré ; ce qui ne l'a pas empêchée de vivre octogénaire. Toujours patraque, certes, mais jamais gravement malade, sauf dans les dernières années de sa vie où le cancer et les opérations qui s'ensuivirent firent passer le côté comédie de ses maladies à la tragédie la plus affreuse. Auparavant, ses maladies de femme seule tenaient de la manie et aussi du désir de se faire plaindre. Toujours sur son carnet :

« L'eau de mélisse des Carmes Boyer, sur du sucre, est un réconfortant et un digestif. En avoir toujours un flacon sur soi pour le voyage. Ou bien de l'alcool de menthe Ricqlès... »

Les recettes morales s'entremêlent aux recettes de guérison.

« Que ce soit la joie ou la peine, l'une comme l'autre te viendront toujours du côté que tu les attendras le moins... Prendre au cours des repas une ou deux dragées de Pantozyme. A la fin des repas deux tablettes de Laproxye. Un flacon à renouveler... Regretter le passé c'est courir après le vent (une nouvelle fois, comme pour bien se mettre cette pensée en tête)... Dramamine une à deux dragées par jour pour mal des transports. Trente minutes avant départ. » (L'inquiétude du train à reprendre pour Nantes. A la fin du carnet, elle y est de retour. Et elle écrit :

« Poulet à acheter. Céleri. Gâteau. »

Un second carnet, vert, cette fois-ci pris à l'état neuf, doit dater de 1970. J'y vois inscrites en effet les adresses de plusieurs maisons de retraite. Après un séjour dans l'une d'elles, de retour dans sa masure de Nantes elle écrit : « Ne pas faire de demande pour retourner. Ce sera inutile. » Puis quelques pages plus loin, après un amoncellement de soustractions et d'additions : « Peut revenir si à demeure. »

Entre ces deux notes, tout son avenir se joue. Son nomadisme la poussait en effet à s'amener dans une maison de retraite au début de l'hiver et à en repartir au début de l'été. J'étais toujours angoissé à l'idée que l'on ne veuille pas la reprendre plus tard ailleurs. Heureusement *ses* dames intervenaient. Elle jouait en fait à cache-cache avec la vieillesse inévitable. L'hiver l'effrayait, dans l'inconfort de son logement et dans sa solitude et elle se précipitait alors vers une maison d'accueil, suppliait pour qu'on l'y accepte. Mais comme les hirondelles, elle repartait aux beaux jours, sa petite valise de carton bouilli à la main, contente de rentrer « chez elle », de retrouver *ses dames*. L'été elle ne pensait plus à sa vieillesse. Sa santé devenait meilleure. Elle retrouvait le Jardin des Plantes et les petits cafés très sucrés des magasins Decré. Au mois de juillet ou août elle irait à Paris me rejoindre. La vie reprenait. Seulement novembre revenait avec ses brumes, sa pluie interminable. Et elle note, résignée : « Peut revenir si à demeure. » Mais aller à demeure dans une maison de retraite c'est entrer délibérément dans l'antichambre de la mort. Elle le savait bien. Elle cherchait à en reculer au plus loin l'échéance.

Ce carnet est d'ailleurs jalonné d'adresses de maisons de retraite ou d'offices pour personnes âgées :

« Personnes âgées valides, hiver au chaud, ambiance sympathique. 18 et 15 francs. Foyer N.-D. de Sauvagnac... Maison organisée pour personnes âgées. Confort. Parc agréable. Avenue de L'Éperonnière... La Garnache 2 500 francs par jour... Union des femmes seules et chefs de famille. Écrire 56 rue de... Office des personnes âgées, 15, rue Voltaire à Nantes... Sœurs gardes-malades à Saint-Clément... »

Ce qu'elle recherche là, ce sont des lieux d'accueil pour l'hiver, le plus longtemps possible.

Dans ce petit carnet vert apparaissent régulièrement son poids (45 kilos, parfois 43), sa tension (15-9 1/2). Toujours les relevés de comptes : « Payé 2 900 francs

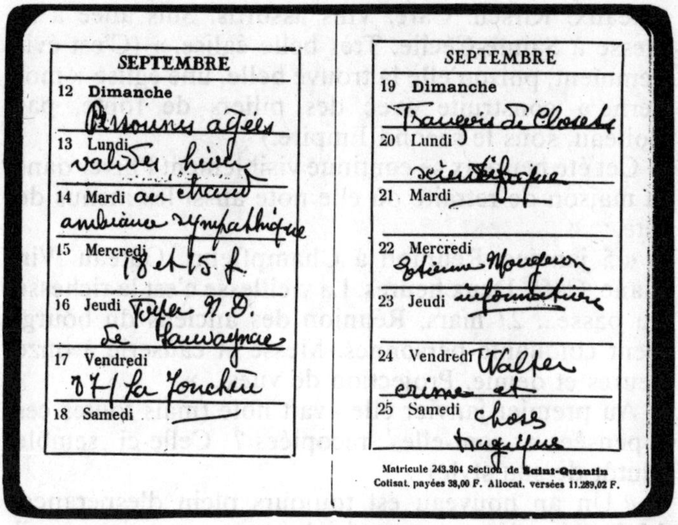

ramonage... Blanchissage 950 francs... Pantoufles 440... » Les dates des lettres qui me sont envoyées. Cette curieuse réflexion : « Ne pas prendre n'importe quoi pour aller à Paris. » Toujours d'interminables listes de médicaments et leurs modes d'emploi. Puis, à Paris, en visite, les relevés des menus de repas de fête et heureusement elle avait été très fêtée cette année-là, y compris par certains de mes amis puisqu'elle a soigneusement noté ce qu'elle avait mangé chez eux : « Dîné chez Guitet. Crevettes. Dinde, endives et purée. Fromage, dessert... Dîné chez X..., gigot de mouton, liqueurs, fromages, tarte aux pommes... Dîné chez Y..., foie gras avec gelée. Coquelet, champignons. Fromages. Gâteaux secs. Cocktail chez Casterman avec les auteurs. Champagne. Je n'en avais jamais bu depuis la naissance de Michel... Dimanche on fête la Saint-Michel. Quatre langoustes. Gigot de mouton (toujours le mythique gigot de mouton du grand-père, enfin visualisé), haricots verts, flageolets. Fromage, gâteaux. Kirsch. Café. Vins assortis. Suis allée à la messe à Sainte-Cécile. Très belle église. » (C'est évidemment, puisqu'elle la trouve belle, une église « moderne » construite avec des piliers de fonte, par Boileau, sous le second Empire.)

Cet été heureux se continue visiblement l'hiver dans la maison de retraite où elle note aussi les menus de fête :

« 5 janvier. Réunion à Champfleuri. Gâteau. Vin blanc. Café. Deux heures. La vieillesse c'est la richesse du passé... 27 mars. Réunion des anciens du bourg. Cent cinquante personnes. Messe et causerie à onze heures et demie. Projection de vues... »

Au premier janvier elle avait noté (mais toutes ces « pensées » sont-elles recopiées ? Celle-ci semble plutôt de son style) :

« Un an nouveau est toujours plein d'espérance. Malgré les déceptions qui jalonnent son existence, il ne renonce jamais à sa foi en l'avenir. Au fil des jours nous connaîtrons ce que nous réserve l'avenir, l'année dont nous allons franchir le seuil. Qu'elle soit heureuse et pacifique, souhaitons-le. »

Hélas ce bel été, ce bon hiver devaient déboucher sur le drame. Il se résumait en quelques phrases brèves sur le petit carnet vert :

« Radio, mercredi 29 à quatre heures... »

Plus loin :

« Prendre contact avec famille avant opération. Polype dans l'intestin. Garder l'anus. »

Prévenu, je téléphone au chirurgien qui ne me laisse aucun doute. C'est un cancer de l'intestin. Mais ma mère n'en sait rien. Elle n'en saura jamais rien, malgré toutes les opérations qui s'ensuivront. Ou du moins nous jouerons tous les deux à ceux qui ne savent pas. Lorsque je la vis à l'hôpital, après l'opération, elle me dit presque aussitôt :

« Quelle chance que ce n'était pas un cancer ! Il y a tellement de gens maintenant qui ont des cancers.

— Toi c'est un polype. C'est une sorte de champignon. Maintenant qu'il est enlevé tu n'as plus rien à craindre. »

En bonne autodidacte, elle note dans son carnet des mots nouveaux, entendus sans doute à la dérobée, pour en chercher le sens dans un dictionnaire : Proctologie. Électrocardiogramme. Anesthésie.

Sous la mention : Consultation 1 600 francs : « Quelques petits ennuis pour aller à la selle. Électrocardiogramme. Six jours goutte-à-goutte après une heure d'opération. 15 tension. Je vous trouve bien. Le cœur est bon. »

Après chaque visite de médecin, elle note ainsi leurs réflexions : « C'est un rétrécissement des intestins. Il faudra vous faire suivre pour les intestins. Cœur bon. Tension 16. Entérocolite. »

Ailleurs :

« Quand on a eu une opération comme ça, vous devez penser que les organes ne se remettent pas d'un seul coup. »

Viennent ensuite des réflexions qui ont précédé l'opération, mais qu'elle a dû noter ensuite, qui ont dû lui revenir. A moins qu'elle n'ait pas rempli les pages à la suite :

« Vous avez un rétrécissement à l'intestin. Il faut couper ça et rajouter. Il faut que l'intestin soit très propre. Autrement je serais obligé de faire un anus artificiel... La convalescence sera très longue. Régime avec légumes et fruits. Voir aumônier pour demander à dire une messe du 11 à 6 h 30 le matin, à l'intention d'une opérée ce jour. »

Ont été recopiées deux prières, la première est spécifiée pour le matin, la seconde pour le soir :

« Sainte Vierge, mère de Dieu, ma mère et ma patronne ; je me mets sous votre protection et me jette avec confiance dans le sein de votre miséricorde. Soyez, ô mère de bonté, mon refuge dans mes besoins, ma consolation dans mes peines, mon avocate auprès de votre fils. Aujourd'hui, tous les jours de ma vie, particulièrement à l'heure de ma mort. Grand saint dont j'ai l'honneur de porter le nom, protégez-moi, priez pour moi, afin que je puisse servir Dieu comme vous sur la terre ; et le glorifier dans le ciel. Recommandons-nous à Dieu, à la Sainte Vierge et aux saints. »

« Soir... Bénissez ô mon Dieu le repos que je vais prendre pour réparer mes forces, afin de vous mieux servir. Vierge sainte, mère de mon Dieu, et après lui mon unique espérance, mon bon ange, mon saint patron, intercédez pour moi. Protégez-moi pendant cette nuit, tout le temps de ma vie et à l'heure de ma mort. »

Ces prières ou pensées religieuses sont rares sur ses carnets où apparaissent plutôt des citations littéraires et des sentences de ce que l'on appelle la morale laïque. Comme la plupart des Vendéens, et contrairement à ce que l'on croit, ma mère était peu portée à la religiosité. Elle allait à la messe, mais toujours en coup de vent. Comme elle disait : « Je vais en attraper un morceau. » Sauf dans les chapelles des maisons de retraite, où cela se serait trop vu, je ne crois pas qu'elle ait souvent entendu une messe de l'*Introït* à l'*Ite missa est.* Mais comme les Vendéens encore, elle entretenait d'excellentes relations avec les prêtres, comme avec les aristocrates. Dans les maisons de retraite, comme dans les hôpitaux, elle réussissait toujours à accaparer l'aumônier. Ce qui lui faisait d'agréables visites et conversations, voire par la suite des correspondances. Surtout les vieux prêtres, ceux qui avaient aussi lu Pierre l'Ermite. Et je lui connus, dans ses maisons de retraite, deux relations devenues presque des amies, qui étaient d'anciennes bonnes de curé.

« Avec elles on peut parler. Elles ont beaucoup lu. »

La lecture restera toujours pour elle un critère de qualité.

J'ai rencontré une de ces bonnes de curé, voisine de

chambre d'une maison de retraite et à laquelle elle voulait absolument me présenter. Une toute petite vieille, d'une maigreur si extrême que l'on eût dit un squelette d'oiseau. Elle ne sortait pratiquement plus de sa chambre, une cataracte inopérable l'ayant rendue presque aveugle.

« Ah ! monsieur, me dit-elle, le Bon Dieu a été bien sévère avec moi ! Mon seul plaisir était de lire et il me l'a enlevé. Je ne peux qu'écouter la radio. Tous les jours j'attends avec impatience cinq heures. C'est la visite de M. Chancel. Oui, c'est comme une vraie visite tous les jours. Il m'en fait défiler des beaux esprits, dans ma chambre. »

Ces aumôniers, ces bonnes de curé et plus encore la marquise de X... contribueront à amener ma mère vers la religion, comme on dit, au fur et à mesure qu'elle se rapprochera de la mort.

Sur le petit carnet vert, toujours : « Poids 42. Gilet gris, jupe p. de Galles, chaussures... Bismolugeais, une cuillerée à dessert avant et après les repas... Hépagrume, matin à jeun une ampoule... Contalax, un à prendre le soir au coucher en cas de constipation... 9 h 50 France-Culture avec Cabanne et Claude Samuel... Brosse à dents 225... Facteur pour calendrier 600 francs... Livre à paraître *L'Art pour quoi faire ?*... Piles 600 francs le 24 février... Cataracte. Se faire opérer dans un an, peut-être avant... Oculiste 2 700 francs... Une goutte matin et soir dans les deux yeux... Lunettes pour voir de loin O D G X4... 8 000 francs chenets (le patrimoine de la tribu, peu à peu liquidé chez les brocanteurs). Pastilles 455... France-Inter, midi-trente, Pierre de Lagarde Ondes Longues... Pulvérisation trois fois par jour dans le nez... »

Finalement toutes les petites misères de l'âge occupent de plus en plus de place et leur accumulation finit par donner l'impression d'une grande misère, d'un corps qui se délabre peu à peu de partout, d'une ruine des organes et des sens. Elle enregistre ces lézardes, imperturbablement :

« Pour les yeux, petits vaisseaux qui rompent... Dentiste jeudi pour appareil... Pommade trois fois par jour sur les mains... Troubles circulation. Artériosclérose... Deux hémorroïdes. Une interne, qui saigne, une externe. Injections ou piqûres sclérosantes... Piqûre, 2 janvier... Cœur nerveux... »

La peur des accidents : « Si vous vous êtes brûlé, même légèrement, buvez beaucoup ; les brûlures provoquent une déshydratation à combattre. Pommade pour brûlures. Huile d'olive. Talc. Oxyde de dizine dix grammes. Vaseline cinquante grammes. »

Et aussi le réconfort des grands malades qui s'en sortent. Ce qui, dans un autre petit carnet, provenant encore de l'Orphelinat des Chemins de Fer Français et des Territoires d'Outre-Mer, qui doit dater de 1972, la conduit à écrire :

« Pensées du Père Boulogne (il s'agit d'un greffé du cœur qui survécut à l'opération). Il faut avoir beaucoup voyagé en soi-même, avoir frôlé l'abîme et sentir sur soi l'haleine glacée du désespoir pour mesurer le véritable sens de l'Espérance. »

Sur le dernier carnet, le seul qui comporte une suite de pages blanches, le cancer réapparaît et la nouvelle opération qui s'ensuit :

« 13 août. Très mauvaise santé. Mauvais moral... Consultation le 16 août. Porter à analyser pour savoir si le polype est infecté... Opération jeudi 31 août... (Mon adresse et celle de la marquise de X..., avec nos téléphones)... En arrivant à la clinique demander la prise en charge par les assurances sociales... Je ferai tout mon possible pour vous garder votre anus, mais je n'en suis pas sûr. Il s'est formé d'autres polypes... Une chemise de nuit d'été à manches... Demander si la maison de retraite pourra me prendre pour ma convalescence... Messe 31 septembre, mille francs... Michel est venu le 25 octobre... »

Elle me demande tout de suite : « Est-ce qu'ils ont pu garder l'anus ? »

Le chirurgien m'avait dit que le cancer rongeait peu à peu l'intestin, qu'il fallait couper le plus possible, en espérant que cela retarderait l'apparition d'autres tumeurs. « Votre mère a près de quatre-vingts ans... Même deux ans de gagnés, c'est toujours ça. » Mais ils ne lui avaient rien dit pour l'anus artificiel, me laissant la pénible charge de le lui apprendre. Alors, dans ces cas-là, on ne sait qu'être brusque.

« Non, ils n'ont pas pu... Mais tu sais, un anus artificiel on s'y fait très bien. Il y a des gens jeunes qui vivent avec, qui font du sport. C'est une habitude à prendre... »

En même temps, on ressent comme un vertige à prononcer de telles paroles. Et le malade, loin d'être aidé par autant de fausse certitude, se sent repoussé, incompris, rejeté dans sa solitude de malade, dans sa saleté de maladie, dans sa vacherie de vieillesse ; repoussé par les bien-portants, les jeunes, les actifs. Et sans doute n'a-t-il pas tort. Il est vrai que le bien-portant a peur d'être entraîné par le malade, le vieux, le mourant ; qu'il refuse d'être agrippé par ses doigts tremblants ; qu'il voit déjà la mort sur lui et qu'il recule, se détache, fuit pour ne pas être entraîné, englouti.

Alors ma mère, tristement, écrit seulement sur son carnet : « Demander au docteur une ordonnance pour petits sacs. »

Rien de plus difficile que de faire admettre un vieillard qui a subi une opération grave et qui est suspecté d'avoir une maladie mortelle, dans une maison de retraite aussi agréable que celle où ma mère termina sa vie. Dès le moindre symptôme de grippe la plupart des maisons de retraite envoient le malade à l'hôpital. Tout cela pour ne pas alourdir les statistiques des décès dans l'établissement. Encore une fois, la marquise de X... fut la bonne fée qui veilla sur ma mère. Comme dans les histoires des gros livres à reliure rouge de l'armoire de grand-père, l'Ogre cancer était déjoué par la Fée marquise. Après un séjour dans une maison de convalescence, ma mère put regagner sa belle maison moderne du pays de Retz, pays de l'Ogre Barbe-Bleue, mais l'était-il autant que l'affirma le duc de Bretagne au sinistre château, ce gentil Gilles de Retz (ou si l'on préfère : de Rais) que Jeanne de Lorraine aimait bien, à ce que l'on dit ?

Combien je comprends le goût du « moderne » de ma mère ! Je me répète, mais sans doute est-il utile, à ce propos si mal compris, de me répéter. Ce goût, n'est-ce pas celui de la plupart des gens de la campagne, et de la plupart des pauvres en général ? Il sous-entend une aspiration à sortir de la merde, à s'évader de cette odeur de moisi qui a été celle de mon enfance.

Hélas ! la vieillesse a plongé ma mère, si désordre dans son environnement, mais si soignée de sa personne, dans la merde complète. Le cancer de l'intestin, l'anus artificiel, toutes ces opérations qui se sont succédé. Je la retrouvais à l'hôpital, bardée de tuyaux, de sondes, être presque artificiel à force d'être mis en survivance. Mais que faire ? Alerté par la maison de retraite du nouveau départ de ma mère pour l'hôpital, je téléphonais au chirurgien en lui disant : « Est-ce vraiment nécessaire de la faire encore souffrir ? Faut-il vraiment opérer ? » Il me répondait : « Si je n'opère pas, votre mère sera morte dans huit jours. » Alors quoi dire, sinon : « Opérez. »

L'horreur qu'elle éprouvait pour son anus artificiel n'est pas explicite dans ses carnets, la pudeur devant l'horrible l'arrête. Mais on devine son dégoût à certaines notes brèves, rapides :

« Un désinfectant pour nettoyer anus. Éther ou alcool... Pour changer la poche : un journal, un papier hygiénique, éther pour nettoyage autour d'anus, passer le doigt dans le trou et enlever une enveloppe près du trou. Attention de bien décoller cette deuxième enveloppe. Coton hydrophile à mettre en boules... Épingle sûreté pour retourner linge, flanelle et combinaison... Un tube de pommade pour anus... Ne pas enfoncer le tampon. L'anus pourrait saigner. Juste au bord, deux par jour si possible... Changer la poche tous les jours. Ne rien prendre en cas de constipation... »

Le mot anus revient aussi souvent, dans ce carnet, que le mot polype dans le carnet précédent. Mirage des mots. Si le médecin avait dit tumeur au lieu de polype, une connotation cancéreuse serait aussitôt apparue.

Puis le carnet ne comporte plus que des adresses, inlassablement répétées : la mienne, celle de la marquise de X..., celles de quelques autres *dames,* nos téléphones et ce leitmotiv : « Je désire avoir ma sépulture à la chapelle de l'établissement avant l'inhumation à Fontenay-le-Comte. »

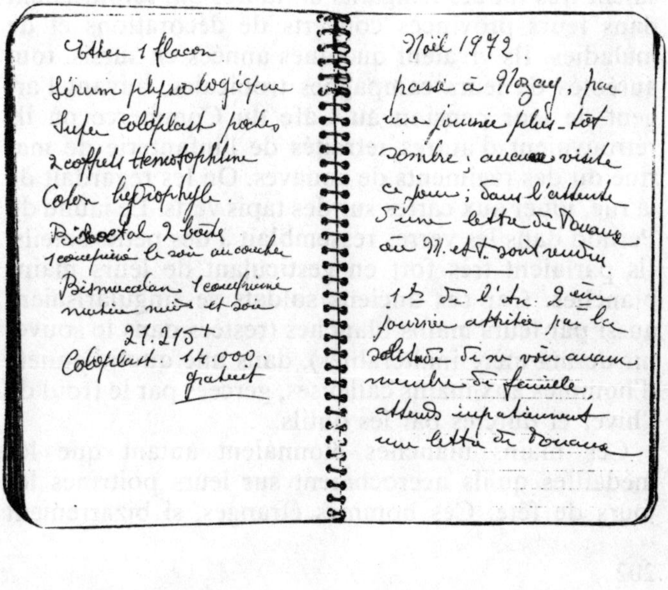

13

Je devais avoir douze ans, treize ans, en tout cas mon enfance tirait sur sa fin. C'est sans doute pourquoi tante Victorine me donna cette photo de son jeune frère, prise en Indochine, aux temps fastueux de nos gloires coloniales, photo qui m'a tant bouleversé et me fascine encore.

Ce jeune frère, c'était mon père que j'ai si peu connu. La dysenterie, le paludisme, l'absinthe détruisaient très tôt ces fringants militaires qui retournaient dans leurs provinces couverts de décorations et de maladies. Ils vivaient quelques années en sursis, tout auréolés de leurs campagnes tropicales, buvant l'argent de leur pension au Café du Commerce où ils retrouvaient d'autres retraités de l'infanterie de marine ou des régiments de zouaves. On les regardait de la rue, jouer aux cartes sur des tapis verts. Le jaune du Pernod dans les verres ressemblait à des petits soleils. Ils parlaient très fort en gesticulant de leurs mains blanches. Car ces anciens soldats se singularisaient aussi par leurs mains blanches (restées dans le souvenir de ma mère inaltérables), dans une quotidienneté d'hommes aux mains calleuses, gercées par le froid de l'hiver et durcies par les outils.

Ces mains blanches étonnaient autant que les médailles qu'ils accrochaient sur leurs poitrines les jours de fête. Ces hommes étranges, si bizarrement inoccupés, faisaient beaucoup rêver dans nos petites villes sédentaires. Ils revenaient de loin. On disait qu'ils sentaient le sable du désert ou la moiteur de la brousse. On les excusait de boire tant et parfois de se battre avec de grands cris. Ils revenaient de si loin et ils en avaient tant vu...

Ma mère, elle-même, disculpait son mari de passer le plus clair de son temps à d'interminables parties de manille coinchée.

J'ai peu de souvenirs de mon père, sinon son petit képi noir, passablement mité, que j'ai accroché dans mon bureau comme une relique et cette photo qui m'a suivi partout.

Mon père demeure pour moi un personnage d'autant plus fabuleux qu'il mourut très vite et que ma mère, obstinément veuve, ne vécut que dans son souvenir. On pourrait même dire dans son culte. « Si tu l'avais vu, me disait-elle, dans son uniforme bleu marine orné d'ancres dorées, arborant fièrement sur ses manches ses galons de sergent, ah ! qu'il était beau ! »

Quinze ans pour les gagner, ces galons, quinze années de Cochinchine, d'Annam, de Cambodge, de Tonkin, dans des cagnas de brousse, harcelé par les moustiques à malaria, abruti de chaleur humide, guetté par les coupe-coupe des pavillons noirs.

Cette photo donnée par la tante Victorine montre mon père à ses débuts à la colonie, sans doute du temps où il était simple soldat. On ne remarque aucune sardine sur ses manches. Pourtant, il plastronne déjà en seigneur. Il se redresse de toute sa petite taille (1,58 mètre sur son livret militaire), une cigarette entre les doigts, le cou sanglé dans un « col officier » bien fermé malgré la chaleur tropicale, son beau casque blanc en forme de cloche à melon à ses pieds. Il pose pour le photographe, devant un fond de décor de palmes. Et ce soldat debout domine d'autres soldats qui se tiennent à croupetons. Des soldats indigènes au curieux couvre-chef ressemblant à des galettes. Ils sont accroupis parce que le soldat blanc, de si petite taille, aussi petit qu'eux, doit être plus grand sur la photo, obligatoirement plus grand puisqu'il est le maître. On savait marquer son rang, en ce temps-là. Pour qu'il n'existe pas de contestation, les vasseaux se rabaissaient vers la terre et marchaient pieds nus. On voit leurs orteils sur la photo. Des va-nu-pieds. Les soldats de chez nous, qui venaient juste de quitter leurs sabots emplis de paille pour des brodequins cloutés leur blessant les chevilles, s'apercevaient mieux ainsi de quelle promotion la mère patrie les comblait.

Il y a dans ces trois Tonkinois (des Tonkinois ou des Annamites ?) qui nous regardent, dans ce petit paysan sans terre devenu soudain un aristocrate par un coup de baguette magique, une étrange juxtaposition. Les yeux de ces quatre hommes nous interrogent.

Mon père avait fui la misère paysanne. Il avait tant couru pour qu'elle ne le rattrape pas qu'il se trouvait presque aux antipodes. Et ces Tonkinois (ou bien ces Annamites ?) qui s'accroupissaient à ses pieds, fuyaient eux aussi leur misère, bien sûr. Ils étaient frères de misère, mais ne le savaient pas. Ils se croyaient différents. Leur alliance reposait sur une sorte de malentendu qui ne durerait pas. Un jour, ces soldats indigènes se mettraient debout et le malheureux colonial s'apercevrait qu'en réalité tous les quatre mesuraient la même taille. Il s'apercevrait aussi qu'il restait seul contre trois. Heureusement mon père ne connut pas ce bouleversement. Il mourut dans la sérénité d'un monde qui inaugurait à Paris l'Exposition coloniale de 1931. Son univers, l'univers qu'il contribua bien modestement il est vrai à édifier (mais quand même !) arrivait à son apothéose. Le temple d'Angkor reconstitué en grandeur réelle à Vincennes, les danseuses sacrées du roi du Cambodge firent le voyage jusqu'à la Seine. Toutes nos colonies envoyèrent à Paris leurs merveilles. Peut-être même, j'aime à le croire, nos trois Tonkinois (ou Annamites ?) furent-ils transportés dans les pavillons de l'Indochine française, avec leurs curieux chapeaux en forme de galette, pieds nus, pour regarder étonnés, par la mince fente de leurs yeux bridés, ces hommes blancs coiffés de canotiers qui, étonnés, venaient aussi les contempler.

Aristide-le-Cochinchinois n'a pas survécu à l'Exposition coloniale de 1931. Et, même si je regrette qu'il ne soit pas resté près de moi plus longtemps, je sais bien que sa chance fut de n'avoir pas connu la suite, de n'avoir pas vu la photo de son triomphe (cette si étrange, si cruelle, si exotique, si absurde photo des beaux temps de la colonie) déchirée par les soubresauts de l'Histoire.

Il y a dans le regard de ce marsouin (c'est ainsi que l'on désignait les « marines ») beaucoup de souvenirs que je devine. J'ai tant rêvé sur cette photo depuis près de cinquante ans qu'il me semble même les avoir vécus.

Mon père avait ramené avec lui une telle profusion d'images que celles-ci virevoltaient devant ses yeux comme des papillons de nuit. Des images qui se brûlaient les ailes dans l'alcool des bistrots. Comment peut-on reprendre l'existence monotone des pékins quand on s'est promené dans les corbeilles des pousse-pousse tirés par des coolies aux jambes nues, sur le boulevard Norodom à Saigon ? Quand on a baguenaudé tant d'années dans la belle rue Catinat, ombragée de platanes et bordée de vérandas fleuries d'amaryllis.

Mon père dormait peu. La nuit, ce damné pays d'Asie revenait le visiter et il se réveillait en sursaut, trempé d'une mauvaise sueur, poursuivi par les grimaces des chimères, par les rires des dragons, par les contorsions des démons tireurs de langue. Le charme étrange, languide, morbide, pervers de l'Asie le plongeait dans des rêveries malsaines. Il en arrivait à regretter les rues fangeuses, défoncées, aux paillotes délabrées et nauséabondes où des congaïs chiquant du bétel souriaient aux visiteurs blancs de toutes leurs petites dents noires, pointues comme des incisives de panthère.

Le matin, pour chasser ces cauchemars, il se livrait à d'extravagantes ablutions dans la cour de notre maison, s'éclaboussant le torse avec l'eau du chaudron. Pratique étrange ramenée de sa vie de garnison et qui étonnait tant dans notre famille paysanne où l'on se lavait peu, sinon le bout du nez.

Mais toute l'eau de la Vendée (et Dieu sait si la Vendée ne manque pas d'eau !) n'aurait pas suffi pour le décrasser de cette prégnante odeur de musc et d'opium, de camphre et de kapok, qu'il sentait encore sur sa peau basanée. Les arroyos, les ponts de lianes, les aloès piquants, les nhaqués pataugeant dans la boue des rizières, les Chinois à tresse avec leurs calottes noires et leurs robes bleu azur, les buffles, les jonques, les sampans, les canonnières, comment oublier tant d'images vécues là-bas, si loin, si loin que personne ne s'intéressait plus à ses histoires, sinon les copains des jeux de cartes, anciens de la colonie comme lui et qui retrouvaient tous les jours dans le goût de leur Pernod une réminiscence trouble de l'absinthe frelatée des épiciers chinois. Ils vivaient à part, reclus dans leurs souvenirs, auréolés de mystères, mais héros radoteurs qui faisaient un peu sourire.

Le soir, à la veillée, mon père ne parlait plus. Homme frileux, je le voyais mettre délicatement, en tremblant de fièvre, une pincée de poudre dans une feuille de papier à cigarette : sa quinine.

Et il allait se coucher d'un air las, vacillant, de cette démarche chaloupée que conservent ceux qui ont beaucoup bourlingué sur des navires, sachant bien qu'il rejoindrait dans la nuit son petit théâtre de danseuses cambodgiennes pailletées d'or et ces rues d'Hanoi avec leurs vendeurs de graines de lotus, de canne à sucre, de pâte aux graines de sésame, de riz à la guimauve, de soupe de poumon de buffle. Ces rues d'Hanoi qui puaient l'excrément, l'opium, l'encens et le santal, où des chiens cuisaient sur des braseros et où des vieillards en haillons se pelotonnaient dans la boue, comme des momies desséchées au soleil.

Mon père mort, son exotisme onirique m'a poursuivi. Pendant longtemps, je me suis réveillé moi aussi dans l'obscurité, glacé par une fièvre qui me faisait claquer des dents. Les médecins m'ont assuré que le paludisme n'est pas héréditaire. Mais la nostalgie de l'Asie ne serait-elle pas contagieuse ? Toujours est-il qu'il m'arrive encore de rêver de trois soldats tonkinois (ou annamites ?), coiffés de curieuses galettes de cuir bouilli attachées à leur chignon par des rubans de couleur, sortis de la nuit des temps et qui m'observent, accroupis au pied de mon lit, comme des magots de bronze.

14

Fontenay, entre la forêt de Mélusine aux grands chênes et le « marais mouillé » où les ruines de l'abbaye de Maillezais se dressent à l'orée de la Charente.

Terre étrange que cette Vendée, pendant longtemps pays excentrique et perdu, mangée par l'eau du ciel et l'eau de la mer, par le sel ; à la végétation couchée par l'âcre souffle marin. Curieux mélange de terre et d'eau, avec ses interminables pluies tièdes, ses marais salants qui prolongent l'infini de l'Océan, qui piègent la mer et la retiennent loin des plages, derrière les dunes et les pins parasols. Vues d'avion, la terre et l'eau se confondent, s'effilochent en de multiples méandres. Aux canaux des marais, où se glissent les *yoles* noires entre les joncs et les osiers, répondent les chemins creux du bocage enfouis entre deux haies de ronces, d'ajoncs, de houx, coupant le vent et retenant les bêtes au pacage.

Pays de l'eau et pays du vent, des rafales de la galerne qui font craquer les ormes des bords de route comme des mâts de navire.

Pays de l'Océan que de partout on sent si proche, que de partout l'appel du large aspire la population vendéenne vers la mer ; l'Océan où le soleil disparaît chaque soir pour éclairer ce que l'on appela pendant longtemps « la terre des délices du cœur ».

Villages couchés, aux petites maisons ornées d'une

croix blanche peinte à la chaux, courtes et trapues comme leurs habitants, couvertes de ces tuiles romaines rouges qui rappellent que la Vendée, à l'extrême limite des langues d'oïl et d'oc, fut incluse dans la grande Aquitaine et que, pour un tiers, les mots de son patois se retrouvent en Occitanie.

Ces maisons tournent le dos à la rue, c'est-à-dire aux étrangers. Elles s'ouvrent par-derrière, sur la cour ou le jardin. Un insolite palmier y résiste comme il peut aux hivers, en perd ses feuilles et ressemble à un plumeau déplumé. Mais toute maison, toute métairie qui se respecte présente un palmier près de sa porte d'entrée, voire quelques agaves.

Le goût des « ailleurs », toujours, dans cette végétation « coloniale ». L'insolite, sur le seuil de la demeure.

15

Sur l'un des carnets de ma mère, cette mention : « Fin juin 72, départ Canada, Université McGill, deux mois. »

J'allais comme professeur à Montréal et pensais y découvrir le Canada. Or, j'y rencontrai l'accent de ma mère. Disons que le Québec et l'Acadie m'ont aidé à retrouver mes racines. Francisé, parisianisé, internationalisé, modernisé, j'avais sinon oublié mes origines vendéennes, du moins elles m'importaient peu. Et puis soudain, exporté au Canada pour y enseigner justement la modernité de l'art et de l'architecture, *voilà-t'y pas* que ma langue maternelle réapparaît de la nuit des temps dans toute sa verdeur et sa franchise.

Alors qu'en Vendée, nous l'avons vu dans mes exemples paternels et maternels, conformes à la généralité des us et coutumes, le paysan avait honte de son patois, ne s'en servait que dans la plus stricte intimité, ou dans les invectives et la dérision, au Québec mon vendéen devient langue nationale. On dit en France que les Québécois ont un drôle d'accent. Ils répondent : « Quoi ! Mais c'est vous, du vieux pays, qui avez un accent ! »

Bien sûr, moi aussi j'ai trouvé d'abord qu'ils avaient un drôle d'accent. J'avais même du mal à comprendre les gens de la rue. Mais il faut dire que le Québécois de Montréal a parfois l'accent de Rabelais, mais souvent aussi l'accent sicilien, pied noir, yiddish ou tout simplement yankee.

L'accent de ma mère, je l'ai plutôt retrouvé en Gaspésie. Vingt mille Acadiens vivent en Gaspésie.

Lorsque le matin, dans un petit hôtel de la Baie des Chaleurs, au petit déjeuner, la serveuse m'a demandé : « Vous voulez des rôties ? », j'ai d'abord compris rôti de viande, puis soudain la connexion s'est faite. J'ai entendu ma grand-mère me dire : « Mange tes rôties, mon drôle. » C'est-à-dire tes tartines de pain grillé.

Des rôties... Depuis au moins trente ans que je n'avais pas entendu ça ! Est-ce que ma mère disait « rôtie » ? Elle ne disait en tout cas pas toast. Tout simplement, je crois qu'elle ne faisait jamais de pain grillé.

Puis, tout au cours de mon séjour, les mots anciens, les mots d'autrefois, les mots oubliés, me sont revenus en pleine figure, parlés sans complexe, parlés naturellement comme du temps de Rabelais, comme du temps de Louis XIV. *Prends ton syo et va kri d' lo...* C'est comme une voix d'outre-tombe qui parle. On se retourne pour voir si la paysanne porte sa coiffe et son tablier à bavette. Mais non. C'est une accorte personne en mini-jupe et aux cheveux blonds bouclés à l'afro. Elle ajoute à l'intention d'un môme morveux qui piaille, assis par terre : *« Viens-t'en, brailloux, et ferme ton guerlo. »*

Jacques Cartier, parti pour explorer les Indes, découvrait par hasard le Canada. Et moi, parti pour le Canada, je butais sur ma petite enfance. Comme un parcours à rebours dans le temps, avec la fameuse machine de Wells.

Dans les fermes de Gaspésie, on ne trait pas les vaches, on les *tire* ; on ne conduit pas les bœufs, on les *touche* ; on ne fait pas boire les chevaux, on les *abreuve* (et l'abreuvoir s'appelle un *taimbre*) ; on ne s'embourbe pas, on *s'avase* ; on n'habite pas quelque part, on y *demeure* ; on n'étend pas le linge, on l'*épare* ; on n'astique pas, on *fourbit* ; on ne cause pas, on *jaze.* Une taie s'appelle un *d'sus d'oreiller,* un couvercle un *couvert,* une cruche en terre un *jar,* un verre à boire un *goblé,* un fagot une *brassée d'bois.*

Tout cela est l'évidence même. Comment ai-je pu oublier qu'en Vendée nous parlions la même langue.

Ma mère disait, l'hiver, en se frottant les mains : *J'ai la grappe.* Puis elle riait, comme si elle venait de prononcer une inconvenance et murmurait : « La grappe ? Pourquoi la grappe ? » Eh bien, en Gaspésie, comme en Acadie, lorsque l'on a froid aux mains on a aussi la grappe et l'on trouve ce mot naturel.

Et n'est-il pas plus éloquent de *mettre de la douceur* dans son café, plutôt que du sucre, de faire *grâler* des *patates* dans un *diable,* de *brasser* la salade plutôt que de la tourner.

L'Acadienne Antonine Maillet a publié un roman, *Les Cordes de bois,* qui obtint un grand succès en France puisqu'il ne manqua le Goncourt que d'une voix, en raison peut-être de l'étrangeté de son vocabulaire. Mais moi, maintenant que j'ai retrouvé l'accent de ma mère, je l'ai lu d'une traite ce roman vendéen de l'exil. Quoi, ces galvaudeux humant l'air du large au bord de l'Océan et guettant l'arrivée des navires, comme je les connais bien. Ces *coureux de Galipote* comme dit Antonine Maillet (et la Galipote est une bête nocturne du bocage que les Acadiens ont emportée aux Amériques) lisent eux aussi le *Grand* et le *Petit Albert,* comme nous les lisions clandestinement sous les ombrages de l'ancien parc du château des comtes du Poitou. Le vocabulaire des *Cordes de bois* est du vendéen tout craché. Personne n'en a parlé à la sortie du livre, sauf l'Antonine qui a déclaré que peut-être bien, du côté de la Vendée, on disait aussi *ça me fait zire.* Bien sûr qu'on le dit. Ma mère le disait encore. Comme on dit, comme vos personnages, *icitte, asteur, tretous, tricoler.*

Il y a un autre livre d'Antonine Maillet que j'ai lu au

Québec. C'est sa thèse publiée par les Presses de l'Université de Laval en 1971 : *Rabelais et les traditions populaires en Acadie.* Antonine Maillet a recherché dans l'œuvre de Rabelais les mots et les locutions qui pouvaient être identiques chez Rabelais et dans le parler acadien actuel. Elle en a trouvé assez pour en faire un gros livre. Rien d'étonnant puisque la langue de Rabelais et le patois vendéen sont une seule et même chose pour au moins un tiers du vocabulaire et que l'acadien et le vendéen sont cousins germains.

Tels quels, à la fois dans Rabelais, en Acadie, et en Vendée : *chartier* (charretier), *darrière* (derrière), *devanteau* (tablier), *merlu* (morue), *pâtir* (souffrir), *pivar* (pivert), *présent* (cadeau), *quérir* (chercher), *tretous,* ou *tertous* (tous), *somme* (sommeil).

L'Antonine qui parle, elle, avec l'accent de sa mère, mais qui est devenue quand même universitaire, a voulu savoir ce qui se trouvait derrière cet accent. Et elle a rencontré, elle aussi, la langue de Rabelais.

Rappelons, pour mémoire, que Rabelais est l'exact contemporain de Jacques Cartier ; tous les deux sujets de François Ier ; et que *Pantagruel, Roy des Dipsodes, restitué à son naturel, avec ses faictz et prouesses espoventables* ne précède que de trois ans la rencontre de Jacques Cartier et du roi des Micmacs.

16

Ai-je rêvé ? Il me semble avoir lu dans un livre de Glucksmann une allusion élogieuse à la jacquerie vendéenne. De surprise, le livre m'en est tombé des mains. Mais quel livre ? J'ai beau relire *La Cuisinière et le Mangeur d'hommes* et *Les Maîtres Penseurs* je n'y trouve pas autre chose qu'une identification de Mao et de Gargantua (ce qui n'est déjà pas mal) et une préoccupation de la plèbe paysanne qui n'apparut jamais chez les marxistes justement avant Mao. Mais voyons, là je ne rêve pas. Je lis bien sous la plume d'un autre maoïste ou ex-maoïste, Michel Le Bris (un maoïste breton, il est vrai !) cette comparaison audacieuse : « La Vendée, notre Cambodge ! » Placer le génocide vendéen dans une perspective historique est tout nouveau. Mais que cette idée vienne de l'extrême gauche est encore plus nouveau. L'holocauste vendéen anticipe bien, en effet, sur les futurs génocides des Peaux-Rouges, des Arméniens, des Kurdes, des Juifs, des Biafrais, des Bengalis, des Khmers. Mais ce génocide vendéen avait été gommé par l'Histoire. La Restauration se montrait si embarrassée par cette jacquerie que les descendants de la petite noblesse vendéenne insurgée restaient tenus en suspicion. Les guerres de Vendée firent trois cent mille victimes, Blancs et Bleus confondus. D'autres disent neuf cent mille. Des familles entières avaient été exterminées.

Renée Bordereau, femme soldat dans la cavalerie de Stofflet, vit ainsi périr quarante-deux de ses parents, dont son père, massacré sous ses yeux. La mort de Cathelineau fut suivie de celle de ses trois frères, de ses quatre beaux-frères, et de seize de ses cousins germains.

L'extermination des Vendéens avait été délibérée. Après le massacre des survivants de la « longue marche », une malédiction totale, absolue, fut prononcée contre tout un peuple. Robespierre n'aimait pas plus les paysans que Lénine les moujiks. Mais c'est son ami Barère qui est chargé des anathèmes. Celui qui se flattait de son surnom : « l'Anacréon de la guillotine » ne cessait d'aboyer contre la Vendée : « Louvois fut accusé par l'Histoire d'avoir incendié le Palatinat, et Louvois devait être accusé ; il travaillait pour les tyrans. Le Palatinat de la République, c'est la Vendée : détruisez-la et vous sauverez la patrie... Exterminez cette race rebelle de Vendéens, faites disparaître leurs repaires, incendiez leurs forêts, coupez leurs récoltes... »

Bertrand Barère de Vieuzac était noble.

A la mi-janvier 1794 il lâche sur la Vendée déjà en ruine, et dont les armées ont été défaites au Mans et à Savenay, les douze colonnes infernales de Turreau. Les dragonnades qui terrorisèrent la Vendée, quatre ans avant la Révocation de l'édit de Nantes, au siècle précédent, n'avaient été qu'un prélude empirique à ce qui va être une destruction systématique. Six colonnes d'incendiaires s'avancent en effet l'une vers l'autre à travers la Vendée et pillent, tuent, brûlent tout ce qu'elles rencontrent. Six cents villes et bourgs, des milliers de fermes isolées sont ainsi rasés. On met le feu aux métairies en tirant dans la paille. Puis on revient pour incendier les décombres. On brûle les moulins à vent. On détruit les fours à pain. Les réserves de blé, de laine, les barques des pêcheurs, tout est brûlé. On emmène les bestiaux par immenses troupeaux. Hommes, femmes, enfants sont enfermés dans les églises et fusillés. L'église est ensuite brûlée pour s'assurer qu'aucun blessé ne s'échappera. Les soldats républicains font aussi des razzias de femmes qui, après avoir été violées, sont empalées. On s'amuse à couper les doigts des religieuses, à arracher les langues, à crever les yeux, à couper les oreilles. On écorche des « brigands » pour tanner leur peau et s'en faire des culottes collantes. On envoie par barils, pour les hôpitaux de Nantes, de la graisse de femmes. Turreau appelle l'incendie de la Vendée « la grande illumination ». Les villes et les villages « patriotes » seront brûlés aussi bien que les autres. « Il n'y a rien de bon en Vendée », a décrété la Convention. Les « patriotes » survivants sont déportés à Angers, à Tours, à Poitiers. Paris leur est interdit, tout comme les départements côtiers. Quarante mille républicains vendéens seront ainsi exilés. Fontenay-le-Comte, si délibérément républicain sous le nom de Fontenay-le-Peuple, sera néanmoins puni et déclassé de son rang de préfecture au profit de la ville nouvelle de La Roche-sur-Yon (Napoléon sous l'Empire) chargée de surveiller le bocage. Ville de garnison, sentinelle de l'administration parisienne, La Roche-sur-Yon gardera sa mission, même sous les Bourbons, qui refuseront de redonner à Fontenay son rôle historique. Quant à l'abominable Turreau, il sera fait baron d'Empire, puis chevalier de Saint-Louis par Louis XVIII.

Parmi tant de noms cités dans les mémoires et dossiers que j'ai dépouillés pour essayer d'y voir clair dans une aventure dont le premier historien a été Turreau, ce qui est tout un programme, ni Ragon ni Sourisseau. Mes tribus paternelle et maternelle ont participé, subi, souffert, sans laisser de traces. On ne se souvenait dans la famille que d'un mythique Ragon Duchêne, rescapé des colonnes infernales parce que caché pendant des mois dans le creux d'un gros chêne.

Ma mère ne manquait jamais de me dire, lorsque nous rencontrions un arbre à glands : « Tu vois, c'est du bois dont on fait les Ragon Duchêne. »[1]

1. Mon roman, *Les Mouchoirs rouges de Cholet,* est né de cet événement familial mythique. Grâce à ce chêne, et aussi parce que ni les puces, ni les poux, ni les rats, ni les bacilles de Kock n'ont réussi à me dévorer, je témoigne...

Toute ma lignée paternelle est exclusivement paysanne, de 1666 à 1830. Après 1830, mes arrière-grands-parents directs sont toujours des petits paysans, mais dans les branches colatérales, on trouve des forgerons, des maréchaux-ferrants. Le plus lointain de mes ancêtres directs, dont on a trouvé trace, est Mathurin Ragon, né en 1666 à La Salissonnière de Saint Philbert de Pont Charrault, commune du Bas-Bocage, près de Chantonnay. Un siècle plus tard, ma famille se trouve toujours à La Salissonnière où mon arrière-arrière-grand-père, Pierre Ragon (1750-1831) est d'abord bordier, puis laboureur. Il a huit enfants, dont le cadet, Jacques, descend à une vingtaine de kilomètres, jusqu'aux confins de la plaine, pour s'établir cultivateur à Saint-Martin-des-Fontaines. Mon père est son petit-fils, né en 1887, toujours à Saint-Martin-des-Fontaines. A cinq kilomètres de Saint-Martin-des-Fontaines, à Saint-Valérien, mon petit cousin, Alix Ragon, continue la tradition paysanne.

17

Dans les carnets de ma mère, aucune allusion à ses brus. Après le choc dû à l'avènement de la première femme dans ma vie, lors de mon adolescence nantaise, après l'affrontement qui s'ensuivit et la première cassure dans notre affection, elle garda certainement une amertume ineffaçable de ce qu'elle devait considérer comme une première trahison de ma part. Le reste ne fit plus partie que de la fatalité.

Déjà, dans mon enfance, lorsque je jouais sur la place Viète avec des petites filles, ma mère s'agaçait parfois, me disant avec brusquerie : « Tu ferais mieux de t'amuser tout seul, plutôt que de traînasser avec ces mijaurées. »

Mais jamais elle ne s'affronta avec ses brus, se montrant plutôt prévenante à leur égard, toujours humble, trop humble, s'appliquant à composer un peu trop ostensiblement avec ces ennemies.

Son grand auteur, Pierre l'Ermite, ne lui avait-il pas recommandé la résignation lorsqu'il écrivait dans *Comment j'ai tué mon enfant* : « Votre fils, madame, vous sera toujours pris... par une femme ou par Dieu. »

Du côté des brus, beaucoup de prudence aussi. De toute manière, elles voyaient peu ma mère, dont la moitié de la France les séparait, et ma mère offrait quand même l'avantage de représenter la totalité de ma famille. L'invasion conjugale de la famille de l'autre, si oppressante pour tant de couples, leur était ainsi évitée. Il est vrai qu'elles s'apercevaient ensuite à l'usage que si ma mère était seule il lui arrivait de peser autant qu'une tribu dans sa totalité.

Si bien que, lorsque je quittai ma première femme pour la seconde, le suprême argument de l'évincée fut de lancer à sa rivale :

— Tu verras, tu seras obligée de recevoir sa mère tous les ans !

Et aussi de lui écrire toutes les semaines, elle oubliait ça, mais sans doute était-ce moins pénible. Non pas que j'imposais cette corvée hebdomadaire, mais lorsque les brus me voyaient submergé par tant de lettres et tant de reproches de ne pas répondre par retour du courrier, elles finissaient elles-mêmes par reprendre la situation en main. Elles écrivaient une première lettre et, dès lors, se trouvaient prises au piège. Car ma mère leur écrivait ensuite personnellement, les prenant à témoin de mon ingratitude, les priant, les suppliant d'avoir la générosité de lui écrire. Elle avait la présence d'esprit de leur demander non pas de mes nouvelles mais de leurs nouvelles, des nouvelles de leurs familles. Si bien qu'elles se voyaient entraînées à une correspondance qui ne me dispensait pas, moi, de devoir donner de mes propres nouvelles.

L'exiguïté de mes logements, jusqu'à une date très récente, rendait impossible une cohabitation totale. Je réservais donc pour ma mère une chambre dans un hôtel proche, mais il n'empêchait qu'elle se tenait ensuite dans notre logement toute la journée. Cette présence continue, dans des logements trop petits, n'était pas le moindre problème des séjours de ma mère à Paris.

Chacun a ses habitudes qui, toujours, gênent les habitudes des autres. Celles de ma mère ont surpris, pour ne pas dire, stupéfié, l'une et l'autre de ses brus. Il faut dire que souvent il y avait de quoi. Par exemple, lors d'une première visite de ma mère à Paris, elle revint dans notre petite mansarde de la rue des Saints-Pères, son cabas à la main, tout agitée et joyeuse, s'exclamant : « Regardez ce que j'apporte ! » Et elle sortit du sac un pigeon vivant.

La bru d'alors se mit à crier : « Mais il va s'envoler. Il va mettre des plumes partout. Que voulez-vous qu'on fasse de ça ? »

Et moi qui la connaissais bien :

— Voyons, maman, j'espère que tu ne l'as pas attrapé dans la rue.

Elle dodelina de la tête, de l'air de celle qui vraiment n'est pas comprise :

— Mes enfants, un pigeon c'est comme une alouette, ça ne tombe pas tout rôti dans le gosier.

Et à mon adresse :

— Tu vas le plumer et on le fera cuire aux petits pois.

— Moi, le plumer, pourquoi moi ?

— Tu sais bien que je n'ai jamais su plumer les volailles. Mais tu as bien dû observer ta grand-mère qui...

Comme la bru d'alors était anglaise, à sa stupéfaction se mêlait l'horreur d'imaginer que l'on allait plumer vivant un oiseau sous ses yeux.

Elle bégayait d'indignation, comme font toujours les Anglais en pareille circonstance :

— Si... si... cette chose... moi je m'en vais...

Je pris le pigeon des mains de ma mère, ouvris la fenêtre et le lançai dans les airs.

Elle bouda pendant plusieurs jours, jouant à l'incomprise. Toujours cette civilisation de la cueillette qui la poursuivait, l'habitude de ramasser, de ne rien laisser perdre. Il était difficile de ramasser des escargots ou des champignons dans les rues de Paris. Elle avait cru bien faire en attrapant un pigeon. Elle se disait, dans sa bouderie, que l'on n'est jamais récompensé de ses peines.

A la suite de cette algarade, elle ne recueillit plus que les pièces de monnaie qu'elle avait l'art de trouver. Finalement, elle ne revenait jamais d'une promenade dans Paris sans avoir quand même glané quelque chose : la plupart du temps une pièce de un franc, mais aussi un bracelet, une montre, une bille en verre, et des tas d'articles inutiles du genre bout de caoutchouc, vieux journal, ficelle. Comme elle savait que les brus n'aimaient guère cette manière d'être, elle s'empressait de cacher ses trouvailles dans son éternelle valise de carton bouilli. Mais, parfois, elle me prenait à part, avec un air de complicité, pour me dire à mi-voix : « Tu veux que je te montre ce que j'ai trouvé aujourd'hui ? » Et elle ajoutait en riant sous cape : « Faut pas l' dire. »

Ce qui déprimait le plus ses brus, c'était son absence ou plutôt son refus d'enthousiasme. En réalité, nous l'avons vu, ma mère se laissait périodiquement aller à des enthousiasmes, à des lubies, mais elle n'en laissait rien voir. Elle se méfiait, comme disent les Vendéens, de « ne pas faire rire le monde ». Ce qui l'amenait à une réserve, à une perpétuelle autocensure de ses enthousiasmes et de ses plaisirs.

Si bien que l'on avait l'impression qu'elle ne trouvait jamais rien beau, jamais rien bon.

— As-tu aimé ce film ?

— C'est pas mal.

— Comment trouves-tu ce vin ?

— Il n'est pas mauvais.

Je lui disais parfois, agacé : « Il ne manquerait plus que ça, qu'il soit mauvais. Je ne te demande pas s'il est mauvais, je te demande si tu le trouves bon. »

Alors, poussée à bout, mais refusant toujours de se laisser aller, elle avait ce suprême compliment :

— Ça vaut mieux que de recevoir des coups de bâton !

Des réflexions qui remontaient ainsi de la nuit des

temps (une nuit pas si lointaine). Pour les paysans la bastonnade laissait encore des souvenirs dans les os.

Au bout de quelques jours, nos logements prenaient l'allure de la masure nantaise. Un logement exigu, pour rester agréable, demande une surenchère de rangement et de propreté. Très vite, ma mère laissait traîner ses affaires n'importe où et réussissait à mettre les nôtres sens dessus dessous. Impossible de retrouver quelque chose. Impossible également de tenir propre. Ma mère aurait transformé en taudis n'importe quel palace. Outre l'instinct de la cueillette qui la reprenait, nous l'avons vu, dans ses maisons de retraite, son goût de l'accumulation lui valait aussi d'être tenue à l'œil par les infirmières. Régulièrement, on enlevait de sa chambre tous les déchets qu'elle réussissait à y introduire. Ce dont elle se plaignait bien sûr dans ses lettres.

L'habitude de ne jamais rien réparer, de tout laisser brinquebalant ; de préférer rester dans le noir plutôt que de changer une ampoule grillée ; de manger dans des assiettes ébréchées alors que des piles d'assiettes n'avaient jamais servi depuis la mort de mon père ; de mettre dans son lit des draps si raccommodés, si rapiécés, qu'ils finissaient par ressembler à de la tapisserie, alors que des piles de draps de lin, dans l'armoire, jaunissaient de vieillesse ; de ne pas balayer « pour ne pas faire de poussière » ; tout cela demeurait parfaitement incompréhensible pour les brus, qu'elles soient anglaise ou française.

Lorsque le désordre arrivait à son comble, qu'il apparaissait évident que la lutte contre le désordre et la saleté devenait impossible, je lisais dans les yeux des brus le commencement du désarroi bientôt suivi par la brillance du désir de la fuite. Il me fallait lutter sur deux fronts, temporiser, gagner du temps. Ma mère trouvait toujours des arguments irréfutables. Lui disais-je qu'elle obligeait ses brus à un surcroît de travail, qu'elles devaient la suivre à la trace pour nettoyer et ranger derrière elle, qu'elle répondait :

— Mais pourquoi tout nettoyer comme ça ? On peut bien vivre dans la saleté.

— Tu n'aimes pas être sale, maman. Alors pourquoi tout transformer autour de toi en *capharnaüm* (un mot qu'elle employait souvent) ?

Elle prenait un air offusqué :

— L'important c'est d'être propre sur soi.

De temps à autre (mais heureusement très rarement) elle se disait qu'il lui fallait quand même aider un peu ses brus. La catastrophe pointait à l'horizon. Sa manière de mettre le couvert ne correspondait pas à celle des belles-filles. Ce qu'elle jugeait de belles assiettes et sortait précautionneusement un jour où nous avions des invités, se révélait être pour nous des ustensiles que nous ne comprenions pas ne pas avoir mis au rebut depuis longtemps. Alors que nous avions peu de meubles et peu de vaisselle, elle réussissait à trouver des objets que nous avions complètement oubliés et à les mettre en évidence, pour notre plus grande confusion. Mais nos invités aimaient bien ma mère, qu'ils trouvaient pittoresque. Quant à elle, ces soirées qui paraissaient aux brus complètement ratées lui laissaient d'agréables souvenirs.

Comme ma mère ne se plaisait pas dans nos logements qui ne donnaient jamais sur rue et « où on voyait rien », elle sortait beaucoup, ce qui donnait quelque répit aux brus. La Samaritaine remplaçait le magasin Decré de Nantes. Elle aimait aussi y prendre un café. Puis elle découvrit que les bureaux de poste de quartier, du moins ceux qui ne sont pas trop exigus, s'étaient transformés en salles de réunion pour les vieillards du coin. Ils y accaparaient les sièges et les tables, et s'y faisaient de petits salons, complètement indifférents au va-et-vient des usagers. Ma mère fréquentait beaucoup ces salons improvisés. Elle disait y rencontrer des gens de son âge et de sa condition. Elle partait chaque jour au bureau de poste comme d'autres vont à leur club.

Elle n'aimait pas se lier avec des gens, mais elle aimait bien voir du monde, converser avec des inconnus. L'avantage de ces rencontres impromptues et sans lendemain, c'est que l'on peut y parler de tout et de rien. Ma mère, justement, répugnait à parler de quelque chose. Pour tout ce qui était profond, grave, elle se référait au domaine secret des livres. Par contre elle se plaisait à bavarder de ce qui, pour les brus et moi-même, paraissait de la futilité, parler pour ne rien dire. Lorsqu'elle lisait un journal elle sautait les pages de politique et d'informations générales, pour en venir tout de suite aux accidents et aux crimes. Elle connaissait à peine le nom du Premier ministre, mais pouvait vous citer une longue liste de repris de justice.

Ces gens qu'elle rencontrait lui parlaient de leurs maladies. Il se faisait ainsi entre vieillards des échanges de récits de maladies. Elle nous en rapportait chaque soir de nouvelles, avec gourmandise :

— La fille de la dame que j'avais déjà rencontrée hier, elle a eu « la totale » (ce que d'autres appellent « la grande opération »)...

Ou bien :

— X... est tombé du haut mal.

Les opérations tenaient toujours une grande place dans ses propos (malheureusement, elles en tinrent ensuite une grande dans sa vie). Celles des autres, puis les siennes. Elle comptait ses opérations comme d'autres leurs guerres, mettant sur le même plan l'appendicite et les polypes.

Elle refilait à ses interlocutrices les recettes de médecine par les plantes (de ma grand-mère) et revenait avec de nouvelles formules qu'elle voulait immédiatement expérimenter. Comme s'il était facile de trouver à Paris de l'écorce de bourdaine comme laxatif, des queues de cerise comme diurétique, et du houx

28. Transport de bestiaux dans le marais vendéen.
29. Bourrine et yole.
30. Pose des pièges dans les conches du marais.
31. La civilisation du cheval.

29

30

32

32. Hutte de forestiers.
33. L'écorçage.
34-35. Vanniers.
36. Charbon de bois, en forêt.
37. Fabrication des margotins.

34

35

33

36

37

Geoeges Bibard, éditeur, Cholet
Le Samed
HÔTEL DU CHAMP DE FOIRE GAUTHIER
HÔTEL DU CHAMP DE FOIRE
TESSIER

38. Le marché aux bœufs, à Cholet, en 1904.

39

39. Affûtage de la faux.
40. Les outils de travail devenus armes de guerre. La faux emmanchée à l'envers. 1793.

40

42

41-42. L'écossage et le triage de la mojette, le plat préféré des Vendéens.
43. Bourrine.

44

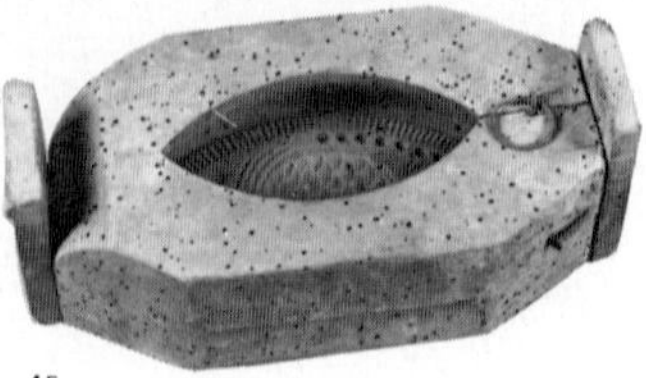

45

141 LES SABLES-D'OLONNE. — Le travail de la Sardine. — Le Retournage. — LL

44. L'âne culotte de l'Ile de Ré se retrouvait dans tout le littoral vendéen ; véhicule habituel des paludiers.
45. Moule à beurre, en bois, toujours utilisé jusqu'en 1945.
46. Le séchage et le retournage des sardines aux Sables-d'Olonne.
47. L'éventaire du bourrelier.

48

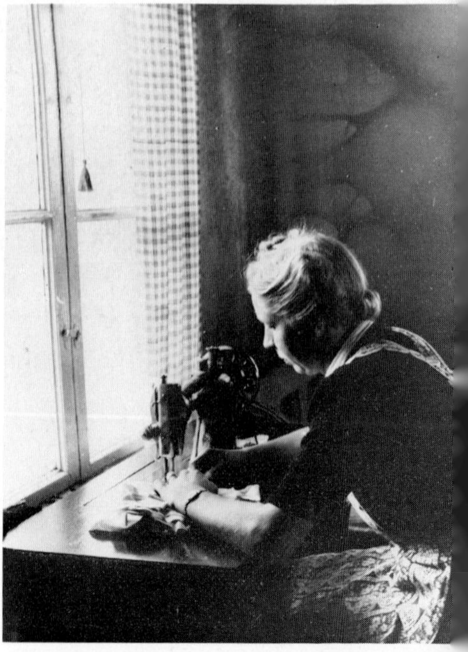

49

50

48-49. Les deux métiers de ma mère : repassage et couture.
50. Laveuses et repasseuses.

51

51. La tireuse de cartes.
52. Dans mon enfance, la plus belle boutique de la ville c'était le chapelier.

en poudre pour « susciter les facultés intellectuelles » !

Les médicaments faisaient partie de ses phantasmes. Elle se récitait les slogans publicitaires pharmaceutiques comme d'autres se rappellent les vers de Mallarmé. Et dans sa bouche, ces noms de médicaments devenaient en effet une sorte de poème : le Vermifuge antinerveux du docteur Treille, l'Elixir tonique antiglaireux du docteur Guillié, les dragées Gélineau contre l'épilepsie, les produits du Curé Béraud contre les goitres, la Poudre laxative Vichy contre la constipation, la Poudre Montavon qui guérit radicalement de l'ivrognerie, etc. Plus ces remèdes semblaient émaner de charlatans, plus ils la séduisaient.

Le soir, devenue raisonnable, elle nous faisait l'éloge de la pomme qu'il faut manger quotidiennement avant de s'en aller coucher.

Malgré tous ces problèmes dus à la cohabitation, il nous arrivait de temps en temps de retrouver une vieille complicité, avec des références ou des plaisanteries seulement perceptibles pour nous, et donc incompréhensibles et irritantes pour les brus.

Elle avait alors des fous rires de petite fille et se laissait aller à des calembours et à des expressions drolatiques où l'on retrouvait encore Rabelais. Si l'un de nous deux disait : « Le temps se couvre », il était entendu que l'autre répondait invariablement : « Il a froid. » Si je disais : « C'est merveilleux. » Elle enchaînait toujours : « Amiral Merveilleux du Vignaux. »

Je croyais qu'elle avait inventé cet amiral pour le plaisir des mots. Mais non. Recherches faites il s'agit bien d'un amiral, évidemment « colonial », qui conquit ses galons au Tonkin et à Madagascar et se fixa en Vendée le moment de la retraite venu.

C'est seulement avec la seconde bru que les relations avec ma mère eussent pu tourner au drame.

D'abord ma mère, à peine le temps de faire connaissance avec sa nouvelle belle-fille, nous annonçait que l'ancienne l'invitait à séjourner chez elle. Curieuse invitation venant de quelqu'un qui n'avait su trouver comme suprême catastrophe à l'adresse de sa remplaçante que l'obligation du séjour annuel de la belle-mère. Bien sûr, la nouvelle bru, loin de se sentir soulagée, se crut obligée de se montrer vexée. Et l'ancienne ne tarda pas à regretter son initiative car ma mère passa le plus clair de son temps chez elle à faire l'éloge de « l'autre » : « Mais si, mais si, vous savez, elle ne se débrouille pas si mal... Je ne dis pas qu'elle ne soit pas coquette, mais elle sait s'habiller... C'est toujours ce qui vous a manqué, à vous, ma pauvre petite. Vous ne preniez pas assez soin de vous. Je me disais toujours : elle devrait faire attention, on va finir par la prendre pour sa bonne. »

Réexpédiée chez nous, ma mère ne trouva rien de mieux, une nouvelle fois, que de parler sans cesse de « l'autre », avec des comparaisons tout à fait inopportunes du genre : « Pour ce que je vous en dis, moi, vous faites comme vous voulez. Mais S... ne s'y serait pas prise comme ça. Tenez, la semaine dernière encore, chez elle, et malgré toute la difficulté que l'on a à vivre seule, je peux vous en dire quelque chose, eh bien, S... »

La nouvelle bru encaissait sans répliquer, mais c'est moi qui, le soir, devais surmonter l'orage.

— Qu'elle retourne chez S..., si elle s'y trouve si bien. Moi, j'en ai assez de ces commérages !

Je prenais ma mère à part :

— Voyons maman, tu ne devrais pas parler de S... à ta nouvelle belle-fille. Tu dois bien penser que ça ne lui fait pas plaisir.

— Pourquoi ? Si on ne peut plus causer, maintenant...

— Si, mais d'autre chose.

Elle faisait la moue, boudeuse :

— Peuf ! Si je cause d'autre chose, on ne s'intéresse pas à ce que je dis.

En réalité, c'est la seconde bru qui commença à me mettre sur la voie de cette autre culture qui me liait à ma mère plus que je ne le croyais. Fille de riches, ce qui nous sépara de plus en plus, au cours des ans, c'est ce qu'elle appelait ma mentalité de pauvre. Et elle se mit à détester ma mère qui était comme un révélateur de ce qui, pour elle, constituait mes plus graves défauts. Sous le vernis intellectuel ma nature plébéienne affleurait. Elle détestait ma mère en moi. Et lorsqu'elle la voyait, ce qu'elle considérait comme mes faiblesses ou mes ridicules lui était souligné. Ma mère apportait avec elle tout un monde sordide, tout un passé assez effrayant pour une très jeune citadine fascinée par le luxe et la modernité. Ma mère lui paraissait vieille, vieille... vieille comme *l'Angélus* de Millet, comme les images d'Épinal, comme les fables de La Fontaine, comme le *Roman de Renart,* comme *Pantagruel...* Et moi-même me mettais à vieillir, rapproché de ma mère, me mettais à blanchir comme l'hiver, me mettais à me courber vers la terre comme un arbre rabougri, m'empêtrais dans tant de boue et de bouse accumulées depuis des siècles.

Je voyais la seconde bru s'éloigner, courir en sautillant sur ses hauts talons, s'enfuir dans un froufroutement de beau linge. Et je me retrouvais, petit garçon à col marin et bonnet à pompon, tenu en laisse par la mère ogresse, descendant la rue de la République à Fontenay-le-Comte, sous les balcons de l'hôtel de Fontarabie.

18

Mais que sont devenues les puces d'antan ? Plus de puces dans la conversation de ma mère, plus de linge blanc entrebâillé dans lequel s'introduisent des mains fouineuses à la recherche de l'insecte familier. Plus de dompteurs de puces dans les foires, ces puces savantes que l'on voyait traîner des carrosses miniatures et qui, ensuite, recevaient leur récompense en venant paître le sang du dompteur sur son bras congestionné. Plus de tableaux de la Belle à la puce, dans les expositions. Plus de tournoi poétique comme celui qui, aux Grands Jours de Poitiers, permit à Nicolas Rapin de se faire remarquer par le président Achille de Harlay avec son poème sur *La Puce de Mademoiselle Des Roches.* Grâce à la puce de cette pucelle, notre ami Nicolas Rapin fut nommé par Harlay lieutenant criminel à Paris. Ce qui lui permit de rencontrer Henri III qui le renvoya en Poitou comme prévôt général de l'armée. Voilà où pouvait mener une puce, en ce temps-là. Mais que sont les puces devenues ?

Où sont passées les mille deux cents espèces recensées par les naturalistes ?

La linguistique nous apprend que le mot puce vient du latin *pulex,* qui vient lui-même du sanscrit *pulaka,* voire du persan *pûlah ;* que la racine *pul* (ou *pûl*) signifie multiplier, croître en grand nombre. La puce et la pullulation seraient donc cousines germaines. Tellement la puce et toutes autres sortes de vermine ont longtemps paru sécrétées par la peau elle-même, cette peau qui était à la fois leur habitacle et leur prairie nourricière.

Mais la puce est-elle un insecte ? Les naturalistes en ont longtemps douté. Le Danois Johann Christian Fabricius la rapprochait des hémiptères, Antoine-Louis Dugès, auteur en 1838 des trois volumes du *Traité de physiologie comparée de l'homme et des animaux,* la rapprochait des hyménoptères ; Pierre-André Latreille, auteur en 1810 de *Considération sur l'ordre naturel des animaux composant les classes des crustacés, des arachnides et des insectes,* lui voue un ordre spécial : les syphonaptères ; l'Anglais William Kirby lui invente aussi un ordre spécial : les aphaniptères. Finalement les naturalistes semblent s'être résignés à lui trouver des affinités avec les diptères qui, comme on le sait, constituent dans la classe des insectes le groupe d'animaux arthropodes, embranchement intermédiaire entre les vers et les mollusques.

Tous ceux qui se sont si vigoureusement grattés, depuis que la puce de l'homme *(pulex irritans)* existe, tous ceux qui ont vu les chats s'arracher les poils du ventre en cherchant à mordre leur *pulex felis,* ne s'étonneront pas d'apprendre que ce petit être qui mesure deux à quatre millimètres de long et dont les mœurs sexuelles sont ambiguës (c'est la femelle qui monte sur le dos du mâle) ait exercé une si grande fascination sur les humains dont ont témoigné les poètes depuis Ésope et Ovide.

Les poètes chante-puce abondent en France à partir de la Renaissance où l'abandon de la pratique des bains favorise la cohabitation de l'homme et de la puce, ou plutôt de la femme et de la puce puisque tous les naturalistes s'accordent (pour une fois) à dire que la puce préfère de beaucoup introduire son appareil bucal piqueur dans la peau de la femme que dans celle de l'homme, la première étant moins dure.

François Rabelais (toujours lui) qui avait eu maille à partir avec les puces de son couvent (les couvents étaient si aimés des puces que l'un d'eux, à Paris, s'est appelé tout bonnement Picpus ; et les robes des moines se teignaient couleur puce afin que les insectes puissent y passer inaperçus), Rabelais, dis-je, fait prononcer à Panurge qui enchâsse une puce dans l'anneau de son oreille droite : « J'ai la puce à l'aureille. Je me veux marier. » Quarante ans après, une *Chasse aux Puces,* éditée en 1573 à Strasbourg remporte un énorme succès. Puis en 1583 c'est, à Poitiers, l'*Anthologie de la Puce,* sorte de Guirlande de Julie, que composent les humanistes qui fréquentent la maison de deux femmes savantes, auteurs elles-mêmes de vers, Madeleine Des Roches et sa fille Catherine.

Catherine Des Roches, dite « la Belle Langagière de Poitiers », dite aussi « perle de nostre pays poitevin », suscita la verve poétique non seulement de Nicolas Rapin mais aussi de Barnabé Brisson et d'Agrippa d'Aubigné.

Nicolas Rapin, dans la guirlande de poèmes tressée pour Mademoiselle Des Roches, versifie en fait une « Contre-Puce ». Car, dit-il :

J'aimerois mieux chanter le poux ;
Qui s'engendre et se paist de nous,
Plus amy de nostre nature.

C'est un paradoxe. On aurait bien du mal à faire une anthologie des poèmes du pou, alors qu'avec les poètes chante-puce, rien de plus facile. Ce qui a toujours fasciné les poètes chante-puce, c'est en fait ce qui m'intriguait moi-même dans mon enfance pucière, face aux linges entrouverts et aux chairs blanches aperçues.

On conte que, de guet à pens,
Peu à peu glissant et rampant

Du bas où tu fais ta retraite,
Tu t'estois penchée en un lieu,
Duquel Prince ni demi-dieu
N'approche la main indiscrette...

Quantefois j'ay veu, au matin
De ma maîtresse le tetin
Picoté de tes noires traces !
Et si là j'en voyois l'effet,
Dieu sçait si tu n'avois point fait
Encore pis en d'autres places.

Chères dames Des Roches, si aimées des puces qu'elles moururent le même jour de la peste...

La Renaissance chante la puce, mais c'est néanmoins le « siècle de Louis XIV » qui pourrait aussi bien, et sans doute mieux, être appelé « le siècle de la puce ». Louis XIV, enfant, jouait dans la Galerie du Louvre avec un canon miniature attaché par un cheveu à une puce. La vermine abonde à un tel point que l'on se rase les cheveux dévorés de poux et que l'on porte perruques. Puisque l'on ne peut se débarrasser des puces, on les apprivoise, on les dompte, on en fait des colifichets. Les puces enchaînées sont à la mode et se paient dix sols. Tallemant des Réaux, dans ses *Historiettes,* montre un dompteur de puces qui avait enchaîné une puce à un chariot. La Bruyère parle de « quatre puces célèbres que présentait un charlatan, subtil ouvrier, dans une fiole où il avait trouvé le secret de les faire vivre ». Ces puces étaient habillées d'une cuirasse, de brassards, de grenouillères et coiffées d'un casque. « En cet équipage elles allaient par sauts et par bonds dans leur bouteille. » La marquise de Sévigné évoque aussi un petit chariot traîné par des puces :

Monsieur le Dauphin dit à Monsieur le Prince de Conti :
— Mon cousin, qui est-ce qui a fait les harnois ?

— *Quelque araignée du voisinage, dit le prince.*

Le galant, qui réussissait à saisir une puce sur une personne aimée l'introduisait dans un médaillon de cristal et la portait au cou. On attachait aussi des puces aux meubles, par des fils d'or.

La Fontaine, Boileau, Molière, tout le monde, bien sûr, parle des puces.

La Fontaine, dans sa fable *L'Homme à la puce,* nous montre « un sot » qui, par une puce « eut l'épaule mordue ». Et qui implore les dieux de « lui prêter leur foudre et leur massue » :

Puissant dieu du tonnerre, extermine les puces !

Orgon dit du dévot Tartufe :

Il s'impute à péché la moindre bagatelle ;
Un rien presque suffit pour le scandaliser ;
Jusque-là qu'il se vint l'autre jour accuser
D'avoir pris une puce en faisant sa prière,
Et de l'avoir tuée avec trop de colère.

Si les puces de Mademoiselle Des Roches étaient notoires au XVIe siècle dans notre Poitou, celles de Marion de Lorme furent célèbres au XVIIe siècle dans la France entière.

Pierre de Marcassus assure qu'il n'y en eut jamais de si prospères :

Sitôt que Pyraenion aperçoit la cruelle
Sauter impunément sur le sein de la belle,
D'une subite main il la suit, et la prend,
L'enferme dans un gland de cristal transparent ;
Lui même qui l'a prise, à peine ose-t-il croire
Qu'on en ait jamais vu de si grosse et si noire.

Au XVIIIe siècle, un ouvrage tout entier est consacré

à la puce par l'abbé Jean-Jacques Barthélemy, de l'Académie française : *La Chanteloupée* ou *La Guerre des Puces,* péripéties se déroulant au château de Chanteloup où s'est retiré le duc de Choiseul sous Louis XV. Par ailleurs, Bernardin de Saint-Pierre, qui ne manque aucune occasion de louer la Providence, assure que, si la puce est noire, c'est pour être en contraste avec la blancheur des draps et de la peau et ainsi pouvoir être plus facilement attrapée. J'aurais aimé lui poser la question : les nègres ont-ils des puces blanches ?

Enfin l'illustre Réaumur ne dédaigne pas de construire une voiture roulante traînée par six puces, dont il sera fait présent à la reine d'Espagne.

Au XIXe siècle les puces se démocratisent. Beaucoup de puces savantes, dans les foires où elles se battent en duel, sont revêtues de costumes militaires, dansent, puisent de l'eau avec des seaux. Des foires aux puces apparaissent, puis des marchés aux puces où les puces sont vendues par surcroît. La couleur puce qui, de la robe des moines, glissa sur les colifichets des dames de la cour sous Louis XVI, retrouve une vogue vers 1830. Les teinturiers s'ingénient à inventer des couleurs pucières : dos de puce, cuisse de puce, tête de puce, ventre de puce. En 1861, un inventeur crée la jarretière tue-puces. Les femmes disposent aussi d'un piège antipuces qu'elles se mettent sur la poitrine. Il s'agit d'une flanelle que l'on appelle le pistolet et qui attire les puces. Lorsque le pistolet en est garni, on le met à la lessive et on le remplace.

Je ne sais pas comment vous vous sentez, après ces quelques pages de lecture pucière, mais moi il faut que je m'arrête d'écrire un instant, pour me gratter.

19

Nicolas Rapin me ramène à Maillezais.

De très loin, dans la platitude du marais mouillé, on remarque les ruines de la cathédrale de l'abbaye qui se profilent en dentelle de pierre. Jadis, ces terres basses étaient submergées chaque hiver par le reflux de l'Océan, plus le débordement des eaux de la Sèvre et de ses affluents la Vendée et l'Autize. La confusion des eaux et de la terre, si typique de la Vendée maraîchine et côtière, s'y produisait encore plus qu'ailleurs. Dans ce désordre de la nature, les moines bénédictins voulurent apporter l'ordre de leurs levées, de leurs chaussées, de leurs canaux, de leurs écheneaux, de leurs biefs. Près de mille ans se sont écoulés depuis lors, et près de cinq cents ans depuis que l'abbé, monseigneur d'Estissac, recueillait le demi-hérétique Rabelais et en faisait son secrétaire et le précepteur de ses neveux.

La protection de Geoffroy d'Estissac suivra Rabelais à Montpellier, lorsqu'il ira y étudier la médecine, et à Rome où il sera médecin d'un cardinal. Pour remercier son bienfaiteur, Rabelais, comme ma mère, chaparde. Il va faire clandestinement la cueillette dans le jardin secret du pape et envoie à Maillezais des graines de salade, une salade jusqu'alors inconnue en France et qui depuis s'appellera la romaine.

Du cloître de cette immense abbaye il ne reste que des fouilles : des pierres tombales éparses, des puits, une cave, les tombes ouvertes des abbés. Des cuveaux en pierre servent maintenant de bacs à fleurs. Sous un petit préau, couvert de tuiles romaines, l'entrée de la cave à sel. On descend trente marches et l'on aboutit à un grand bâtiment souterrain, de sept pas de large sur trente-deux de long, avec de belles voûtes en tiers-point éclairées par quatre soupiraux.

Près de la cave à sel le réfectoire des moines et la cuisine octogonale transformée en un petit musée lapidaire où sont entreposés des chapiteaux du XIe siècle, des modillons à copeaux et à palmes, un cadran solaire, des fragments d'impostes et de rinceaux et le blason de Geoffroy d'Estissac avec la mitre et la crosse.

Au-dessus du réfectoire le dortoir auquel on accède par vingt-sept marches formées de grosses pierres. De l'unique fenêtre conservée on domine le marais que les guides touristiques appellent la Venise Verte.

En contrebas de l'abbaye subsiste une belle échauguette en brise-lame. A ses pieds, une petite guinguette sert du vin gris avec des crêpes. Des *yoles* noires sont amarrées en bordure du marais. Elles emmènent les touristes le long des anciennes douves, puis à travers les conches bordées de roseaux et de fraigneaux, dans lesquelles nichent les sarcelles.

Voilà tout ce qui reste de l'abbaye chère à Rabelais. Mais ces restes sont splendides. De 1791 à 1840 un bourgeois qui acquit l'abbaye comme bien national s'employa à la dépecer. Il n'arriva pas à venir à bout de tant de pierres. On dit même qu'il s'y ruina. En tout cas il ruina aussi l'abbaye.

Rabelais était arrivé à Maillezais en 1524. En 1589, trente-six ans après la mort de l'auteur de *Gargantua,* c'est un autre écrivain qui s'y installe, Agrippa d'Aubigné. Mais d'Aubigné en chasse les moines et les remplace par ses soldats huguenots. Pendant trente ans, il restera gouverneur de Maillezais transformé en plate-forme protestante. Il y écrira *Les Tragiques* et son *Histoire universelle.*

Nicolas Rapin qui, après avoir été maire de Fontenay la protestante, vit dans son manoir de Terre-Neuve construit, tout comme les maisons à arcades de la place aux Porches, par l'architecte Jean Morisson, est un ami d'Agrippa d'Aubigné. Ils se rendent visite, s'écrivent, se communiquent leurs vers, naviguent en *yole* dans le marais. Nicolas Rapin, coauteur de la *Satire Ménippée*, dont il a écrit les harangues de d'Espinac, de Roze, d'Engoulvent, a aussi publié des traductions d'Horace et d'Ovide. Il compose d'ailleurs plus volontiers des vers latins et en a dédié certains à Sully qui vient aussi le visiter à Terre-Neuve.

Nicolas Rapin et d'Aubigné à Maillezais... Étrange rencontre que celle de ce roturier lettré et de cet aristocrate baroudeur dans l'abbaye de Rabelais ! Mais tous les deux sont humanistes, tous les deux sont poètes et disciples de Ronsard, tous les deux sont huguenots et « républicains ».

Les guerres de Religion sont l'occasion de la première grande jacquerie vendéenne. C'est même, pourrait-on dire, la première manche des guerres de Vendée et qui durera trois quarts de siècle. La première insurrection vendéenne contre la Convention, le 23 août 1792, qui mettra en armes huit mille hommes de quarante paroisses, n'éclate-t-elle pas curieusement le jour anniversaire de la Saint-Barthélemy ? Et la répression dans les deux cas n'est-elle pas aussi atrocement semblable ? De même, la révolte protestante est d'abord, en Vendée, foncièrement plébéienne. Les premiers protestants seront des tisserands, des tondeurs de draps, des petits manufacturiers. La paysannerie suivra très vite, les messes cessant dans toutes les églises transformées en granges. Le bocage forme des bandes armées de bâtons, de haches. Les prêtres catholiques et les dévots sont massacrés, les églises pillées, les monastères incendiés. Paysans et artisans

« enragés » mutilent les statues des porches, renversent les autels, brûlent les reliques, violent les tombeaux, emportent les reliquaires, les croix, les calices, les ornements d'or et d'argent que les forgerons fondent pour en faire des pièces de monnaie. Les premiers chefs que se donnent ces hordes sont des prêtres apostats et des paysans. Ils s'en prennent aux nobles auxquels ils dénient tout droit « naturel », arguant que ces privilèges ne sont pas spécifiés dans la Bible. Ils réfutent aussi l'autorité royale. Lorsqu'on leur parle de Charles IX ils répondent : « Quel roi ? Nous sommes les rois. Celui que vous dites est un petit royat de rien ; nous lui donnerons des verges et lui baillerons un métier pour lui apprendre à gagner sa vie comme les autres. » Même lorsque, de plébéienne, la révolte huguenote deviendra bourgeoise et aristocratique, la noblesse poitevine, se jetant avec allégresse dans la Ligue, comme elle se ralliera à la chouannerie, elle n'en demeurera pas moins « républicaine ». Dans les vers d'Agrippa d'Aubigné royauté est synonyme de tyrannie. Les protestants lutteront pendant quatorze ans contre la monarchie, jusqu'à ce que, en devenant roi, Henri de Navarre récupère le mouvement au profit de la couronne. Mais à La Rochelle survivra jusqu'au fameux Siège la première des républiques françaises. Le couronnement de Henri IV détruisait le rêve d'une république du Bas-Poitou Saintonge. Théodore-Agrippa d'Aubigné, l'ancien écuyer de Henri de Navarre, ne s'y trompait pas lorsqu'il s'accrochait à sa forteresse-abbaye de Maillezais en signant « le bouc du dézert ».

Déjà, sous Charles VII, des moines libres-prêcheurs annonçaient Luther et enthousiasmaient les villageois. L'un d'eux, nommé Philippe Bertin, cordelier au couvent de Fontenay-le-Comte, fut brûlé vif le 7 mai 1448. On a dit de l'église protestante de Fontenay qu'elle était l'une des plus anciennes de France et qu'elle naquit en fait dans la cellule de Pierre Amy, dans ce même couvent des Cordeliers. Pierre Amy, si cher à Rabelais et dont Érasme dira : « Je n'ai jamais vu mœurs plus pures que les siennes. »

La Vendée sera recatholicisée non pas par l'évêque de Luçon devenu cardinal-dictateur mais, au début du XVIIIe siècle, par un humble prêtre breton, Louis Marie Grignion de Montfort, prêcheur aux portes des églises, sous les halles, aux carrefours des chemins. Le Père de Montfort, comme on l'appelle encore avec affection, composera des cantiques sur des airs de chansons à la mode, érigera ces hauts calvaires qui s'imposent aux croisées des routes, et finira sa vie en ermite dans la forêt de Mélusine. J'ai gravi bien souvent l'étroit sentier rocailleux qui monte à sa grotte et qui est un lieu de pèlerinage. C'est le Père de Montfort qui refera la Vendée pieuse, qui la reconvertira, qui la préparera à la chouannerie.

Si bien que mon père chantait encore la défaite de Soubise :

Chantons tertous à pleine tête
La défaite dos parpaillaux...
Vive le ré, notre bau sire
O n'en fut jamez in itau !

Iquidon bea monsiour de Soubise
Qui s' dit le ré dos parpaillaux,
Tot embriffé do vent de bise
A monti su sez grous chivaux...

Les paysans de mon enfance avaient oublié avec quel acharnement leurs ancêtres s'étaient battus contre le *ré,* avec Monsieur de Soubise. Lors du premier siège de Fontenay, les paysans qui s'étaient introduits dans la ville, sous prétexte de denrées à apporter au Marché aux Porches, sonnent le tocsin et se précipitent dans les églises à la recherche des ciboires en or. Avec les linges d'autel, ils feront des robes de noce pour leurs promises. Six ans plus tard, lorsque la ville sera protestante, l'inventaire des biens de l'église sera maigre : *cinq touailles de linge sale... une fort vieille chesible de damas figurée de blanc toute deschirée... un grand ciel neuf...*

Un grand ciel neuf... Quel programme en un temps de guerres de Religion !

Déjà les paysans s'acharnent sur la ville, même s'ils se disent parpaillots comme les bourgeois de Fontenay. Quatre cents bourgeois pour une ville de cinq mille habitants. Quatre cents bourgeois qui font et défont l'Histoire, qui se faufilent si bien parmi les troubles et les pillages qu'à la fin des guerres de Religion certains se trouveront anoblis et les autres fort enrichis avec les dépouilles des « engagés ». Dans cette première manche des guerres de Vendée, la bourgeoisie tire donc, déjà, les marrons du feu. Les paysans, eux, n'auront guère pour souvenirs que plaies et bosses et un morceau de drap d'autel à dentelle, pour faire un jupon.

20

Au début du XIXe siècle, malgré toutes les destructions, mille sept cents moulins fonctionnaient encore en Vendée. Mille deux cents à vent et cinq cents à eau. En 1900 il en restait encore un millier. On n'en trouve plus guère aujourd'hui que trois, symboliques, avec leurs grandes ailes qui ne tournent plus, sur le Mont des Alouettes, « la colline inspirée » du bocage.

« Colline inspirée » ? Au sommet, la route nationale traverse le site, coupant la chapelle des deux moulins et du calvaire. Au fond, un restaurant minable bordé de cars de touristes d'où s'échappent à pleins sons des airs disco. Sur un poteau blanc, une boîte aux lettres jaune, isolée, entre un gros projecteur et la lunette longue-vue traditionnelle. En plus il pleut, une petite pluie fine, interminable, qui doit tomber du ciel depuis la création du monde.

21

Je ne possède qu'une dizaine de photos de ma mère. Là encore je n'ai disposé d'un appareil que récemment. La plupart de ces images, de très petit format, sont de mauvaises photos d'amateur, plus ou moins floues. Mais quelle énigme, toujours, que ces portraits qui vous regardent, muets, interrogateurs. Tout photographié qui pose ressemble à Œdipe devant le sphinx.

Une photo d'identité, encore agrafée sur un morceau de carte jaunie, date sans doute des débuts de notre arrivée à Nantes. Ma mère doit alors avoir quarante-cinq ans. Elle porte un corsage noir, très peu décolleté, est coiffée assez court, les cheveux ramenés en bandeaux sur le front. Elle fait très jeune. Je m'étonne de cet air de jeunesse. C'est donc cette femme avec qui j'arrivais à Nantes, en 1938, à la recherche d'une situation sociale. C'est donc cette femme avec qui je m'enivrais de lectures ! Rien d'étonnant. Quelle passion dans ce regard noyé de tristesse ! Quelle crispation dans cette bouche si fébrile que l'on a l'impression que cette image va bouger, s'animer ! J'interroge cette photo qui m'interroge. Dialogue impossible. Trop tard.

1942. La mère et le fils. Photographiés tous les deux comme un couple d'amoureux. Nous sommes de la même taille et j'ai la main posée sur l'épaule de ma mère. Un manteau vague qui lui donne un air sport.

Une écharpe négligemment nouée autour du cou est rejetée par le vent en arrière. Elle a toujours son air jeune. Elle paraît heureuse.

Une photo dont l'envers porte : mai 1945. J'ai essayé, avec un fort mauvais appareil, de photographier ma mère à l'intérieur de la masure de Nantes, éclairée par la fenêtre. Assise, engoncée dans un tablier, elle ravaude. Soudain, elle n'est plus jeune. Son visage n'est pas triste, mais résigné.

Une photo avec moi à Paris puisqu'en fond de décor je reconnais le Louvre. C'est peut-être son premier voyage à Paris. Un grand sourire est revenu. Elle a une robe noire, un sac noir à la main et un étonnant col blanc « claudine ».

Août 1958. La meilleure photo. Je disposais enfin d'un Foca-Sport. J'ai photographié ma mère accoudée sur un parapet de la Seine, tout à côté de mes boîtes de bouquiniste. En fond de décor, un grand saule et, au premier plan, une pile de livres avec cette pancarte : « Tout à cinquante francs. » Ma mère, qui a soixante-cinq ans, paraît ravie de mon petit commerce. Elle sourit, le visage plissé par une infinité de rides.

Dix ans plus tard. C'est la sortie de mon mariage à Ronchamp, dans la neige. Elle a un visage tout apeuré, dont on ne voit guère que les yeux tellement elle est enfouie dans un cache-nez. Cette neige et ce froid l'effraient. Elle a soixante-quinze ans. Ce sera son dernier grand voyage. Elle ressemble à une toute petite chose malhabile, dépaysée, au milieu de ma belle-famille hilare.

La dernière photo. Une photo de groupe dans une maison de retraite. Avec trois autres vieilles femmes. Elle se trouve au premier plan, assise sur des marches de pierre. Derrière, d'autres pensionnaires, debout. Tout ce monde est frileux, engoncé dans des manteaux et des lainages. Photo d'une infinie tristesse que tous ces vieux entre eux, édentés, l'air hagard, le regard morne. Ma mère a le visage tout crispé. Elle est d'une maigreur qui ne fera que s'accentuer. Je l'ai souvent soulevée pour la porter de son fauteuil à son lit, dans les dernières années où elle devint grabataire et je m'étonnais toujours de son extrême légèreté. Elle ressemblait de plus en plus à la vieille bonne de curé qui, tous les jours, attendait à cinq heures la visite de Jacques Chancel. Comme elle, elle devenait oiseau décharné, oiseau mourant de froid et de faim dans un dernier hiver.

Mais ces vieilles femmes s'aidaient à vivre, ou plutôt à mourir. Il m'est arrivé de déjeuner au réfectoire avec ma mère et ses compagnes. Une vraie petite fête. Ma mère ne se montrait pas peu fière de m'avoir près d'elle. Il s'ensuivait un vrai jacassage de perruches, mais de perruches qui, provisoirement, s'évadaient de leur cage.

Je retrouve une carte postale qui lui avait été envoyée à l'hôpital lors d'une de ses opérations. Elle est signée par cinq pensionnaires et son libellé est émouvant : « Du foyer nous vous envoyons toute notre sympathie. Votre départ nous a surprises et peinées. Mais nous avons maintenant l'assurance que vous serez bientôt parmi nous ; que nous allons pouvoir chasser cette vision de chaise vide à notre table. Toutes unies nous vous embrassons affectueusement. »

Elles étaient toutes là, le jour de la messe mortuaire dans la chapelle de la maison de retraite. Elles étaient toutes là, certaines se traînant sur des béquilles ou poussées dans des fauteuils roulants. Elles étaient toutes venues chanter les cantiques des morts, en un dernier adieu dont la foi chrétienne vous donne la chair de poule. Toutes unies autour de leur vieux prêtre, lui-même vieillard venu échouer ici pour un dernier service à rendre. Ce vieux prêtre et ces vieillards chantant à l'unisson devant le cercueil de ma mère, on eût dit une résurrection de la Vendée clandestine de 93, groupée autour de ses curés en attendant la fin du monde. Ce vieux prêtre qui m'a dit après l'office :

— Avant de mourir, votre maman m'a fait appeler et m'a demandé : Quoi ? Je lui ai répondu en levant la main très haut : Le ciel !

22

Rien de changé à Fontenay. En apparence, mais en fait une grande zone industrielle s'étend derrière la gare qui n'affecte en rien le Fontenay historique dont les maisons du XVIe siècle sont en de nombreux points en cours de restauration. Et en allant à la recherche du jardin de mon grand-père une surprise de taille : à sa place une autoroute débouche sur un nouveau pont qui mène à l'ancien champ de foire devenu parking.

J'ai remonté aussi la rue Tiraqueau pour voir ce qu'était devenue l'école des Frères des écoles chrétiennes où j'ai appris à lire et à compter. A l'entrée se dresse toujours un immense calvaire où Madeleine et Marie sont prostrées au pied de la croix. Mais l'appellation de l'école est changée. C'est maintenant : École mixte du Sacré-Cœur.

École mixte ? Quelle révolution sous l'emblème du Sacré-Cœur !

23

Le Québec et l'Acadie m'ont aidé à retrouver le dialecte vendéen. J'essaie de me souvenir. Je pars à la pêche des mots. J'en tire quelques-uns de l'eau des oublis.

Ma grand-mère avait un *fis* sur la joue gauche. Mais, en fait, moi aussi. C'est en français une verrue. Pourquoi appelait-on les étincelles d'un feu de bois dans la cheminée : des *bretons ?* Et faire des étincelles en tisonnant : *bretonner ?*[1] Une *dornée,* c'est une mesure dans le tablier replié qui s'appelle une *dorne* (on trouve ce mot chez Agrippa d'Aubigné). Un plat *rimé* est un plat qui a commencé à brûler ; des pommes de terre *grâlées* ont été cuites dans la cendre ou bien dans un *diable* ; un *papot* est un gros pansement au doigt (enfant, j'avais toujours des *papots* que je finissais par

1. Pourquoi invoquer les Bretons à propos de ces étincelles dans la cheminée ? Cette expression m'a longtemps intrigué. Jusqu'à ce que je demande à mon ami Pierre Jakez Hélias comment se disait, en breton, « faire des étincelles dans la cheminée ». *Broudan,* me répondit-il. Ainsi le bretonner vendéen n'est autre qu'une déformation du breton : *broud* (bruit) *tan* (feu). On trouve dans le dialecte poitevin d'autres mots bretons qui, parfois, sont passés tels quels : galerne (le vent du nord-ouest, c'est-à-dire soufflant de Bretagne) vient de *gwalarnn ;* garocher (jeter) vient de *garo* (rude) et *rok* (rocher) ; graffignier (égratigner) vient de *krafigna ;* pigouille (perche pour faire avancer la barque) vient de *pik-oul ;* veze (cornemuse) vient de *vezou* (bignou).

Cf. *Dictionnaire étymologique du patois vendéen,* par Gabriel Lévrier, 1867.

assimiler à une sorte de poupée pour petit garçon) ; les échelles n'ont pas des barreaux, mais des *rollons,* les chaises aussi ; faire *do boué,* c'est couper des branches pour faire des fagots ; l'*éclaircie* c'est à la fois l'aube, la clairière dans le bois et le rayon de soleil entre deux averses ; la *basse heure* c'est le crépuscule...

Il y a, dans tout patois, des mots spécifiques, du français déformé et des locutions particulières.

Mots spécifiques : *aive*[1] (eau), *calais* (noix), *baillage* (orge), *friquet* (écumoire), *buffer* (souffler), *achalé* (fatigué par la chaleur), *bader* (perdre son temps), *enjominer* (envoûter), *ébobé* (abasourdi), *grucher* (grimper), *garocher* (lancer), *grâler* (griller), *petasser* (cancaner), *petouner* (bougonner), *guener* (gémir), *virouner* (tourner en rond), *subler* (siffler), *riper* (glisser)...

Mots déformés : *berouette, nik, arère, boué, fumelle,* qu'il n'est pas besoin de traduire puisqu'il s'agit d'un simple accent. Ou *avouène* (avoine), *canesson* (caleçon), *assette* (assiette), *peuné* (panier), *crere* (croire)...

Quant aux manières de parler, ma mère qui n'utilisait, on l'a vu, qu'exceptionnellement le patois, n'appelait jamais un pantalon autrement qu'une culotte (les Vendéens n'ont jamais été et ne seront jamais des sans-culottes), une chèvre autrement qu'une bique, un porc autrement qu'un goret, une pomme de terre autrement qu'une patate, un enfant autrement qu'un drôle (drôlesse pour une fille), et un cache-nez autrement qu'un cache-cou. Elle disait de quelqu'un qui se donnait des grands airs qu'il « faisait des grimaces » ou qu'il était un « grimacier » ; d'un débrouillard qu'il

1. Petite leçon étymologique à propos du mot *aive* ou *ève* dans *Sodome et Gomorrhe* de Marcel Proust. Brichot dit à M. de Charlus : « En revanche, le mot *if* peut être simplement la racine *ave, ève,* qui veut dire humide, comme dans Aveyron, Lodève, Yvette, et que vous voyez subsister dans nos *éviers* de cuisine ».

Autres mots du dialecte vendéen : miné (usé), déjabotté (décolleté), devantière (tablier), rimer (brûler le fond de la casserole), anaque (récipient), panerée (plein panier), do rogatons (des restes), cive (ciboule), appétit (ciboulette), castille (groseille).

était « éveillé » ; d'un reste de quelque chose : « un petit requiem » ; de se mettre en bel ou bon état : « se requinquer » ; d'être gêné aux entournures : être *empené.* Elle ajoutait : « empené comme une poule qu'a qu'un poulet... » Elle appelait un avare *rapyat,* une bavarde *bavasse,* un dégoûtant *zyrou,* un imbécile *beudat...* Elle mettait dans l'emploi de tous ces mots dialectaux une certaine allégresse, mêlée de malignité. Dans son esprit « ça faisait vulgaire », ou comique. On se retrouvait dans l'esprit des fabliaux, dans l'esprit de Rabelais. Mais elle ne le savait pas. Il ne lui serait jamais venu à l'idée que l'on eût pu faire de la littérature avec ce patois. Pour elle, le beau langage, c'était Pierre l'Ermite ou Pierre Loti.

24

Comment se fait-il que ma mère ne se soit jamais aperçue que ce Belliard, qui donna son nom à l'ancienne place aux Porches, n'était pas le docteur Octave Belliard, mais un général de la République et de l'Empire. Deux grandes plaques attestent pourtant ses exploits ! Un Vendéen « bleu » ! Rien d'étonnant qu'un « bleu » se trouve en buste au milieu de l'ancien forum de Fontenay, juste au-dessus d'une immémoriale fontaine, ainsi obstruée par ce bouchon de carafe. Fontenay a été républicaine pendant la Révolution, comme elle fut protestante sous la Ligue. Comme on le sait les révolutions se satisfont souvent de mots et changer un nom de rue donne l'illusion d'avoir changé de maître.

La transformation des noms de rues de Fontenay, de 1793 à 1800, est parfois logique, souvent comique. Logique lorsque le faubourg des Loges, dont les artisans sont des républicains convaincus, devient rue de la République, lorsque le pont Royal (actuel Pont-Neuf) devient pont de la Fraternité, lorsque la place Royale (actuelle place Viète) devient place de la Révolution et la place aux Porches place de la Réunion. Mais le pont des Sardines transformé en pont de l'Égalité et la rue des Orfèvres en rue de la Loi, c'est déjà pousser un peu loin la démagogie verbale. Quant à la rue de la Tuée qui devient la rue Civique en un temps de si grandes tueries, qu'en penser ? Et la rue des Filles-de-Notre-Dame qui s'appelle alors rue des Préjugés-Vaincus...

25

Malgré les colonnes infernales, malgré le massacre systématique de la paysannerie vendéenne et la déportation de sa bourgeoisie pourtant républicaine, la Vendée osa encore relever la tête et mordre plusieurs fois. Il y eut ce que l'on appela une « troisième guerre de Vendée » lorsque Bonaparte fut Premier consul, une quatrième en 1815, une cinquième en 1832. Puis plus rien. Une sorte de paralysie générale, d'entropie. Une position de refus systématique consistant à voter « contre » à toutes les élections. Un refus qui se manifestait aussi par la « petite église ». On appela ainsi les prêtres réfractaires qui n'acceptèrent pas le Concordat et les fidèles qui les suivirent. Mais le dernier évêque schismatique vendéen mourut en 1828, le dernier prêtre en 1847. Sans prêtres, sans autres sacrements que le baptême et le mariage, trois mille fidèles aux anciens prêtres existaient encore dans le bocage vendéen en 1958. Ils chômaient toujours les fêtes de l'Ancien Régime et travaillaient bien sûr très ostensiblement dans leurs champs le 14-Juillet. Vingt ans après, il doit bien en rester encore, survivants fantômes de la guerre des Chouans.

Et puis soudain, voilà peu de temps, la Vendée se réveille. On la retrouve à la une des journaux. Des paysans se ruent de nouveau sur les villes, brûlent les perceptions, jettent du fumier dans les cours de la préfecture. Des petits commerçants lâchent des vipères dans les supermarchés. La Ve République, comme la Ire, a envoyé ses troupes. Mais on s'est seulement bombardés avec des tomates et des artichauts.

26

Parmi les photos compulsées, classées, des inconnus qui, de toute évidence, ne font pas partie de notre tribu. Parce que trop grands, trop minces, trop élégants. La plupart sont des photos de mariage, en couleurs, ce qui implique une date récente. Sur l'une d'elles je reconnais la marquise de X..., coiffée d'un immense chapeau rouge. Au verso, une main qui n'est pas celle de ma mère a écrit : « François et Anne, le jour de leur mariage, 30 juillet 1973. »

Ces enfants de la marquise de X..., je les ai rencontrés un jour et un malaise m'en est resté.

J'étais venu à Nantes pour l'une des opérations de ma mère, retrouvée une fois de plus immobilisée dans un lit d'hôpital et bardée d'un invraisemblable attirail de tuyauteries. Dans le nez, dans le bras, dans la vessie, tout son pauvre corps de plus en plus amaigri ne semblait plus survivre que grâce à ces mystérieux tuyaux reliés à des bouteilles de sérum, de sang, d'urine. Elle finissait par ressembler à un être artificiel imaginé par un auteur de science-fiction, dont l'existence eût été commandée par une machine centrale distributrice d'énergies vitales liquides. Bien qu'elle pût à peine parler, en raison à la fois des tuyaux qui s'enfonçaient dans ses narines et de son absence de dentier qui donnait à son visage le fameux rictus de

Voltaire, elle parvint à me dire : « Téléphone à madame de X..., pour lui dire où je suis. »

La marquise de X... reçut mon message avec beaucoup de délicatesse et d'émotion. Et puisque je restai quelques jours auprès de ma mère, elle me proposa : « Monsieur, vous nous feriez plaisir si vous acceptiez de venir dimanche au château partager notre repas. »

Bouleversé par cette nouvelle vision de ma mère, une fois de plus hospitalisée, j'acceptai aussitôt, me raccrochant précipitamment à ces vivants.

Le château n'avait rien de ces bâtisses prétentieuses construites au XIXe siècle par des bourgeois fraîchement enrichis qui voulaient jouer aux seigneurs. Constructions qui, on le sait, ponctuent les bords de Loire de leurs étrons. Comparé à ces monuments vaniteux, le château du marquis et de la marquise de X... aurait plutôt dû s'appeler manoir. Il se situait non loin de Nantes, un peu en retrait de la Loire, au milieu d'un bois de chênes.

C'est là que ma mère venait autrefois l'été. Elle m'avait parlé de ces arbres qui lui rappelaient Ragon Duchêne et la forêt de Mélusine, de cette pièce d'eau et de ces tours d'angle.

La marquise de X... me présenta à son mari. Il n'en était jamais question dans les lettres de ma mère, si bien que je fus tout surpris d'apprendre qu'il existât un marquis de X... Réaction absurde puisque la noblesse des enfants de la marquise de X... ne les dispensait pas d'avoir un père.

Ces enfants se trouvaient aussi au château. Deux garçons et trois filles, dont les âges devaient aller de dix-sept à vingt-cinq ans. Tous ces gens me reçurent avec simplicité et naturel. Je remerciai les parents pour tout ce qu'ils faisaient pour ma mère, visitai quelques pièces du château avec discrétion. Le marquis apprécia que je reconnusse au passage des meubles de Boulle.

Je m'aperçus seulement au cours du repas que

j'étais tombé dans un piège. Oh, un piège enrubanné, certes, un piège qui ne voulait surtout pas me faire mal, mais un piège quand même dans lequel on espère capturer pour quelques instants seulement une bête curieuse pour la montrer aux enfants.

La marquise de X... me demandait en effet de parler de ma vie, de mes études. Je racontais, je racontais, jusqu'au moment où je m'aperçus que l'on me donnait en spectacle. Et que l'on me donnait en spectacle pour les enfants. Les interruptions de la marquise de X... sans être aussi précises (elle était trop bien éduquée pour cela) sous-entendaient : « Vous voyez, mes enfants, vous qui n'avez jamais manqué de rien, ce qu'un jeune homme pauvre peut faire avec du courage et de la volonté... »

Peu à peu, un malaise s'établit entre les enfants et moi. Ils étaient aussi gênés que je l'étais. Je me retrouvais dans la peau de mon cher Jean-Jacques. Allait-on me demander de danser, au dessert, le menuet du *Devin de village ?*

— Mais enfin, monsieur, me demanda la marquise de X..., qui vous a aidé ?

— Personne... ou beaucoup de gens... ou beaucoup de hasards... de chance aussi, sans doute.

— Vous savez que nous aimons beaucoup votre mère. C'est une femme attachante, un peu étrange parfois. Elle est sensible et intelligente. Votre hérédité est facile à déceler là. Mais comment avez-vous fait pour devenir aussi instruit ?

— Oh ! cela n'a rien d'extraordinaire ! Et il y a bien plus instruit que moi.

— Vous êtes docteur ès lettres.

— Oui.

— Qu'a dit votre mère lorsque vous lui avez annoncé cette extraordinaire promotion ?

J'hésitai :

— Elle m'a dit... : Ça t'avance à quoi !

Il y eut un moment de stupeur autour de la table. J'enchaînai :

— Et elle avait raison. Ce titre est venu bien tard. Il m'eût tellement aidé à vivre vingt ans plus tôt. Et elle aussi, sans doute.

A partir du moment où je m'aperçus que je devais jouer un rôle, l'éternel rôle, pour le fils intelligent des pauvres, de précepteur des enfants des riches, je pris malgré moi un plaisir masochiste à rabaisser les faits de mon existence qui auraient pu être au contraire enjolivés en images d'Épinal. Je m'efforçai de faire de ma vie la chose la plus banale qui soit.

La marquise revenait à la charge :

— Racontez-nous comment se sont déroulées vos premières années à Paris.

— Oh ! comme pour tout le monde, vous savez ! On cherche du travail et on a bien du mal à en trouver.

— Vous avez publié votre premier livre à vingt-trois ans. (Se tournant vers ses fils.) Vous entendez, messieurs, vous qui trouvez l'école trop longue, et les diplômes trop difficiles...

— Messieurs, rassurez-vous, ce livre est bien mauvais. Je ne savais pas encore écrire. Publier ce livre était à la fois de la présomption de ma part et de l'inconscience. Je ne sais d'ailleurs toujours pas bien écrire. Je peine comme un bœuf.

— Vous n'aviez pas d'argent vous-même pour publier vos œuvres. Donc ce sont des éditeurs qui les ont lancées. S'ils l'ont fait c'est qu'ils croyaient dans votre talent.

— On publie tellement de choses, madame, qu'il faut être vraiment dépourvu de tout talent pour n'être pas publié. Ou bien être un génie. Comme j'ai sans doute un peu de talent et, de toute évidence, ne suis pas un génie, on m'a accordé une petite place, bien moyenne.

Et la conversation s'empêtra de plus en plus dans un dialogue absurde entre la marquise de X... et moi. Plus elle s'acharnait à vouloir démontrer à ses enfants que je représentais l'exemple vivant du jeune homme pauvre qui réussit dans la vie grâce à son travail et sans doute à sa vertu, plus je répliquais qu'il n'y avait rien d'extraordinaire dans mon aventure. Je ravalais ma vie à une telle banalité que je finissais par m'en écœurer moi-même. Ces jeunes hommes et jeunes filles s'ennuyaient, tout en s'efforçant de n'en rien laisser paraître. On leur avait promis un phénomène et ils se trouvaient devant un vieux professeur plutôt minable. De me rabaisser ainsi, de refuser à ma vie tout pittoresque et toute aventure, alors qu'elle en a à revendre, finissait par ramener ce pittoresque et ces aventures à un niveau de médiocrité auquel ils n'échappent sans doute pas. Les invectives de la seconde bru me revenaient à la mémoire : « Tu es aussi mesquin que ta mère... Jamais tu ne sortiras de ta merde... Tu as beau briller pour les autres, moi je te vois bien comme tu es... Tu as peur de tout... Avoue-le, les aventures te font peur... Et moi aussi je te fais peur... »

Ma mère, à la fois lapin de choux et renarde...

De tant décevoir la marquise de X... privée du spectacle de son prodige me décevait à mon tour. Oui, le seconde bru avait raison. J'étais vraiment minable.

Curieusement, le marquis de X... ne prononça pas une seule parole pendant tout le repas. Il m'observait à la dérobée. Je crois bien qu'il décelait mon manège. Lorsque nous passâmes au salon pour boire le café, il me demanda :

— Êtes-vous chasseur ?

— Non, monsieur, je suis plutôt gibier.

Il rit d'un grand rire sonore et me flanqua une tape amicale sur l'épaule.

27

Si souvent, lorsque j'allais du pont des Sardines aux frondaisons du parc de l'ancien château des comtes du Poitou, par l'ancienne rue de la Poissonnerie qui longe un instant la Vendée et qui butait jadis sur la Porte aux Canes, mon attention était toujours attirée par une tour ronde, insolite au milieu des pauvres maisons basses.

Personne ne m'a jamais dit qu'il s'agissait des restes de l'hôtel particulier où François VI de La Rochefoucauld, l'auteur des *Maximes,* vécut la plus grande partie de son enfance. Julien Collardeau III, le poète, y fut son précepteur. Ma mère connaissait Rabelais, La Fontaine et Madame de Sévigné, mais ignorait l'existence de La Rochefoucauld, un si proche voisin pourtant.

Cet hôtel de la Sénéchaussée, construit au XVIe siècle, pour le représentant du roi, est en effet presque accolé à ce qui fut la maison de ma grand-mère. Peut-être avons-nous vécu, sans le savoir, dans les communs de La Rochefoucauld ?

François V de La Rochefoucauld avait été nommé par Louis XIII gouverneur du Bas-Poitou pour surveiller la frondeuse noblesse poitevine. Frondeuse comme les paysans vendéens qui se reconnaissaient en elle. D'ailleurs, le François des *Maximes* qui, comme tous les Foucauld de la Roche descend des Lusignan (ces Lusignan dont l'un fut le mari de la fée Mélusine et un autre roi de Jérusalem), fut à son tour frondeur lors de la Fronde des princes et même lieutenant général de l'armée rebelle au roi.

En cette même année 1648 où la noblesse défie Mazarin et l'enfant Louis XIV, Molière qui n'a que vingt-six ans arrive à Fontenay-le-Comte. La ville possédait deux jeux de paume, l'un dans le faubourg des Loges, l'autre près des fossés du château des Comtes, donc tout près de l'hôtel des La Rochefoucauld. Tous les deux ont été détruits, sinon Molière aurait peut-être eu droit à une plaque commémorative.

Molière, qui avait créé avec la famille Béjart l'Illustre Théâtre en 1643, est lui aussi, par ricochet, une victime de Mazarin. Les acteurs italiens appelés par Mazarin retiennent en effet toute l'attention du public et Molière doit renoncer à l'Illustre Théâtre pour s'engager dans la troupe ambulante de Charles Dufresne. Pendant douze ans, il ne cessera de sillonner la province. C'est ainsi qu'il donne des représentations au Jeu de paume de Nantes du 23 avril au 16 mai 1648. Comme dans la troupe se trouve le frère d'un imprimeur fontenaisien de la rue des Loges, Pierre Régnault Petit-Jean, dit La Roque, celui-ci poussa sans doute ses associés à s'arrêter à Fontenay lors de la Foire de la Saint-Jean qui durait du 19 au 29 juin. Toujours est-il que l'on a trouvé trace de la requête d'un procureur pour retenir le « Jeu de Paulme » de Fontenay-le-Comte pour Charles Dufresne du 15 juin au 6 juillet 1648. On aurait aimé savoir comment cette troupe de comédiens, si voisine alors d'aspect d'une tribu de bohémiens, put traverser la Vendée, si dangereuse au XVIIe siècle avec ses hordes de soldats déserteurs, de mendiants, d'argotiers, que l'on ne se risquait pas entre Nantes et La Rochelle sans former des caravanes. Mais de son passage en Poitou, Molière semble ne s'être souvenu que de George Dandin de la Dandinière.

28

La mer sera toujours liée pour moi à une idée de sable blond, de sable fin humecté de mousses marines ; de rochers au loin que la marée basse découvre habillés d'algues glissantes ; de vagues qui arrivent à la marée montante avec un bruit de chevaux galopant ; de ciel infini à la douce lumière ocre, de ciel infini où, dans le lointain, l'eau et le firmament se confondent ; d'un arrière-pays de pins et de marais-salants ; d'une odeur âcre amenée par un vent qui vous tanne le visage.

Et cette mer c'est l'Océan de mon enfance, entre La Tranche et le Puits d'Enfer. C'est cette côte du Sud-Vendée que j'ai connue quasiment déserte, avec ses plages immenses où j'aimais tant me promener seul ; cette côte aux huîtres sauvages, aux sourdons arrachés au sable humide, aux énigmatiques étoiles de mer et aux fabuleux hippocampes.

Nos Anciens disaient qu'au-delà de l'Océan se tenait la Terre des Délices du Cœur. Mais pour moi les délices du cœur sont à jamais fixés dans cette frange de Côte de Lumière.

29

Encore une petite liasse de cartes postales retrouvées. Et ces quelques vieilles images me ramènent dans le passé lumineux de ma mère. La première, vierge de toute inscription au verso, montre un couple pudiquement enlacé, dans un décor de rocailles, avec une fontaine et deux cygnes au premier plan. Il est mentionné qu'il s'agit d'une « sculptochromie ». *Copyright by A. Noyer 1914.* Titre : « Abandon. » 1914 ! L'époque de Monsieur Emmanuel, le fiancé tué à la guerre.

La seconde est plus « moderne ». Elle nous montre, en couleurs, encore un couple qui semble sorti d'un film muet de la belle époque d'Hollywood. Les deux têtes se rapprochent et les lèvres s'avancent. Légende : « Sur le cœur de l'être qu'on aime. On goûte le bonheur suprême. » Au verso l'écriture hardie de mon père : « Ce matin tu n'auras pas ma visite, mais ma pensée va vers toi... » Date : 14 novembre 1922.

Un nouveau fiancé est venu, de la lointaine mer de Chine, comme dans les romans de Pierre Loti.

Toutes les autres cartes postales comportent une correspondance signée de mon père. L'une est la reproduction d'une peinture très chromo montrant des grands arbres autour d'un lac et a été adressée, toujours en 1922, de Saint-Martin-des-Fontaines où l'on remarque bien quelques mares, mais aucun lac. Une autre est une photographie de la cheminée Renaissance du château de Terre-Neuve, la demeure somptueuse où Nicolas Rapin recevait son ami Agrippa d'Aubigné. Cette cheminée ne date pas de l'origine du château. Elle provient en effet du castel ruiné de Coulonges que Guillaume d'Estissac se fit construire du temps où il était abbé de Maillezais. Rabelais doit s'y être chauffé les pieds. Je ne sais si mon père et ma mère connaissaient l'histoire de cette cheminée, mais toujours est-il qu'ils devaient y attacher quelque importance puisque mon père a choisi cette carte parmi d'autres pour sa correspondance de fiançailles et que ma mère l'a conservée.

Bien sûr une carte de la forêt de Vouvant-Mervent, chère à Mélusine et aux Lusignan. Elle nous montre une cabane en planches, au milieu de grands chênes. Légende : « Au repos des pèlerins. Restaurant de la grotte du Père de Montfort. » Au verso, mon père a écrit : « En souvenir d'un des meilleurs jours de ma vie. »

Dernière carte, datée du 7 décembre 1922. La promenade de la Corniche à Marseille. C'est une photo en noir et blanc coloriée aux crayons. Elle est adressée à Mademoiselle Sourisseau, rue des Orfèvres à Fontenay-le-Comte, qui ne va plus rester longtemps demoiselle. Mon père précise : « Promenade située à deux cents mètres de la rue de Suez, qui est celle où j'ai loué un appartement. L'air n'y fait pas défaut. »

Ces paysans sans terre ont toujours peur de manquer d'air.

Et voilà que je retrouve une fois de plus ma mère dans sa maison de retraite. Bien que l'établissement soit d'une impeccable hygiène, l'air paraît raréfié dans sa chambre où flotte une odeur d'éther et d'urine. La directrice m'a dit : « Elle ne se relèvera plus jamais. Elle n'a plus de force. Elle est si maigre. De plus, le cancer a repris. Il faudrait l'opérer de nouveau. Mais il n'y a plus d'espoir. »

Ma mère me regarde avec une grande attention. J'ai

beaucoup de gêne à soutenir ce regard qui me scrute, m'interroge. Pressent-elle que c'est la dernière fois qu'elle me verra ? Sans doute. Elle me prend les mains, les regarde longuement :

— Toi aussi tu as fini par avoir de belles mains blanches. Comme ton père.

Je lui ai apporté des fleurs. Maintenant qu'elle ne peut plus en chaparder, je pose ce bouquet dans un vase, près de son lit. Elle me demande de les lui faire sentir, mais les repousse avec découragement :

— Je ne sens plus rien. Tous ces médicaments, ces opérations m'ont enlevé l'odorat. Je m'extermine.

J'essaie de parler d'autre chose, lui montre la grande baie vitrée de sa chambre et la vue sur les vignes et le maïs.

Elle regarde à peine :

— Ça fait très campagne.

Une de ses réflexions péjoratives, ce « ça fait très campagne ». Ce qu'elle aimait, c'était l'intérieur de la maison de retraite, en tournant le dos à la nature, et regardant vers les salles de jeux, la télévision, les cuisines nickelées, l'ascenseur, la moquette. Tout ce moderne qui faisait riche.

Malheureusement sa maladie la clouait au lit, près de cette baie vitrée où l'on ne voyait que la campagne, non loin de la boue, de la bouse, de la pluie qui frappe aux carreaux, du vent qui fait ployer les arbres. Comme la neige dans les Vosges, le jour de mon troisième mariage, qu'elle se refusait à regarder, tournant le dos à la fenêtre... Elle me dit : « Veux-tu mettre mon oreiller un peu de côté pour que je ne voie pas ça. » C'est-à-dire lui tourner la tête vers l'intérieur de la chambre.

Je sentais aussi dans mon corps ce qu'elle devait ressentir. La boue, la bouse, la pluie donnent à qui vit trop longtemps l'impression d'être happé par les pieds, aspiré par la terre. Ce qui demande une lutte perpétuelle, un effort physique continu pour ne pas s'enliser dans cette boue bouse, pour ne pas se noyer dans toute cette eau qui à la fois tombe du ciel et remonte du sol.

Ces derniers moments avec ma mère ont été d'une grande tristesse, mais aussi d'une infinie douceur. Nous étions enfin revenus l'un près de l'autre, sans ces intrus que furent les brus et l'autre culture.

Cette autre culture, cet autre accent, qu'elle avait détestés d'abord, puis qu'elle voulut récupérer, lisant avidement les livres de mes amis, me demandant dans ses lettres de leurs nouvelles, comme s'il s'agissait de cousins, en trouvant elle-même dans les journaux et m'envoyant les coupures. Finalement, elle finit par ne vivre elle-même que dans, et par, cette autre culture, mais en restant sur le seuil, comme une pauvresse sur un escalier d'église.

Lorsqu'elle venait à Paris, ses incursions dans mon domaine demeuraient de vifs souvenirs, presque égaux à ceux du « pays où fleurit l'oranger ». Quelle disparité entre une vie comme la sienne et la vie de tant de gens qui m'entourent ! Disparité qui se révélait par de petits riens, comme ce jour où elle but du champagne dans un cocktail, ce champagne si commun dans mon nouveau milieu qu'il en devient vulgaire, et qu'elle écrivit dans son petit carnet, enthousiaste : « Bu une coupe de champagne dans un cocktail pour la sortie d'un livre de Michel. Je n'en avais pas bu depuis sa naissance. »

Oui, elle fit dans sa vieillesse un suprême effort pour pénétrer dans une culture où elle espérait me rejoindre. Mais elle resta sur le seuil. Elle connaissait, du fait de mes fréquentations, la plupart des peintres et sculpteurs aujourd'hui illustres, me demandait de leurs nouvelles, m'en donnant à la suite de ses lectures, mais elle me disait :

— Tu te souviens du *Rêve passe* d'Édouard Detaille, chez le coiffeur de Fontenay. On ne fait plus de peinture comme ça. C'est dommage. Et *l'Angélus,* et *les*

Glaneuses ! Monsieur Hartung ou Monsieur Soulages c'est bien, mais ça ne parle pas autant.

De toute la statuaire, seuls les monuments aux morts lui plaisaient. Elle ne pouvait s'empêcher d'être émue devant. Mais elle avait un regret :

— C'est dommage que ton père soit mort de maladie, autrement il aurait eu son nom dessus. Quand même, il a bien fait assez de guerres aux colonies, on devrait bien lui mettre son nom.

Jamais je n'avais ressenti si fortement combien nous étions des paysans sans terre. Dans cette maison de retraite, ma mère se trouvait loin de son village. Mais il n'était plus depuis longtemps, mais il n'avait jamais été *son* village. Loin de sa petite ville, alors ? Mais Fontenay lui importait-il sinon à cause de son cimetière ? *Sa* terre était bien à Fontenay, mais seulement dans ces deux mètres carrés de concession qui devenaient une obsession dans ses carnets. Paysans sans terre, donc nomades. Paysans sans terre et nomades sans troupeau. Ma mère, en perpétuelle vacation, sans propriété, sans terre, sans maison, rêvait néanmoins comme tout le monde d'être propriétaire et s'acharnait à réclamer, à me réclamer dans ses carnets, une ultime propriété *post mortem,* celle de sa tombe « en concession à perpétuité ».

Elle en est aujourd'hui propriétaire *in aeternam,* de ses deux mètres carrés de terre vendéenne.

Je suis passé de l'autre côté du lit de fer, de manière que son regard ne soit pas tourné vers la fenêtre. Nous ne parlons presque pas. Nous n'avons plus rien à nous dire. Nous savons que maintenant tout est joué, qu'il n'y a plus qu'à attendre le dénouement de la pièce.

Je n'arrive pas à me détacher de la vision du pourrissement biologique de l'intérieur des entrailles, de ce cancer qui ronge l'intestin. Et cette odeur d'urine, de moisi, de caca... Ma mère n'aura pas pu se détacher de cette odeur sordide. Elle mourra avec.

Comme les cent mille Vendéens de la « longue marche » avec leur dysenterie pantagruélique.

Je lui ai apporté des livres et des revues, mais elle les a repoussés doucement :

— Non, je ne lis plus. Ça me fatigue les yeux. Et puis ma tête aussi. Tout s'embrouille. Je préfère penser. Je passe mes nuits à penser. C'est comme du cinéma : Fontenay, Marseille, ton père. Toi quand tu étais petit.

En même temps que me reviennent à l'esprit des bizarreries dans sa culture. Elle, qui avait tant lu, croyait que l'on apprenait l'histoire de France dans tous les pays du monde et fut fort étonnée lorsque je cherchai à l'en détromper. Nationalisme et racisme innés qui lui firent aussi me dire lorsque je m'embarquai sur un cargo japonais pour aller au fin fond de l'Asie : « Les officiers sont bien français, quand même ? » Et comme je lui assurais qu'il n'y aurait pas d'autre Français que moi sur ce bateau elle fit le signe de croix comme si j'étais condamné d'avance au naufrage.

Elle soupire et rompt notre long silence, par une phrase assez énigmatique qu'elle disait souvent :

— On ne peut pas être et avoir été.

Et puis des images insolites lui reviennent :

— Tu te souviens de ton grand-père qui mangeait du pain même avec des gâteaux ? Aujourd'hui on jette le pain. Moi je te faisais des panades, avec les restes. Tu aimais beaucoup les panades. Et le mou ? On donne ça aux chats ! Nous, on en faisait des civets.

Et comme la pluie et le vent fouettent la fenêtre :

— Ah ! ce vent, ce vent ! S'il n'y avait pas ce vent... Mais peut-être que ça se lèvera sur midi.

Curieux, quand même, de tant détester le vent et la pluie lorsque l'on est depuis un temps immémorial d'un pays de pluie et de vent. Toujours l'espoir que le beau temps vienne sur le coup de midi. Combien de fois dans mon enfance ai-je entendu ressasser ce leitmotiv ! Et souvent le vent chassait en effet la pluie au milieu de la journée. Mais il est cinq heures du soir. Ma mère, qui ne sort plus, qui ne veut plus regarder vers la fenêtre, n'a plus la notion de l'heure. Elle me dit encore :

— J'ai l'abîme dans la tête.

Peu à peu le jour tombe et l'obscurité place les objets de la chambre dans une demi-pénombre. Je veux allumer, mais ma mère, comme autrefois, m'en empêche, voulant prolonger la durée du jour. Nous autres gens de l'Ouest, nous autres gens du bout de la terre, avons marché jusqu'à ce que l'Océan arrête notre périple, le plus loin que nous avons pu, vers le soleil couchant... Ma mère, de son lit de grabataire, a le même instinct. Et elle aime ce moment indéfini entre jour et nuit, comme nous aimons ce pays incertain entre la terre et l'eau.

Le jour lutte contre la nuit, la chèvre contre le loup, la fée contre l'ogre, l'attardé contre la galipote, le vent contre le volet mal clos. Mais, une fois de plus, la nuit dévore le jour.

Épilogue

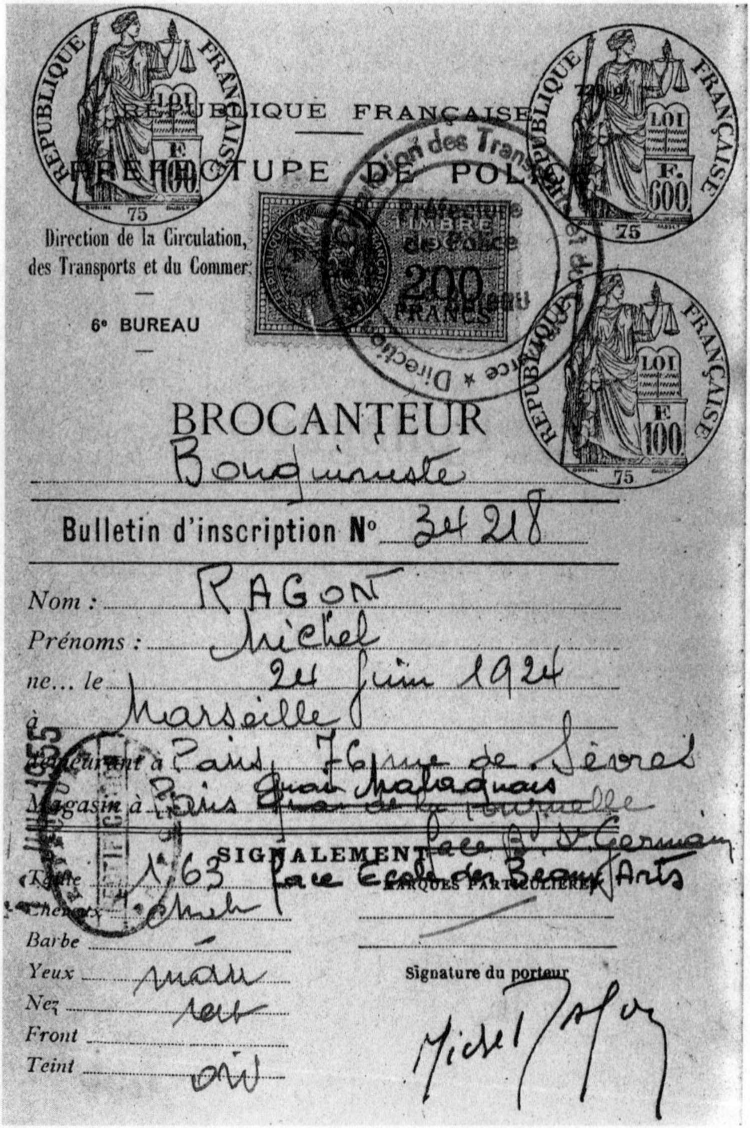

RÉPUBLIQUE FRANÇAISE

PRÉFECTURE DE POLICE

Direction de la Circulation,
des Transports et du Commerce

6e BUREAU

BROCANTEUR

Bouquiniste

Bulletin d'inscription No 34218

Nom : RAGON

Prénoms : Michel

né... le 24 juin 1924

à Marseille

Demeurant à Paris 76 rue de Sèvres

Magasin à Paris Quai Malaquais ~~Quai de la Tournelle~~ ~~face Bd St Germain~~

face École des Beaux Arts

SIGNALEMENT

Taille 1m63

Cheveux châtain

Barbe —

Yeux marron

Nez rect

Front

Teint ord

MARQUES PARTICULIÈRES

Signature du porteur

Michel Ragon

Lorsque fut inauguré, en 1972, à Paris, le Musée des arts et traditions populaires, j'ai ressenti en le visitant un choc tel que je ne m'en suis pas encore remis. En effet, tous les objets exposés, tous ces colliers de chevaux, ces jougs de bœufs, ces cannes de bergers, ces ustensiles de cuisine, ces poteries, ces vanneries appartiennent au monde de mon enfance. Ce sont mes objets de famille, placés sous vitrine, répertoriés, analysés, comme ceux des civilisations hottentotes et esquimaudes du Musée de l'homme. J'avais l'impression, j'ai conservé l'impression d'être le survivant d'un cataclysme, d'une civilisation engloutie dont les seuls témoignages subsistent au musée. Retrouver muséifié l'environnement quotidien du monde familial de mon enfance, la vaisselle dans laquelle on a mangé, les outils dont on s'est servi, les vêtements que l'on a vu porter, est une étrange aventure.

Si le téléphone m'a révélé l'accent de ma mère, le Musée des arts et traditions populaires m'a rappelé avec force ma culture première.

Homme de deux cultures, je suis aussi, comme nombre de mes contemporains, homme de deux civilisations : la civilisation rurale de mon enfance et la civilisation urbaine de mon âge mûr. Civilisation donc de l'exil, du déracinement. J'ai emporté la terre de ma famille paysanne à la semelle de mes souliers et les pavés de la ville ont longtemps gardé l'empreinte de cette glèbe...

J'ai raconté plus haut que ma première image du travail restait associée dans mon souvenir à celle des deux grosses mains de mon grand-père jardinier. Ma seconde image du travail est celle d'un métier pratiquement disparu, alors très prospère : celui de bourrelier. L'un de mes cousins germains était bourrelier, à deux pas de la maison de mes grands-parents. Très vite, je me mis à revêtir un tablier de cuir et à m'adonner aux travaux subalternes de la bourrellerie.

Les outils du cousin bourrelier battaient à plate couture (c'est le cas de le dire) les outils de mon grand-père. Ils étaient multiples et chacun d'eux requérait une adresse particulière que je m'efforçais d'apprendre. Il y avait l'alêne à manche de bois servant à percer les trous dans le cuir pour préparer le chemin de l'aiguille. Il y avait le couteau à pied que l'on utilisait la main bien engagée sur le manche en appuyant le pouce sur le tranchoir. Il y avait le plus petit couteau que l'on tenait comme un crayon, les doigts sur la lame. Il y avait le formoir avec lequel on dessinait les filets des pièces de cuir, empoignant l'outil en son centre, à pleine main. Mandriner, goupiller, brédir, parer, surtailler, tracer, clouer, border devinrent bientôt des tâches à ma portée. Mais je calais au seuil d'une besogne aussi merveilleuse que celle de la confection d'une selle à troussequin, que je voyais s'ébaucher, se faire et se parfaire dans l'atelier de cousin Gaston. Je le voyais s'accroupir pour tracer et découper les modèles des quartiers de la selle dans des patrons de papier journal, étalés sur le plancher. Je le voyais emplir de bourre la toile des colliers, peindre leurs attelles de bois d'un joli bleu, y suspendre une grelotière. Je le voyais assembler les brides à œillères, les guides à porte-mors, les courroies de reculement, les dessus de croupière, enfin tout le costume conçu pour cet être fabuleux : le cheval de labour ou de trait.

J'étais bien sûr destiné à devenir bourrelier, comme cousin Gaston, ce qui paraissait d'ailleurs une remarquable promotion par rapport au travail de journalier du grand-père.

La Seconde Guerre mondiale me mena vers d'autres voies. Je l'échappai belle puisque, comme on le sait, après 1950, les chevaux se mirent à disparaître et, avec eux, les bourreliers. En 1936, cousin Gaston, emporté par le vent du farniente, acheta sa première auto : une Citroën 5 CV d'occasion qui datait déjà de plus de dix ans, et nous nous y entassâmes pour aller à la mer. La joie ! Mais le pauvre cousin Gaston ignorait qu'il sciait la branche sur laquelle nous étions assis. Cette auto allait être une des premières intruses qui, dans notre petite ville, tuerait le cheval et, par là même, le bourrelier. Après la guerre, il tenta bien de s'accrocher, se fit sellier dans un garage (on garnissait encore les autos de coussins de cuir rembourrés qui participaient d'une technique voisine de la confection des colliers de chevaux), puis périclita en réparateur de matelas qu'il éventrait sur les trottoirs, n'ayant pu conserver son atelier, pour finalement vieillir et mourir gardien de nuit dans une entreprise de stockage de pétrole. Gardien de pétrole ? Le comble pour un bourrelier.

Aux deux grosses mains de jardinier (et d'ancien cocher) de mon grand-père, viennent se superposer les mains plus fines, bien que déformées par les travaux ménagers, de ma grand-mère. Moins spectaculaire en effet, moins pittoresque que celui des hommes, le travail féminin se remarquait peu car il ne s'arrêtait jamais. Cuisinière, lingère, repasseuse, femme de ménage, couturière, fabricante de conserves et de confitures, pâtissière, charcutière à l'occasion, infirmière, laveuse, ma grand-mère assumait toutes ces fonctions au simple échelon familial et, de surcroît, trouvait le temps de m'apprendre à lire.

Jadis laveuse à domicile, grand-mère arrivait chez

ses bourgeois de bon matin, allumait un grand feu, mettait à bouillir le linge dans une lessiveuse. Le jour de la lessive était chez ses employeurs un jour de grand remue-ménage. On préparait du pot-au-feu pour nourrir la laveuse qui, travaillant dur, avait grand-faim. Elle allait rincer le linge à la rivière (ou au lavoir municipal), l'étendait dans un pré, le ramenait sec, le pliait, le rangeait dans les armoires. Chaque employeur se faisait un devoir de servir à ma grand-mère un pot-au-feu bien gras. On savait que les pauvres ne mangeaient de la viande qu'une fois par semaine. Alors chaque bourgeois se croyait obligé, lorsque venait « son jour », de la gaver de viande. Et personne n'a jamais pensé que tous les jours (sauf le vendredi où, en raison de l'abstinence, on ne l'employait pas comme laveuse) elle devait absorber du pot-au-feu et s'en extasier comme si elle ne s'en était pas rassasiée la veille.

Découragée peut-être par l'activité incessante de sa propre mère, et de plus pratiquement prise en charge par celle-ci jusqu'à ce que nous émigrâmes à Nantes, ma mère consacrait peu de temps à la cuisine et au ménage.

Mais que mangions-nous ? Et comment ?

Entre mon grand-père et sa fille (c'est-à-dire ma mère) les goûts et le comportement différaient beaucoup. Ma mère s'alimentait peu. Elle n'aimait que les dînettes, les goûters. Mon grand-père mangeait beaucoup. Il avait toujours faim. Il lui fallait écluser des siècles de famine. Non seulement il mangeait beaucoup, mais il avalait goulûment et bruyamment, ce qui choquait sa demoiselle de fille. Grand-père mastiquait comme un bœuf et rotait après les repas. Il partait du principe que si l'on ne cale pas la nourriture, bien dans les joues, si on ne la fait pas gargouiller, si on ne claque pas la langue, si l'intestin ne répond pas à tant d'attentions par des borborygmes et des pets, c'est que l'on n'apprécie pas ce que l'on mange. Tous les repas du dimanche, tous les repas de fête étaient ainsi gâchés par la zizanie entre la fille et le père. En semaine, heureusement, ma mère et moi mangions seuls, dans notre petite cuisine, au premier étage. Alors qu'au rez-de-chaussée mon grand-père pouvait s'empiffrer à son aise de soupe aux choux et de poumon de bœuf en ragoût, ma mère versait un petit carré de bouillon Kub dans une casserole d'eau chaude et nous préparait ainsi une poule au pot préalablement industrialisée. Alors que mes grands-parents se nourrissaient essentiellement des produits de leur jardin, de leur basse-cour, de leurs clapiers, ma mère n'aimait que les comestibles pour lesquels on faisait de la réclame et que l'on trouvait dans l'épicerie voisine sous de beaux emballages. Le bouillon Kub, mais aussi le potage Maggi, les nouilles La Lune fabriquées par Bozon-Verduraz, les pâtes alimentaires Rivoire et Caret, le rhum Négrita en prévision des rhumes. Sinon, nous mangions beaucoup d'œufs au plat et du poisson. La mer était si proche ! Les Sablaises, avec leur grande coiffe blanche à dentelle, leurs jupes plissées qui leur découvraient les genoux gainés de bas noirs, venaient vendre leurs sardines, pêchées le matin, dans des paniers d'osier recouverts de fougères. « A la fraîche ! A la fraîche ! ». Je revois ma mère nous partageant une limande ou faisant sauter dans la poêle une tranche de merlu. Le poisson n'était pas cher en ce temps-là. Ni les huîtres. Nombre de nourritures, de luxe aujourd'hui, furent hier nourritures de pauvres.

Mon grand-père, bien sûr, rendait au pain un véritable culte. Il ne supportait pas de me voir émietter du pain, ni de ne pas finir un morceau commencé. De toute manière, personne ne jetait le pain rassis. On le transformait en pain perdu, ou en panade. Grand-père racontait que, dans son enfance, quand il travaillait comme domestique de ferme, les grands valets exigeaient de recevoir quotidiennement leur miche de deux kilos. Les fermiers boulangeaient tous les quinze jours. Pour augmenter la pâte, ils ajoutaient parfois de la pomme de terre en purée. La seconde semaine, le pain devenait dur comme du bois. Grand-père ne mangeait pas deux kilos de pain par jour, mais il en consommait néanmoins beaucoup, en engloutissant déjà de larges tranches le matin, avec sa soupe. Car il mangeait de la soupe trois fois par jour, comme du temps qu'il besognait dans les fermes. L'addition du pain dans la soupe s'opérait de deux manières. Ou bien on versait le bouillon sur le pain préalablement coupé dans l'assiette et cela se disait : « tremper la soupe », ou bien on jetait le pain dans le bouillon et cela se disait « tailler la soupe ».

Grand-mère, quant à elle, se souvenait que, du temps qu'elle était chambrière, lorsqu'il restait un peu de pâte, trop peu pour enfourner une miche, on en faisait un petit pain croustillant appelé l'allise et qu'elle se le partageait avec les autres filles de service, comme une friandise.

Non seulement on rendait chez mes grands-parents un culte au pain, mais on vénérait aussi le sucre. Sans doute parce que, dans leur jeunesse, on n'utilisait pas de sucre dans les fermes, mais uniquement du miel et de la cassonade. Un kilo de sucre valait le prix d'un kilo de beurre, soit le salaire d'une journée de travail pour un bûcheron. Le miel était alors le sucre du pauvre.

Ma mère conserva toujours cette appréhension de dépenser trop de sucre qu'elle achetait « en pierres » ou « en semoule ». Elle fractionnait les « pierres de sucre » en petits morceaux, en très petits morceaux.

Nombre d'aliments n'apparaissaient jamais, ni le dimanche sur la table de mes grands-parents, ni à fortiori sur la table à toile cirée de la cuisine de ma mère. Le filet de bœuf, le gigot de mouton, le ris de veau, la dinde, l'oie, le saumon, les asperges, nous savions que cela existait, mais par ouï-dire. A la noce de mon cousin bourrelier, toute la famille venue des fermes s'était esclaffée en voyant que l'on servait des glands avec les apéritifs. Il s'agissait d'olives, mais personne n'en avait jamais vu.

En réalité, mes souvenirs de nourriture d'enfant sont vagues, car à cet âge on n'accorde que peu d'importance à ce que l'on mange, sinon aux desserts. Et là j'ai tout retenu. Tout. A part les œufs-au-lait, le tapioca, le mil et les entremets Franco-Russe, ma mère faisait peu de desserts, mais ma grand-mère suppléait à cette carence. L'année se ponctuait de friandises merveilleuses. La chandeleur apportait ses crêpes et ses « tourtisseaux », Pâques la brioche pâcaude, l'Ascension les caillebottes (lait caillé servi avec un peu de crème et une cuillerée de café noir), l'été la tarte aux prunes, immense, coupée aux dimensions du four du boulanger où on la portait à cuire.

La tarte aux prunes (aux prunes rondes, violettes, acides) demeure pour les Vendéens aussi importante que la brioche (que l'on pétrissait aussi soi-même, en l'additionnant de quelques gouttes d'eau-de-vie et que l'on confiait également au four du boulanger) ; que les mojettes et les choux verts (la tête des choux à vaches, particulièrement savoureux après les premières gelées et mangés en « embeurrée »).

Cette soudaine abondance de biens ne doit pas faire illusion. On ne vivait que dans une économie de survie. On économisait sur tout. On économisait l'eau dans le broc, la soupe, le pain, le savon, ses forces, son énergie, son argent bien sûr. On portait ses vêtements jusqu'à ce qu'ils soient usés, rapiécés, en loques. On ne jetait rien. Il n'existait pas de bouteille vide qui ne puisse trouver un emploi, ni de caisse, ni de carton, ni d'étui, ni de quelconque emballage.

Jusqu'à ce qu'intervienne, dans les années 25, la mode des cheveux courts, ma mère n'alla jamais chez le coiffeur. Pour la bonne raison que, jusqu'à la

Garçonne, il n'existait pas de coiffeur populaire pour femme. Ma mère frisait sa chevelure au fer, ce fer qu'elle mettait à chauffer sur la cuisinière et qui lui roussissait un peu plus les cheveux.

Autant que je me souvienne, je l'ai toujours vue habillée tristement, avec des étoffes de mauvaise qualité et sans éclat. Elle obéissait ainsi à la coutume qui voulait que les veuves ne se fassent pas remarquer, sauf celles « qui avaient mauvais genre ». Je ne crois pas qu'elle ait jamais porté de bas de soie, ni de nylon. Toujours du coton. De même, elle ne montrait jamais sur elle aucun bijou, sauf à sa main gauche son alliance et la chevalière en or de mon père. De temps en temps, elle regardait les vestiges du temps de ses fiançailles et de son mariage, soigneusement enfouis dans la grande armoire à linge. Un seul grand collier, dit « esclavage », dont la chaîne principale (le « jaseron ») était formé de plaques recouvertes d'émaux. Sa bague de fiançailles, avec un cœur gravé sur le chaton et un L qui signifiait « mon cœur à elle ». Regardant ce petit trésor, son seul trésor, sans rien dire, elle rêvait un peu et le réenfouissait dans l'armoire à linge, sans grande précaution, avec même quelque brutalité.

Ma mère avait en effet des gestes brusques, maladroits, qui lui venaient sans doute d'une nervosité mal contenue. Je l'ai toujours entendu parler de ses nerfs, de son foie, de sa tête, de son estomac, avec agacement, comme si elle entretenait un perpétuel conflit avec son corps. Et dans ce dialogue déprimant avec ses organes, elle employait des tournures paysannes, elle réutilisait le vocabulaire du mépris et de la dérision. « Ne pouet êt bin » (Ne pas être bien) signifiait que la maladie la guettait, que bientôt elle serait « en capilotade », mais qu'il ne fallait pas trop « s'écouter » puisque notre destin nous demandait de « pâtir » (souffrir).

Façon de parler, car je l'ai toujours vue « s'écouter », écouter justement les murmures de son corps et se plaindre perpétuellement d'être « enchiffrenée » (enrhumée), de « romasser » (toussoter), d'avoir le « tournis » (des vertiges), une « oralgie » (névralgie), des élancements (« ça me zague »), un nerf de froissé (« tressauté »), une « démanchure » (luxation), etc.

Constipation, brûlures d'estomac, insomnie, rien de bien grave jusqu'au cancer de sa vieillesse, mais de perpétuels malaises, une telle santé précaire qu'elle en arrivait à dire, découragée par tant d'indispositions : « Y'a de quoi donner sa démission ».

Elle se consolait un peu tous les soirs où, à défaut de pouvoir retourner dans le Midi de ses rêves, elle buvait lentement une infusion de fleur d'oranger.

S'apitoyant sur tant d'épreuves, elle ajoutait sentencieusement :

— Je tiens debout parce que c'est la mode.

Certains de mes amis, qui ont bien connu ma mère, me la décrivent comme une femme étrange, extrêmement passionnée, fantasque. Comment ont-ils pu la voir ainsi ? L'image de ma mère a toujours été celle d'une femme très simple et banale que personne ne pouvait remarquer.

La peur, non pas du scandale qui se plaçait vraiment à des hauteurs inaccessibles, mais du qu'en-dira-t-on, la maintenait dans un conformisme hérité certainement de ses ascendants domestiques. Ces deux expressions : « Qu'est-ce que les voisins vont penser ? » et « Rien ne vaut son chez-soi », me paraissent résumer, un peu trop grossièrement il est vrai, sa philosophie de la vie. Mais ne regardait-elle pas le monde à travers les rideaux ajourés de ses fenêtres ?

De la lecture des journaux (elle ne lisait que le journal local et *Le Petit Écho de la Mode*) elle ne retenait que les catastrophes et les meurtres. Elle prisait plus un meurtre passionnel qu'un meurtre vénal, plus une catastrophe naturelle (éruption de volcan, raz de marée, inondation) qu'une catastrophe mécanique. De l'information, elle ne retenait que l'anecdote. Elle lisait avec beaucoup d'attention l'horoscope et le courrier du cœur. Ne représentaient-ils pas la part du rêve ? Comme les loteries qui évoquaient la chance.

Partant du principe qu'elle n'avais jamais eu de veine et qu'elle n'en aurait jamais, que sa destinée était ainsi, que l'on ne pouvait rien contre, elle ne participait jamais aux tombolas. D'ailleurs, nous étions trop pauvres pour risquer de perdre une somme si petite fût-elle. Mais elle aimait entendre parler des loteries, de ceux qui gagnaient, des destinées transformées par la chance.

La couleur de ses yeux, de ses cheveux ? Je l'ai dit, nous étions de la même taille, donc pour une femme une taille moyenne, plus grande que mon père de cinq centimètres. Je serais incapable de décrire exactement la couleur de ses yeux, des yeux clairs, en tout cas, un peu pâles. On ne remarque pas les signes d'identité des êtres qui vous sont les plus proches. Des yeux clairs, masqués très tardivement par des lunettes cerclées d'une mince armature de fer, qu'elle ne prenait d'ailleurs que pour coudre ou pour lire. Par contre, je me souviens beaucoup mieux de la couleur de ses cheveux parce qu'ils eurent l'anomalie de ne jamais devenir blancs : des cheveux blond-roux, châtains avec l'âge.

A bien y réfléchir, dans son conformisme, dans son hypocondrie, dans sa banalité, ne se glissait-il pas quelque humour froid, quelque malignité ? N'exagérait-elle pas son humilité, son ignorance, sa passivité, comme tant de paysans, au cours des âges, surent le faire avec ruse ?

Elle me stupéfia, souvent, par son goût très sûr. Une

fois que ma femme cherchait à accorder deux couleurs d'étoffe, elle lui dit le plus naturellement du monde de regarder le tableau de Poliakoff qui se trouvait accroché dans la pièce et de prendre modèle sur le bleu et le jaune qui s'y conjugaient si bien.

Il y avait aussi son rire étrange, moqueur, celui d'une petite fille qui s'amuse, d'une vieille petite fille.

Un vague souvenir concorde assez mal avec ce portrait de ma mère, tel que je le vois dans sa vieillesse. Un vague souvenir qui n'est fait que de lambeaux, que de morceaux volés à la vie conjugale de mes parents. Ce père et cette mère jeunes m'évoquent quelque chose d'assez tumultueux et tendre. De la tendresse, mais aussi une sensualité tendre.

Lorsqu'elle envoyait des cartes postales, il s'agissait toujours de vieilles cartes, dénichées on ne sait où, démodées, grises, sans doute sorties de quelque tiroir, ou du fatras du grenier, montrant invariablement des scènes de plage, avec des dames lourdement vêtues se trempant les jambes dans les vagues, jusqu'aux mollets ; ou bien encore des petits ânes près des mulons de sel et des paysannes en coiffe.

Aux loteries, à l'horoscope, au courrier du cœur, au romanesque des feuilletons, s'ajoutait le merveilleux des voyantes, tireuses de cartes, guérisseuses. Le médecin était un personnage sans mystère, qui tenait sa science d'années d'études dans les grandes écoles. On le respectait (d'abord parce qu'il était un bourgeois) ; on recevait avec inquiétude ses ordonnances truffées de mots latins et, de toute manière, d'une écriture illisible ; on se conformait à sa médicamentation ; mais il restait un être à part, loin de nous, d'une autre classe sociale, d'une autre culture. Les guérisseurs, eux aussi gens de la campagne, présentaient sur le médecin la supériorité du don occulte. Ils ne devaient pas leur savoir à l'instruction, mais à une sorte de devination. Ils ne pratiquaient pas un métier, ils exerçaient une vocation. Le médecin et l'instituteur étaient gens de même espèce. Le guérisseur, lui, se rapprochait du prêtre. Il soignait par attouchements, par son souffle, par son fluide. Une vieille paysanne d'un village proche acquit une célébrité qui dépassa de beaucoup les limites du département. C'était une « dormeuse ». Elle recevait ses patients en étendant les mains et tombait dans un profond sommeil. Dans sa torpeur, elle voyait la maladie et la combattait. Lorsqu'elle se réveillait, le malade se levait guéri.

Je me souviens aussi d'une tireuse de cartes qui faisait sa tournée dans notre petite ville à des dates fixes. Ma mère, prévenue on ne sait comment, se livrait à de mystérieux conciliabules avec ma grand-mère. Cette cartomancienne venait à domicile, mais j'eus beau la guetter, tout se passait alors si vite et si bizarrement dans la chambre où les trois femmes se renfermaient que je ne la vis jamais. Était-ce une bohémienne ou quelqu'un du pays qui s'octroyait ainsi une position sociale ?

L'étrange, c'est qu'une fois quitté Fontenay-le-Comte, tout ce merveilleux du monde rural disparut en même temps et que ma mère, à Nantes, ne ressentit pas le besoin de recourir à des diseuses de bonne aventure, ni à des guérisseurs qui, pourtant, existaient aussi dans les grandes villes.

Pratiquante, mais d'une piété aléatoire, ma mère, comme tant d'autres femmes de la campagne, trouvait plus d'attraits à la superstition qu'à la religion. Elle vouait un culte particulier à la « petite sainte Thérèse de l'Enfant-Jésus » et à saint Antoine de Padoue.

Pourquoi sainte Thérèse, je l'ignore, sinon que c'était alors une sainte à la mode. Saint Antoine de Padoue montrait une supériorité manifeste sur les autres bienheureux : il récupérait les objets perdus.

Elle accordait un grand pouvoir aux gris-gris, me munissant de médailles bénites, d'un scapulaire d'images pieuses à insérer dans mon missel. Elle regrettait que je ne fusse pas une fille, non pas seulement parce qu'elle avait déjà choisi son prénom avant ma naissance (Mireille, bien sûr, à cause du pays où fleurit l'oranger ; toujours le romanesque) mais parce que, si j'avais été une fille, elle m'aurait voué au bleu en l'honneur de la Sainte Vierge.

Ce romanesque l'entraînait à des habitudes étranges, comme de s'approvisionner en produits portant tous des noms d'animaux : le thé de l'Éléphant, la laine Pingouin, le savon Le Chat, le cirage Lion Noir. A part le chat, exclusivement, bien sûr, des animaux exotiques.

Mais, à propos, je n'ai jamais vu ni chat, ni chien, chez mes grands-parents et mes parents, ni chez ma mère veuve. Pas d'oiseaux en cage, non plus.

Dans son vocabulaire, redisons-le, toujours des phrases exprimant la résignation, l'indifférence, le fatalisme : « Si ça ne fait pas de bien, ça ne fait pas de mal. » « C'est comme pour tout, il y a à boire et à manger. » « Ça fait passer le temps. » « Pendant qu'on fait ça, on ne pense pas à autre chose. »

A Fontenay-le-Comte, ses relations de voisinage se limitaient à quelques rares personnes, des femmes simples et humbles comme elle. La femme du plâtrier, qu'elle accompagnait parfois pour un bout de promenade, m'intriguait non pas tant pour elle-même que pour son mari, si blanc de la tête aux pieds et que ma mère appelait, avec beaucoup de respect, Monsieur Théo.

Ma mère revenait de ces sorties, où je ne l'accompagnais jamais, tout excitée, volubile, méconnaissable. Elle fréquentait aussi la caissière de la coopérative, une veuve qui élevait une fille mais avait placé ses deux garçons à Nantes dans un orphelinat. De cet orphelinat, elle faisait toute une histoire, en profitant pour me seriner qu'elle, malgré sa pauvreté, ne m'abandonnait pas ainsi, qu'elle se sacrifiait pour moi et que jamais je ne lui en serais reconnaissant.

A Nantes, exilés, nous n'avions plus d'amis. Il fallut attendre d'habiter dans la maisonnette au milieu des prairies de maraîchers et de blanchisseurs pour que s'ébauchent quelques fréquentations. Mais je ne sais par quelle fatalité, ou par quel goût du malheur, ma mère s'arrangeait pour dénicher toujours des cas pathétiques. Après la veuve qui plaçait ses garçons à l'orphelinat, elle s'entícha d'une malheureuse divorcée dont la fille de quinze ans était mère célibataire comme on dit aujourd'hui. Elle invitait souvent à la maison cette toute jeune femme, qui avait mon âge, son bébé accroché à son cou. Elle lui parlait comme à une malade et me disait d'être gentil avec elle. Et moi je ne savais trop quelle contenance prendre devant cette madone des faubourgs qui me décochait des œillades.

Une exclamation de ma grand-mère m'obsède : « Garde pour toi, mon pauvre petit ! »

Lorsqu'elle se retrouva seule à Fontenay-le-Comte, après la mort de mon grand-père, quand ma mère et moi vivions à Nantes, et que j'allais parfois lui rendre visite (deux cents kilomètres aller et retour, sur le vieux vélo de mon père), lui apportant un bien modeste cadeau, elle exprimait toujours son étonnement et son embarras par ces mots : « Garde pour toi, mon pauvre petit ! » Ce n'était pas parole en l'air. Elle qui manquait de tout sursautait à l'idée que je puisse me priver de quelque chose.

Nous subissions alors les années de guerre, l'occupation allemande et des pénuries de toutes sortes. Les restrictions alimentaires nous affectaient peu, ma mère et moi, puisque nous avions toujours eu l'habitude de nous restreindre. Nous mangions des abats de volaille (le cou, les ailes), des topinambours, des rutabagas. L'orge grillée remplaçait le café. Je réussissais à me procurer du sucre, denrée aussi rare que le beurre, que j'apportais à ma grand-mère. Pour qu'il dure plus longtemps, pour qu'elle ne l'utilise qu'en pincée et non en morceaux, elle cassait ceux-ci avec son fer à repasser et les réduisait en poudre en roulant, dessus, une bouteille.

Outre le chromo des *Différentes positions sociales,* de mes grands-parents j'ai hérité de deux assiettes à figurines. L'une est intitulée « Le Dimanche des Bourgeois, promenade au Bois ». L'image nous montre un couple, lui en redingote bleue et pantalon rayé, canne dans une main, chapeau haut de forme dans l'autre ; elle en caraco vert, relevant légèrement sa robe prune sur un dessous en dentelle. Ils saluent un cavalier, qui passe au galop, monocle à l'œil, et leur répond. Un petit garçon à col marin, son cerceau sur l'épaule, soulève son canotier. L'autre assiette, bien sûr, réponse à la première, est légendée : « Le Dimanche aux champs ne diffère guère des autres jours. » Au premier plan, un chien tire une voiturette de laitier. La laitière en coiffe, sa mesure à la main, chemine en compagnie d'un paysan qui va porter deux paniers de légumes au marché. Au loin apparaît une maisonnette. Dans un champ, un laboureur appuie sur les bras d'une charrue tractée par un homme de peine.

On en revient toujours aux différentes positions sociales. Les bourgeois et l'aristocrate sur la première assiette. Les paysans cossus et les valets esclaves sur la seconde. A quel échelon mes grands-parents estimaient-ils se situer ? Un peu plus haut que l'homme de peine qui tire la charrue, assimilé au bœuf ou à l'âne, mais moins haut que le laboureur. Quant aux bourgeois, ils représentaient l'inaccessible. Et ma mère, comment voyait-elle sa position sociale ? Se posait-elle ce problème ou n'en était-ce pas un pour elle ? Veuve d'un sous-officier, fille de domestiques, ne pratiquant que des travaux de petite main, payés à l'heure, où pouvait-elle bien figurer dans le grand livre de l'économie et de la sociologie ? Nulle part, j'en ai bien peur.

L'habitude des hiérarchies dans la vie quotidienne, c'est-à-dire garder précieusement ses beaux habits pour le dimanche, manger aussi, ce jour-là, une meilleure nourriture, attendre les jours de fête pour boire une bouteille de « vin bouché », ne déguster du café que dans les grandes occasions, faisait que, lorsque ma mère séjournait chez moi à Paris, elle étonnait toujours ma femme en lui demandant, chaque fois qu'elle voulait l'aider à mettre le couvert : « On met les grandes ou les petites assiettes ? » Que les grandes assiettes soient sorties pour le jour de son arrivée, passe encore, mais les utiliser à tous les repas lui semblait du gaspillage ou de l'ostentation. Quant à ma femme, cette idée des petites assiettes (qui ne servaient que pour les entremets) lui paraissait de la mesquinerie. Exaspérante. Dix ans après la mort de ma mère, elle m'en parle encore. Toujours aussi étonnée et rétrospectivement agacée.

Nous sommes si accoutumés aujourd'hui à ce que, lorsque le temps s'assombrit, la lumière électrique jaillisse à flots dans toutes les maisons et toutes les rues ; à ce que l'eau chaude et l'eau froide coulent en abondance par tous les robinets des salles d'eau et des cuisines ; à ce que nos aliments se conservent au frais dans les réfrigérateurs, qu'ils cuisent très vite sur des cuisinières à gaz ou à l'électricité, que l'inconfort de notre enfance et de notre jeunesse paraîtra invraisemblable. Je ne sais de quand dater l'installation du courant électrique dans la maison de mes grands-parents à Fontenay-le-Comte. Je me souviens, en tout cas, des lampes à pétrole dont on remontait la mèche avec beaucoup de précautions et de tous les insectes qui venaient se brûler les ailes sur le cylindre brûlant. Je me souviens de cette désagréable odeur de pétrole et de la fumée noire qui sortait du verre de lampe. Je me souviens avec plus de plaisir des petites lampes Pigeon, en beau cuivre jaune, que ma mère brandissait devant elle comme le saint sacrement, lorsqu'elle me précédait pour monter l'escalier qui donnait accès à notre chambre. Je suivais son halo de lumière. Au détour de l'escalier, la lumière disparaissait parfois et je me trouvais épouvanté dans l'obscurité. J'appelais maman, de toutes mes forces. La faible lueur de la loupiote réapparaissait. Jamais matelot ne fut plus heureux d'apercevoir le phare qu'il avait perdu.

A ses débuts, la lumière électrique ne nous sembla pas un progrès sur ces lampes vivantes. Les ampoules électriques qui pendaient au bout de fils ridicules diffusaient une si faible lumière que toutes les pièces restaient dans une demi-pénombre. L'idée d'acheter des ampoules électriques de plus de 25 watts ne serait venue à personne, dans notre milieu. La consommation d'électricité effrayait autant que la consommation d'eau, lorsque nous eûmes l'eau courante. Ces compteurs installés dans les maisons ressemblaient à des mouchards. On ne s'y habituait pas. Intrus, ils comptabilisaient tous nos faits et gestes. Ils nous épiaient. Les factures d'électricité et d'eau passaient pour un impôt supplémentaire ; pire, pour une brimade.

Pendant tout le temps que j'ai vécu à Fontenay-le-Comte, je n'ai jamais vu une baignoire, ni un bidet. J'ignorais même totalement que de tels accessoires existaient. Avant l'installation de l'eau courante, les ustensiles hygiéniques dans la chambre de mes parents se limitaient à une bassine et à un broc posés en permanence sur une table de toilette recouverte d'un marbre blanc. On remplissait le broc dans la cour, à la fontaine, et on n'utilisait cette eau qu'avec parcimonie puisqu'il fallait non seulement la transporter, mais aller ensuite jeter l'eau sale dans le caniveau de la rue.

De même, on devait descendre à la cave chercher les boulets de charbon qui chaufferaient la cuisinière pour la cuisson des repas. Cette cuisinière était la seule source de chaleur pour notre logement, il est vrai fort petit. Mais personne n'aurait imaginé de chauffer les chambres à coucher. Si bien que l'hiver nous cassions souvent la glace dans le broc pour esquisser un brin de toilette.

Toutes ces allées et venues faisaient de la maison de mes grands-parents une sorte d'organisme, avec des lieux obscurs et redoutés (la cave), des espaces de transition, inquiétants, dans lesquels j'avais l'habitude de courir, la peur au ventre (le grand couloir du rez-de-chaussée qui reliait la porte de la rue à celle de la cour, l'escalier) des espaces de refuge (la grande pièce où vivaient mes grands-parents au rez-de-chaussée, la cuisine du premier étage où je prenais mes repas avec ma mère), des espaces de jeux et de rêve (la cour avec ses poules et ses lapins, le grenier où personne, à part moi, n'allait jamais).

Cette maison de mes grands-parents, si étroite qu'elle paraît coincée entre deux immeubles plus cossus, cette maison comme un nid au beau milieu de la petite ville de mon enfance, fut bien le lieu où, pour une brève durée, ma famille jeta l'ancre. A partir du moment où ma mère et moi en sortîmes, j'observe une sorte de dérive. Notre exil à Nantes ressemble à une fuite. Notre vie fut faite ensuite d'une accumulation d'arrachements, de dérobades, de ruptures, de retrouvailles et de déchirements. Nous ne savions pas que, dans cette tragédie, notre identité s'effilochait, qu'elle perdait son sang par trop de blessures ; mais qu'il nous resterait à tout jamais le lien ténu et fantasmagorique de la mémoire.

IDENTITÉ ET MÉMOIRE VENDÉENNES

« Premier rassemblement ».
Ils sont vingt lorsqu'ils partent avec Cathelineau du village du Pi
quatre cents lorsqu'ils attaquent Chem

ges, quatre-vingts lorsqu'ils réussissent à s'emparer d'un canon,
re-vingt mille lorsqu'ils marchent sur Nantes.

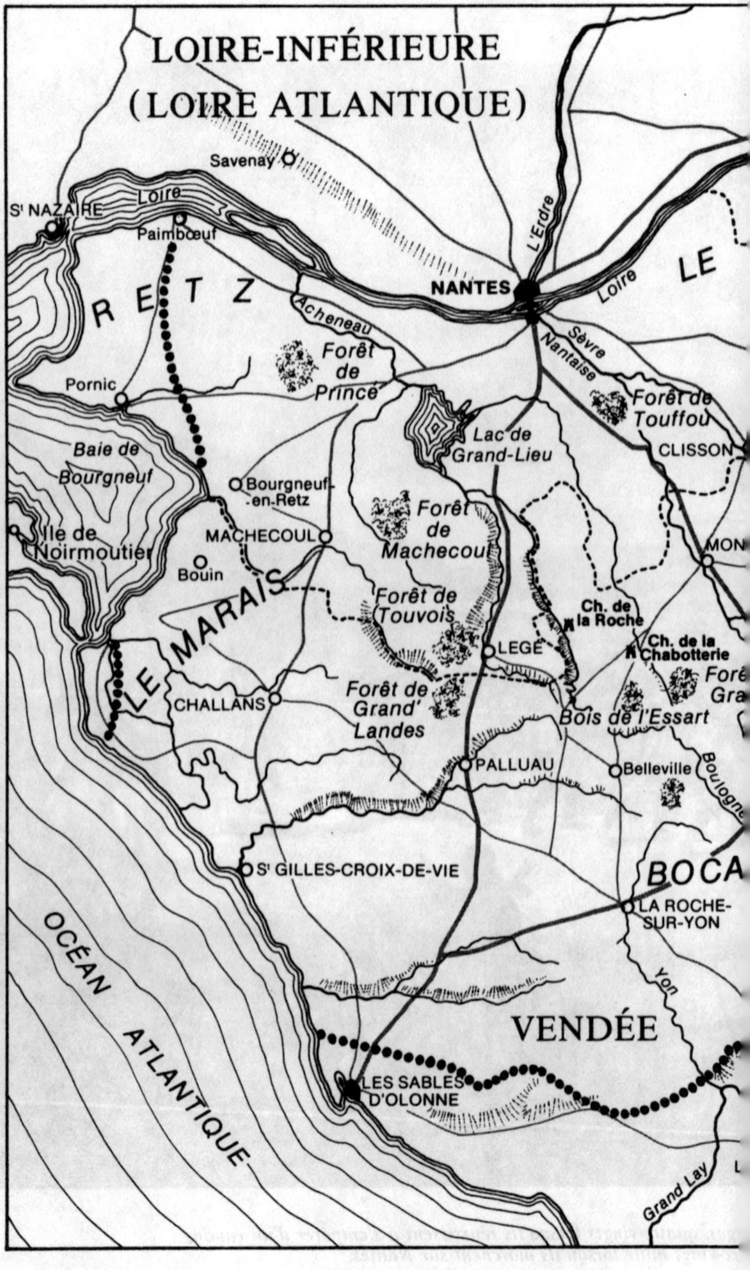
LOIRE-INFÉRIEURE
(LOIRE ATLANTIQUE)
Savenay
St NAZAIRE
Loire
Paimbœuf
L'Erdre
NANTES
Loire
LE
R E T Z
Acheneau
Forêt de Princé
Sèvre Nantaise
Pornic
Forêt de Touffou
Lac de Grand-Lieu
CLISSON
Baie de Bourgneuf
Bourgneuf-en-Retz
Ile de Noirmoutier
MACHECOUL
Forêt de Machecoul
MON
Bouin
LE MARAIS
Forêt de Touvois
Ch. de la Roche
Ch. de la Chabotterie
LEGÉ
Forê
Gra
CHALLANS
Forêt de Grand' Landes
Bois de l'Essart
PALLUAU
Belleville
Boulogne
St GILLES-CROIX-DE-VIE
BOCA
LA ROCHE-SUR-YON
OCÉAN ATLANTIQUE
Yon
VENDÉE
LES SABLES D'OLONNE
Grand Lay

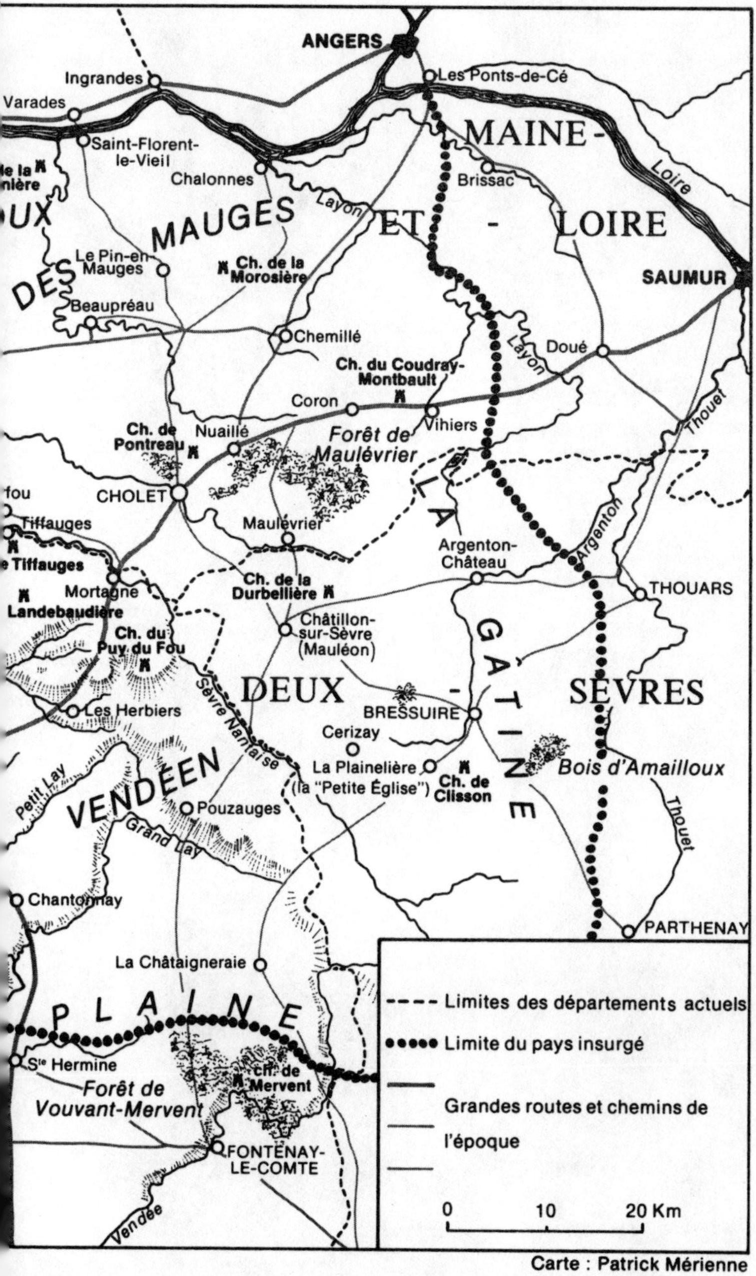

Carte : Patrick Mérienne

L'IDENTITÉ VENDÉENNE

Qu'est-ce que la Vendée ? Une limite territoriale arbitrairement tracée dans la moitié du Bas-Poitou par la Convention, et qui s'est d'abord appelée le département des Deux-Layes, pour faire le pendant sans doute à l'autre moitié du Bas-Poitou, baptisée département des Deux-Sèvres. Mais la laideur des deux députés vendéens était telle que, lorsqu'ils apparurent à Paris, l'analogie avec le nom de leur département sembla une plaisanterie drôle, mais d'une vertu peu administrative. La Convention adopta une autre rivière, la Vendée.

Vendée désigne donc un simple département. Mais comme ce nom, à partir de l'insurrection de 1793, devint un mythe, comme le mythe de la Vendée déborda de beaucoup les limites départementales, on peut dire avec Jean Yole que, si toutes les provinces sont devenues des départements, la Vendée est le seul département qui soit devenu une province.

Ce phénomène est sensible dès la Restauration. A tel point que Louis XVIII et sa cour connaissent si mal la réalité vendéenne qu'ils chargent le maréchal de camp comte de Beauvilliers d'écrire à ce sujet un rapport. On voit dans celui-ci que le terme Vendée recouvre toutes les provinces insurgées de l'Ouest, comme le croira encore Victor Hugo dans son roman *Quatrevingt-treize,* en 1873. « Beaucoup de personnes, écrit le comte de Beauvilliers, et jusqu'à des historiens, lui adjoignent la Bretagne, l'Anjou, le Maine, et même une partie de la Normandie. » La Vendée, poursuit le rapporteur, est beaucoup moins étendue qu'on ne le suppose et ce nom ne s'est appliqué qu'aux départements du Maine-et-Loire, des Deux-Sèvres et une partie de la Loire-Inférieure. Il proposait en conséquence de former un nouveau département composé du bocage vendéen, des Deux-Sèvres et d'une partie du Maine-et-Loire qui reçoive le nom de Royale (« Vendée-Royale ou département royal de Vendée »). Ce département, qui aurait regroupé trois cent mille habitants, aurait eu pour chef-lieu Cholet.

Ce qui est intéressant dans ce rapport c'est qu'il délimite pour la première fois, à peu près, la « Vendée militaire » (amputée toutefois du Pays de Retz). C'est à partir de ces lieux que se constitua en effet peu à peu une identité vendéenne.

Bien qu'encore l'identité vendéenne, de nos jours, loin de se rétrécir, fait tache d'huile. Le sud du département de la Vendée, qui ne participa pas à l'insurrection de 1793 et se rallia à la République, ne se sent aujourd'hui pas moins Vendéen de la Grande Vendée que l'habitant des Mauges angevines ou du Marais breton. Le découpage de l'histoire entérine rarement celui des géographes. Ce qui est sûr, en tout cas, c'est qu'être Vendéen ne signifie pas uniquement, pas seulement, être originaire du département arbitraire de la Vendée administrative.

Le paradoxe tient en ce que, aussi bien historiquement que géographiquement, la Vendée résulte d'une invention de la Révolution française qui fit naître cette entité en voulant la détruire. L'identité vendéenne, d'abord communauté de pensée née de l'insurrection de 1793, s'est fortifiée dans un refus du centralisme parisien ponctué par une guerre civile qui dura en fait près de quarante ans, avec des périodes de pacification, c'est-à-dire jusqu'à l'ultime défaite des Vendéens levés par la duchesse de Berry en 1832. L'identité vendéenne naquit de la révolte, de l'utopie de ses premières victoires sur les armées de la Convention, de l'horreur de la répression, du ressentiment d'un peuple vaincu et martyrisé. C'est ce martyrologe, jamais oublié, qui fit de la Vendée à la fois un symbole et un particularisme. Le mot même de Vendée n'a cessé d'être employé dans le monde entier pour désigner le conservatisme social et toutes les chouanneries (alors que la chouannerie n'est pas d'origine vendéenne, mais issue de Bretagne et du Maine).

Étrange que la Vendée puisse encore susciter autant de passion. Comme autant de malentendus, d'erreurs, d'idées toutes faites. Les guerres de Vendée sont tour à tour mésestimées et surestimées. Mésestimées lorsqu'on les limite à une révolte locale d'essence religieuse et nobiliaire. En réalité, par leur ampleur, elles ne s'apparentent qu'à la guerre de Sécession américaine. Comme par les traces qu'elles ont laissées dans la mentalité des gens de l'Ouest. Le romancier Michel Mohrt l'a fort justement souligné : « Je suis "sudiste" dans la mesure où un chouan, ou un Vendéen, ressemble à un sudiste. Il est vrai que le goût des causes perdues domine plusieurs de mes livres. Peut-être est-ce un trait des hommes de l'Ouest, illustré — entre autres — par Chateaubriand et Barbey d'Aurevilly[1]. »

Les guerres de Vendée sont un épisode de l'histoire de France bien maltraité et mal traité. En premier lieu par la plupart des historiens les plus lus. On le sait, nul n'est moins impartial qu'un historien et l'on peut faire dire aux archives tout ce que l'on veut pour appuyer ses propres thèses. L'admirable, l'enthousiasmant, le romantique Jules Michelet ne s'en est pas privé. L'ennui c'est que son *Histoire de la Révolution française* devint parole d'Évangile laïque pour les écoliers de la IIIe République. La Vendée, pour Michelet, représentait une abomination, une monstruosité, parce que sa révolte allait à l'encontre de la marche du progrès, tout en étant une insurrection indéniablement d'essence populaire. Qu'un peuple de paysans et d'ouvriers puisse se dresser contre la Révolution, se faire tuer plutôt que de s'y associer, lui paraissait incompréhensible. Si la Vendée demeure un symbole, c'est que d'autres manifestations « incompréhensibles » pour les progressistes se sont produites depuis, issues des mêmes causes. Solidarnosc en Pologne, Moudjahidin en Afghanistan. « Les Afghans sont des Chouans », déclara un jour Georges Marchais, au nom du parti communiste français. La vulgate de Michelet est toujours à l'ordre du jour.

1. Michel Mohrt : « J'ai le goût des causes perdues », propos recueillis par Bruno de Cessolle, *le Figaro littéraire,* 1er février 1988.

« Soulèvement de Machecoul ».
Les premières victimes de la révolte sont les prêtres jureurs,
Le légendaire républicain se complaît à rendre les fem
« Sans la femme, écrit Michelet, il n'y aurait rien

rus, chassés de leur presbytère, malmenés, parfois massacrés.
ponsables des atrocités commises par les insurgés.
st la femme qui manigance tout. »

A ses débuts en tout cas, et dans son fondement même, l'insurrection vendéenne est beaucoup plus plébéienne, beaucoup plus populaire que la Convention. La plupart des députés de la Convention sont des bourgeois ou des aristocrates. Un seul paysan parmi eux, Michel Gérard, laboureur breton[1]. En revanche, l'insurrection vendéenne se compose pour un peu plus de la moitié de paysans, l'autre moitié rassemblant des tisserands des Mauges et des artisans divers : sabotiers, forgerons, etc. L'insurrection vendéenne n'est donc pas seulement une jacquerie, mais le soulèvement unanime de toute une population rurale. Cette contre-révolution peut donc apparaître elle-même comme une révolution populaire contre la révolution bourgeoise des villes. Michelet est trop érudit, trop intelligent, pour ne pas l'avoir perçu. N'écrit-il pas : « Si la Vendée est une révolution, c'est celle de l'insociabilité, celle de l'esprit d'isolement... Vous prendriez vos chefs dans un rang plus bas encore, votre révolte serait encore plus populaire, grossière, ignorante, vous n'êtes pas la Révolution. Nous aurions tort de donner ce grand nom à la Vendée... La Vendée, tant démocratique qu'elle ait pu être dans la forme, fut ivre de la discorde. »

Que le peuple, qu'une fraction du peuple, qu'un peuple se dresse contre la Révolution, voilà un paradoxe qui posa bien des problèmes aux Conventionnels, à tel point que Barère parlait de « l'inexplicable Vendée ». « La tradition historiographique républicaine partage cette incompréhension, écrit Claude Petitfrère (*Le Peuple contre la Révolution Française,* revue "L'Histoire"). La Révolution n'est-elle pas — c'est Michelet qui l'affirme — la *mère* du peuple, le *salut* du peuple, le peuple lui-même ? Qu'une fraction de ce peuple se soit soulevée contre elle, commettant une sorte de matricide, est un vrai "miracle du diable" que l'on peut tout au plus imputer à quelque complot clérico-nobiliaire égarant des populations arriérées au point de ne savoir discerner leur propre intérêt. »

Que cette anomalie se soit manifestée une fois dans

1. Cf. Charles Tillon, *le Laboureur de la République,* Fayard. Le « père Gérard », laboureur près de Rennes, 1737-1815, député à la Constituante en 1789, paraissait une telle curiosité que Louis XVI demanda qu'on le lui présente et le salua d'un « Bonjour, mon bonhomme ».

l'ouest de la France, à l'occasion de la première grande révolution des temps modernes, pourrait être mis au crédit des bizarreries de l'histoire, si celle-ci ne s'était renouvelée lors de la révolution russe avec la population ouvrière de Cronstadt, avec la population paysanne d'Ukraine (qui se dressent l'une et l'autre contre cette nouvelle Commune des commissaires du peuple), avec les ouvriers de Berlin-Est en 1953, avec le peuple de Budapest en 1956, avec la presque totalité de la population ouvrière et paysanne de Pologne depuis 1980. Voilà qui devrait donner à réfléchir à ceux qui s'arrogent le droit de parler et de gouverner au nom du peuple.

Rien ne prédisposait la Vendée à devenir la terre d'élection du monarchisme et du cléricalisme. Partout, dans le Bas-Poitou et les Mauges, la Révolution fut accueillie avec enthousiasme. Partout, des *Te Deum* furent célébrés à l'occasion de la prise de la Bastille. Les Cahiers de doléances aux États généraux déplorent les mêmes maux et sollicitent les mêmes réformes que ceux de toutes les autres provinces.

« Une embuscade ».
« Dans les bois et les brouillards, la vaste guerre des ténèbres... C'est une guerre de fantômes, d'insaisissables esprits. » Jules Michelet.

Les paysans n'y attaquent pas la légitimité des droits féodaux, mais ils demandent la suppression de ce qu'ils considèrent comme des abus : les corvées, la gabelle, les dîmes ecclésiastiques, la milice tirée au sort, l'exemption d'impôts pour la noblesse et le clergé, le privilège pour l'aristocratie de la chasse et des fues (pigeonniers). S'ils expriment respect et affection pour les curés de village, ils s'en prennent par contre avec violence aux ordres religieux, demandant la suppression des moines dont ils ne voient que l'inutilité et suggèrent de réhabiliter les couvents en casernes, l'obligation de loger les soldats chez l'habitant restant une source de mécontentements très vifs.

Taine, notamment, a souligné comment l'ouest de la France, révolutionnaire en 1789, est devenu contre-révolutionnaire en 1793, sans avoir rien changé à ses opinions, à son idéal et, pourrait-on dire, mieux encore, à son utopie. « Les Deux-Sèvres, écrit Taine[1], le Maine-et-Loire, la Vendée, la Loire-Inférieure, le Morbihan et le Finistère n'ont envoyé à la Convention que des républicains anticatholiques et ces mêmes départements seront la pépinière inépuisable de la grande insurrection catholique et royaliste... Six régicides, sur neuf députés, représentent la Vendée qui va se lever tout entière au nom du roi. »

En réalité le changement n'est pas aussi paradoxal. L'insurrection de 1793 en Vendée n'est d'abord ni royaliste ni catholique. « Le Vendéen était enraciné dans le sol, écrit Michelet, il ne faisait qu'un avec la terre et les arbres de la terre. Plutôt que de quitter ses bœufs, sa haie, son enclos, il eût fait la guerre au roi. »

La cassure s'opère à partir du 22 septembre 1790 lorsque le pape condamne la constitution civile du clergé. L'âme de chaque village, celui qui détient à la fois la culture et la mémoire, c'est le curé s'il est fils du pays. Or, cent quatre-vingt-quinze prêtres, en général bocains, deviennent réfractaires en Vendée, contre cent cinquante-huit assermentés. Parmi ceux-ci beaucoup « d'intrus » et, parmi eux, nombre d'anciens moines, particulièrement détestés.

Le serment de 1791 sera repoussé par 95 % des chanoines, 75 % des vicaires, 58 % des curés, 65 % des religieux, 96 %

1. H. Taine, *les Origines de la France contemporaine,* 1875-1894.

des religieuses. La piété de la population vendéenne à la veille de la Révolution est une légende qui date du XIXe siècle, comme toute la mythologie réactionnaire appliquée à la Vendée. En réalité, en 1789, la Vendée manquait à un tel point de prêtres que beaucoup de curés étaient importés de Normandie.

Mais il n'y a pas que le pouvoir religieux que la Révolution enlève de la vie rurale, le pouvoir politique échappe aussi aux paysans et aux artisans. Alors qu'en 1788, 58 % des électeurs cantonaux étaient issus du terroir, deux ans plus tard leur représentation ne sera plus que de 24 %. Elle se restreindra même, en 1797, à 7 %. Alors qu'avant la Révolution la majorité des membres des municipalités étaient laboureurs, fermiers, métayers, ce sont les bourgeois acquéreurs des biens nationaux qui prennent le pouvoir à la campagne. A la mairie, comme à l'église, le paysan se sent gouverné par « l'étranger »[1]. « Le revirement vendéen, si rapide de 1789 à 1790, écrit Jean Meyer, est l'histoire d'un immense désenchantement, d'une totale désillusion, du sentiment d'avoir été berné, bafoué[2]. »

De la désillusion de 1790 à l'insurrection de 1793 trois années se passent. Trois années pendant lesquelles, malgré tant d'événements tragiques, la population rurale vendéenne ne bouge pas[3]. Une conjuration de la noblesse, en 1790, ne réussit pas à entraîner les paysans. Ni non plus la conspiration nobiliaire de La Rouërie, en 1792. Ni la fuite de Louis XVI et son arrestation à Varennes, en juin 1791, ni l'abolition de la royauté et la proclamation de la République, en septembre 1792, ni l'exécution de Louis XVI en janvier 1793 ne font bouger la Vendée. Le soulèvement éclate, inattendu, et se propage à une vitesse folle, le 10 mars 1793. Le prétexte en est la levée des trois cent mille hommes pour la guerre sur le Rhin. Mais ce n'est qu'un argument

1. Alain Gérard, *Bocains et plainauds en Bas-Poitou au XVIIIe siècle,* thèse de doctorat en histoire, Université de Poitiers, 1987.
2. Jean Meyer, préface au *Génocide franco-français,* par Raynald Sécher, PUF, 1986.
3. Mais elle accumule les refus, qui sont en fait sa seule politique. Refus de former des municipalités, refus des assignats, refus de participer à la perception de l'impôt, refus des prêtres jureurs, refus de la bourgeoisie des nouveaux riches, refus de l'autorité des gardes-nationaux, refus d'idéaux incompréhensibles (la patrie), refus de la conscription inégalitaire.

trop facilement évoqué dans la longue postérité des historiens disciples de Michelet. Les Vendéens ne se seraient insurgés que parce qu'ils refusaient la conscription. Ils se seraient insurgés par sentiment antipatriotique. Michelet a beau écrire : « La Vendée ne lui fit la guerre (à la République) que par un malentendu monstrueux, par un phénomène incroyable d'ingratitude, d'injustice et d'absurdité » ; il n'existait aucun malentendu. Pour employer un vocabulaire moderne, les Vendéens s'apercevaient que la liberté (leur liberté du culte, leurs libertés communales) avait été confisquée par une maffia au pouvoir dans les villes, que la Convention exerçait un terrorisme d'État et ils y répliquaient en appliquant à la lettre l'article 35 de la Déclaration des droits formulée par les Montagnards pour la Constitution du 24 juin 1793 : « Quand le gouvernement viole les droits du peuple, l'insurrection est, pour le peuple et pour chaque portion du peuple, le plus sacré des droits et le plus indispensable des devoirs. »

Lorsque Michelet, encore, constate : « Il n'y eut qu'un peuple aveugle, hélas !... Ce peuple étrange est la Vendée », il fausse l'histoire. Les Vendéens ne sont pas seuls à s'insurger contre la Convention. (Et non contre la République. Le général napoléonien Lamarque, envoyé pour réprimer le soulèvement vendéen pendant les Cent-Jours, ne disait-il pas de la Vendée : « Nul pays n'est plus propice à devenir une république » ?) Sans parler des chouanneries bretonnes, normandes et sarthoises, des villes aussi importantes que Marseille, Lyon, Toulon se rebellent. En mai 1790, la contre-révolution catholique n'avait-elle pas triomphé à Nîmes et à Montauban ? En août et septembre 1793, la ville de Toulon ne se livra-t-elle pas aux Anglais ? En Alsace, en Franche-Comté, en Artois, les 9/10e des catholiques ne refusaient-ils pas les prêtres assermentés ?

Le refus de la conscription sera le pire opprobre jeté par la Convention sur la Vendée. Alors que la levée des trois cent mille hommes suscitait de semblables émeutes à Toulouse, en Bourgogne, en Orléanais, en Alsace, dans le Massif central, dans le Midi, en Aveyron, en Lozère. Mais tous ces soulèvements, vite réprimés, s'achèveront l'été 1793. Seul l'Ouest transformera ces rébellions en insurrection généralisée.

« Cabane de chouans ».
C'est abusivement et par un détour de l'Histoire que l'on identifie aujourd'hui Vendéens et chouans. La chouannerie fut essentiellement, en 1793, normande, mayennaise, bretonne. Les Vendéens, eux, constituaient une véritable armée.

Non seulement l'idée de patrie, comme la délimitation d'une carte hexagonale du territoire français, relevait encore de l'utopie, mais l'injustice du tirage au sort et la dispense accordée aux nouveaux notables indignait grandement les Vendéens.

Toutefois la conscription des trois cent mille, en 1793, n'obligeait chaque département qu'à un recrutement de trois mille trois cents soldats en moyenne. La Vendée, plus peuplée que beaucoup d'autres régions, était tributaire de quatre mille cent quatre-vingt-dix-sept hommes, chiffre infime ne touchant de surcroît que les célibataires et les veufs, soit trois pour cent de la population masculine. Un aussi faible contingentement ne peut avoir été à l'origine d'une insurrection qui mobilisa au moins quatre-vingt mille hommes. L'absurdité d'une telle accusation est évidente. Ajoutons qu'après la fuite de Varennes, lorsque la Constituante décréta la levée des cent mille volontaires en France, pris parmi les gardes-nationaux, le recrutement de ceux-ci s'effectua sans difficulté dans l'Ouest et même avec un certain enthousiasme. Enfin, ces levées d'hommes ne constituaient pas une innovation aussi considérable qu'on le répète puisque, avant la République, la monarchie enrégimentait chaque année 2 840 hommes en Vendée pour la milice. Ces Vendéens, qui refusent de se battre contre les Autrichiens à la fin du XVIIIe siècle, se sont fort bien battus contre les Hollandais au XVIIe. En 1679, Louis XIV forma en effet un régiment de milice pris parmi les habitants de trente paroisses, sises entre La Roche-sur-Yon et Les Sables-d'Olonne. Ces mêmes paroisses qui refuseront la conscription de 1793 ne firent alors aucune opposition. En 1746, des milices du Bas-Poitou participent à l'expédition du Canada. En 1758, à la bataille de Saint-Cast, contre les Anglais, la milice de Fontenay-le-Comte dénombrera vingt-six tués et cinquante blessés.

Au XIXe et au XXe siècle, les Vendéens ne cesseront de se porter au-devant de l'ennemi. Douze mille soldats poitevins combattaient dans l'armée napoléonienne. L'un d'eux, le général Belliard, natif de Fontenay-le-Comte, conquit ses grades comme volontaire dans les troupes de la République. Lors du passage de la Berezina, c'est un bataillon de Vendéens qui entourait Napoléon. « Soldats, il faut mourir », leur dit l'Empereur. Ils se sacrifièrent pour former l'arrière-garde et protéger la retraite. Presque tous moururent [1]. Auguste de La Rochejaquelein, frère d'Henri (le chef le plus aimé parmi les insurgés de 93) sera blessé à la bataille de la Moskowa en 1812.

On verra en 1870 ces mêmes Vendéens et Bretons former l'armée des « Volontaires de l'Ouest », sous la conduite d'un nouveau Cathelineau et d'un nouveau Charette, pour tenter d'arrêter les Prussiens à Patay. Athanase de Charette était capitaine des zouaves pontificaux à Rome, lorsqu'il dut quitter l'Italie, chassé par la disparition des États du pape investis par le roi Victor-Emmanuel. En octobre 1870, il se met à la disposition du gouvernement de la défense nationale et, avec trois cents de ses zouaves, forma le noyau

1. « L'Empire éteignit les derniers restes de la Vendée ; et l'on vit, en 1814, six mille paysans de ces contrées, entourés à la Fère-Champenoise par des forces décuples, se battre en héros pour la cause de Napoléon, et préférer la mort à rendre leurs armes aux alliés de ces mêmes princes pour lesquels ils avaient pendant six ans résisté à tous les efforts de la République. » *Mémoires pour servir à l'Histoire de France sous le règne de Napoléon, écrits à Sainte-Hélène sous sa dictée par les généraux qui ont partagé sa captivité.*

de cette Légion des Volontaires de l'Ouest, composée surtout de Vendéens, qui sera incorporée dans le 17e Corps du général de Sonis. Ils se battront à Patay, au Mans, aux cris de « Vive Pie X ! Vive la France ! », précédés par une bannière de soie blanche sur laquelle est inscrit : « Cœur de Jésus, sauvez la France ». Étrange résurrection des cœurs rouges de l'armée vendéenne de 93, qui s'est mise au service de la IIIe République naissante. Étrange mutation que ces petits-fils de chouans devenus patriotes et qui se feront décimer aux bords de Loire. Étrange retour des descendants de ces grandes familles qui illustrèrent les guerres de Vendée : Athanase de Charette, petit-neveu du légendaire chevalier, général de brigade des armées de la Troisième République naissante ; Henri de Cathelineau, petit-fils du premier généralissime des insurgés des Mauges et du Bocage, commandant de tous les corps francs du 15e Corps avec mission de défendre la forêt d'Orléans, lui aussi nommé général de brigade ; Edmond Stofflet, petit-fils du grand Stofflet, qui sera blessé dans l'armée de la Loire ; Fernand de Bouillé, petit-fils de Bonchamps, engagé comme simple soldat dans l'armée de la Loire à quarante-neuf ans, avec son fils de vingt-six ans, son gendre et leur cocher, et qui mourra de ses blessures en décembre 1870. De tels épisodes dépassent l'Histoire et rejoignent les grands mythes antiques. Nous ne sommes plus dans Michelet, mais dans Homère.

Quarante-six ans plus tard, à Verdun, une section du 137e régiment d'infanterie de La Roche-sur-Yon reçut l'ordre de « tenir » et sera entièrement anéantie, ensevelie dans ce que la romance guerrière appellera la « tranchée des baïonnettes ». Sur les monuments aux morts de Vendée, vingt mille noms témoignent du nouvel holocauste.

En réponse, donc, à l'accusation plutôt paradoxale que les Vendéens de 93 se seraient insurgés parce qu'ils ne voulaient pas se battre, la suite des événements nous prouverait plutôt qu'ils ont une propension à devenir de la chair à canon.

Examinons maintenant le second motif du soulèvement, couramment avancé : la conjuration de la noblesse et du clergé. Il en est de la noblesse et du clergé comme de la

« L'armée vendéenne passant la Loire à Saint-Florent-le-Vi
En octobre 1793, l'armée vendéenne se heurte à la L
Dix mille femmes, trois cents prêtres, des milliers d'enfants, des vieill

sont cent mille, dont vingt mille non combattants.
religieuses, des aristocrates en famille complète avec leurs domestiques.

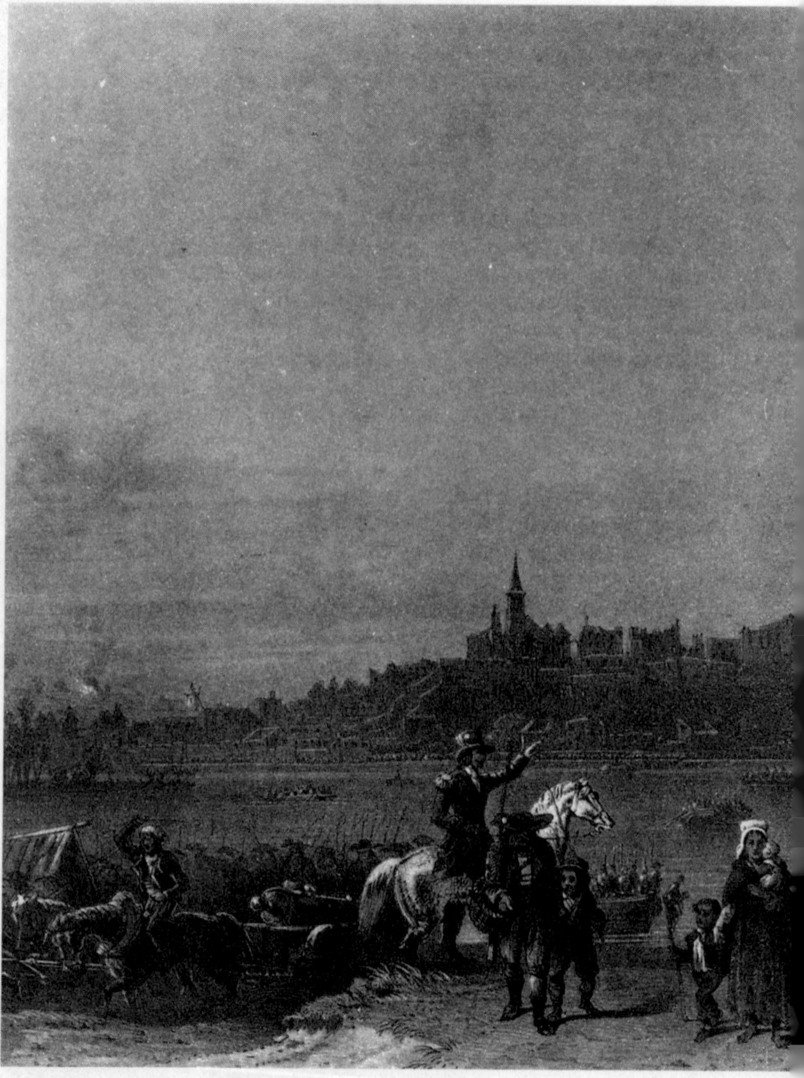

« Saint-Florent-le-Vieil en 1793 ».
Entre Saint-Florent-le-Vieil, sur la rive gauche, et Varades, sur la

ite, la traversée des 100 000 fugitifs dure vingt-quatre heures.

paysannerie : leur grande majorité adhérera avec enthousiasme aux idées de 1789. En 1789, non seulement nombre d'aristocrates ne sont pas contre-révolutionnaires, mais ils constituent même le levier capital de la Révolution. S'il existe alors un « complot aristocratique » comme ne cessent de le rappeler les révolutionnaires, celui-ci vise d'abord la monarchie absolue. La plupart des nobles qui deviendront, malgré eux, généraux de l'armée vendéenne, ont été au début de la Révolution des libéraux, ouverts aux idées les plus progressistes. Charette et Bonchamps n'ont-ils pas été volontaires avec La Fayette pour aider à l'émancipation du peuple américain ? D'Elbée, après la prise de la Bastille, n'a-t-il pas signé une adresse de dévouement à l'Assemblée nationale ? Par ailleurs nombre de prêtres, qui rejoindront plus tard les insurgés, sollicitent des magistratures créées par la Révolution.

En 1789, pour une population française de vingt-six millions d'habitants, on dénombre quatre cent mille nobles. Dix-sept mille seulement émigrent, soit 4,5 %. Mais comme cette émigration touche la haute noblesse et, par là même, les noms les plus célèbres, elle fait illusion et sert de prétexte à la bourgeoisie révolutionnaire pour stigmatiser le « complot aristocratique ». Deux jours après la prise de la Bastille, le comte d'Artois, frère de Louis XVI, futur Charles X, émigre, entraînant avec lui princes et ducs, les Condé, les Conti, les Polignac, les Broglie, etc. L'établissement de la liste des émigrés ne sera toutefois réalisé par la Convention que le 9 juin 1792, assorti d'une sommation de rentrer sous peine de bannissement perpétuel et confiscation des biens.

La plus grande partie des terres vendéennes est aux mains de propriétaires qui n'y résident pas. La haute noblesse du Poitou habite Paris ou Versailles. Le comte d'Artois, qui a reçu en apanage la totalité du comté du Poitou, n'y est jamais venu. Le prince de Condé est seigneur de Clisson, le duc de Luxembourg comte des Olonnes, les La Trémoille étendent leur suzeraineté sur trois cents paroisses. Tous ceux là, bien sûr, émigreront. Comme émigreront les évêques de Luçon, de La Rochelle, d'Angers, de Nantes et le tiers des prêtres. Ce qui toutefois, pour le département de la Vendée proprement dit, ne comptabilise que 1 142 émigrés, soit 0,04 % de la population totale[1]. Ne reste en Vendée qu'une petite noblesse, proche de la classe paysanne, si pauvre qu'en 1789 il fallut se cotiser pour payer une épée à certains de ces nobles qui devaient représenter leurs misérables fiefs. Restent aussi de jeunes nobles sans expérience, comme Henri de La Rochejaquelein (ses deux frères ont émigré) ou des officiers retraités de grades très modestes, bien paisibles dans leurs châteaux, comme Charette, ex-lieutenant de vaisseau, Bonchamps, ex-capitaine de grenadiers, d'Elbée, ex-lieutenant de cavalerie. Ce qui infirme l'allégation de la marquise de La Rochejaquelein[2] qui, parlant des débuts de l'insurrection, écrit : « Presque toute la noblesse était émigrée ou en prison. » Ce qui confirmerait toutefois qu'il ne peut y avoir eu, et pour cause, conjuration de cette dite noblesse. Mais la marquise de La Rochejaquelein n'est pas vendéenne. Tout comme son premier mari, le marquis de Lescure, elle appartient à la noblesse versaillaise et ne viendra en Vendée que pour rejoindre l'insurrection paysanne. A part Philippe, prince de Talmont, second fils du duc de La Trémoille, qui se mettra à la tête de ses vasseaux en 93, retournant d'émigration, il est singulier de remarquer que tous ces nobles, dont les paysans vont faire leurs propres généraux, ne sont pas originaires du département de la Vendée. Charette est breton, Bonchamps angevin, Stofflet lorrain, Lescure versaillais, d'Elbée d'origine allemande, Cathelineau angevin. Ce qui ne fait que souligner une grande carence de la noblesse vendéenne dans l'insurrection. D'après Jacques Cathelineau, quinze jours après le soulèvement, sur vingt mille insurgés, ne se trouvaient que deux nobles et deux prêtres. Les premiers chefs des insurgés, outre le voiturier Cathelineau, sont tous des plébéiens : le perruquier Gaston à Challans, le marchand d'œufs Louis Guérin à Saint-Hilaire-de-Riez, le chirurgien-barbier Joly à La Chapelle-Hermier, le colporteur Pajot à Bouin. Charette, La Rochejaquelein, Bonchamps, d'Elbée ne seront pas volontaires, mais requis par les paysans qui croiront nécessaire de mettre à leur tête des

1. Marcel Faucheux, *l'Émigration vendéenne de 1792 à l'an XI*, Archives de la Vendée, 1976.
2. Marquise de La Rochejaquelein, *Mémoires*, 1817.

officiers professionnels lorsque la révolte deviendra une véritable contre-révolution, avec sept cents paroisses en armes. Mais les troupes de la République ne procédaient pas autrement, toutes commandées par d'anciens officiers de l'armée de Louis XVI, pratiquement tous aristocrates. Symbole de ce phénomène les Marigny, morts tous les deux généraux dans la guerre de Vendée, mais Gaspard dans les rangs vendéens, et Jean-Fortuné, général de la Légion des Francs de Mayence, dans les rangs républicains.

On a toujours ramené les guerres de Vendée à des facteurs idéologiques, alors qu'elles se placent dans la perspective des grandes jacqueries dont elles forment le dernier et le plus ambitieux épisode. Pourtant, depuis la première « jacquerie » d'Ile-de-France en 1358 (qui a donné son nom aux révoltes paysannes) jusqu'aux six insurrections paysannes qui ont précédé celle de Vendée, de 1789 à 1792 (Vivarais en 1783 ; Bretagne et Sud-Ouest en 1789-1790 ; Bretagne, Nord, Charentais, Quercy, Agennais en 1790-1791 ; Limousin, Auvergne, Languedoc, en 1792) les mêmes phénomènes que l'on croit typiquement vendéens se sont répétés, c'est-à-dire que des aristocrates campagnards sont presque toujours mêlés à ces révoltes des gueux, dont ils deviennent les officiers et que des prêtres ruraux les accompagnent. Les *pitauds* de Guyenne qui s'insurgent contre la gabelle, en 1548, ont eux aussi des capitaines de paroisses, des curés-conseillers et des nobles-officiers. Et leur mouvement est religieux puisqu'ils invoquent le droit divin contre le droit impie de l'État.

Pendant tout le cours de l'Histoire, les émeutes ont été nombreuses dans les villes, mais d'une durée toujours brève ; alors que dans les campagnes les insurrections dégénèrent en guerres longues. En Périgord en 1637, en Normandie en 1639 (les *Nu-pieds*), en Rouergue en 1643, les paroisses rurales insurgées sont commandées par des petits aristocrates, souvent cadets de famille qui s'unissent aux paysans contre l'État centralisateur, voire contre la haute aristocratie. Ce n'est pas un hasard si l'apogée des insurrections paysannes se situe au XVIIe siècle : Louis XIV et Colbert mettent en effet en place l'étatisme que le jacobinisme entérinera.

Comme les guerres de Vendée, la plupart des jacqueries ne montrent pas une image antinobiliaire et les châteaux sont rarement pris pour cibles. Le gentilhomme campagnard s'intègre en effet à la communauté rurale. L'hostilité va aux bourgeois, aux fonctionnaires, à la ville et, au-delà, à l'État tout-puissant. Dans toutes les jacqueries, jusques et y compris les guerres de Vendée et la chouannerie, nous voyons un populisme, parfois messianique, antiétatiste et communaliste. Contrairement à une idée reçue, les guerres paysannes eurent souvent pour prétexte la volonté de sauvegarder une vie communautaire menacée par la grande aristocratie et par l'Église (mais toujours protégée par les curés des paroisses rurales) qui voulaient s'approprier les « communaux ». La bourgeoisie, malgré les cinq guerres de Vendée, et les révoltes plus sporadiques dans les autres provinces, finira par émietter peu à peu ce bien communautaire, pour en faire un bien communal.

Autre chose, qui découle de cela : la plupart des guerres paysannes ont suscité des embryons de républiques. Et si les cinq guerres de Vendée, qui prirent en tout cas en 93 allure de guerre de Sécession, n'ont jamais aspiré à la république, espérant au contraire l'avènement de Louis XVII, puis de

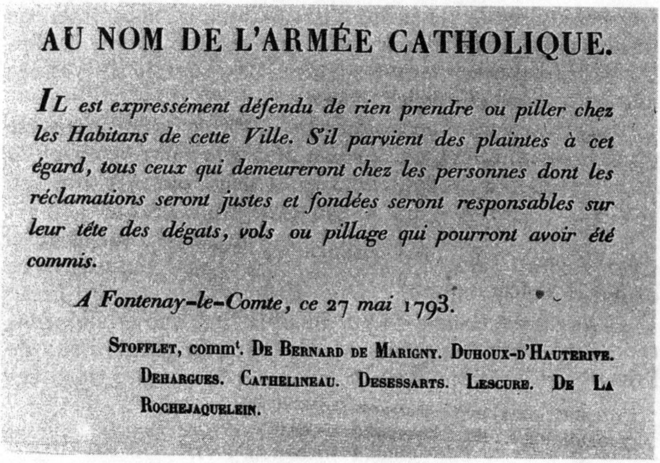

AU NOM DE L'ARMÉE CATHOLIQUE.

Il est expressément défendu de rien prendre ou piller chez les Habitans de cette Ville. S'il parvient des plaintes à cet égard, tous ceux qui demeureront chez les personnes dont les réclamations seront justes et fondées seront responsables sur leur tête des dégats, vols ou pillage qui pourront avoir été commis.

A Fontenay-le-Comte, ce 27 mai 1793.

Stofflet, comm[t]. De Bernard de Marigny. Duhoux-d'Hauterive. Dehargues. Cathelineau. Desessarts. Lescure. De La Rochejaquelein.

Henri V, en revanche le protestantisme vendéen, que l'on néglige avec obstination, faillit créer au XVIe siècle la première république française, dite du Bas-Poitou.

Louis XVII, Henri V ? N'est-il pas remarquable que l'amour des Vendéens ne se soit porté que sur des rois fantômes. Leur esprit monarchiste n'aurait-il pas été d'abord une utopie, érigée en mythe ?

Rien d'étonnant à ce que la Restauration se soit montrée aussi méfiante envers Vendéens et chouans. Elle n'était pas ingrate, comme on l'a dit, mais lucide. Ces hommes politiques qui entouraient les deux débris de la monarchie moribonde (je veux parler des deux frères de Louis XVI, Louis XVIII et Charles X) voyaient bien tout ce que le mythe vendéen véhiculait de particularisme provincial et de résistance « anarchisante » à l'État. Alors que la bourgeoisie, bénéficiaire de la Révolution, se trouve encore maîtresse du jeu au XIXe siècle, le mythe vendéen apparaît comme anticapitaliste et antiétatique, donc tourné vers le passé. L'État devient, au XIXe siècle, la propriété privée d'une classe qui exclut paysannerie et monde ouvrier. Georges Lefebvre [1] a parfaitement démontré comment la Révolution acheva l'entrée de l'agriculture dans la voie du capitalisme, engagée sous l'Ancien Régime. Paul Bois, qui fut l'un des premiers à détruire la légende du caractère rétrograde de la chouannerie, a démontré comment, en accaparant les terres à l'occasion de la vente des biens nationaux, la bourgeoisie française déclencha sans doute une terrible guerre civile [2]. Voilà qui éclaire mieux les causes des guerres de Vendée que les habituelles idées reçues.

Mais toutes les révoltes paysannes ont échoué, n'importe où dans le monde. Que ce soit celle menée par Müntzer en Allemagne, par Pougatchev en Russie, par Makhno en U.R.S.S. La Vendée ne fait pas exception.

En épilogue de son beau roman, *le Christ s'est arrêté à Eboli,* Carlo Levi a écrit des pages d'une rare lucidité sur ce drame de la paysannerie en perpétuelle lutte contre l'État :

« Pour les paysans, l'État est plus loin que le ciel, plus redoutable, car il n'est jamais de leur côté... Les dieux de l'État et de la ville ne peuvent avoir leur culte dans ces

1. Georges Lefebvre, *la Révolution française et les paysans,* 1932.
2. Paul Bois, *Paysans de l'Ouest,* Flammarion, 1971.

argiles où règnent le loup et l'antique et noir sanglier... Les seules guerres qui touchent leur cœur sont celles qu'ils ont menées pour se défendre contre cette civilisation, contre l'Histoire, les États, la Théocratie et les Armées. Ce sont les guerres menées sous leurs noirs étendards, sans discipline militaire, sans art et sans espoir : guerre malheureuse et toujours perdue d'avance ; féroce et désespérée et incompréhensible aux historiens. »

Georges Lefebvre[1] a également souligné comment la révolution paysanne était « largement autonome, indépendante des autres (de celle des aristocrates, des bourgeois ou des sans-culottes par exemple) ». Car, en effet, l'insurrection vendéenne est bien plutôt une révolution dans la Révolution qu'une contre-révolution. Une révolution populiste et messianique qui échoua, qui se brisa sur la révolution bourgeoise.

On peut aussi élever certains doutes sur le danger réel pour la république de l'insurrection vendéenne. Il eût suffi de peu de choses pour que les premières révoltes s'apaisent par la négociation. Hoche, lorsqu'on lui laissera les mains libres, saura négocier avec Charette. « En 1789-1790, écrit François Furet[2], la Révolution s'invente de formidables ennemis ; à tout credo manichéen il faut sa part de dure malédiction à vaincre. » Ce que confirment les Mémoires d'un témoin, M. Duviquet[3] lorsqu'il déclare qu'en 1790 Mirabeau aurait imaginé une prétendue terreur exercée par des brigands dans les campagnes afin de pousser le peuple des villes à prendre les armes. En réalité, dit M. Duviquet, il n'existait alors nulle part de brigandage, mais tous les citadins s'armèrent. En 93, le bouc émissaire fut tout trouvé et les brigands enfin canalisés en un seul lieu : la Vendée.

La thèse de la provocation a été récemment reprise par Jean Huguet qui écrit[4] :

« On a beaucoup débattu du complot royaliste, mais a-t-on songé qu'il pouvait exister un autre complot, celui-là républicain ? (...) A chaque fois qu'un coup de pouce devait être donné au destin politique de quelques hommes ou d'un

1. *Op. cit.*
2. François Furet, *Penser la Révolution française,* Gallimard, 1979.
3. M. Duviquet, *Souvenirs, 1773-1814,* Paris, 1905.
4. Jean Huguet, *Un cœur d'étoffe rouge,* Robert Laffont, 1986.

DECRET
DE LA
CONVENTION NATIONALE,

Du 9 avril 1793, l'an second de la république françoise,

Portant que les citoyens soldats qui, en exécution de la Loi des 24 et 25 février dernier, doivent joindre les armées de la République, se mettront en marche sans retard, pour se rendre aux lieux indiqués par le Conseil exécutif provisoire.

LA Convention nationale autorise les commissaires par elle envoyés dans les différens départemens de la république, pour surveiller et presser la levée de trois cens mille hommes, et en leur absence les corps administratifs, à prendre toutes les mesures pour que les citoyens soldats qui, en exécution de la loi des 24 et 25 fevrier dernier, doivent joindre les armées de la république, se mettront en marche sans retard, pour se rendre aux lieux qui leur ont été indiqués par le conseil exécutif provisoire.

Le présent décret sera envoyé aux conseils-généraux des départemens, par des courriers extraordinaires.

Vérifié par nous inspecteur du bureau des procès-verbaux. *Signé* JOSEPH BECKER.

Collationné à l'original par nous président et secrétaires de la Convention nationale. A Paris, les jour et an que dessus. *Signé* G. ROMME, *président*; J. B. BOYER-FONFRÈDE, JEAN-PHILIPPE GARRAN, *secrétaires*.

AU NOM DE LA REPUBLIQUE, le Conseil exécutif provisoire mande et ordonne à tous les Corps administratifs et Tribunaux, que la présente loi ils fassent consigner dans leurs registres; lire, publier et afficher, et exécuter dans leurs départemens et ressorts respectifs; en foi de quoi nous y avons apposé notre signature et le sceau de la république. A Paris, le neuvième jour du mois d'avril mil sept cent quatre-vingt-treize, l'an second de la République Françoise. *Signé* GOYER, président du conseil exécutif provisoire. *Contresigné* GOHIER. Et scellée du sceau de la république.

A FONTENAY,
De l'Imprimerie de TESTARD et GOICHOT, Imprimeurs du Département et du District. 1793.

groupe, la Vendée fut là pour justifier la prise ou l'accroissement du pouvoir, et dès lors se vit l'objet de mesures plus sanglantes. »

Peut-on ajouter foi au témoignage du général républicain Danican, transfuge en Angleterre, qui écrit en 1796 : « L'existence des Vendéens et des Chouans est l'ouvrage de la Convention. Celle-ci, poursuivie par la haine et l'indignation universelles, vit bien qu'elle ne pouvait se sauver qu'en organisant la guerre civile. » En tout cas le républicanisme de Kléber ne peut être récusé et Kléber lui-même émet des doutes. A maintes reprises il se demande si le gouvernement de la République ne prolonge pas intentionnellement un combat dont certains tirent profit. L'épisode le plus monstrueux des guerres de Vendée, le véritable génocide opéré par le général Turreau et ses Colonnes Infernales, ne répond par exemple à aucune exigence militaire puisqu'il se déroule alors que la Vendée est vaincue, que sa grande armée est définitivement écrasée, ses chefs morts ou en fuite.

Napoléon, à Sainte-Hélène, n'accusait-il pas la Convention d'avoir prolongé la guerre civile par incurie bureaucratique et hystérie sanguinaire !

« Si des hommes tels que Kléber et Marceau, précise Napoléon Ier [1], eussent, dès le principe de l'insurrection vendéenne, commandé les forces de la République, cette guerre impie eût été étouffée dans son berceau ; puisque tous les revers qu'éprouvèrent dans la Vendée les armées républicaines et cette valeureuse armée de Mayence, furent l'ouvrage des représentants du peuple, de ces proconsuls qui marchaient à la tête des troupes, dirigeaient les généraux, et les vouaient à la mort, quand, en vertu de leurs ordres, ils avaient été battus. Jamais pays ne fut dévoré par une anarchie plus cruelle que la Vendée : c'était une fièvre de sang qui enivrait les Français ; toute gloire s'y corrompait : il n'y a point de lauriers, quand elle se rougit du sang des concitoyens. »

Au lieu de rechercher les causes de l'insurrection vendéenne dans la Vendée même, pourquoi n'examine-t-on pas la situation de la politique française au moment où la

1. *Mémoires pour servir à l'histoire de France, op. cit.*

Vendée s'insurge ? Pourquoi ne se pose-t-on pas la question de savoir si cette situation politique n'est pas aussi l'une des causes de l'insurrection ?

En 1793, les débats à la Convention atteignent une violence qui conduira en juin à la mise en accusation des Girondins et à leur exécution. Selon le mot de l'un d'eux, Vergniaud, la Révolution devenait « Saturne dévorant ses enfants ». L'arbre de la Liberté, qui s'était substitué à la coutume villageoise de l'arbre de Mai, n'était plus le symbole de la Révolution. La guillotine l'avait remplacé. Dumouriez et La Fayette, les deux généraux les plus populaires des débuts de la Révolution, désertaient une République qui ne cessait de mettre en accusation ses chefs militaires et passaient aux Autrichiens. La Commune de Paris imposait sa dictature non seulement sur l'Assemblée nationale, mais sur toute la province. Robespierre et Marat faisaient la loi à Paris, exerçaient la terreur, une terreur qui se répercutait de ville en ville. Le despotisme des rois avait trouvé ses sinistres successeurs. La Vendée, qui acclama 89, conspuait 93.

Que l'on ne se méprenne pas, cependant. Si l'insurrection vendéenne ne fut suscitée ni par les nobles ni par les prêtres, si ses premières troupes furent foncièrement populaires, le mouvement se modifia profondément à partir du moment où ces paysans se crurent obligés de faire appel à des officiers professionnels. Ceux-ci organisèrent en quatre armées, sur le modèle des régiments classiques, les bandes jusqu'alors éparses et, par là même, difficilement repérables. La plus importante est celle du Poitou puisque, sous le commandement de Lescure, de Marigny et de Henri de La Rochejaquelein, elle regroupera jusqu'à quarante mille hommes. Puis viennent l'armée d'Anjou, commandée successivement par Cathelineau, d'Elbée, Bonchamps et Stofflet, avec quinze mille hommes ; celle du Marais, commandée par Charette, avec dix mille hommes ; celle du Centre (ou du Bocage) menée par des chefs moins illustres : Royrand, Sapinaud de la Verrie, etc., avec cinq mille hommes. En tout, donc, soixante-dix mille combattants. Mais ce chiffre est évidemment aléatoire. Kléber l'estimait à quatre-vingt mille. Ces quatre-vingt mille, encadrés par

Le père du sculpteur David d'Angers (1788-1856) se trouvait parmi les cinq mille prisonniers républicains que Bonchamps, avant de mourir, sauva du massacre. En reconnaissance, bien qu'acquis aux idées progressistes, David d'Angers s'attacha à dessiner les portraits d'authentiques insurgés vendéens rescapés et sculpta le monument à Bonchamps, en marbre blanc, qui se trouve toujours dans l'église de Saint-Florent-le-Vieil.

des aristocrates, d'armée populaire deviennent « la grande armée catholique et royale ». Le système démocratique des élections d'officiers plébéiens par paroisses est remplacé par une hiérarchie des grades fort semblable à celle de l'armée républicaine. Les aumôniers affluent, dont le célèbre abbé Bernier qui négociera plus tard avec Bonaparte le ralliement au Concordat. L'aristocratie et l'Église ont bien pris en main les destinées de l'insurrection vendéenne, mais dans un second temps. L'armée vendéenne devint alors tout à fait hétéroclite. Elle se renforça de plusieurs régiments de hussards et de dragons, déserteurs de l'armée républicaine. La Légion germanique, licenciée à Tours, passa avec armes et bagages à la Vendée. Deux compagnies de chasseurs devinrent également mercenaires de Bonchamps, qui leur paya une solde. Nous voilà bien loin des capitaines de paroisse et des communautés villageoises marchant derrière leurs bannières. Mais en même temps, l'effacement des paysans et artisans vendéens dans la direction de la grande armée « catholique et royale » sera la perte de celle-ci. En abandonnant les méandres de son bocage et de son marais, en se rassemblant en régiments, en adoptant les méthodes guerrières de l'ennemi, la Vendée va à sa perte. Tant qu'elle fit une guerre de partisans, qui anticipe sur les guérillas modernes, la Vendée fut inexpugnable. Dès qu'elle traversa la Loire et sortit à découvert en une masse énorme de quatre-vingt mille personnes, incluant femmes, enfants, vieillards, elle se condamnait à la défaite.

93 ! Date énorme, date symbole. Mais l'épopée vendéenne ne se limite pas à 93. Les persécutions contre la Vendée ne s'arrêtent pas à la chute de Robespierre. Le Directoire ne se montre pas moins cruel pour la Vendée que la Convention. C'est sous le Directoire, en 1796, que Charette et Stofflet sont fusillés. C'est à partir du Directoire que la Vendée moribonde devient chouanne. La chouannerie, sous le Directoire, est foncièrement royaliste et Cadoudal, de sa Bretagne, en devient le grand chef.

Là se place un épisode curieux qui eût pu infléchir non seulement la destinée de deux hommes illustres, mais tout le cours de l'histoire de France et même de l'Europe. Le Directoire, en effet, décida de nommer Hoche général de l'armée d'Italie et Bonaparte général en Vendée. Or, tous les deux refusèrent pour des raisons différentes. Hoche n'aimait pas le Sud et Bonaparte, bien qu'antiroyaliste convaincu, voulait éviter de se mêler aux ténébreuses affaires de l'Ouest. Qu'ils aient accepté leurs postes de commandement et une extraordinaire inversion de l'Histoire se serait produite. Bonaparte intrigue pour ne pas aller en Vendée, se fait porter malade, bat la semelle sur le pavé parisien, jusqu'à ce que Barras s'éprenne de lui et lui accorde ce commandement de l'armée des Alpes que boude Hoche. Hoche ira s'enferrer en Vendée et Bonaparte deviendra célèbre dans l'Italie qu'il conquiert.

Le coup d'État du 18 brumaire est accueilli avec joie en Vendée. Mais cette joie part d'un malentendu, qu'illustrent les cris : « Vive le roi ! Vive Bonaparte ! ». Le 13 décembre 1799, Bonaparte Premier consul accorde un armistice à tous les insurgés de l'Ouest qui, dans les dix jours, déposeront leurs armes. Le 26 décembre, Bonaparte reçoit à Paris deux émissaires de la chouannerie, d'Andigné et Hyde de Neuville. En présence de Talleyrand, ces deux parlementaires assurent à Bonaparte que le vœu des royalistes est : le roi et vous. Bonaparte louvoie, saute d'un sujet à l'autre.

— Que voulez-vous être, leur demande-t-il, généraux ? préfets ? ambassadeurs ? Vous et les vôtres, vous serez ce qu'il vous plaira.

D'Andigné dit qu'il ne sollicite aucune faveur. Surprise de Bonaparte :

— Seriez-vous humilié de porter un habit que porte Bonaparte !

— Nullement, mais nous n'irons pas combattre demain les puissances dont nous étions hier les alliés.

— Si vous ne faites pas la paix (*colère de Bonaparte*), je marcherai contre vous avec cent mille hommes.

— Nous tâcherons de vous prouver que nous sommes dignes de vous combattre.

— J'incendierai vos villes.

— Nous vivrons dans les chaumières.

— Je brûlerai vos chaumières.

— Nous nous retirerons dans les bois. Au reste, vous détruirez la cabane du cultivateur paisible, vous ruinerez les propriétaires qui ne prennent aucune part à la guerre, mais vous ne nous trouverez que quand nous le voudrons bien, et avec le temps, nous détruirons toutes vos colonnes en détail.

— Vous me menacez ! (*Bonaparte hurle*).

— Je ne suis pas venu pour vous menacer, mais pour vous parler de paix ; nous nous sommes écartés de notre sujet ; quand vous le voudrez nous y reviendrons [1].

D'Andigné remit alors une lettre à Talleyrand par laquelle il demandait à Bonaparte de rétablir la monarchie. Choqué, le Premier consul renvoya d'Andigné et Hyde de Neuville avec cet ultimatum : huit jours pour signer la paix et en échange garantie de la liberté du culte, réouverture des églises, amnistie générale aux rebelles.

Le 18 janvier 1800, la chouannerie vendéenne se sépara de la chouannerie bretonne en votant la paix séparée. Le général Brune, nouveau commandant de l'armée de l'Ouest, signa l'accord avec les chefs vendéens que Bonaparte pensa concrétiser avec éclat en offrant à Autichamp, Bourmont, Châtillon, comme aux chefs bretons, normands et manceaux, des grades élevés dans l'armée républicaine ; que tous refusèrent. Mais tous les paysans vendéens déposèrent les armes.

1. Abbé Deniaud, *Histoire de la Vendée,* Tome 6, 1885.

La demande des émissaires vendéens faite à Bonaparte de rétablir la monarchie et l'ambiguïté qui subsista pendant les premières années du Consulat quant aux intentions du général corse, n'étaient pas dénuées de fondement. Talleyrand n'assistait certainement pas par hasard à l'entrevue entre les chefs vendéens et le Premier consul. Tiraillé entre le monarchiste Talleyrand et le Jacobin Fouché, Bonaparte subissait de surcroît les admonestations de Joséphine qui, de conviction royaliste, souhaitait que son mari devienne l'homme de la Restauration. Le 20 février 1800, le futur Louis XVIII lui-même écrivait à Bonaparte :

« Des hommes tels que vous, Monsieur, n'inspirent jamais d'inquiétudes... Sauvez la France de ses propres fureurs, vous aurez rempli le premier vœu de mon cœur ; rendez-lui son roi, et les générations futures béniront votre mémoire. »

Surpris, Bonaparte ne répondit pas.

Une seconde lettre du prétendant au trône suivit quelques mois plus tard :

« Depuis longtemps, général, vous devez savoir que mon estime vous est acquise. Si vous doutiez que je fusse susceptible de reconnaissance, marquez votre place, fixez le sort de vos amis... Vous perdez un temps précieux ; nous pouvons assurer le repos de la France ; je dis nous, parce que j'ai besoin de Bonaparte pour cela, et qu'il ne le pourrait pas sans moi. »

Le 7 septembre 1800, Bonaparte répondait par ce mot aimable, mais que le frère de Louis XVI dut considérer comme impertinent :

« J'ai reçu, Monsieur, votre lettre... Vous ne devez pas souhaiter votre retour en France ; il vous faudrait marcher sur cinq cent mille cadavres... Je ne suis pas insensible aux malheurs de votre famille ; je contribuerai avec plaisir à la douceur et à la tranquillité de votre retraite. »

« La tranquillité de votre retraite... » Sans doute Bonaparte pensait-il à la suggestion du troisième consul, Lebrun, qui proposait de donner à Louis XVIII le royaume de Pologne et d'y regrouper les émigrés irréductibles.

En réalité, Bonaparte songeait déjà à rétablir la monarchie mais à son propre profit, comme en témoigne cette lettre à l'un des chefs vendéens, signataire de la paix, le général de Bourmont :

« Je pourrais rappeler le roi et le faire monter sur le trône. J'y parviendrais en six mois. Mais à quoi cela servira-t-il ? La difficulté n'est pas de rétablir le roi, mais la royauté. Je lui rendrais tous les services que je pourrais, bien entendu, excepté sa couronne. Elle est perdue pour sa maison. L'Histoire offre d'autres exemples d'un changement de dynastie[1]. »

Comme on le voit, Bonaparte ne perd pas de vue la Vendée. Il dit à l'abbé Bernier, l'ancien aumônier général de la « grande armée catholique et royale » : « Je serais fier d'être vendéen. » Il efface l'épithète de « brigands » accolée par ses prédécesseurs aux paysans insurgés et la remplace par celle de « géants ». Il va jusqu'à dire de la guerre de Vendée qu'elle était « légitime, noble et belle ». Étudiant la stratégie de Charette, il s'aperçoit de l'importance des tirailleurs qui vont constituer dans la future armée impériale le fer de lance de nombreuses opérations. Pour susciter la conscription chez les Vendéens et les Bretons, il donne aux fils d'officiers vendéens des postes de choix dans des régiments d'élite. C'est ainsi qu'Auguste de La Rochejaquelein se trouvera officier dans l'armée impériale et que le fils de D'Elbée sera tué à Dantzig. Alors que sous l'Empire le nombre de déserteurs et de réfractaires à la conscription est intense dans toute la France (22 %), il sera beaucoup plus faible en Vendée. En 1805, par exemple, la Vendée n'accuse qu'un seul déserteur.

Éternels paradoxes de la Vendée. Mais en 1801 le Concordat met fin à l'un des motifs de l'insurrection : la persécution du clergé. La Vendée reçoit sept cent mille francs d'indemnités pour ses destructions, des subventions importantes pour la reconstruction de ses églises et, pour assurer sa reprise économique, quinze ans de dispense d'impôts. Le 25 mai 1804, un décret impérial ordonne de bâtir une ville de douze à quinze mille habitants au lieu du bourg de La Roche-sur-Yon qui n'en compte que quatre cent trente-quatre. La nouvelle préfecture de la Vendée portera le nom de l'empereur : Napoléon. Enfin, en 1808, le

1. Duc de Castries, *Louis XVIII*.

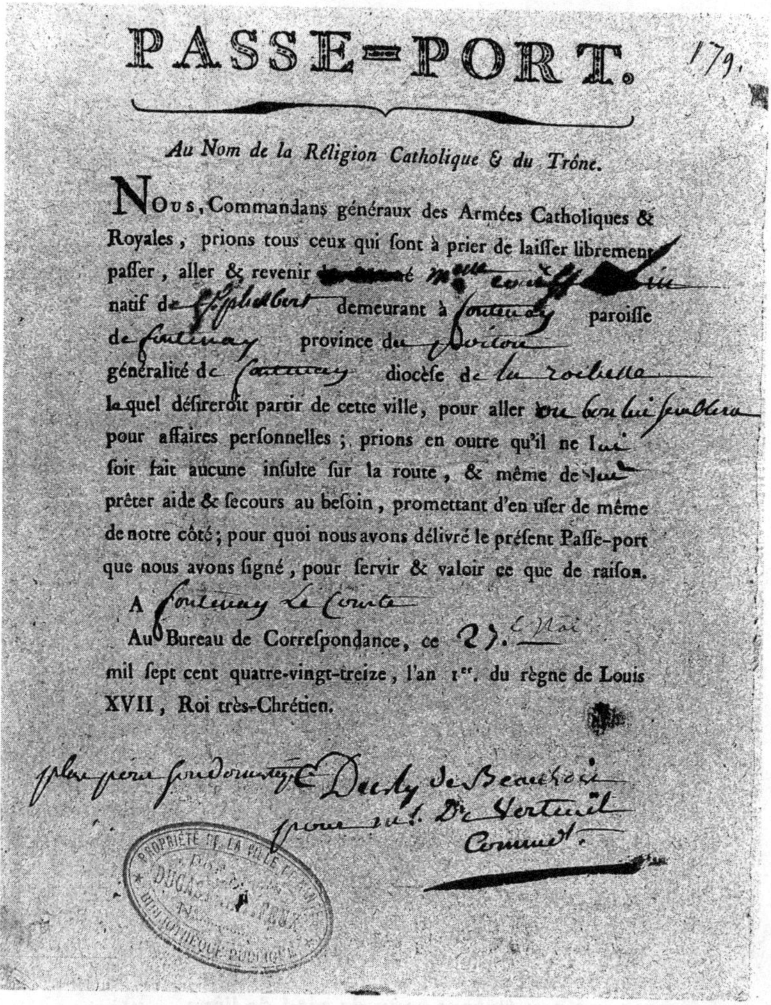

PASSE-PORT.

179.

Au Nom de la Réligion Catholique & du Trône.

NOUS, Commandans généraux des Armées Catholiques & Royales, prions tous ceux qui sont à prier de laisser librement passer, aller & revenir [redacted]é
natif de St Philbert demeurant à fontenay paroisse de fontenay province du poitou généralité de fontenay diocèse de la rochelle lequel désireroit partir de cette ville, pour aller ou bon lui semblera pour affaires personnelles; prions en outre qu'il ne lui soit fait aucune insulte sur la route, & même de lui prêter aide & secours au besoin, promettant d'en user de même de notre côté; pour quoi nous avons délivré le présent Passe-port que nous avons signé, pour servir & valoir ce que de raison.

A fontenay le Comte

Au Bureau de Correspondance, ce 27e Mai mil sept cent quatre-vingt-treize, l'an 1er. du règne de Louis XVII, Roi très-Chrétien.

pour M. De Vertueil

Command.t

nouveau monarque rendra visite à la Vendée, ce que ne feront aucun des trois rois de la Restauration.

L'esprit d'insubordination des Vendéens se continua néanmoins sous le premier Empire par le refus du Concordat. Un certain nombre de catholiques, désormais schismatiques, continuèrent à refuser les « intrus ». Bien que ce que l'on appela la Petite Église ait réuni le plus grand nombre de ses fidèles dans le département des Deux-Sèvres, le département de la Vendée lui fournit aussi un nombre non négligeable de partisans. A Saint-Malo-du-Bois, le tiers de la population était encore schismatique en 1820. La mort de son évêque, en 1829, ne permit plus de nouvelles ordinations de prêtres et, en 1847, lorsque mourut son dernier curé, les fidèles se résignèrent à choisir un laïque qui dirigea alors la prière commune et célébra l'office. Cent ans plus tard, en 1958, on comptait encore dans la région de Courlay environ trois mille pratiquants de la Petite Église.

La chute de l'Empire, le retour des Bourbons, tout cela ne semble pas émouvoir, plus que la politesse l'exige, une Vendée devenue amorphe. Avec le coup d'État de Napoléon qui revient de l'île d'Elbe et chasse Louis XVIII d'une chiquenaude, elle s'enflamme de nouveau. Mais là il s'agit, cette fois-ci, beaucoup plus d'une conjuration de la noblesse que d'une guerre paysanne. Les grandes familles réémergent : deux Charette, Ludovic et Athanase ; deux La Rochejaquelein : Louis et Auguste (Auguste qui déserte de l'armée impériale ou qui refuse de s'y réintégrer). Ludovic de Charette et Louis de La Rochejaquelein seront tués lors des premières échauffourées. Dix mille Vendéens prennent néanmoins les armes pendant les Cent-Jours et réussissent ce qu'espérait Louis XVIII : immobiliser dans l'Ouest vingt-cinq mille soldats napoléoniens qui auraient peut-être permis de vaincre à Waterloo. De là à penser que la Vendée a causé la chute indirecte de l'Empire il n'y a qu'un pas. Elle a donné en tout cas, à l'homme qui admira le plus son courage, un peu élégant coup de pied de l'âne.

Napoléon lui-même en fut si stupéfait qu'il dit à Fouché, peu avant Waterloo :

« Ces Vendéens sont fous. Durant mon règne je les ai laissés tranquilles, j'ai rétabli leurs villes, je leur ai donné des routes, j'ai fait pour eux tout ce que m'a permis le temps dont j'ai disposé, et en récompense de pareils traitements ils viennent se jeter sur moi pendant que j'ai l'Europe sur les bras ! Faites-leur entendre raison, duc d'Otrante, et proposez-leur une suspension d'armes. Je leur ferai cent fois plus de bien, par mes lois et mes travaux, que ne leur en feraient les Bourbons, auxquels ils se sacrifient inutilement depuis vingt-cinq années. »

La Vendée souffrit peu de cette insurrection pendant les Cents-Jours que les paysans appelaient « une guerre de velours »[1]. Il faut dire que le général Maximilien Lamarque, volontaire de 93, devenu baron d'Empire après Wagram, partageait l'opinion favorable de Napoléon envers les Vendéens et que, sous son commandement, la Vendée ne subit aucun pillage ni représailles[2]. Lorsque, le 7 juillet 1815, les Prussiens entrèrent à Paris, Auguste de La Rochejaquelein et Sapinaud proposèrent à Lamarque d'unir les troupes napoléoniennes et vendéennes pour combattre les puissances étrangères. Lamarque demanda alors à ses soldats d'arborer la cocarde blanche : « Je vous demande, je le sais, un grand sacrifice... Mais ce sacrifice l'intérêt de la patrie le commande. Nous ferons cause commune avec les braves Vendéens. »

Le 10 juillet, Sapinaud proposait à Lamarque de retirer ses colonnes qui occupaient les campagnes, lui certifiant qu'il se chargerait de maintenir l'ordre dans le bocage. Curieuse intrication que celle des débris de l'armée impériale (devenue royale) et de l'armée vendéenne insurgée (devenue gendarme).

Mais cet allié des Bourbons, cet allié indéfectible, cet allié trop remuant inquiète Louis XVIII. Il sait qu'il peut compter sur la fidélité inconditionnelle de la noblesse vendéenne. Son souci est donc d'abord de ne pas indisposer les bonapartistes et les Jacobins, de se concilier les généraux napoléoniens et leurs troupes. Fouché et Talleyrand se retrouvent conseillers du roi. Et Fouché, comme toujours, mani-

1. Trois chefs tués néanmoins : Athanase de Charette, Louis de La Rochejaquelein, Suzannet, une douzaine d'officiers, deux cents hommes.
2. Lamarque, si clément aux Vendéens, fut proscrit par Louis XVIII en 1815. Amnistié en 1818, élu député en 1828, il devint l'un des chefs de l'opposition de gauche sous Charles X. Ses obsèques, suivies par une immense foule, furent à l'origine des émeutes parisiennes des 5 et 6 juin 1832.

gance. Il dit à Louis XVIII : « Il faut par ruse, par force... licencier ces trop fidèles Vendéens dont le dévouement devient dangereux pour le Ministère. » Et à sa police : « La dissolution de tous ces corps royalistes est impérieuse... Il faut faire rentrer dans leurs chaumières tous ces paysans... Nous nous entendrons toujours avec les révolutionnaires : c'est un peu plus ou un peu moins de concessions à leur faire... les royalistes nous détestent ; il faut donc les perdre dans l'esprit du roi. »

Fouché exprimait d'ailleurs une opinion qui correspondait à celle de la famille royale. Dès la première Restauration, le duc de Berry, fils du futur Charles X, n'écrivait-il pas à Louis de la Rochejaquelein à propos des réclamations étonnées des Vendéens qui se voyaient toujours gouvernés par les mêmes autorités civiles que sous l'Empire et la République :

« La manière dont on demande le renvoi des autorités civiles est inconvenante et même séditieuse. Ces clameurs contre les préfets et les gendarmes portent un caractère révolutionnaire et ne peuvent être que le résultat d'un zèle inconsidéré... Je m'en rapporte, Monsieur, à votre sagesse et à votre prudence pour achever de détruire cet esprit d'insubordination et pour calmer les têtes... Employez donc, Monsieur, tous vos moyens à calmer les esprits et à persuader aux braves Vendéens qu'il n'y a point de vraie fidélité sans une soumission entière aux ordres et aux volontés du roi. »

Dire que la Restauration ne sera pas pour la Vendée le miracle attendu est un euphémisme. La restauration des Bourbons de la branche aînée, et ensuite celle des Orléans, fut pour la Vendée un terrible désenchantement. En 1816, il existait encore en Vendée trente mille veuves des guerres insurrectionnelles et quarante mille blessés. Or les officiers blancs, déclassés en grade, ou mis à la retraite, recevaient des pensions moins fortes que sous l'Empire. Les cinq enfants de Cathelineau vivaient dans la misère, alors que la sœur de Robespierre recevait, on ne voit pas très bien pourquoi, six mille francs de pension. La veuve de Bonchamps voyait sa pension réduite de moitié, mais le général Turreau, commandant des Colonnes Infernales, boucher de la Vendée, était décoré par Louis XVIII de la croix de

Saint-Louis. Les bleus qui revenaient dans leurs villages étaient indemnisés, mais les paysans insurgés qui avaient perdu maison, mobilier, vêtements, cheptel ne touchaient rien. Les bons de réquisition des chefs vendéens n'étaient pas honorés par l'administration royale. Indigné de tant d'injustices, Auguste de La Rochejaquelein se rendit à Paris au ministère de la Guerre, mais on l'éconduisit. De colère, il brisa les vitres du cabinet du ministre. En mars 1816, un tarif de pensions annuelles fut enfin appliqué aux blessés et aux veuves des guerres de Vendée : quatre-vingts à cent cinquante francs pour un officier, trente à quatre-vingts francs pour un soldat, trente à cinquante francs pour une veuve. A titre de comparaison, les Mameluks venus en France avec l'armée d'Égypte (il en restait encore quatre cent quatre-vingt-deux sous Charles X), touchaient une pension de cinq cent cinquante francs.

Le milliard, dit des Émigrés, ne profita guère aux Vendéens. Néanmoins, leur rancœur ne s'exerça pas sur les républicains favorisés par la Restauration. La Terreur Blanche, qui ensanglanta le Midi[1], ne répondit pas en Vendée à la Terreur Bleue. L'antipathie se portait sur celui que le tsar Alexandre Ier appelait « l'homme le plus nul de l'Europe et le plus insignifiant », Louis XVIII. Du temps de son émigration, ce dernier n'avait jamais été populaire en Vendée, où l'on avait appris, après 1796, sa correspondance avec Robespierre et Barras, puis avec Bonaparte. La sympathie allait à son frère, le comte d'Artois, futur Charles X, que Charette espéra voir débarquer en Vendée, qui alla jusqu'à accoster à l'île d'Yeu, mais qui, finalement, ne voulut pas « chouanner », selon sa propre expression.

Lors de l'abdication de Charles X, en 1830, Chateaubriand nous montre Auguste de La Rochejaquelein, toujours présent, veillant à la sécurité du monarque :

« Les troupes traversèrent Versailles, où la garde nationale faisait le service depuis la veille avec les grenadiers de La Rochejaquelein[2]. »

1. Le maréchal Brune, assassiné à Avignon par des royalistes, deux autres généraux de l'Empire tués à Nîmes et à Toulouse. En revanche, précise Émile Gabory (*Les Bourbons et la Vendée,* 1925) « en Vendée pas une goutte de sang ne fut versée ».
2. Chateaubriand, *Mémoires d'outre-tombe.*

Lazare Hoche signe à La Jaunaye, avec Charett
puisque rompu par le débarquement désastr

emier acte de réconciliation. Il sera de courte durée,
s émigrés à Quiberon, le 27 juin 1795.

La noblesse est toujours fidèle, « malgré tout », comme elle le dit. Mais les paysans et les ouvriers vendéens ne suivent plus. Ils ne répondront pas à l'appel lancé par les aristocrates en faveur de la duchesse de Berry en 1832. Après l'échec de cette dernière insurrection, le chiffre total des chouans, dans les quatre départements de la « Vendée militaire », ne dépassera pas sept cents hommes qui continuèrent une lutte sans espoir contre les soldats et les gendarmes du dernier roi de France, Louis-Philippe. Singuliers retournements de l'Histoire ! Pendant ce temps, les aristocrates vendéens, qui avaient abandonné sans vergogne les insurgés redevenus « brigands », guerroyaient au Portugal où le goût des armes, plus sans doute que celui des convictions politiques, les conduisit à soutenir don Miguel, prétendant au trône, rival de don Pedro, venu du Brésil lui ravir la couronne. Dans cette équipée se retrouvaient Auguste et Louis de La Rochejaquelein, Bourmont, Kersabiec, Cathelineau aîné et Cathelineau le jeune.

A Paris, Louis-Philippe inaugurait en 1836 l'Arc-de-Triomphe de l'Étoile voué « aux gloires des armées républicaines et impériales ». Parmi les six cent soixante noms de généraux gravés dans la pierre, se trouve celui de Turreau, le bourreau de la Vendée. Le jeune Louis-Philippe, alors général républicain, s'est fait sculpter en bas-relief sur le monument. En 1839, lorsque dans le palais de Versailles une galerie fut consacrée à « toutes les gloires de la France » les portraits des généraux vendéens précédemment accrochés dans la salle des gardes du palais de Saint-Cloud furent répertoriés, puis rejetés. Dans le texte d'introduction au catalogue, une explication est donnée à cette exclusion :

« S'il en est quelques-uns que l'on s'étonne de ne pas y trouver, c'est que la pensée qui a présidé à ce travail n'a pas voulu perpétuer la triste mémoire de nos discordes civiles. »

La monarchie, avant de s'éteindre, tirait donc un trait sur l'épisode vendéen qu'elle condamnait à l'oubli.

Bien accueillie en Vendée, la révolution de 1848 n'y suscita pas cependant de révoltes paysannes comme dans de nombreux départements. Mais, depuis 1832, l'ouest de la France était quadrillé par un dispositif militaire si énorme

Entre 1903 et 1906, les « inventaires » dans les édifices religieux, consécutifs à la loi de séparation des Églises et de l'État, suscitèrent un embryon de révolte, qui se limita néanmoins à quelques bousculades, à de belles envolées verbales et à quelques souvenirs gravés dans le bois ou la pierre.

que toute manifestation y devenait impossible. Le suffrage universel faisait des ruraux l'électorat majoritaire. Comme la Deuxième République n'avait pas osé faire voter par communes, les électeurs paysans se rendirent au chef-lieu de canton en cortèges, curés et maires en tête, derrière bannières et tambours. La préfecture de la Vendée, qui avait perdu son nom de Napoléon sous la Restauration, changé en Bourbon-Vendée, redevint Napoléon en 1848 puis Napoléon-Vendée sous le second Empire. 1848 fut accueilli avec joie, parce que cette révolution débarrassait la Vendée des sbires de Louis-Philippe, mais aussi parce qu'elle semblait mener à l'effacement de l'État. L'idée que la nouvelle république supprimerait totalement les impôts conduisait à brûler les papiers d'huissiers dans des feux de joie, voire à jeter les huissiers dans les rivières. Mais loin de répondre à cette utopie paysanne, la République de 1848 s'entoura, comme les pouvoirs précédents, de percepteurs et de gendarmes. Tout le poids de la crise fut même porté par les paysans, avec une majoration de quarante-cinq centimes par franc de l'impôt direct. Ils s'en vengeront en votant à 80 % contre les démocrates-sociaux et en faisant élire Louis Napoléon président de la République. Celui-ci les récompensera en allégeant l'impôt sur le sel et les boissons.

Du début du second Empire jusqu'aux environs de 1880, la civilisation rurale atteint son apogée dans toute la France. C'est aussi l'époque du renouveau de la Vendée.

Le fils de la duchesse de Berry, au nom duquel se produisit la dernière insurrection vendéenne en 1832, meurt en exil en 1883. Sa dépouille mortelle fut exposée à Frohsdorf, au milieu de vieux valets français en habits bleus qui avaient suivi la dynastie déchue, gardée par les derniers Suisses de la monarchie armés dérisoirement de hallebardes. A la tête du lit, entre les cierges, s'étendait un seul drapeau, la bannière des zouaves pontificaux de Charette-le-Quatrième, sur laquelle, brodée en rouge sang, réapparaissait ce cœur flanqué d'une croix que les Vendéens de 93 portaient sur leur poitrine.

Celui qui aurait pu devenir le soixante-dixième roi de France, sous le nom de Henri V, disparaissait en Autriche et, avec lui, s'éteignait la monarchie et le monarchisme qui ne sera plus en Vendée qu'une sorte de folklore.

Le Vendéen le plus célèbre de la fin du XIXe siècle et du premier quart du XXe, ne sera-t-il pas un républicain anticlérical : Georges Clemenceau ?

Ce qui nous conduit à évoquer une Vendée presque toujours escamotée : la Vendée républicaine. Et à rectifier quelque peu la carte du département. En 1793 en effet tout le sud et l'ouest de la Vendée, non seulement ne s'insurgent pas, mais optent pour la république. Les régions de Fontenay-le-Comte, Luçon, Sainte-Hermine, Talmont, Les Sables-d'Olonne, ne font pas partie de la Vendée « blanche ». La plaine, protestante au XVIe siècle, devint républicaine en 93 et radicale, comme Clemenceau, sous la Troisième République. Par contre, dans le bocage, un seul village opta pour la Convention, Chaillé-les-Ormeaux, dont les habitants furent appelés les « Barrés (tachés) de Chaillé. »

Il semblerait, à lire pratiquement tous les historiens, aussi bien Michelet à gauche que les innombrables laudateurs de la Vendée à droite, qu'aucun Vendéen ne figurait dans les armées de la Première République. Or non seulement il y eut des Vendéens volontaires de l'an II, comme Augustin Belliard, élu capitaine à Valmy, général de brigade à vingt-sept ans, accompagnateur de Bonaparte en Égypte et lors de la campagne de Russie, mais on cache le pire, ces « chasseurs de la Vendée », recrutés dans la plaine et le marais par le général Travot et qui furent les plus terribles adversaires des chouans.

La Vendée catholique faillit néanmoins se réveiller entre 1903 et 1905 à propos de l'expulsion des religieux de leurs communautés, des « inventaires » dans les églises et de tout ce qui fut consécutif à la loi de séparation de l'Église et de l'État. Les persécutions religieuses, oubliées depuis le Concordat de 1802, réapparaissaient et suscitaient des manifestations populaires et des discours emphatiques. « Nous resterons, envers et contre tous, les dignes fils de ceux qui gardaient les prêtres », proclame-t-on contre « les voyous, partisans de la défroque combiste ». Le recteur des congrégationnistes expulsés des Sables-d'Olonne s'écrie devant une foule de marins et de poissonnières : « Vos chants, vos acclamations, votre conduite, vos sacrifices, tout prouve que vous êtes vraiment les fils des Vendéens qui ont scellé, de leur sang, leur foi et leur patriotisme. Honneur à la Vendée ! » Trois volumes ont été consacrés à relater les « atrocités » commises par les soldats et les gendarmes sur les femmes[1]. Mais de quoi s'agit-il ? Des bousculades, quelques vêtements déchirés. On se laisse traîner sur le sol. On s'accroche aux confessionnaux. Cette résistance passive est une comédie décrite en tragédie. Tout cela ressemble à une parodie de 93. On s'enflamme, on discourt, mais on ne passe pas aux actes vraiment violents, ou si timidement. Un cheval de gendarme bouscule les manifestants et voilà les Colonnes Infernales revenues. Des deux côtés on exagère, on se monte le bourrichon. Le préfet de La Roche-sur-Yon déplace deux compagnies d'infanterie pour une simple manifestation pacifique. Pas un coup de feu n'est tiré. Pas un seul blessé grave. Tout au plus quelques coups d'ombrelle assenés par des paroissiennes en furie.

Les religieux qui résistent à l'expulsion en se barricadant dans leurs couvents se disent d'ailleurs en général républicains. L'abbé Valade, aux Sables-d'Olonne, exprime une opinion majoritaire lorsqu'il déclare :

« Je suis républicain et je demande la liberté ; d'abord la première de toutes, la liberté de conscience. Je réclame les Droits de l'homme, qu'on affiche sur tous les murs, et je veux que ma vie soit consacrée à la défense de cette liberté... Et c'est au nom de la liberté qu'on foule aux pieds tous nos droits. »

C'est le jacobin Clemenceau, dreyfusard, rationaliste, défenseur de la Commune de Paris, qui rétablira la paix en Vendée dès qu'il deviendra ministre de l'Intérieur en 1906 en ordonnant de surseoir à tout « inventaire » demandant l'emploi de la force.

Deux journaux « bleus » paraissaient en Vendée à cette époque : *La Vendée Républicaine* (radical) et *Le Courrier de la Vendée* (républicain libéral). Notons aussi qu'en 1904, une Vendéenne, Séraphine Pajaud, se multipliait en conférences dans les différentes localités vendéennes sur

1. *Le drame de la persécution aux Sables-d'Olonne contre les Rédemptoristes,* 3 vol., Montauban, s.d.

le thème de l'inexistence de Dieu et de l'émancipation féminine.

C'est seulement en 1917, lorsque Clemenceau deviendra président du Conseil, que le drapeau tricolore entrera pour la première fois dans toutes les églises vendéennes.

Si la Vendée paysanne a toujours été glorifiée (ou haïe) pour des raisons de politique et de folklore, en revanche la Vendée ouvrière est aussi occultée que la Vendée protestante et la Vendée républicaine.

L'industrialisation de la Vendée fut tardive et difficile. Les propriétaires terriens vivant confortablement de la misère de leurs métayers ne tenaient pas à voir se créer une concurrence sur le marché du travail. Un directeur de conserverie s'exprime fort clairement à ce sujet dès 1873 :

« Les propriétaires de ce pays arriéré voient avec un œil d'envie et la ferme résolution de lui nuire le plus possible, l'industrie s'élever dans ce malheureux coin de Vendée : ils regrettent le temps (...) où ils avaient un domestique pour quarante francs par an et une paire de sabots... tandis qu'il les leur faut payer aujourd'hui cent cinquante à deux cents francs... Autrefois, ils avaient aussi chaque samedi plus de cinq cents malheureux tendant la main à leurs portes et aujourd'hui pas plus de dix à quinze, attendu que nos usines donnent la vie à tous. »

Le progressisme du directeur de conserverie est un peu trop optimiste, car les salaires des ouvriers de l'industrie vendéenne sont tels que les grèves se multiplient dans les premières années du XXe siècle. Toutefois ces grèves portent surtout sur un refus de la discipline et ne deviennent jamais violentes. Pendant longtemps, les houillères de Faymoreau vont canaliser l'esprit revendicatif de la classe ouvrière en Vendée. A tel point qu'elles resteront un symbole. La création de la Chambre syndicale des mineurs de Faymoreau date de 1895 et elle s'appuie sur les « Comités républicains » qui se forment dans les communes de Faymoreau, de Puy-de-Serre et de Marillet. Non seulement les mineurs de Faymoreau sont républicains, mais ils s'affichent anticléricaux. En 1877, seulement 10 % des hommes et 35 à 40 % des femmes « font leurs pâques ». Le curé parle d'un « flot d'ouvriers, sans consistance, sans tradition, sans caractère religieux, et toujours prêts à se laisser entraîner au mouvement de l'esprit révolutionnaire hostile à la religion »[1].

Les houillères de Faymoreau fermeront en 1958. Mais le potentiel industriel de la Vendée augmentera de 52 % entre 1968 et 1975. On dénombrait en Vendée, en 1982, un taux de population ouvrière particulièrement élevé : 38,7 %, contre 20,7 % en moyenne en France. Bateaux, meubles, chaussures, confection, électronique ont accompli un tel bond dans ce département qui semblait voué à la stagnation agricole que l'on a pu parler de « miracle économique vendéen » et dire du Choletais, avec quelque exagération due à un compréhensible enthousiasme, qu'il fallait y voir un « Japon français ». Quoi qu'il en soit, l'esprit combatif des industriels vendéens perpétue le goût de l'aventure et la soif de puissance que ce petit peuple n'a cessé de manifester dans tout le cours de son histoire. Les agriculteurs ne sont pas en reste puisque la Vendée devenait, en 1987, le premier département de France pour la production bovine. Par ailleurs, le tourisme populaire qui a beaucoup contribué à sauver la Vendée de sa pauvreté, tout en détruisant par la médiocrité de sa nouvelle architecture la beauté de son littoral, amène chaque année un million huit cent mille touristes sur ses quatre-vingt-dix kilomètres de côtes sableuses. La Vendée est ainsi devenue le second département touristique français.

Comment la Vendée a-t-elle vécu l'occupation allemande de 1940 à 1945, la collaboration, la Résistance ?

Le nombre de collaborateurs actifs fut infime : 332 hommes et 82 femmes. On ne s'étonnera pas que le plus grand nombre se soit trouvé dans la L.V.F. (Légion des volontaires français contre le bolchevisme) : 143 hommes, 26 femmes. La milice de Joseph Darnand entraîna 42 hommes et 18 femmes. Par ailleurs, le P.P.F. de Doriot inscrivait 95 personnes, le R.N.P. de Déat et Deloncle 38, le Groupe Collaboration d'Alphonse de Châteaubriant 31, le Francisme de Bucard 6. Aucun Vendéen ne s'engagea dans les Waffen SS[2].

1. Florence Regourd, *La Vendée ouvrière,* Le Cercle d'Or, 1981.
2. *La Vendée sous l'Occupation 1940-1944,* Service éducatif des archives départementales de la Vendée, CRDP, Nantes 1982.

En revanche les maquis regroupaient 3 362 hommes. Dix fois plus que de collaborateurs. Aucun maquis ne fut militairement constitué en Vendée, la densité de l'occupation allemande y étant trop considérable (40 000 soldats en permanence, étant donné le danger d'un débarquement allié dans les îles et sur la côte)[1].

On sait qu'en novembre 1945 un aviso amena de La Rochelle à l'île d'Yeu le maréchal Pétain. Enfermé dans le fort de l'île, Pétain ne quitta sa cellule que dans les derniers moments de sa vie et mourut dans une maison de Port-Joinville le 23 juillet 1951. Le bâtiment qui lui servit de cellule fut détruit, afin que ne s'y attache aucun fétichisme. Il est enterré dans le cimetière de l'île.

L'un des maréchaux de la Seconde Guerre mondiale est vendéen. Il s'agit, bien sûr, de Jean de Lattre de Tassigny. Ce qui permet à Mouilleron-en-Pareds, commune natale à la fois de Clemenceau et de De Lattre, de consacrer deux salles de sa mairie au « Musée National des Deux Victoires ».

Actualité de la Vendée. Le spectacle du Puy-du-Fou, depuis l'été 1978, écrit par Philippe de Villiers et mimé par les habitants de douze villages du Haut-Bocage. « Ce soir, la Vendée » n'est pas un banal Son et Lumière, mais une sorte de mystère moderne qui tend à exprimer l'identité vendéenne. Ces tableaux vivants de l'existence quotidienne de nos campagnes d'hier, ponctués par les grands événements qui donnèrent à la Vendée son visage universel, l'élan des acteurs qui vivent leur propre histoire, la ressuscitent, les grands mouvements de foule, la fougue de la cavalerie, l'immense scène naturelle constituée par la prairie, l'étang, la boucle du chemin et les ruines du château en fond de décor, tout cela constitue une mise en scène attractive.

Toujours des aristocrates frondeurs (de Lattre de Tassigny), mais aussi des plébéiens extrémistes. Il existe de nombreuses associations vendéennes de « gauche » et d'extrême gauche : *Arantelle* (Association de culture populaire pour la promotion de la langue poitevine), *L'Aigail, Galerne,*

1. *Organisation et Opérations des Forces Françaises de l'Intérieur en Vendée,* Nantes, 1945.

le Centre de Documentation du Mouvement Ouvrier et du Travail en Vendée et une Fédération Libertaire de Vendée, coordonnant l'action de plusieurs groupes anarchistes de La Roche-sur-Yon, Luçon, Challans. Les « lois scélérates » de 1893-1894, qui dressèrent la liste des anarchistes en France, recensèrent vingt-quatre Vendéens, dont un ancien capucin. Il faut dire que la plupart de ceux-ci étaient présumés anarchistes en raison de leurs abonnements aux publications *La Révolte* et *Le Père Peinard.* On soupçonna le cordonnier Fargeau, de Foussais, d'intervenir dans la grève des mineurs de Faymoreau, en 1895. Toujours est-il qu'en avril 1909 le leader anarchiste Sébastien Faure vint à La Roche-sur-Yon prononcer une conférence sur la « faillite du christianisme ».

La Vendée est redevenue d'actualité, ces dernières décennies, par le biais des guerres subversives que certains auteurs ont rapprochées des techniques de l'insurrection de 93. Vietnam, Cambodge, Afghanistan, Amérique latine, autant de points de comparaison. Le colonel André Montagnon, sous le titre : *Une guerre subversive, la Guerre de Vendée*[1], s'est appliqué à démontrer que « l'insurrection vendéenne offre une illustration presque parfaite de la guerre subversive et met en pleine lumière la plupart des traits qui caractérisent ce genre de conflit ». Mieux, à l'École supérieure de guerre (76e Promotion) le chef de bataillon Gras a développé l'étude des guerres de Vendée comme principe de « lutte contre la subversion ».

Enfin, les nombreux génocides qui se sont succédé depuis le début du XXe siècle : Arméniens, juifs, Cambodgiens, tziganes, Biafrais, ont remis en lumière ce génocide de la Vendée, camouflé pendant près de deux cents ans, et toujours d'ailleurs contesté par les éternels robespierristes. Le 21 septembre 1985, Reynald Secher soutenait en Sorbonne une thèse intitulée *Le génocide franco-français. La Vendée Vengé* (sic)[2]. Pierre Chaunu soulignait fort justement que, avec cette thèse, « la Vendée est entrée en Sorbonne par la grande porte. Depuis Aulard jusqu'à Albert Soboul, en

1. La Colombe, Paris, 1959.
2. Presses Universitaires de France, 1986. Après l'écrasement de l'insurrection, la Convention débaptisa le département et, de Vendée, l'appela Vengé.

passant par Albert Mathiez et Georges Lefebvre, elle était de facto exclue ».

Les propos inattendus de Reynald Secher, de Pierre Chaunu, de Jean Meyer, voire ceux, bien antérieurs, de François Furet, susciteront un pamphlet de Max Gallo : *Lettre ouverte à Maximilien Robespierre sur les nouveaux muscadins*[1]. Il est assez singulier de voir recommencer en 1986 le même conflit entre droite et gauche à propos de la Vendée, où les mêmes aberrations, les mêmes exagérations fusent des deux côtés. Avec la différence que ce n'est plus qu'un duel de plumes et que la population locale ne souffre plus des retombées de leurs passions idéologiques. Il y a peu à retenir du médiocre libelle de Max Gallo, sinon cette phrase :

« Quand, en 1984, des centaines de milliers de manifestants ont envahi Versailles d'abord, puis Paris — et beaucoup venaient de l'ouest du pays — pour défendre, déclaraient-ils, la liberté de l'enseignement, qu'ils défilaient avec leurs députés, leurs prêtres et leurs évêques, crois-moi encore, le souvenir de la Vendée n'était pas loin. »

C'est exact et ce phénomène ne me semble pas avoir été suffisamment observé. Les manifestations en faveur de l'école libre menées par le chanoine Guiberteau (un nom bien vendéen) prirent l'allure d'une véritable croisade. La Vendée se réveilla en effet en 1984, l'année même où le pape Jean-Paul II béatifiait quatre-vingt-dix-neuf « martyrs » angevins, victimes de la Révolution française. L'Église qui, depuis le Consulat, s'était toujours abstenue de rappeler la persécution de ses prêtres et de ses fidèles pendant la Révolution, prenait soudain parti. Juste réponse à ces pèlerinages de Lourdes qui se terminaient jadis par ce cantique :

« Dieu pour sa cause aura des hommes
Tant que vivront les Vendéens. »

Comment une révolution paysanne, une guerre plébéienne ont été finalement confisquées par le clergé et la noblesse royalistes et se transformèrent, au fil des ans, en symbole de toutes les réactions ? Singulière dérive. Singu-

1. Max Gallo, *Lettre ouverte à Maximilien Robespierre sur les nouveaux muscadins*, Albin Michel, 1986.

lière manigance de l'historicité. De brigands, les Vendéens sont devenus croisés.

La Vendée monarchique, la Vendée droitière est une idée qui se répandit au XIXe siècle, sous les deux Restaurations et qui servit surtout les ultras sous Charles X. Elle sera amplifiée sous Louis-Philippe, puis sous le second Empire et encore plus sous la Troisième République, par tous les nostalgiques de l'Ancien Régime. Et l'on faisait comme s'il n'existait pas aussi une Vendée républicaine, celle de Belliard et celle de Clemenceau, celle du paysan Clergeau, l'un des premiers adhérents du parti socialiste au début du siècle. Ajoutons qu'aux élections législatives de 1986, qui firent basculer à droite la majorité de l'Assemblée nationale, la Vendée fut l'un des rares départements à élire un député socialiste de plus et qu'aux élections à la présidence de la République, en 1988, alors que le candidat de l'extrême droite faisait 14,5 % de moyenne nationale, il n'obtenait en Vendée que 8,7 % des suffrages.

La Vendée aime se dire sœur de la Pologne et de l'Irlande. Pays d'eau, de marécages, pays catholiques, pays insurgés, les analogies sont en effet nombreuses. Pays martyrs aussi et, sans doute, est-ce surtout dans la persécution que ces pays sont frères.

Pour la Pologne, pour l'Irlande, pour la Vendée, l'histoire officielle observe de bien curieux mutismes. Aux silences de l'histoire répondent des murmures. Un grand silence a suivi le génocide de la Vendée. Le refoulé a suscité le fantastique et la légende.

Mais la mythologie vendéenne est aussi de l'histoire. La vision de l'étrange et du diabolisme poitevin chez Michelet n'est pas sans fondement. « Le Poitou, écrit-il, est la bataille du Midi et du Nord... Pays du mélange, des mulets et des vipères... Comme sa Mélusine, assemblage de natures diverses, moitié femme, moitié serpent [1]. »

Bien des choses, dans l'identité vendéenne, ne s'expliquent que sous l'angle des ogres et des fées. Pays de Mélusine, la Vendée, mais aussi de Gargantua et de Barbe-Bleue. Finalement ce que disait Victor Hugo reste notre meilleure conclusion :

« La Vendée ne peut être complètement expliquée que si

1. *Histoire de la Révolution française.*

la légende complète l'histoire ; il faut l'histoire pour l'ensemble et la légende pour le détail. »

Ou plutôt l'histoire pour le détail et la légende pour l'ensemble.

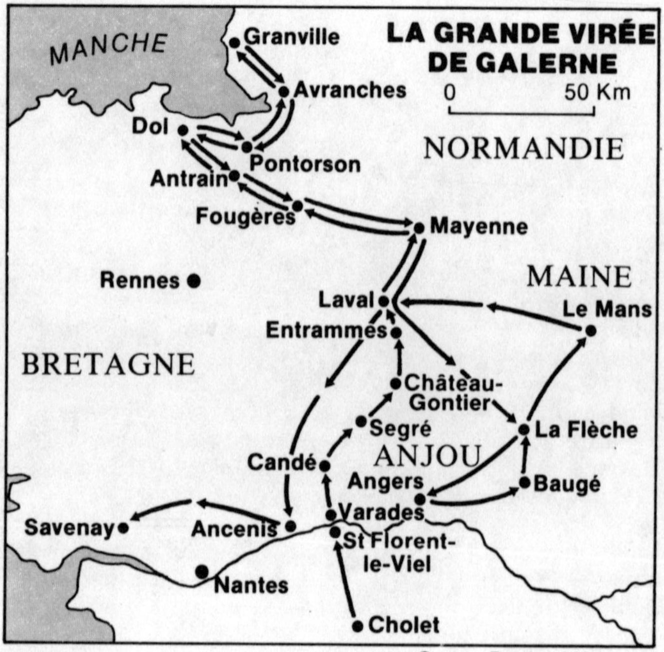

Carte : Patrick Mérienne

L'HISTOIRE

Le génocide

En 1980, dans la première version de *L'Accent de ma mère,* je prononçais les mots « holocauste vendéen » et « génocide vendéen gommé par l'histoire ». La rapide nomenclature des destructions systématiques de la Vendée, en 1794, causa un assez vif effet de surprise. Le génocide vendéen avait bien été, en effet, oublié. Mais c'est seulement à partir du moment où un jeune enseignant vendéen, Reynald Secher, soutint à la Sorbonne une thèse intitulée : *Contribution à l'étude du génocide franco-français, la Vendée-Vengé* (sic), le 21 septembre 1985, que l'Université, traditionnellement « de gauche », comme on dit, commença à s'émouvoir. Dans sa préface à la thèse de Reynald Secher, publiée aux PUF, Pierre Chaunu ne soulignait-il pas : « La Vendée est un lieu trahi de la mémoire de la France... la page honteuse du premier génocide idéologique. » Et, pour donner sans doute encore plus de portée médiatique à son réquisitoire, il ajoutait, dans des propos à la presse : « L'imagination sadique des colonnes de Turreau égale SS, goulags et Khmers rouges. » Enfin, se laissant déborder par son indignation, il précisait qu'il ne manquait pas de cracher chaque fois qu'il passait devant le lycée Carnot. Ce crachat lui sera fort reproché. Comme Pierre Chaunu lançait ses anathèmes contre la Convention dans *Le Figaro,* la presse dite de gauche suspecta aussitôt la droite de lancer une campagne contre les saints fondateurs de la République à l'approche des cérémonies de canonisation du deux centième anniversaire. Une fois de plus, la Vendée servait de prétexte aux enjeux politiques.

S'il est difficile aujourd'hui de réfuter le massacre délibéré des Vendéens pendant la Terreur, par contre une contre-campagne fut lancée dans l'Université et les médias pour rejeter le terme de génocide considéré comme inadéquat. Il ne pouvait pas y avoir génocide, disaient ces belles âmes, puisque les Vendéens ne constituent pas une ethnie différente dans la francité. Il y a bien eu massacre, d'accord, mais entre Français. Et pour reprendre le titre provocant de Reynald Secher, ils ajoutaient : un génocide franco-français est un terme impropre. Pol Pot employait exactement le même argument pour écarter l'accusation internationale d'un génocide entre Khmers.

Or c'est l'Assemblée générale de l'ONU qui, le 9 décembre 1948, donna au mot génocide l'extension que nous lui prêtons : « extermination systématique d'un groupe humain, national, ethnique, racial ou religieux. » Selon la définition de l'ONU, toute entreprise de liquider systématiquement un « groupe humain », relève donc du terme génocide. Notons aussi que le génocide peut être la liquidation d'un groupe religieux. L'entreprise d'extermination totale de la Vendée, en 1794, est donc bien un crime de génocide, tel que le définit l'ONU.

Je n'ai jamais compris pour quelles raisons les mêmes personnes qui s'indignent, à juste titre, du massacre des Albigeois et des persécutions contre les protestants camisards, cherchent des excuses au génocide de la Vendée catholique. Je n'ai jamais compris pourquoi Robespierre, Carnot et Barère sont disculpés à propos du génocide de la Vendée, toute la responsabilité des horreurs étant attribuée à Carrier et à Turreau, alors que ceux-ci ne firent qu'exécuter les ordres de la Convention. Le tribunal de Nuremberg ne condamna pas seulement les hommes de main nazis, mais pendit les dignitaires du Troisième Reich qui ne s'étaient pas immolés eux-mêmes. Nos historiens pour qui, pourtant, la Révolution « ne peut être prise qu'en bloc », ont tendance à absoudre ceux qui décrètent, qui ordonnent, et à condamner ceux qui exécutent. En réalité les premiers, bourreaux aux mains propres, sont des monstres pires que les seconds.

En août 1793, la Convention adopta le principe de la destruction totale de la Vendée. Non seulement l'exécution immédiate de tous les prisonniers, mais le massacre des femmes et des enfants, la destruction des moissons, l'incendie des bois, des hameaux, des villages, la réquisition de toutes les récoltes et de tous les bestiaux. Francastel, représentant de la République, annonce « l'intention immuable de purger, de saigner à blanc la génération vendéenne ». Il écrit au général Grignon : « Tu feras trembler les brigands, auxquels il ne faut faire aucun quartier... Il faut achever la transformation de ce pays en désert... Je le jure, la Vendée sera dépeuplée. »

Le lyrisme lugubre de Barère à la tribune de la Convention, le 1er août 1793, ne laisse pas de place à l'équivoque : « Détruisez la Vendée et Valenciennes ne sera plus au pouvoir des Autrichiens. Détruisez la Vendée et le Rhin sera délivré des Prussiens. Détruisez la Vendée et l'Anglais ne s'occupera plus de Dunkerque. Détruisez la Vendée et l'Espagne sera morcelée et conquise par les Méridionaux. Détruisez la Vendée et une partie de l'armée de l'Intérieur ira renforcer l'armée du Nord. Détruisez la Vendée et Toulon s'insurgera contre les Espagnols et les Anglais. Lyon ne résistera plus et Marseille se relèvera à la hauteur de la Révolution... La Vendée est encore la Vendée, voilà le chancre qui dévore le cœur de la République. C'est là qu'il faut frapper. »

Comme on le voit, la Vendée fut pour la Convention ce que le juif fut pour les nazis : le bouc émissaire chargé de tous les crimes. Dans les deux cas, il s'agissait de détourner la colère du peuple sur des victimes innocentes. Comme on le sait, il est toujours plus facile de châtier un innocent qu'un coupable.

Les preuves du génocide de la Vendée, c'est-à-dire de la tentative d'élimination totale de la population d'une région, décidée par les plus hautes autorités de l'État, sont d'autant plus abondantes que, contrairement aux nazis hypocrites qui camouflaient leurs méfaits, les généraux et commissaires politiques de 93 et 94 se glorifiaient de leurs abominations.

« La Vendée doit être un cimetière national », s'exclame Turreau, général en chef des Colonnes Infernales. Et l'un de ses subordonnés, le général Grignon, chef de la Première Colonne, lance à ses soldats : « Je vous donne l'ordre de livrer aux flammes tout ce qui est susceptible d'être brûlé et de passer au fil de la baïonnette tout ce que vous rencontrerez d'habitants sur votre passage. Je sais qu'il peut y avoir quelques patriotes, dans ce pays ; c'est égal, nous devons tout sacrifier. »

Et c'est bien là où le génocide s'affirme dans toute son horreur. Pour les nazis, il n'existait pas de « bons juifs », tous devaient être exterminés. De même, la Convention, qui connaissait pourtant la réalité d'une Vendée républicaine, considérait qu'il serait trop long de trier le bon grain de l'ivraie et qu'il valait mieux tout détruire.

Les douze colonnes de Turreau brûlent six cents bourgs et villages, des milliers de fermes isolées, les moulins à vent, les fours à pain, les barques de pêche. Les maires républicains qui accourent au-devant des troupes, avec leur écharpe tricolore, ne sont pas épargnés. Les hussards rapportent des chapelets d'oreilles qu'ils s'amusent à faire rôtir sur des grils. Avant d'égorger la population de Saint-Paul-en-Pareds, les soldats la font danser. Comme des Vendéens « patriotes » écrivent à Carrier de ne pas enlever tous les grains, qu'il expédie à Nantes, il répond : « Un département dont tous les habitants doivent être fusillés n'a pas besoin de subsistances. »

Dans le village de Luc-sur-Boulogne, le général Cordelier fait déployer ses soldats en éventail, ratisse les environs et rabat la population sur la place de l'église. Comme le curé s'avance pour protéger ses paroissiens, on lui arrache la langue, puis le cœur et on le coupe en morceaux. Les cinq cent soixante-quatre personnes du village, dont cent quarante-sept enfants, sont ensuite massacrés dans l'église qui, elle-même, est abattue à coups de canon.

Langues arrachées, oreilles coupées, yeux crevés, doigts sectionnés, femmes violées, mais aussi cadavres écorchés pour confectionner des culottes de peau comme celles des généraux Beysser et Moulin Jeune.

Le maire républicain de Fontenay-le-Peuple est horrifié. Il croit devoir s'en ouvrir à la Convention (16 pluviôse, an 2) :

« Les hommes, les femmes, même les enfants à la mamelle, les femmes enceintes, tout périt par la main de la Colonne. En vain, de malheureux patriotes, les certificats de

53

53. En 1822, Géricault peint ce superbe portrait d'un paysan vendéen avec son chapeau à larges bords, rescapé des guerres civiles de l'Ouest.

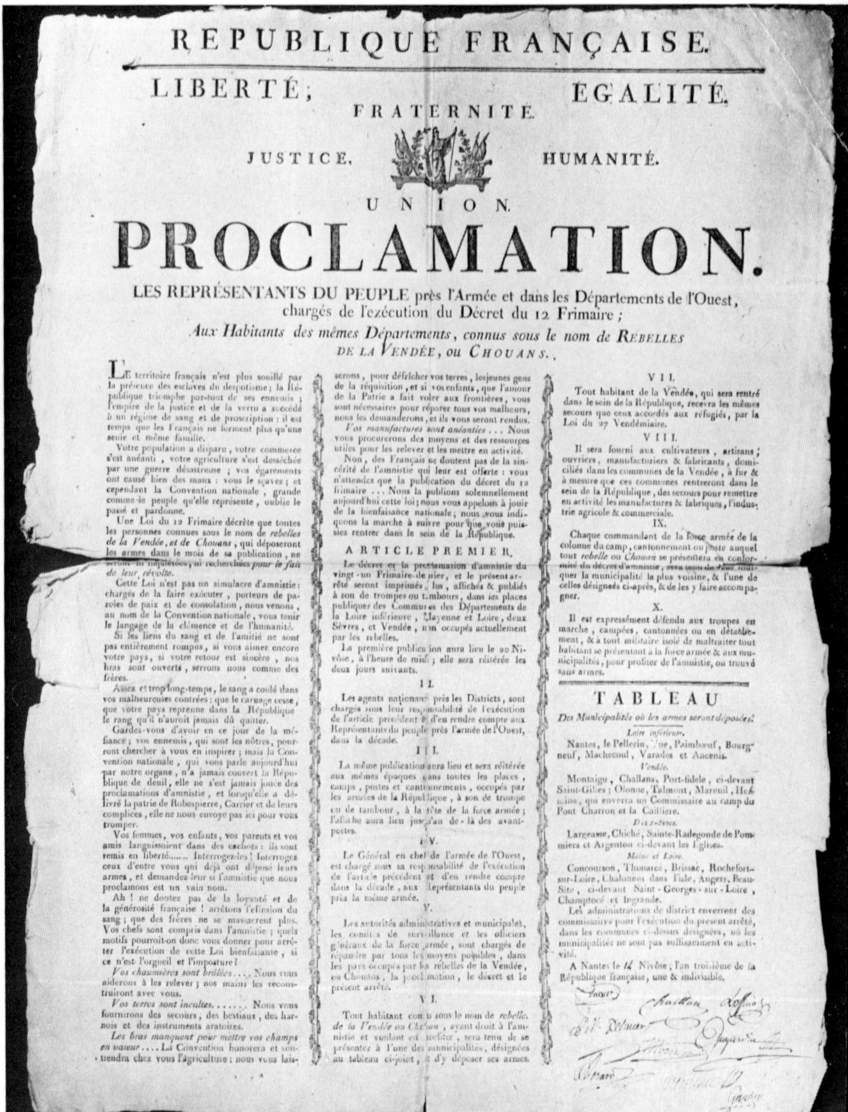

REPUBLIQUE FRANÇAISE.

LIBERTÉ; ÉGALITÉ. FRATERNITE.

JUSTICE. HUMANITÉ.

U N I O N.

PROCLAMATION.

LES REPRÉSENTANTS DU PEUPLE près l'Armée et dans les Départements de l'Ouest, chargés de l'exécution du Décret du 12 Frimaire;

Aux Habitants des mêmes Départements, connus sous le nom de REBELLES DE LA VENDÉE, ou CHOUANS.

LE territoire français n'est plus souillé par la présence des esclaves du despotisme; la République triomphe par-tout de ses ennemis; l'empire de la justice et de la vertu a succédé à un régime de sang et de proscription : il est temps que les Français ne forment plus qu'une seule et même famille.

Votre population a disparu, votre commerce s'est anéanti, votre agriculture s'est desséchée par une guerre désastreuse; vos égarements ont causé bien des maux : vous le sçavez; et cependant la Convention nationale, grande comme le peuple qu'elle représente, oublie le passé et pardonne.

Une Loi du 12 Frimaire décrète que toutes les personnes connues sous le nom de *rebelles de la Vendée, et de Chouans*, qui déposeront les armes dans le mois de sa publication, ne seront ni inquiétées, ni recherchées *pour le fait de leur révolte*.

Cette Loi n'est pas un simulacre d'amnistie : chargés de la faire exécuter, porteurs de paroles de paix et de consolation, nous venons, au nom de la Convention nationale, vous tenir le langage de la clémence et de l'humanité.

Si les liens du sang et de l'amitié ne sont pas entièrement rompus, si vous aimez encore votre pays, si votre retour est sincère, nos bras sont ouverts, serrons nous comme des frères.

Assez et trop long-temps, le sang a coulé dans vos malheureuses contrées : que le carnage cesse, que votre pays reprenne dans la République le rang qu'il n'auroit jamais dû quitter.

Gardez-vous d'avoir en ce jour de la méfiance; vos ennemis, qui sont les nôtres, pourront chercher à vous en inspirer; mais la Convention nationale, qui vous parle aujourd'hui par notre organe, n'a jamais couvert la République de deuil, elle ne s'est jamais jouée des proclamations d'amnistie, et lorsqu'elle a délivré la patrie de Robespierre, Carrier et de leurs complices, elle ne nous envoye pas ici pour vous tromper.

Vos femmes, vos enfants, vos parents et vos amis languissoient dans des cachots : ils sont remis en liberté....... Interrogez-les! Interrogez ceux d'entre vous qui déjà ont déposé leurs armes, et demandez-leur si l'amnistie que nous proclamons est un vain nom.

Ah! ne doutez pas de la loyauté et de la générosité française! arrêtons l'effusion du sang; que des frères ne se massacrent plus. Vos chefs sont compris dans l'amnistie; quels motifs pourroit-on donc vous donner pour arrêter l'exécution de cette Loi bienfaisante, si ce n'est l'orgueil et l'imposture?

Vos chaumières sont brûlées.... Nous vous aiderons à les relever; nos mains les reconstruiront avec vous.

Vos terres sont incultes....... Nous vous fournirons des secours, des bestiaux, des harnois et des instruments aratoires.

Les bras manquent pour mettre vos champs en valeur.... La Convention honorera et soutiendra chez vous l'agriculture; nous vous laisserons, pour défricher vos terres, les jeunes gens de la réquisition, et si vos enfants, que l'amour de la Patrie a fait voler aux frontières, vous sont nécessaires pour réparer tous vos malheurs, nous les demanderons, et ils vous seront rendus.

Vos manufactures sont anéanties... Nous vous procurerons des moyens et des ressources utiles pour les relever et les mettre en activité.

Non, des Français ne doutent pas de la sincérité de l'amnistie qui leur est offerte : vous n'attendez que la publication du décret du 12 frimaire ... Nous la publions solemnellement aujourd'hui cette loi; nous vous appelons à jouir de la bienfaisance nationale; nous vous indiquons la marche à suivre pour que vous puissiez rentrer dans le sein de la République.

ARTICLE PREMIER.

Le décret et la proclamation d'amnistie du vingt-un Frimaire dernier, et le présent arrêté seront imprimés, lus, affichés & publiés à son de trompes ou tambours, dans les places publiques des Communes des Départements de la Loire inférieure, M[illegible]ayenne et Loire, deux Sèvres, et Vendée, non occupés actuellement par les rebelles.

La première publication aura lieu le 20 Nivôse, à l'heure de midi; elle sera réitérée les deux jours suivants.

II.

Les agents nationaux près les Districts, sont chargés sous leur responsabilité de l'exécution de l'article précédent & d'en rendre compte aux Représentants du peuple près l'armée de l'Ouest, dans la décade.

III.

La même publication aura lieu et sera réitérée aux mêmes époques dans toutes les places, camps, postes et cantonnements, occupés par les armées de la République, à son de trompe ou de tambour, à la tête de la force armée; l'affiche aura lieu jusqu'au de-là des avant-postes.

IV.

Le Général en chef de l'armée de l'Ouest, est chargé sous sa responsabilité de l'exécution de l'article précédent et d'en rendre compte dans la décade, aux Représentants du peuple près la même armée.

V.

Les autorités administratives et municipales, les comités de surveillance et les officiers généraux de la force armée, sont chargés de répandre par tous les moyens possibles, dans les pays occupés par les rebelles de la Vendée, ou Chouans, la proclamation, le décret et le présent arrêté.

VI.

Tout habitant connu sous le nom de *rebelle de la Vendée ou Chouan*, ayant droit à l'amnistie et voulant en profiter, sera tenu de se présenter à l'une des municipalités, désignées au tableau ci-joint, et d'y déposer ses armes.

VII.

Tout habitant de la Vendée, qui sera rentré dans le sein de la République, recevra les mêmes secours que ceux accordés aux réfugiés, par la Loi du 27 Vendémiaire.

VIII.

Il sera fourni aux cultivateurs, artisans; ouvriers, manufacturiers & fabricants, domiciliés dans les communes de la Vendée, à fur & à mesure que ces communes rentreront dans le sein de la République, des secours pour remettre en activité les manufactures & fabriques, l'industrie agricole & commerciale.

IX.

Chaque commandant de la force armée de la colonne du camp, cantonnement ou poste auquel tout *rebelle* ou *Chouan* se présentera en conformité du décret d'amnistie, sera tenu de leur indiquer la municipalité la plus voisine, & l'une de celles désignées ci-après, & de les y faire accompagner.

X.

Il est expressément défendu aux troupes en marche, campées, cantonnées ou en détachement, & à tout militaire isolé de maltraiter tout habitant se présentant à la force armée & aux municipalités, pour profiter de l'amnistie, ou trouvé sans armes.

TABLEAU

Des Municipalités où les armes seront déposées.

Loire inférieure.

Nantes, le Pellerin, [illegible]ue, Paimbœuf, Bourgneuf, Machecoul, Varades et Ancenis.

Vendée.

Montaigu, Challans, Port-fidele, ci-devant Saint-Gilles; Olonne, Talmont, Mareuil, He[illegible]mine, qui enverra un Commissaire au camp du Pont Charron et la Cailliere.

Deux-Sèvres.

Largeasse, Chiché, Sainte-Radegonde de Pommiers et Argenton ci-devant les Eglises.

Maine et Loire.

Concourson, Thouarcé, Brissac, Rochefort-sur-Loire, Chalonnes dans l'isle, Angers, Beau-Site, ci-devant Saint-Georges-sur-Loire, Champtocé et Ingrande.

Les administrations de district enverront des commissaires pour l'exécution du present arrêté, dans les communes ci-dessus designées, où les municipalités ne sont pas suffisamment en activité.

A Nantes le 14 Nivôse, l'an troisième de la République française, une & indivisible.

Cinq l. N°. V·l.

DE PAR LE ROI.

BON pour la somme de CINQ LIV. portant intérêt à quatre et demi pour cent, juſqu'au rembourſement qui ſera effectué ſur le treſor Royal, à la paix.

5 l. CINQ LIV.

Armée Catholique et Royale.

Vive le Roi LOUIS XVII

55

54. Proclamation offrant l'amnistie aux « rebelles de la Vendée, ou chouans », en 1795.
55. Assignat frappé par l'Armée catholique et royale vendéenne.
56. La déroute de Cholet, tableau de Girardet.

56

57

58

59

60

61

57. Boucle de ceinturon
en laiton
des insurgés vendéens.
58. Campement de chouans,
en 1793.
Bijoux vendéens :
59. Croix et jeannette,
ruban en velours.
60. Fibule avec le double cœur
vendéen, en argent.
61. Châtelaine et porte-ciseaux
en argent, XIXe siècle.

RABELAIS.

62-63. Rabelais, d'abord moine à Fontenay-le-Comte, puis dans l'Abbaye de Maillezais, l'Acropole de la Vendée, dont les ruines s'élèvent à l'orée du marais.

73. FONTENAY-
Après l'inondation des
On grava sur l

TE (Vendée) — Le Pont des Sardines, côté Nord
en 1663, ce pont fut reconstruit par Robin, architecte.
piles : Fait en l'an 1666, F. COLLIN, Maire
oupin, Mortagne

64-67. Fontenay-le-Comte, ancienne capitale du Bas-Poitou, ville prospère et érudite à la Renaissance, traversée par la rivière Vendée.

66

67

68. Fontenay-le-Comte.
La place Belliard,
ancienne place aux Porches.
69. Fermières vendant leurs produits
à Fontenay-le-Comte,
telles que je les voyais en revenant
de l'école, dans les années 30.

HORLOGER Fabricant B
DIPLÔME D'HONNEUR
SPÉCIALITÉ
D'ARTICLES
POUR
MARIAGES
HORLOGERIE BIJOUTERIE
JOAILLERIE
ORFÈVRERIE
ATELIER SPÉCIAL DE RÉPARATIONS
AU COIN CENTRAL

71

70. Rue du Minage,
à Fontenay-le-Comte, en 1912.
71. Photo d'identité
de ma mère, en 1932.
Elle est veuve, déjà.
Elle n'a pas quarante ans.

*72. De l'autre côté du miroir,
l'autre culture.
Michel Ragon, critique
et historien d'art,
à Paris, en 1984.*

civisme à la main, demandèrent vie à ces forcenés, ils ne furent pas écoutés. On les égorgea... Les foins ont été brûlés dans les granges, les grains dans les greniers, les bestiaux dans les étables, et quand de malheureux cultivateurs, connus de nous pour leur civisme, ont eu le malheur d'être trouvés à délier leurs bœufs, il n'en a pas fallu davantage pour les fusiller. On a même tiré et frappé à coups de sabre des bestiaux qui s'échappèrent. »

Mais les fusillades, les sabrages, le feu, tout cela manquait néanmoins de rapidité. Les chambres à gaz étaient encore impensables, bien qu'un projet fut soumis à Fontenay pour exécuter les « brigands » à la vapeur. Un pharmacien d'Angers proposa un système de gaz asphyxiants qui, essayé sur des moutons, se révéla peu efficace. Santerre imagina des mines et des « fumées soporatives ». Carrier proposa tout bonnement de verser de l'arsenic dans les puits. Finalement il trouva le système expéditif des noyades collectives dans la Loire.

Le rapport d'un commissaire aux armées nous indique que les Colonnes Infernales utilisaient contre les Vendéens des fours crématoires. Mais au lieu de ne réduire en cendres que des cadavres, comme dans les camps de concentration nazis, ils avaient trouvé plus amusant d'enfourner vivants femmes et enfants. Le commissaire en question ne s'indigne que parce que des « femmes patriotes » sont ainsi suppliciées. « D'abord, écrit-il, on a condamné à ce genre de mort les femmes brigandes et nous n'avons que trop rien dit. Mais aujourd'hui les cris de ces misérables ont tant diverti les soldats de Turreau qu'ils ont voulu continuer ces plaisirs. Les femelles des royalistes manquant, ils s'adressent aux épouses des vrais patriotes. Déjà, à notre connaissance, vingt-trois ont subi cet horrible supplice. »

Les massacres des Colonnes Infernales, tout comme les noyades de Carrier se trouvent méticuleusement décrits dans un rapport peu connu (que R. Secher et J.-J. Brégeon ont eu l'heureuse idée de rééditer en 1987 chez Tallandier) : *La Guerre de Vendée et le système de dépopulation,* publié en 1794. Son auteur n'est autre que Gracchus Babeuf, que Karl Marx appelait « le fondateur du parti communiste agissant », l'homme qui rêvait d'instituer une république de l'égalité, et qui peut donc difficilement être suspecté de complaisance envers les insurgés vendéens.

Il y a plus de cent ans, H. Taine *(Les Origines de la France contemporaine)* constatait, lui aussi, l'intention génocide des Conventionnels :

« Le but avoué de la politique jacobine est l'anéantissement systématique et total du pays, bêtes et gens, bâtiments, moissons, cultures et jusqu'aux arbres. »

Mais Taine, le scientifique, n'eut jamais la popularité du lyrique Michelet et la IIIe République préféra trouver sa vérité historique dans Michelet, plutôt que dans Taine, jetant aux oubliettes l'épisode déplaisant des guerres de Vendée.

Les commissaires Hentz et Francastel, interrogés en septembre 1794 (c'est-à-dire après l'exécution de Robespierre) sur les massacres commis en Vendée, répondent qu'ils avaient reçu l'ordre « d'exterminer la population afin de repeupler le pays le plus tôt possible de républicains, ce qui aurait dispensé la nation de l'entretien sur place d'une armée ».

Le département de la Vendée avait en effet été débaptisé et, sous le nouveau nom de Vengé, devait être, après la destruction totale de ses habitants, repeuplé de colons républicains venus d'ailleurs.

Seulement, même les Turcs, à la mitrailleuse, n'ont pu venir à bout de l'élimination physique de tous les Arméniens ; même les nazis, avec des procédés industriels de destruction, ne réussirent pas à liquider tous les juifs qu'ils détenaient dans leurs camps ; aussi, quelle qu'ait pu être la violence des procédés d'extermination en Vendée, la Terreur ne dura pas assez longtemps pour éliminer totalement ce que la Convention appelait « une race maudite ».

Carrier se vantait lorsqu'il déclarait : « Qu'on ne vienne donc pas nous parler d'humanité envers ces féroces Vendéens ; ils seront tous exterminés... Il ne faut pas laisser un seul rebelle, car leur repentir ne sera jamais sincère. »

Westermann se vantait lorsque, après avoir écrasé les derniers débris de l'armée vendéenne dans les marais de Savenay, il écrivait au Comité de salut public : « Il n'y a plus de Vendée, citoyens républicains. Elle est morte sous notre sabre libre, avec ses femmes et ses enfants. Suivant les ordres que vous m'avez donnés, j'ai écrasé les enfants sous les pieds des chevaux, massacrés des femmes, qui, au moins pour celles-là, n'enfanteront plus de brigands. Je n'ai pas un prisonnier à me reprocher. J'ai tout exterminé. »

Hentz et Francastel se vantaient lorsqu'ils écrivaient à la Convention, en avril 1794 : « Vous pouvez être assurés que la Vendée est un désert et qu'elle ne contient pas douze mille personnes vivantes. »

Puisque ce sont toujours les vainqueurs qui écrivent l'Histoire, la première histoire des guerres de Vendée fut le plus naturellement du monde écrite par son bourreau, le général Turreau, qui publia dès 1795 ses *Mémoires pour servir à l'histoire de la Vendée,* ouvrage qui connut d'ailleurs des rééditions sous la Restauration, en 1815 et 1824. Michelet et toute sa postérité universitaire suivront ce guide. La guerre populaire des Vendéens n'allant pas dans le sens de l'Histoire ne pouvait qu'être condamnée par les historiens progressistes.

Comme on le sait, avant de traverser la Loire pour leur folle équipée en direction de Granville, les Vendéens ne sachant que faire des quatre ou cinq mille prisonniers républicains qu'ils traînaient avec eux, se proposaient de les massacrer quand Bonchamps, mourant, les supplia de les gracier. Ce qu'ils firent. Voilà comment, un tel acte « digne de l'Antique », pour reprendre le jargon des sans-culottes, fut répercuté au Comité de salut public par le représentant en mission Merlin de Thionville :

« Les lâches ennemis de la Nation ont, à ce qui se dit, épargné plus de quatre mille des nôtres. Le fait est vrai... Mais comme la nation n'est pas encore à la hauteur de nos sentiments patriotiques, vous agirez sagement en ne soufflant pas un mot sur une pareille indignité. Des hommes libres acceptant la vie de la main des esclaves ! Ce n'est pas révolutionnaire. Il faut ensevelir dans l'oubli cette malheureuse action. N'en parlez pas, même à la Convention. Les brigands n'ont pas le temps d'écrire, ni de faire des journaux. Cela s'oubliera. »

Parfait exemple de désinformation ! Mais par miracle (et il était bien normal que les miracles sauvent la mémoire des Vendéens, qui croyaient aux miracles, comme ils croyaient aux fées) cela ne s'est pas oublié.

Du dénombrement des victimes des guerres de Vendée

Le nombre de victimes « vendéennes », de 1793 à 1796, n'a cessé de croître et de décroître, selon la couleur politique des historiens. Le plus gonflé est celui de l'abbé Deniau qui avance le chiffre de 900 000 morts, le plus faible celui du plus récent historien, Reynald Secher, qui ne trouve, en comptant méticuleusement par paroisse, que 117 000 morts.

De telles différences d'appréciation proviennent d'abord de ce que les historiens d'autrefois appelaient Vendée les onze départements de l'Ouest insurgés, alors que Reynald Secher ne recense que les seules victimes de la « Vendée militaire ».

Par ailleurs, lorsque l'abbé Deniau parle de 900 000 morts, Hoche puis Émile Gabory de 600 000, Taine puis Chaunu de 500 000, Gilbert, secrétaire de Stofflet, de 450 000, il est toujours sous-entendu que ces chiffres indiquent la totalité des victimes, royalistes et républicains confondus. Dans le recensement de Hoche, les soldats républicains payent un plus lourd tribut que les insurgés : 220 000 soldats républicains tués, contre 180 000 insurgés, à qui Hoche ajoute 200 000 civils.

L'insurrection des provinces de l'Ouest, en 1793, a donc causé autant de victimes que la guerre de Sécession aux États-Unis (600 000), ou la guerre civile espagnole en 1936 (400 000). Pour permettre de mieux mesurer l'atrocité de cette guerre, ajoutons qu'en quatorze mois la guerre de Vendée fit dix fois plus de victimes que la guerre du Liban n'en enregistra en dix ans (de 1975 à 1985).

En ce qui concerne le département de la Vendée proprement dit celui-ci, paradoxalement, paraît moins touché que le Maine-et-Loire. Mais il ne faut pas oublier qu'en Vendée départementale 158 communes sont seulement insurgées. Le pays de Retz, légalement rattaché à la Loire-Atlantique (là où se battent les troupes de Charette), accuse 50 000 victimes, comme le Maine-et-Loire de Cathelineau et de Stofflet, la Vendée départementale 45 000, les Deux-Sèvres 33 000 (chiffres de A. Billard, *La Petite Église,* 1962). Un total de 178 000 victimes pour la « Vendée militaire », que Reynald Secher ramène à 117 000.

La thèse de Reynald Secher a le mérite de se baser sur la consultation scientifique des archives locales. Malheureusement, si l'on tient compte des innombrables pièces d'archives incendiées, si l'on se rappelle qu'en ces temps les morts, sur les champs de bataille, étaient enterrés sur place, dans des fosses communes, sans laisser aucune trace et que les victimes civiles n'ont été, pour la plupart, jamais enregistrées, cette estimation n'est pas plus probante que les précédentes et, de toute évidence, sous-évaluée.

Au recensement de la population du département de la Vendée, en 1791, 305 381 habitants apparaissent. Ils ne sont plus que 243 426 au recensement de 1801. 61 955 Vendéens sont donc « disparus » en dix ans, soit 20 % de la population, un peu moins que le Maine-et-Loire qui perdit 25 % de la sienne.

Selon le rapport du préfet de la Vendée, en 1801, le « pays (est) totalement incendié sur plus de cent lieues carrées... il ne reste debout pas une seule habitation... Les habitants n'existent plus ou sont allés s'installer ailleurs ».

Un tel cataclysme ne s'applique évidemment qu'au bocage, au pays de Retz et aux Mauges, c'est-à-dire à ce que l'on continue d'appeler « la Vendée militaire », où les hommes ne formaient plus en certains lieux que le quart de la population (trois femmes pour un homme). Cholet avait perdu le tiers de ses habitants, Mortagne les deux tiers. Saint-Michel-Mont-Mercure était tombé de 1 183 habitants à 330, Les Épesses de 1 500 à 615, Tiffauges de 627 à 210, Bressuire de 3 000 à 630. Certaines estimations, faites sous le Directoire ou le Consulat, donnent 30 000 victimes des Colonnes Infernales de Turreau et 9 000 pour les noyades de Carrier à Nantes (mais Gabory, archiviste en chef de la Loire-Atlantique, dit 3 000).

Parmi les massacres les plus effroyables, celui de Noirmoutier, en janvier 1794 (1 500 tués, dont d'Elbée), le Parc Soubise le 30 janvier (200 cadavres brûlés), La Verrie et La Gaubretière le 27 février (800 fusillés et sabrés), Les Lucs-sur-Boulogne, le 28 février (564 tués, dont cent dix enfants de moins de sept ans), Le Loroux-Bottereau, le 9 mars

Deux grands marais en Vendée. Celui du nord-ouest,

marais breton », et celui du sud, dit « marais poitevin ».

(700 victimes). (D'après Fabienne Pichard du Page, et Georges Gondinet, *Histoire des Vendéens,* F. Nathan, 1982).

Sur 661 prisonniers vendéens fusillés à Savenay, 19,4 % avaient moins de vingt ans, 50,4 % de vingt à trente ans, 30,2 % plus de trente ans. 10 000 maisons auraient été brûlées par les Colonnes Infernales (Bressuire, par exemple, aurait perdu 507 maisons sur 632). Le mobilier aurait été détruit pour un quart. Cent paroisses se trouvaient sans église en 1795. Sur 295 églises vendéennes, 126 étaient totalement en ruine, 62 réparables, 107 en relatif bon état, ce qui s'explique par le fait qu'elles servaient aux républicains d'hôpitaux ou de poudrières, sans parler de la moitié d'entre elles qui, vendues à des « patriotes », se trouvaient donc par là même protégées.

Note sur l'état de l'armée républicaine en Vendée

De 1792 à 1794 quatre armées républicaines seront envoyées en Vendée, treize généraux en chef s'y succéderont et, parmi eux, Hoche, Marceau, Brune, cent trente-deux généraux de division ou de brigade, trente-neuf représentants du peuple en mission.

Dix généraux républicains seront tués en Vendée : Blosse, Botta, Bouin de Marigny, Boussard, Chambon, Haxo, Lecomte, Moulin, Noël, Dumas.

A partir du printemps 1793, la Vendée accaparera quarante à soixante-dix mille soldats de la République. Les volontaires n'étant pas assez nombreux pour le front de l'Ouest, six hommes seront arbitrairement désignés dans chaque compagnie de toutes les armées françaises pour aller se battre en Vendée. La Commune de Paris choisit douze mille anti-jacobins de la bourgeoisie et de la petite bourgeoisie que l'on éloignait ainsi de la capitale. On détourna aussi un bataillon du Puy-de-Dôme, organisé contre la Montagne et qui fut envoyé dans l'Ouest. Après la capitulation de Mayence, le régiment de Kléber, libéré par les Autrichiens sous la promesse de ne plus combattre les Alliés, fut tout simplement envoyé pour mâter les « mauvais Français ». Les armées républicaines en Vendée étaient donc extrêmement composites puisqu'elles allaient des Volontaires de l'An Deux, commandés par un authentique général républicain sorti du rang, Kléber, à des régiments de soldats professionnels de l'armée de Louis XVI encadrés par des officiers aristocrates ; ceux-ci, en 93, étant d'ailleurs majoritaires dans l'armée républicaine. Nous nous contenterons de citer ceux qui reçurent la responsabilité des troupes cernant la Vendée : le marquis de Canclaux à Nantes ; le marquis de Beauvau à Cholet ; Beaufranchet d'Ayat, fils d'une favorite de Louis XV, à Fontenay-le-Comte (devenu Fontenay-le-Peuple) ; Louis de Beffroy, ancien page de Louis XVI, à Luçon ; Lauzun, duc de Biron, à La Rochelle.

Ces aristocrates devenus généraux « républicains » avaient sous leurs ordres des soldats aussi différents que la

35e Légion de Gendarmerie formée des « vainqueurs de la Bastille », les deux mille cinq cents « mayençais » de Kléber, les « sans culottes » parisiens auxquels la Convention versait cinq cents livres, des mercenaires allemands (la Légion Germanique) qui plus tard désertera et passera aux Vendéens avec armes et bagages, le premier contingent noir de l'armée française dit « hussards américains » provenant de Saint-Domingue, des chasseurs basques commandés par Travot (ceux qui feront prisonnier Charette) et des volontaires décrits par Taine comme des « aventuriers crapuleux et pillards » à l'exemple de ce général Hanriot « jadis escroc, puis mouchard, puis détenu pour vol à Bicêtre, puis massacreur de septembre » [1]. Ou encore le général Santerre, ex-brasseur, que même Turreau méprisait (« Il se bat bien, boit mieux et est même parvenu à signer de son nom. »)

Les premières victoires éclair des Vendéens sont dues bien sûr à leur courage, à leur idéal, mais aussi à l'effet de surprise et à la qualité déplorable des soldats de la République envoyés dans l'Ouest.

Tous les témoignages sur l'incurie, la misère, l'indiscipline des troupes républicaines auxquelles nous allons faire allusion proviennent des rapports de leurs propres généraux. Turreau, commandant des Colonnes Infernales, affirme dans ses *Mémoires* :

« Sur les 50 000 hommes que comptait l'armée de l'Ouest, 12 000 remplissaient les hôpitaux, les dépôts... Les deux tiers de ceux restés sous les drapeaux étaient perdus de gale ; tous étaient sans souliers. »

La faim, le froid, la peur, amenaient ces redditions énormes de soldats bien armés, devant des paysans brandissant des faux. Des redditions, mais aussi des désertions. Au début de l'insurrection, nombreux sont en effet les « bleus » qui passent aux Vendéens avec fusils, canons, drapeaux. Ces déserteurs qui deviennent « chouans », souvent redésertent et réintègrent les troupes de la République qui se contente de les envoyer dans l'armée du Rhin. Affamés, mal vêtus, les soldats de la République pillent. Hoche écrit à la Convention, le 4 octobre 1795 :

1. C'est François Hanriot qui, sur ordre de la Commune, fit entourer la Convention par ses troupes, le dimanche 2 juin 1793, obligeant les députés, sous la menace des canons braqués, à voter l'arrestation des Girondins.

« Depuis deux jours l'armée est sans pain... Vous sentez combien, sans vivres, il est difficile d'arrêter le pillage. »

Hoche destitue néanmoins plusieurs généraux qui ne parviennent pas à faire cesser les exactions. C'est tout à l'honneur de Hoche, de Kléber, d'Alexandre Dumas, de Travot, plus tard de Lamarque, tous généraux républicains authentiques, tous plébéiens sortis du rang, d'avoir dénoncé avec vigueur et tenté de réprimer les violences, les méfaits et bientôt les atrocités de leurs subordonnés.

L'un des meilleurs exemples nous est fourni par l'attitude, hélas tout à fait exceptionnelle, du général Alexandre Dumas (le père du romancier). Cet ancien simple soldat de l'armée royale, devenu général de brigade dans l'armée du Nord, le 30 juillet 1793, puis général en chef de l'armée des Pyrénées-Orientales en septembre, fut désigné pour faire passer les dix mille hommes de son armée pyrénéenne en Vendée. Ce valeureux officier fut si stupéfait par l'état des troupes républicaines qu'il dut intégrer à son armée, qu'il écrivit ce rapport au Comité de salut public :

« Le mal est surtout dans l'état d'indiscipline et de pillage qui règne dans l'armée, esprit produit par l'habitude et nourri par l'impunité. Cet esprit est porté à un tel point, que j'ose vous dénoncer l'impossibilité de le réprimer, à moins d'envoyer les corps qui sont ici à d'autres armées et de les remplacer dans celles-ci par des troupes dressées à la surbordination.

« Pour vous convaincre de cette vérité, il vous suffira d'apprendre que des chefs ont été menacés d'être fusillés par leurs soldats pour avoir voulu, d'après mon ordre, empêcher le pillage. Vous serez d'abord étonnés de ces excès ; mais vous cesserez bientôt de l'être en réfléchissant que c'est une conséquence nécessaire du système suivi jusqu'à présent dans cette guerre. Le mouvement du vol et du brigandage, une fois imprimé, il est difficile de l'arrêter à volonté, vous le savez, citoyens représentants ; la Vendée a été traitée comme une ville prise d'assaut. Tout y a été saccagé, pillé, brûlé. Les soldats ne comprennent pas pourquoi cette défense de continuer aujourd'hui ce qu'ils faisaient hier. Vous ne trouverez même pas chez les officiers généraux le moyen de rappeler, dans les rangs des soldats, l'amour de la justice et des bonnes mœurs... Il règne dans toute l'armée un abandon, un esprit d'indiscipline et de pillage déplorables... Et cependant jamais les vertus militaires ne sont plus nécessaires que dans les guerres civiles... Comment convaincre les habitants de ces contrées de votre justice, lorsque la justice est violée par vos troupes elles-mêmes ? de votre respect pour les propriétés et pour les personnes, lorsque les hommes chargés de proclamer ce respect pillent et assassinent publiquement et impunément ?... Il est d'autant plus urgent de faire appuyer les principes par des exemples que les habitants de ce pays ont souvent été trompés par de fausses espérances et que plus d'une fois on a violé les promesses qu'on leur avait faites. »

Il terminait son rapport par :

« Tant que les choses resteront dans le même état, il m'est donc impossible de répondre à vos espérances et de vous assurer de la fin de la guerre de Vendée. » *(Rapport de Dumas sur l'état des guerres de Vendée. Au Quartier Général de Fontenay-le-Peuple, 17 vendémiaire, an 2 de la République.)*

Au moment où le marquis de Canclaux, suspect, était rappelé à Paris, cette dénonciation ne manquait pas d'audace. Nombre de généraux furent guillotinés pour bien moins. Hoche lui-même ne sera-t-il pas emprisonné à Paris sous la Terreur ? Dumas, simplement muté dans l'armée des Alpes, suivit Bonaparte dans son épopée en Italie et en Égypte. Parmi les six cents noms de généraux gravés sur l'Arc-de-Triomphe de l'Étoile, se trouve celui de Turreau, le boucher de la Vendée. Mais Alexandre Dumas, qui refusa d'en être le bourreau, en a été exclu.

L'obsession du complot, la surveillance, par les « commissaires politiques », des officiers généraux suspects dès qu'ils perdaient une bataille, les bagarres entre soldats divisés en Girondins et Montagnards, les troupeaux de femmes suivant l'itinéraire de l'armée et entravant ses mouvements, les marches et contre-marches, les ordres et les contrordres, les enfants enrôlés (comme le petit Bara, tué en défendant les chevaux que des maraudeurs vendéens tentaient de dérober à son régiment de hussards), tout concourait à faire des troupes républicaines en Vendée une masse amorphe, veule et tyrannique. Hoche eut beau destituer un capitaine, faire fusiller un soldat, les troupiers n'en continuèrent pas moins à frapper les officiers qui leur interdisaient les exactions. Un caporal, qui avait violé une femme, ayant été arrêté à Sainte-Hermine, les autres caporaux s'opposèrent à son emprisonnement et la troupe refusa de partir au combat. Le commandant dut céder et libérer le caporal violeur.

Il arrivait que les régiments républicains restent en Vendée trois ou quatre jours sans pain ni viande, quatre mois sans solde. Comment leur interdire le pillage ? Ne les incitait-on pas à se nourrir « sur l'habitant », habitude qu'ils conserveront d'ailleurs pendant toutes les campagnes napoléoniennes. Mais l'ennemi se trouvera alors hors des frontières, ce qui a toujours paru moins condamnable. Après s'être exercés en Vendée pendant une dizaine d'années, les soldats de la République, devenus soldats de l'Empire, mettront l'Europe tout entière à feu et à sang.

Les brigandages de la soldatesque républicaine, qui auraient pu, à la rigueur, sinon se justifier, en tout cas s'expliquer en mars 93 comme une réaction aux brutalités des Vendéens sur les agents de l'État et les prêtres jureurs, devinrent comme le dit le général Alexandre Dumas une « habitude nourrie par l'impunité ». Ils atteignirent leur plus grande ampleur avec les ordres d'extermination de la Vendée lancés par Robespierre et Barère, puis la systématisation du massacre opéré par le général Turreau aboutissant à un véritable génocide. Le Directoire tenta d'enrayer, sans succès, l'indiscipline et la cruauté des troupes républicaines. Le Comité de salut public, présidé par Cambacérès, ne cessait de tonner contre les individus « indignes du titre honorable de soldat français » (octobre 1795). Il décréta que « les crimes d'assassinats, de viol, d'incendie, de vol avec effraction seront punis de mort... que les officiers qui ne feront pas arrêter les coupables seront destitués ou dégradés ». Seule la paix signée par Bonaparte, Premier consul, avec les chefs vendéens survivants, amenant le retrait des armées républicaines, épargnera à la Vendée une totale destruction.

Cf. *Études documentaires sur la Révolution française. La pacification de l'Ouest,* par Ch. L. CHASSIN, 1897.

A propos du général Turreau et du premier voyage en Vendée du duc d'Angoulême

Les royalistes vendéens se sont beaucoup émus et indignés de ce que, dans *Les Mouchoirs rouges de Cholet,* je montre le duc d'Angoulême, fils du futur Charles X, escorté en 1814, lors de son premier voyage en Vendée, par le général Turreau, le boucher de la Vendée.

Bien sûr, je ne l'avais pas inventé. Lorsque je trouvai, dans la *Revue du Bas-Poitou,* cet épisode extraordinaire, je le confrontai à d'autres sources. Or, tous les historiens de la Vendée le confirmaient. Jusqu'à ce que le médecin général Adrien Carré fasse des recherches aux Archives militaires nationales et sorte des documents prouvant la présence de Turreau à Paris le jour où l'on disait l'avoir vu à Cholet.

« Le 6 juillet, m'écrit le docteur Carré, ce même jour où l'amiral-duc est à Cholet, Turreau est à Paris où il rédige une lettre — datée — au ministre de la Guerre pour supplier qu'on lui donne un poste, même aux colonies. »

Et le docteur Carré d'accuser Baguenier-Desormeaux, qu'il qualifie d'historien « amateur » d'avoir monté un « canular » en 1892, repris ensuite inconsidérément par la majorité des écrivains traitant de la Restauration, afin de disqualifier les Bourbons en raison de leur ingratitude envers la Vendée.

Je n'ai en effet trouvé aucune relation de cet épisode avant Baguenier-Desormeaux. Aucune explication ne m'a été fournie sur les motivations qui conduisirent cet historien régional, érudit et non « amateur », de tendances plutôt royalistes que républicaines, à « inventer » une telle monstruosité. C'est dans la *Revue du Bas-Poitou,* janvier-mars 1892, dans une note accompagnant un long article intitulé : *Documents sur Noirmoutier et sur la mort de D'Elbée et de ses compagnons* que nous lisons : « Louis XVIII fit chevalier de Saint-Louis cet ancien bourreau de ses plus fidèles serviteurs, et son gouvernement eut l'impudeur de le désigner pour faire partie de la suite du duc d'Angoulême dans le voyage que ce prince fit en Vendée. On peut facilement penser quels sentiments animèrent les populations de l'Ouest en voyant les honneurs dont ce lieutenant général était revêtu et en le retrouvant dans l'entourage du prince royal. »

Y aurait-il eu confusion avec un homonyme ? Il existait deux Turreau, mais l'autre Turreau, cousin du général, était représentant politique de la Convention dans l'Ouest et donc aussi peu présentable que le premier. Le maire de Cholet s'appelait Turpault. Il est certain qu'en 1814 la population vendéenne fut indignée de voir le prince accompagné par des généraux de l'Empire et de la République. Crut-elle reconnaître en l'un d'eux le responsable abhorré des Colonnes Infernales ? Une équivoque devint-elle légende orale, reprise comme certitude par Baguenier-Desormeaux ? Sept ans avant ce dernier, l'abbé Deniau, dans son *Histoire de la guerre de la Vendée* (Tome VI, 1885) n'écrivait-il pas : « L'effet que produisit sa présence, (du duc d'Angoulême) en 1814, fut déplorable ; il était venu pour apporter la joie et il affligea tous ceux qui étaient le plus sincèrement attachés à sa famille. Les Révolutionnaires seuls et les Libéraux furent contents... plusieurs officiers impériaux et même républicains furent remarqués avec douleur dans son cortège. »

Le docteur Carré ne dénie pas cela, mais le justifie : « Il est bien entendu accompagné par les autorités militaires de la région — et ce sont les mêmes que sous l'Empire. En effet, lors de la première Restauration, l'armée s'est ralliée à Louis XVIII. »

Voilà ce qui en effet ne pouvait qu'indigner les survivants des massacres de Turreau.

Émile Gabory, archiviste en chef de la ville de Nantes, grand historien des guerres de Vendée, nous montre Turreau accompagnant le duc d'Angoulême en Vendée dans deux de ses ouvrages : *Les Bourbons et la Vendée* (1923) et *La Révolution et la Vendée* (1925). Dans les tomes 2 et 3 de ce dernier titre, il répète : « Fait outrageant à l'égard de la Vendée, il (Turreau) sera chargé, en 1816 (sic), d'escorter le duc d'Angoulême dans son pèlerinage aux régions martyrisées. »

Rendant compte de l'ouvrage de Gabory, *Les Bourbons et la Vendée,* dans la *Revue du Bas-Poitou* (1923) H. Baguenier-Desormeaux réitère ses accusations formulées trente et un ans auparavant, et avec beaucoup plus de violence :

« Il (Gabory) ne stigmatise pas suffisamment, à mon gré, les bévues commises par le vaillant soldat, si peu intelligent, que fut le Duc d'Angoulême. Bévues dues à l'influence incompréhensible prise sur le Prince par un infâme bourreau de nos compatriotes, l'un des massacreurs de la Vendée en 1794. Vraiment, on est en droit de se demander comment un ministre du Roi de France a bien pu envoyer en Vendée un être aussi abject, tout ruisselant encore du sang de nos pères et de nos mères. »

Nous remarquerons que Baguenier-Desormeaux parle dans ce nouveau texte de « l'un des massacreurs », et ne cite pas le nom de Turreau. Aurait-il eu un doute sur l'identité de celui que l'on a cru reconnaître ? Notons aussi qu'Émile Gabory, ce qui est quand même répréhensible pour un archiviste en chef, se trompe de date, en disant 1816 et non 1814. Il est vrai que si tous les historiens, après Baguenier-Desormeaux, « virent » Turreau escorter le duc d'Angoulême, ils ne l'observèrent pas tous à la même date. G. Lenotre montre même Turreau escortant la duchesse d'Angoulême, fille de Louis XVI, en 1823, au Mont des Alouettes, alors que Turreau mourut à la fin de l'année 1816.

Les constantes protections dont bénéficia Turreau s'expliquent, sous la Convention, par la présence dans l'Ouest de son cousin Turreau de Linières, « commissaire politique ». C'est ce même Louis Turreau (ils se prénomment tous les deux Louis) qui conseillera à Barras de donner le commandement de l'armée parisienne (afin de défendre le Directoire menacé par une résurgence royaliste) à un obscur général nommé Bonaparte. Le jeune Bonaparte, ayant été l'amant de la femme du représentant du Comité de salut public Louis Turreau, demeurera l'ami du ménage.

Après avoir écrasé les royalistes sur le parvis de l'église Saint-Roch et quai Voltaire, Bonaparte devint le puissant général que l'on sait. Il garda toujours une grande reconnaissance à Louis Turreau qui, sans conteste, fut à l'origine de sa carrière politique. Et bien que méprisant le cousin, ancien capitaine de l'armée de Louis XVI, devenu général en chef des Colonnes Infernales en 1794, disgracié après la chute de Robespierre, il ne le fit pas moins baron d'Empire et grand officier de la Légion d'honneur.

Notre Turreau, qui n'avait pas comme Bonaparte la vertu de la reconnaissance, fut évidemment l'un des premiers à se rallier à Louis XVIII en 1814. Et s'il n'accompagna pas le duc d'Angoulême en Vendée, la Restauration lui octroya quand même sa plus haute décoration, la croix de Saint-Louis, et son nom fut gravé sur l'Arc-de-Triomphe de l'Étoile, avec l'approbation du dernier roi de France, Louis-Philippe.

Les grandes familles

Les La Rochejaquelein

1. Henri du Vergier, comte de La Rochejaquelein, né au château de la Durbellière, en Poitou, en 1772. Placé à la tête de l'armée vendéenne, après la mort de son cousin Lescure, tué à Nouaillé, en 1794.

2. Louis du Vergier, marquis de La Rochejaquelein, né en 1777. Frère d'Henri. Émigré dans l'armée de Condé. Rentré en France, il épouse en 1801 la veuve de son cousin Lescure (Madame de La Rochejaquelein publiera en 1817 ses *Mémoires*). Pendant les Cent-Jours, il prend la tête de l'insurrection. Tué au combat en 1815.

3. Auguste du Vergier, comte de La Rochejaquelein, né en 1783. Frère de Henri et de Louis. Émigré, puis officier de l'armée napoléonienne. Blessé au visage au combat de la Moskowa en 1812, sera dit « le balafré ». Pendant les Cent-Jours, se retourne contre Napoléon et combat avec son frère Louis. Maréchal de camp dans l'expédition d'Espagne en 1823, combat dans les rangs russes contre les Turcs en 1828. Complice de la duchesse de Berry en 1832 et l'un des chefs de la nouvelle insurrection vendéenne, est condamné à mort par contumace. Acquitté en 1835, meurt en paix en 1868.

4. Henri-Auguste-Georges du Vergier, marquis de La Rochejaquelein, né en 1805. Neveu d'Auguste « le balafré ». Pair de France en 1815. En 1828 prend part à la guerre russo-turque, avec son oncle. De même, en 1832, prend part à l'insurrection de la duchesse de Berry. Élu député du Morbihan, en 1842, devient un des chefs du parti légitimiste. En 1848, rallié à la République, est élu de nouveau député. Proteste contre le coup d'État de 1851. Se rallie à l'Empire. Sénateur en 1852. Meurt en 1867.

Les Charette

1. François-Athanase de Charette de La Contrie, né à Couffé, Loire-Inférieure, en 1763. L'un des chefs les plus populaires de l'armée vendéenne regroupant surtout des insurgés du pays de Retz et du Marais breton. Fait prisonnier, fusillé à Nantes en 1796.
2. Louis, baron de Charette, neveu de François, tué au combat aux Brouzils, en 1797.
3. Ludovic de Charette de La Contrie, frère de Louis, tué au combat pendant l'insurrection des Cent-Jours, à Aizenay, en 1815.
4. Athanase de Charette de La Contrie, né en 1797, neveu de François. Participe, comme Ludovic, à l'insurrection pendant les Cent-Jours. Fait pair de France en 1823. Colonnel du 4e Cuirassiers à Vendôme en 1830, suit Charles X en exil. Rentré clandestinement en France en 1831, prépare le soulèvement de la Vendée en faveur de la duchesse de Berry. Commandant du 3e Corps de la Vendée pendant cette dernière guerre civile dans l'Ouest. Arrêté, s'évade et rejoint l'Angleterre. Vit en Suisse jusqu'à l'amnistie de 1837. Meurt en 1848.
5. Athanase, baron de Charette de La Contrie, né en 1832. Petit-neveu de François. Lieutenant-colonel des zouaves pontificaux, forme le corps franc des Volontaires de l'Armée de la Loire en 1870. Blessé à Patay. Nommé général de brigade. En 1871, refuse un mandat de député à l'Assemblée. Meurt en 1911.

Les Cathelineau

1. Jacques Cathelineau, né au Pin-en-Mauges, Maine-et-Loire, en 1759. Fils de maçon, colporteur, voiturier, l'un des premiers chefs de l'insurrection vendéenne, généralissime de la grande armée rebelle, tué au combat à Nantes en 1793. Les trois frères de Cathelineau seront

tués en 1793 et 1794, plus trente-trois de ses oncles, neveux, beaux-frères, cousins, tous insurgés.

2. Jacques Cathelineau, né en 1787. L'un des cinq enfants de Jacques (le premier), survivants en 1793 des onze enfants du colporteur. Élevé par la famille La Rochejaquelein, Cathelineau le second sera anobli en 1816, mais simple sous-officier dans la garde royale jusqu'en 1830. Appelé par la duchesse de Berry, il participera à l'insurrection de 1832 et sera tué à la Chaperonnière, près de Jallais.

3. Henri de Cathelineau, né en 1813 ou 1815. Frère de Jacques le second. Bien que royaliste, comme d'ailleurs tous les Volontaires de l'Ouest en 1870, obtient de la Délégation de Tours la permission de former un corps franc vendéen. Nommé colonel par le général Aurelle de Paladines, commande tous les corps francs du 15e Corps avec mission de défendre la forêt d'Orléans. Nommé général de brigade, il réunit des volontaires à Rambouillet pour combattre la Commune. Mais contrairement à certaines calomnies, ces volontaires ne prendront part à aucune opération de répression contre les communards. Retraité en 1872, meurt en 1891.

Les Stofflet

1. Jean Stofflet, né à Lunéville en 1751. Caporal dans un régiment de Lorraine. Devient garde-chasse en Anjou, à Maulévrier, d'un descendant de la famille de Colbert. Avec Cathelineau, le premier des chefs historiques de l'insurrection vendéenne et comme Cathelineau l'un des plus authentiquement plébéiens. Fait prisonnier en 1796, sera fusillé à Angers la même année.

2. Edmond Stofflet. Petit-fils de Jean. Parmi les Volontaires de l'Ouest en 1870 contre les Prussiens. Blessé au combat.

Les Bonchamps

1. Charles, marquis de Bonchamps, né à Juvardeil, Anjou, en 1760. L'un des généraux de la « grande armée catholique et royale ». Blessé à Cholet en 1793, meurt à Saint-Florent-le-Vieil après avoir gracié quatre mille prisonniers républicains.
2. Comte Fernand de Bouillé, petit-fils de Charles Bonchamps. Engagé en 1870 comme simple soldat, à quarante-neuf ans, parmi les Volontaires de l'Ouest, mourra de ses blessures la même année.
3. Jacques de Bouillé, fils du comte Fernand, engagé avec son père dans la Légion des Volontaires de l'Ouest en 1870, à l'âge de vingt-six ans.

   Ajoutons que ces deux descendants du marquis de Bonchamps étaient accompagnés dans leur engagement contre les Prussiens par le gendre du comte Fernand qui sera aussi blessé au combat, mais guérira, et par le cocher de la famille, Henri Bourdel.

Chouan et chouette

L'origine du mot chouan vient sans doute du sobriquet donné à l'un des chefs de l'insurrection royaliste du Maine, Jean Cottereau, qui aurait utilisé la nuit le cri du chat-huant comme signe de ralliement. Mais il est probable que les paysans de l'Ouest « chouannaient » avant la chouannerie et que le cri de la chouette a dû souvent servir de signal pour les contrebandiers, faux sauniers, braconniers, bien avant 1793. Quoi qu'il en soit, la chouannerie ne désigna en 93 que les insurgés du Maine, de Bretagne et de Normandie qui ne combattaient que par petites formations, tout à l'opposé de la « grande armée catholique et royale » vendéenne. Comment se fait-il que la chouannerie se soit aujourd'hui identifiée à la Vendée et que les Vendéens eux-mêmes usent et abusent du terme chouan que l'on trouve comme enseigne de restaurants et d'hôtels ? Comment se fait-il que la chouannerie soit devenue le symbole de toutes les insurrections prétendues réactionnaires alors qu'elle s'insère dans la tradition des révolutions paysannes ? Georges Marchais l'a proclamé lui-même : « Les Afghans sont des chouans. » Il n'y a plus qu'à s'incliner. Et à saluer la pérennité de la chouannerie.

Chouan et chouette. La chouette est partie intégrante du folklore vendéen, avec le cœur, l'aluette, le palet, les mojettes, le chou vert, la colique, l'alcoolisme, la fée Mélusine, Gargantua, Barbe-Bleue, les sardines, la brioche.

La chouette, nombreuse dans les bois vendéens, est autant le totem de la Vendée que le cœur entrelacé et le mouchoir rouge à carreaux. A la fois objet de fascination et de répulsion, les paysans avaient jadis la désagréable habitude de crucifier les chouettes sur les portes de leurs granges. Mais il s'agit là d'un antique usage, pratiqué en Grèce où la chouette, symbole de la cité athénienne, n'en était pas moins considérée, vivante, comme un oiseau funeste. En revanche, sa mort la rendait bénéfique car elle protégeait alors la maison de la foudre et de la sorcellerie.

La chouette, nombreuse dans les bois, est le totem de la Vendée. Son cri est à l'origine du terme « chouan », donné aux insurgés de l'Ouest.

La Vendée huguenote

Le protestantisme vendéen (ou plutôt bas-poitevin) puisque le département de la Vendée n'existait pas à la grande époque calviniste, a été sous-estimé, pour ne pas dire totalement occulté, cette première insurrection cadrant mal avec le mythe du catholicisme des provinces de l'Ouest. Aujourd'hui encore, parler du protestantisme en Vendée passe pour une incongruité et le spectacle du Puy-du-Fou, qui prétend témoigner de la culture spécifique du Bas-Poitou, passe absolument sous silence l'un des moments les plus dramatiques de son histoire, aussi pathétique en fait que 1793.

En réalité le Poitou fut un grand foyer du protestantisme au XVIe siècle. La Rochelle, bastion calviniste sous Louis XIII, est une ville toute proche de la Vendée méridionale et qui exerçait un tel attrait dans la plaine et le marais que les deux tiers des huguenots du diocèse de La Rochelle résidaient en fait à Fontenay-le-Comte, à Maillezais, à Talmont et dans la Gâtine. En 1551, il n'existait plus de culte catholique à Mareuil. La Vendée méridionale fut au XVIe siècle l'un des hauts lieux de la culture protestante, non seulement parce que Henri IV et Sully aimaient y concentrer leurs forces, mais parce que lettrés et poètes protestants y résident. En 1588, Agrippa d'Aubigné est gouverneur de Maillezais et son ami Nicolas Rapin, à Fontenay-le-Comte, écrit sa partie de la *Satire Ménippée.*

Que la Vendée méridionale ait été presque totalement protestante au temps de Soubise passe encore, d'autant plus que cette Vendée méridionale deviendra républicaine en 93. Mais les historiens de la « Vendée militaire » réfutent que le bocage ait été touché par le protestantisme. Or d'après L. Brochet (*Histoire des guerres de Religion en Bas-Poitou,* Fontenay-le-Comte, 1894), le protestantisme « avait conquis une grande partie de la population du pays compris entre Saint-Fulgent, Les Herbiers et Pouzauges ». Cette conversion au protestantisme s'étendait même aux Mauges puisque, d'après Théodore de Bèze, l'église calviniste d'Angers aurait été la deuxième de France.

La reconquête de la Vendée par le catholicisme commença avec Richelieu, nommé évêque de Luçon en 1606, qui s'appliquera à chasser les prêtres peu orthodoxes, à pourfendre l'hérétique, tout en considérant sa charge comme bien affligeante dans un pays aussi peu catholique (« Je puis vous assurer que j'ai le plus vilain évêché de France, le plus crotté et le plus désagréable. ») Elle se continua avec plus de vigueur sous Louis XIV à partir de la Révocation de l'édit de Nantes, en 1685. Les dragonnades exercent alors une terreur qui anticipe sur celle des hussards républicains de 93. Protestants jetés sur des fagots enflammés, déchiquetés par des chiens, meubles brûlés, le Bas-Poitou n'avait pas connu pareil désastre depuis la guerre de Cent Ans. Affolés par les dragonnades, puis par le seul choix entre le reniement ou les galères pour les hommes, le couvent pour les femmes et les enfants, les calvinistes du Poitou abjurent en masse.

Ils abjurent, sans pour autant embrasser avec enthousiasme le catholicisme. Si bien qu'au XVIIIe siècle le Bas-Poitou est devenu pratiquement une terre paienne, un pays de mission pour les lazaristes, jésuites, oratoriens, mulotins, qui s'appliquent à la reconvertir.

« Les guerres de Religion, qui ont ravagé toute la région, ont comme enseveli sous les décombres les rudiments de foi que quelques moines et de rares curés avaient laissés ici ou là. Le nouveau souffle donné à l'évangélisation du royaume de France par le Concile de Trente ne pénètre que très tardivement en Vendée. Lorsque Grignion de Montfort, le célèbre missionnaire, arrive en Vendée au début du XVIIIe siècle, il peut constater l'abandon de ces régions : toutes les églises sont délabrées et certaines n'ont point été relevées de leurs décombres depuis les guerres de Religion... Les comportements religieux des habitants s'apparentent plus à de la superstition qu'à une véritable religion. » (Louis-Marie Clenet, « La religion en Vendée au XVIIIe siècle », revue *Blanc et Bleu,* Luçon, 1er trim. 1988.)

Avant qu'intervienne la clandestinité religieuse catholique sous la Première République, une clandestinité religieuse protestante s'était perpétuée en Vendée pendant plus de cent ans. Dix mille familles vendéennes avaient émigré sous Louis XIV, mais il subsistait huit églises clandestines : à Mouchamps, Pouzauges, Le Boupère, La Touche-de-

Le protestantisme vendéen est presque toujours occulté. Pourtant, la Ve
Dix mille familles émigrèrent lors de la révocation de l'édit de Nantes. Les « assem
Suspects de républicanisme, les protestants vend

ridionale fut l'un des hauts lieux de la culture protestante au XVIe siècle.
désert » se tinrent néanmoins dans le bocage jusqu'à l'édit de tolérance de 1787.
retrouvèrent dans une situation tragique en 1793.

Chavagnes, Mouilleron-en-Pareds, Sainte-Hermine, Foussais, Rochetrejoux. Les « assemblées du désert » ne cessèrent qu'à l'édit de Tolérance de 1787. Mais cette venue au grand jour du protestantisme ne devait être que de faible durée puisque les calvinistes, suspects de républicanisme (et comment n'auraient-ils pas salué avec enthousiasme la République qui leur rendait la liberté) devaient se retrouver dans une situation tragique au moment de l'insurrection de la Vendée. S'efforçant d'abord à la neutralité et, par là même, pillés tour à tour par les royalistes et les républicains, les protestants vendéens furent de nouveau rejetés lorsque, le 15 juillet 1793, au nom de Louis XVII, l'armée « catholique et royale » proclama vouloir maintenir « la religion catholique, apostolique et romaine comme la seule dominante en France et comme la seule dont le culte public y soit permis ». Plusieurs membres de la bourgeoisie protestante s'engagèrent alors dans la lutte contre les Bleus. Sur douze gardes nationaux qui, le 26 novembre 1793, résistèrent aux cinq cents hommes de Charette et furent tués sur place, se trouvaient dix protestants. En août 1793, lorsque la Convention ordonna aux « patriotes » vendéens de quitter le bocage et de se réfugier dans le Sud, il se produisit un exode total des protestants de Pouzauges et de Mouchamps qui se replièrent sur Fontenay-le-Comte, Foussais, Benet, Marans. Si les protestants du bocage appartenaient en majorité à la bourgeoisie, on trouvait néanmoins parmi ces exilés un grand nombre d'artisans (tisserands surtout, ou charpentiers), mais aussi des cultivateurs et même des journaliers. La plupart d'entre eux, après la liberté rendue aux cultes de toutes les religions, en 1806, restèrent néanmoins en Vendée méridionale. Dans l'*Annuaire ecclésiastique* de Rabaud-le-Jeune, publié en cette même année 1806, nous lisons : « La guerre de Vendée a diminué d'un tiers la population réformée. »

Cf. Paul Romane-Musculus, pasteur : « Les protestants du bocage vendéen pendant la Révolution », *Bulletin de la Société du protestantisme français,* avril 1975, Paris.

Le Père de Montfort

La reconquête catholique de la Vendée ne s'est faite qu'au début du XVIIIe siècle. Le Père Grignion de Montfort en a été le grand artisan. Ce Breton maigre, la tête et les pieds nus, parcourait la Vendée accompagné d'un âne chargé de médailles, de chapelets, d'images pieuses. Son astuce consistait à prêcher non pas dans les églises désertées, mais dans les salles de bal toujours pleines, sous les halles, aux carrefours des chemins et à y improviser des cantiques sur des airs profanes que tout le monde connaissait. Par exemple, sur l'air de *Tu croyais, en aimant Colette,* il chantait :

O très doux Jésus levez-vous,
Car le pauvre vous prie,
Il oppose à votre courroux
Votre mère Marie,
Par son sein qui vous a porté,
Par ses douces mamelles,
Montrez au ciel votre beauté
A ses âmes fidèles...

ou bien sur l'air de *Paie chopine, ma voisine* :

Gloire en tous lieux
A la reine des cieux !
Vite, vite, prions-la tous
De calmer Dieu de son juste courroux...

Ermite dans la forêt de Mervent, où la grotte qui lui servit de refuge était devenue dans mon enfance lieu de pèlerinage (elle est aujourd'hui pratiquement intégrée à un centre de jeux et de loisirs. Y vient-on prier, je ne sais, mais on la visite), il mourut dans le bocage vendéen, à Saint-Laurent-sur-Sèvre, le 28 avril 1716. Trois congrégations naquirent de sa prédication : les Montfortains (Compagnie de Marie), les Filles de la Sagesse, les Frères de Saint Gabriel. Prophétisant le cataclysme de 1793, le Père de Montfort portait sur sa poitrine, cousu sur un carré d'étoffe blanc, un cœur rouge, qui anticipait sur ce cœur, symbole des insurgés. En le canonisant en 1947, le pape Pie XII déclara : « La Vendée de 1793 était l'œuvre de ses mains. » C'est trop simplifier, mais il est vrai que celui qui fut appelé « le saint Dominique de l'Ouest » parce qu'il « y détruisit l'hérésie », est en tout cas à l'origine du fanatisme religieux des Vendéens, fanatisme on le voit de néophites. Plus encore que le Père de Montfort lui-même, ses disciples, les Missionnaires de la Compagnie de Marie (dit, plus familièrement, les Mulotins) que l'on voit en 1774 baptiser en grande cérémonie à Chantonnay un « idolâtre d'environ vingt ans », ont certainement joué un grand rôle dans la contre-révolution. Le général Dumouriez, qui commandait les premières troupes envoyées contre l'insurrection vendéenne, considérait que le foyer d'agitation provenait des missionnaires de Saint-Laurent (les Mulotins). Les Mulotins ont exercé en effet une très grande influence au moment de la constitution civile du clergé, poussant curés et vicaires à refuser de prêter le serment de 1791 (les trois quarts des prêtres vendéens furent réfractaires).

La « Petite Église »

Comme suite au Concordat de 1801 entre Bonaparte et le pape Pie VII, les prêtres assermentés durent déclarer obéissance au Saint-Siège et les prêtres mariés obtinrent leur sécularisation. Quant aux prêtres réfractaires, le serment à l'Église Concordataire leur était demandé. Trente-huit évêques en exil refusèrent, dont Mgr de Courcy, évêque de La Rochelle et Mgr de Mercy, évêque de Luçon. Le Concordat prévoyant le mariage religieux des divorcés, la plupart des prêtres vendéens s'y opposèrent, comme ils s'opposèrent à la légalisation des achats de biens nationaux. En 1804, lorsque Pie VII vint sacrer Napoléon à Paris, le bruit courut en Vendée qu'il s'agissait d'un faux pape. Vingt-quatre prêtres entrèrent de nouveau en dissidence dans les cantons de Thouars, Châtillon-sur-Sèvre, Bressuire. Napoléon ordonna aussitôt l'arrestation de ces réfractaires et l'interdiction des prédicateurs ambulants (les Mulotins).

Si l'hostilité au Concordat fut générale dans tout le clergé traditionnel français, si des mouvements de dissidence se manifestèrent en Languedoc (les Purs), en Provence (les Fidèles), en Bretagne (les Lousets), aucun n'atteignit l'ampleur de ce qui devint en Vendée et dans le département des Deux-Sèvres voisin un véritable schisme sous le nom de Petite Église. A peine remise de sa persécution sous la Convention et le Directoire, la Vendée n'hésitait pas une nouvelle fois à s'attirer les foudres du pouvoir. Trente mille catholiques réfractaires au Concordat se séparèrent donc de l'Église légale, sur les deux rives de la Sèvre Nantaise, au début du XIXᵉ siècle.

Mgr de Courcy s'étant finalement soumis, comme beaucoup d'autres ecclésiastiques, Mgr de Thémines, ex-évêque de Blois, devint chef de la Petite Église, jusqu'à sa mort à Bruxelles en 1829. Mais la tête de la dissidence vendéenne était tenue sur place par un ancien boulanger-maquignon, insurgé en 93 et ordonné prêtre à trente-cinq ans, Pierre Tessier. Mademoiselle de La Rochejaquelein, sœur de Henri, animait aussi un très actif noyau de dissidence en Vendée et dans le nord des Deux-Sèvres. Certaines paroisses passèrent entièrement au schisme, comme celles de Cerisay et de Courlay. A Courlay, se construisit la chapelle de la Plainelière, qui sert de lieu du culte pour la Petite Église encore aujourd'hui.

Dans le département de la Vendée proprement dit, le cœur de la Petite Église se trouvait à Saint-Martin-Lars-en-Tiffauges, mais à Saint-Malo-du-Bois le tiers de la population y adhérait et à Fontenay-le-Comte on y recensait cent cinquante fidèles.

L'abbé Tessier, patriarche de la Petite Église, mourut en 1826, à l'âge de soixante-huit ans. En 1830, meurt l'abbé Couillaud, successeur de Tessier à Courlay. Après la mort du curé Oussouf, en 1847, la Petite Église n'eut plus de prêtre consacré. C'est un laïque, choisi pour sa piété et sa vertu, qui dirigea alors la prière commune et célébra les offices. Les fidèles de la Petite Église observaient le repos aux fêtes liturgiques de l'ancien calendrier, notamment la Saint-Louis, récitaient le chapelet en famille de la Toussaint à Pâques. Curieusement, cette minuscule Église schismatique s'est perpétuée, sans prêtres, jusqu'à nos jours. En 1958, on dénombrait encore 1 000 fidèles de la Petite Église à Courlay et 2 155 dans la campagne environnante. Par opposition à l'Église officielle, ils votaient à gauche et envoyaient leurs enfants à l'école laïque. Si la Petite Église a pratiquement disparu du département de la Vendée, il demeure encore dans le Bressuirais d'irréductibles dissidents que le pape Jean XXIII s'est refusé à considérer comme schismatiques, disant : « On ne condamne pas la fidélité. »

Cf. Émile Gabory, *La Révolution et la Vendée.* Tome 3 : *La Victoire des Vaincus,* 1928.
A. Billaud, *La Petite Église dans la Vendée et les Deux-Sèvres,* 1962 (l'ouvrage capital).

Les coliques du Poitou

Les coliques du Poitou font partie de son folklore. Le vin, grâce à son tanin, a longtemps été considéré comme le meilleur remède contre la dysenterie. De plus, 95 % des communes vendéennes n'offrant qu'une eau médiocre ou polluée, une véritable phobie de l'eau chez les Vendéens ne leur fit que chérir plus fortement le vin. Ce vin que la paysannerie ne put boire à discrétion que grâce à la Révolution qui enleva l'exclusivité de la vigne au clergé et à la noblesse (auparavant ils buvaient de la frénette, boisson à base de feuilles de frêne). La Révolution amena à la fois la démocratisation du vin et l'alcoolisme populaire. Chaque paysan voulut avoir sa vigne. Si bien qu'en 1900 la Vendée devint le second département de France pour le nombre de ses viticulteurs, un viticulteur pour six habitants. La quantité de vin bue en Vendée était phénoménale, chaque exploitant disposant de six litres par jour. Alors que la consommation annuelle du vin en France était de 137 litres par habitant, la Vendée en consommait presque le double (253 litres). Chaque chef de famille avouait boire trois litres par jour, mais les consommations de quatre à sept litres n'étaient pas rares. Un médecin assurait qu'un de ses malades buvait seize litres par jour, ses amis de jeux de cartes buvaient quatorze et douze litres, sauf un qui ne tenait que huit litres et était considéré par les trois autres comme un pauvre type. Il était difficile aux fermiers de trouver des journaliers sans leur assurer du vin à discrétion. L'intoxication éthylique chronique par le vin constituait la maladie numéro un de la Vendée, cause d'une mortalité supérieure à celle de la tuberculose et de la syphillis réunies.

En 1893 le phylloxera anéantit tout le vignoble vendéen. La reconstitution se fit avec des plans importés d'Amérique : le noah et l'othello. Le noah fut très populaire. Énervant, excitant, il fut l'un des grands responsables de la dégradation de la santé de la population vendéenne au XXe siècle. Si bien qu'à partir de 1955 sa culture fut interdite et ses plans arrachés.

Peut-être est-il exagéré d'attribuer à l'ouest de la France la responsabilité d'avoir alcoolisé l'ensemble de la population ouvrière au XIXe siècle par l'émigration, comme le soutiennent certains hygiénistes. Il n'en est pas moins vrai que l'alcoolisme est lié à l'ouest de la France : Normandie, Bretagne, Vendée, Anjou, Charente et que la Vendée a détenu le triste privilège d'être le quatrième des départements alcooliques français.

Cf. Roger SCHKOLNYK, *L'Alcoolisme en Vendée,* thèse pour le doctorat de médecine, Paris, 21 mars 1956.

Population de la Vendée

La « Vendée militaire » qui s'étend sur des fractions de quatre départements (sud de la Loire-Atlantique, ouest du Maine-et-Loire, ouest des Deux-Sèvres, nord et centre du département de la Vendée) regroupe environ 800 000 habitants. Les recensements dans le département de la Vendée proprement dit donnent les chiffres suivants :

1791	305 381 habitants	
1801	243 426	(donc une diminution, du fait de
1806	268 646	la guerre civile, de 61 955 habi-
1831	330 350	tants)
1861	395 695	
1891	442 355	
1906	442 770	
1911	438 520	
1921	397 292	
1930	390 000	(diminution, de 1906 à 1930, due
1975	450 641	à une émigration très importante)

Si l'on considère que la France de 1791 ne recensait que 25 millions d'habitants, la population de la Vendée y apparaît beaucoup plus élevée qu'aujourd'hui par rapport à l'ensemble de la population française. Soit, à peu près, un tiers de plus. Tous les témoins s'émerveillent de la richesse agricole de la Vendée en 1789. Sa ruine, due à l'insurrection et à la repression, se poursuivra pendant près de cent cinquante ans puisqu'elle figurait, avant la Seconde Guerre mondiale, parmi les trois régions les plus pauvres de France, les deux autres étant la Corse et le Pays basque.

Population urbaine

1846	9,8 %
1906	16,4 %
1945	20 %

En 1980

agriculture	20 % des actifs	
industrie	35 %	
tertiaire	40 %	(chiffre élevé dû au tourisme)

LE FOLKLORE

Les mouchoirs rouges de Cholet

C'est le titre de mon roman le plus populaire. Ce n'est pas exactement le titre de la célèbre chanson de Théodore Botrel qui, elle, s'intitule *Le Mouchoir rouge de Cholet.* Il m'a parfois été reproché de commettre un anachronisme en parlant de « mouchoirs rouges de Cholet » pour une histoire très antérieure à la chanson de Botrel. Or, dans l'*Histoire de la Révolution française* de Jules Michelet, publiée l'année même de la naissance de Botrel (1868) on peut lire :

« A l'avant-garde marchait le plus souvent un autre jeune homme, cousin de Lescure, Henri de La Rochejaquelein, Monsieur Henri, comme l'appelaient les paysans. Il portait au col un mouchoir rouge ; toute l'armée en porta... »

Dans le même ouvrage, à propos de Nantes assiégée par l'armée vendéenne, Michelet écrit :

« Le peuple, affamé, voyait en face, sur l'autre rive, les brigands à mouchoirs rouges qui venaient, sous son nez, lui couper les vivres. »

Donc aucun anachronisme dans mon roman, qui ne se réfère pas à Botrel, mais à un épisode des guerres de Vendée devenu légendaire. Le 25 mai 1793, lors d'une bataille aux environs de Fontenay-le-Comte, pour entraîner ses troupes, Henri de La Rochejaquelein aurait eu l'idée de placer à sa tête, à son cou et autour de sa taille, des mouchoirs rouges afin d'être mieux reconnu. Cette armée sans uniforme, suivant bientôt son exemple, le mouchoir rouge serait devenu son insigne.

Les tisserands du Choletais avaient grande renommée depuis le XVIIe siècle. Leurs draps, exportés aux Amériques,

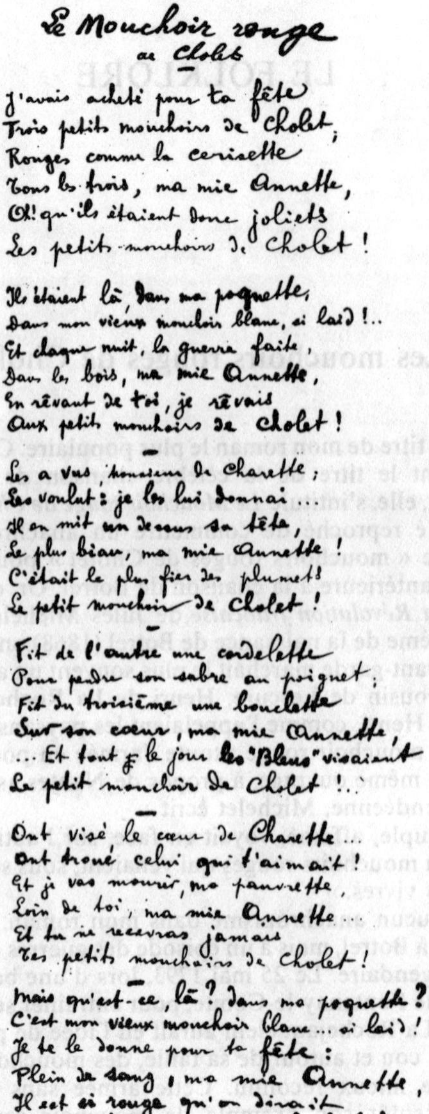

Le Mouchoir rouge
de Cholet

J'avais acheté pour ta fête
Trois petits mouchoirs de Cholet ;
Rouges comme la cerisette
Tous les trois, ma mie Annette,
Oh ! qu'ils étaient donc joliets
Les petits mouchoirs de Cholet !

Ils étaient là, dans ma poquette,
Dans mon vieux mouchoir blanc, si laid !..
Et chaque nuit, la guerre faite,
Dans les bois, ma mie Annette,
En rêvant de toi, je rêvais
Aux petits mouchoirs de Cholet !

—

Les a vus Monsieur de Charette ;
Les voulut : je les lui donnai...
Il en mit un dessus sa tête,
Le plus beau, ma mie Annette !
C'était le plus fier des plumets
Le petit mouchoir de Cholet !

—

Fit de l'autre une cordelette
Pour pendre son sabre au poignet ;
Fit du troisième une bouclette
Sur son cœur, ma mie Annette
... Et tout le jour les "Bleus" visaient
Le petit mouchoir de Cholet !..

—

Ont visé le cœur de Charette...
Ont troué celui qui t'aimait !
Et je vas mourir, ma pauvrette,
Loin de toi, ma mie Annette
Et tu ne recevras jamais
Tes petits mouchoirs de Cholet !

—

Mais qu'est-ce, là ? dans ma poquette ?
C'est mon vieux mouchoir blanc... si laid !
Je te le donne pour ta fête :
Plein de sang, ma mie Annette,
Il est si rouge qu'on dirait
Un mouchoir rouge de Cholet !

Théodore Botrel, barde breton (1868-1925), est l'auteur de la plus célèbre chanson célébrant l'insurrection vendéenne : le Mouchoir rouge de Cholet.

prirent alors des couleurs de plus en plus vives pour plaire aux créoles et le rouge fut bientôt adopté pour le mouchoir. Un *Règlement pour les toiles qui se fabriquent à Cholet,* signé par Louis XIV, le 22 septembre 1748, et qui comprend quatre-vingt-cinq articles, spécifie que les mouchoirs « se fabriquent en fil de lin blanc et teints de toutes couleurs ; leur défend néanmoins Sa Majesté d'employer le racou, autrement que seul et séparément des autres ingrédients ». Or le racou ou rocou est une matière colorante d'un rouge jaune employé pour leurs teintures par les Indiens d'Amérique. Il existait donc des mouchoirs rouges de Cholet au XVIIe siècle.

Dans sa chanson, Théodore Botrel (1868-1925) a donné la paternité du mouchoir rouge de 93 à Charette, au lieu de La Rochejaquelein. Petite erreur qui n'enlève rien à la vertu mythique de ce rouge, si aimé des « blancs ».

La croix blanche des fermes dans le bocage vendéen

Jadis, dans le bocage vendéen, toutes les métairies s'ornaient, au-dessus de la porte d'entrée, à l'extérieur, d'une croix blanche peinte à la chaux. Ces croix étaient très rares sur les habitations de la plaine et du marais, peut-être pour la simple raison que, les maisons maraîchines et plainaudes étant entièrement blanchies à l'eau de chaux, des croix blanches peintes y eussent été invisibles. Par contre, dans le bocage, où aucune maison n'était ni crépie ni blanchie, ces croix blanches apparaissaient très en évidence. Dans leur grande majorité, les maisons à croix blanche étaient des fermes isolées. On trouvait rarement des croix sur les fermes des bourgs où les maisons étaient en général blanchies à la chaux. Les maisons des forgerons, des maréchaux-ferrants, des charrons, et des artisans en général, même en pleine campagne, n'étaient jamais ornées de cette croix blanche. Ni les maisons bourgeoises, ni les châteaux, ni les presbytères. La croix blanche est donc caractéristique de la maison d'agriculteur et de laboureur.

Les habitations, en général exposées au sud, tournaient parfois le dos à la route. La croix était alors peinte au revers de la maison, ce qui exprime le désir de placer cette croix bien en évidence. Il arrivait que la croix soit peinte sur l'étable, ou sur la grange, et non sur l'habitation, mais presque toujours on la voyait néanmoins au-dessus de la porte d'entrée des fermes ou sur le côté gauche de la porte.

Comme la localisation de cette croix blanche coïncide avec le territoire de la « Vendée militaire », on en a fait le signe d'un manifeste catholique. Le docteur Marcel Baudoin, qui a effectué un relevé méticuleux de ces croix (*La Croix blanche des fermes du bocage vendéen,* 1908) leur dénie tout symbolisme chrétien. A l'origine, celles-ci n'auraient été que des enseignes de maisons de cultivateurs et de laboureurs utilisant des chariots à bœufs : signes de la croix d'attelage, la longue branche figurant le timon et la petite le joug. Christianisation d'un culte préhistorique, ces croix blanches auraient pu être tracées également, jusqu'au XXe siècle, dans le but de protéger la maison contre les génies malfaisants.

Le jeu de palets

Dans mon enfance, on ne jouait pas aux boules, en Vendée, et peu aux quilles, mais toujours aux palets.

Les palets étaient des disques de métal, le plus souvent fabriqués par les joueurs eux-mêmes, ou par un artisan local. Le plomb étant autrefois facile à se procurer, on fondait les palets au foyer domestique, dans une pelle à feu. A partir de 1918, le plomb fut supplanté par le fer, découpé au chalumeau dans de la ferraille. Chez le maréchal-ferrant, on continua longtemps à mouler des palets dans des couvercles de boîtes à cirage ou dans des anneaux d'attelage formant armature.

Le jeu de palets se pratique sur terrain plat et dur, sans emplacement spécial, dans une cour de ferme empierrée, dans un lieu de passage public, sur le sol battu d'une grange ; mais jamais dans l'herbe. Le disque est tenu entre le pouce et l'index, les autres doigts repliés par-dessous. L'inclinaison, au moment du lancer, fixe la trajectoire. Il faut soit renverser la cible (un plus petit palet, dit le maître ou le goret), soit se placer le plus près possible d'elle. Le palet peut être lancé à plat, en frôlant le sol, pour frapper de plein fouet le maître, ou glisser sur le sol, ou ricocher, ou piquer. La distance du tir est de trois mètres minimum ; cinq à huit mètres en moyenne. Le nombre de joueurs est indéterminé, dix au maximum, en général deux à six. Ce n'est pas un jeu d'enfants, les adultes n'acceptant guère autrefois de joueurs de moins de quinze ans.

Le jeu de palets était très pratiqué au Moyen Age, un peu partout en France, comme aujourd'hui la pétanque. Dans beaucoup de villes, un endroit spécial lui était réservé. Mais il semble que déjà, à la Renaissance, le jeu de palets se localisait dans le territoire aujourd'hui appelé la Vendée. Rabelais ne fait-il pas dire à Gargantua qu'il aimait beaucoup venir en Bas-Poitou parce qu'il pouvait y jouer aux petits palets ?

Le jeu d'aluette

Le premier auteur à parler du jeu d'aluette est Rabelais dans *Gargantua,* qui fait jouer son héros « aux luettes ». L'aluette est en effet un jeu populaire dans l'Ouest au XVIe siècle et dont la tradition s'est maintenue jusqu'à nos jours. Le jeu d'aluette, dit aussi luette ou « jeu de la vache », a sans doute été importé en Bas-Poitou par des marins-pêcheurs espagnols au XIVe siècle. Sur les plus vieux jeux on trouve en effet la mention « cartes espagnoles ». Mais au XIXe siècle, les jeux d'aluette sont fabriqués à La Roche-sur-Yon, à La Rochelle et à Nantes, par des cartiers-dominotiers qui impriment aussi des jeux de l'oie.

L'aluette comprend quarante-huit cartes, au lieu des cinquante-deux habituelles (les dix manquent). Elles se divisent en quatre séries de douze cartes : les paysans (bâtons et massues), les marchands (deniers), les prêtres (coupes ou calices), les nobles (épées). Chaque série comporte un as, un roi, une cavalière ou reine, un valet (qui sous la Révolution sera remplacé par un Brave, héros romain), un neuf, un huit, un sept, un six, un cinq, un quatre, un trois, un deux. Quatre cartes sont des luettes : Monsieur, carte donnante (une figure d'homme), Madame (un buste féminin, parfois nu), le borgne (un borgne), la vache (vache couchée).

L'aluette se joue à quatre, deux contre deux, les partenaires se faisant vis-à-vis. Celui qui tire la plus forte carte les distribue, bat, donne à couper à son voisin de droite. Les joueurs « poitrinent » leur jeu, c'est-à-dire qu'ils tiennent les cartes près du corps afin qu'elles ne soient pas vues par leurs voisins. En revanche, l'indiscrétion est de rigueur entre partenaires qui se font des signes. Celui qui détient Monsieur lève les yeux au ciel, celui qui détient Madame incline la tête du côté gauche, celui qui a la vache fait la moue, celui qui a le Grand Neuf lève le pouce, etc.

Cf. Marcel Baudouin, *Le Jeu d'alluette* (sic), La Roche-sur-Yon, 1932. André Viaud Grand-Marais, *Un vieux jeu de cartes vendéen : le jeu d'aluette,* Vannes, 1910.

Coiffes

Vingt-cinq types de coiffes ont été portées en Vendée. Les plus répandues étaient la cabanière, à fond plat carré, dans les régions de la plaine et du marais où les fermes d'élevage se disaient cabanes ; la corne de Sainte-Hermine, sorte de petit bonnet porté à l'arrière de la tête ; la grisette bocaine ; la câline de Noirmoutier, bonnet simple avec des brides nouées sous le cou ; la rochelaise de Chantonnay ; le cartron de la plaine en forme d'accordéon ; la paysanne du Marais poitevin ; la marandaise de Marans ; etc. Il existait des coiffes spécifiques pour le travail au soleil, comme la quichenotte, cretonne fleurie raidie par des baguettes de bois passées dans des bandes de tissu piqué et resserrée sous la nuque par des cordons, des coiffes de mariées doublées de satin bleu pâle, des coiffes de deuil qui ne se différenciaient guère des habituelles que par le voile d'un crêpe noir ou par l'ajout d'un large ruban noir.

L'engouement pour les coiffes villageoises n'aura duré qu'un siècle. La mode se propage aux alentours de 1820 et disparaît vers 1940, atteignant son apogée vers 1890. Contrairement à une idée reçue, les coiffes paysannes ne sont pas une adaptation des hennins du XIVᵉ et du XVᵉ siècle qui n'eurent de postérité que dans les coiffures des religieuses. Du XVIᵉ au XIXᵉ siècle, il n'existe pas, en effet, de coiffes populaires, mais seulement des bonnets, ces bonnets de toile qui sont d'ailleurs la coiffure de toutes les femmes du peuple et de la petite bourgeoisie. Le bonnet, immuable depuis le XVIIᵉ siècle, se transformera lentement en coiffe au début du XIXᵉ siècle. C'est-à-dire que ce simple bonnet de toile blanche s'orna peu à peu de tulles brodés, de dentelles, de rubans et que, pour les cérémonies, on y ajouta des pantines, des nœuds, des rubans moirés flottant dans le dos. Ces pantines, longs pans de mousseline tombant de la coiffe jusqu'à mi-jupe, furent d'un bref usage. Gênantes, on les releva sur le bonnet. D'où des coiffes à cornes et à cornettes. Les coiffes luxueuses, difficiles d'entretien, n'étaient portées que pour les cérémonies, mais jamais les paysannes ne travaillaient « en cheveux », se couvrant la tête aux champs, si les coiffes locales étaient trop volumineuses, d'un mouchoir blanc plié en pointe.

Certaines coiffes ne se portaient que dans une ville, comme la très populaire sablaise aux Sables-d'Olonne, que les vendeuses de sardines arborèrent avec crânerie presque aussi longtemps que celles des brodeuses bigoudens.

La coiffe évoluant à chaque génération, celle de la grand-mère n'était plus tout à fait celle de sa petite-fille, mais néanmoins les coiffes constituaient un signe distinctif variant non seulement de région à région, mais de canton à canton et même de paroisse à paroisse.

Avec la Bretagne, la Vendée fut l'une des dernières régions à conserver ses coiffes. C'est seulement après la guerre de 1914-1918 que les hommes revenant des villes, où ils avaient vu des femmes sans chapeau, incitèrent leurs épouses à suivre la mode. L'abandon de toute coiffure devint alors une marque d'affranchissement. Il n'empêche que, pendant mon enfance, c'est-à-dire avant 1940, toute femme qui se respectait portait une coiffe ou un chapeau. Pour des raisons de commodité, à part la coiffe des Sablaises qui se monumentalise de plus en plus, avec sa pyramide à claire-voie, les coiffes se miniaturisèrent.

Il existait encore dans mon enfance des ateliers de repasseuses où l'on lavait, brodait, réparait les coiffes. Une seule coiffe à plisser et à tuyauter demandait trois heures de travail. Ces lingères-repasseuses aimaient à se distinguer. Par exemple, à Fontenay-le-Comte, elles portaient une coiffe dite « la folle » sur transparent rose. L'une des raisons de la disparition des coiffes vint certainement de la difficulté de leur entretien et du coût onéreux de celui-ci puisque les Vendéennes disent avoir abandonné les coiffes par défaut de repasseuses et que les repasseuses disent avoir abandonné leur métier par défaut de clientèle.

Ma grand-mère, comme toutes les femmes de sa génération et de sa condition, prenait un aussi grand soin de sa coiffe que de ses bijoux (bijoux qui se limitaient d'ailleurs à trois spécimens : un collier de perles de verre, une broche avec les deux cœurs entrelacés et son alliance en or réduite à un mince anneau usé). Elle plaçait sa coiffe dans une boîte spéciale que l'on appelait « la boëte à couëffe ». L'installation de sa coiffe sur ses cheveux peignés en bandeaux (la coiffe imposait d'ailleurs cette forme de coiffure) demandait beaucoup de temps. J'aimais la regarder, la bouche hérissée de toutes ces épingles qu'elle maintenait bien serrées entre ses lèvres minces. Sa bouche lui servait de pelote. Elle prenait les épingles une à une et les plantait dans les bords de sa coiffe. J'avais l'impression qu'elle s'enfonçait ces épingles dans le crâne, comme la couronne d'épines du Bon Jésus au Vendredi Saint. Parfois, en effet, elle se piquait et poussait un petit cri. Jamais elle ne repassait le tulle de sa coiffe elle-même. C'était un travail de spécialiste, beaucoup trop compliqué et qui demandait nombre d'outils. Je reste toujours émerveillé de la multiplicité des outils de l'artisan d'autrefois. J'ai décrit ceux du bourrelier dans *Ma sœur aux yeux d'Asie,* ceux du sabotier dans *Les Mouchoirs rouges de Cholet.* La repasseuse de coiffes disposait d'abord d'une « marotte », tête en carton bouilli, grandeur nature. Un coloriage rose et noir indiquait la bouche, les joues, les yeux, les cheveux. La « marotte » servait à monter les coiffes ou à les supporter lorsqu'elles attendaient la cliente. Quant aux outils, il s'agissait essentiellement de « cisailles », de broches, de pailles et de fers à repasser. Mais le fer à repasser classique servait peu. Les « cisailles » étaient en fait de grands ciseaux, chauffés sur les braises du fer à charbon qui comportait pour cela deux orifices. Ces ciseaux aux branches arrondies servaient à pincer les plis sur les « oreilles » de la coiffe. On utilisait ces « cisailles » pour pincer le tulle amidonné, mais pour la mousseline de dentelle la repasseuse devait se servir de brins de paille provenant de la partie supérieure des tiges de blé ou de fines aiguilles d'acier.

Pour être repassée, la coiffe devait être démontée. Toutes les pièces qui la composaient, à l'exception de la bonnette et du carré de satin, étaient plongées dans un amidon tiède que la repasseuse faisait bouillir sur sa cuisinière et qu'elle malaxait ensuite avec ses doigts.

Toutes les coiffes se composaient d'un bonnet ou « cayenne » sur lequel se posait du satin blanc. La lingère-repasseuse épinglait d'abord le fond de coiffe brodé, la plupart du temps importé des Vosges, puis les bandes de dentelle et de tulle tuyautées. Le devant de la coiffe en tulle brodé comportait une bordure de dentelle faite à la main à Bruges ou une dentelle de coton de Calais.

La coiffure de ma grand-mère valait bien un diadème de reine et c'est bien ainsi que je le comprenais.

Cf. Jeanne BILY-BROSSARD, *Coiffes et costumes féminins du Poitou,* Niort, 1952.

Anne de MAUPEOU, Alfred FOUCAUD, *Coiffes vendéennes afin qu'elles ne meurent.* Éditions du Marais, Benet, 1967.

M. LELOIR, *Dictionnaire du costume et de ses accessoires,* Gründ, Paris, 1951.

Ch. ESCUDIER, *Costumes poitevins,* reprint J. Laffitte, 1978.

Le cœur vendéen

Symbole de la Vendée, les deux cœurs entrelacés sont devenus le sigle de la Vendée moderne. On les trouve aussi bien sur les carlingues des avions d'Air Vendée que sur la porcelaine décorée, les étiquettes des poulets et des brioches destinés à l'exportation.

Louis XVI, en prison, ayant consacré sa personne, sa famille et son royaume au Sacré-Cœur, certains historiens en ont conclu hâtivement que les Vendéens insurgés avaient simplement suivi cet exemple. Or la popularité du Sacré-Cœur en Vendée est bien antérieure à la Révolution. On doit plutôt l'attribuer au Père de Montfort qui recouvrait les calvaires érigés en Vendée de cœurs enflammés. Toujours est-il que, dès les premiers jours de l'insurrection, le 13 mars 1793, Cathelineau décora sa boutonnière d'un sacré-cœur, se passa au cou un chapelet et que les vingt-sept premiers volontaires du Pin-en-Mauges l'imitèrent. Très vite, tous les insurgés ornèrent leur poitrine de petites croix, de « petits cœurs percés de piques ou autres signes de cette espèce ». La Rochejaquelein portait à son chapeau une broche en forme de cœur, fléché.

Mais si le Père de Montfort fit du Sacré-Cœur un symbole, si ce symbole s'intégra à la Vendée à partir de 1793, les bijoux en forme de cœur sont bien antérieurs en Vendée et à la Révolution et au Père de Montfort, puisque l'on trouve des bijoux en forme de cœur, en Bas-Poitou, à partir du XIIIe siècle. Les plus anciens sont des cœurs simples, anneaux en forme de cœur aplati, avec une partie centrale évidée et une agrafe (ardillon) pour la fixer au vêtement.

Les cœurs doubles semblent modernes, mais peut-être sont-ils aussi anciens que les simples, le symbole qu'ils véhiculent, l'amour conjugal, échappant aux notions de modes. Le culte du Sacré-Cœur, qui n'a rien de vendéen, s'est donc superposé à une longue tradition d'un culte du cœur en Bas-Poitou certainement antérieur au christianisme. Le cœur piqué d'une épingle aurait été la marque de certaines cohortes germaines qui pratiquaient l'envoûtement et les huguenots auraient parfois utilisé un cœur percé d'une flèche comme signe de reconnaissance.

VIVEIESUSETMARIE
OCRUXAVE
SPESUNICA
IHS
VIVELE OIETSALOI

Symboles de la Vendée, le cœur enflammé, et plus encore les deux cœurs entrelacés se retrouvent dans toute l'iconographie traditionnelle et moderne de la région.

Non seulement le cœur est un bijou à peu près localisé dans le département de la Vendée, mais les objets en forme de cœur sont nombreux dans tout le Poitou : moules à beurre, tasses à vin, breloques, pâtisseries (fouaces, échaudés et merveilles de carnaval), cœurs en relief sculptés dans le bois des armoires à linge (les « presses ») et dans celui des bahuts (« cabinets »). Les bagues de fiançailles, dites « bagues-foi » ou « bagues gros cœur », et les colliers en or, appelés « esclavages », enchâssés d'émeraudes (la pierre préférée des Vendéennes) comportaient tous les deux des cœurs (l'esclavage se fermait sur le cou avec un cadenas en forme de cœur émaillé, aplati). Jadis, au pèlerinage de sainte Radegonde, à Poitiers, on vendait des petits cœurs en cire, creux, que l'on piquait sur la grille du tombeau de la sainte. Un petit cœur en plomb était aussi souvent planté avec un clou sur les croix de bois aux carrefours des chemins.

Plus utilisé dans le marais que dans le bocage, en 1903 tous les vieux maraîchins portaient encore ce bijou, exclusivement parure masculine. Bijou plébéien, il n'était pas utilisé dans la bourgeoisie. Les bijoutiers modernes l'ont transformé en épingle de cravate pour les hommes et en clip pour les femmes.

Cf. M. BAUDOIN, *Cœur vendéen, bijou populaire ancien,* 1903.
BAUDOIN et LACOULOUMÈRE, *Le Cœur vendéen,* 1904.
Abbé E. BOISSELEAU, *Le sacré-cœur des Vendéens, « Semaine catholique »,* Luçon, 7-14 mai 1910.

La sardine

La sardine des Sables-d'Olonne, criée à Fontenay-le-Comte sur le pont des Sardines par d'accortes poissonnières aux courtes jupes plissées découvrant des bas noirs, martelant le sol de leurs petits sabots à hauts talons, relevant crânement leur front bombé sous leurs gigantesques coiffes en ailes de papillon blanc, voilà qui ne s'oublie pas.

La sardine des Sablaises aux yeux noirs annonçait l'été. La Vendée a été l'un des hauts lieux de la pêche à la sardine. Saint-Gilles-sur-Vie, Les Sables-d'Olonne, l'île d'Yeu, Noirmoutier se partageaient les quartiers de pêche. En 1885, les cinq cents bateaux sardiniers vendéens avaient capturé cent millions de sardines. Certains bateaux ramenaient en une seule journée trente mille petits poissons argentés. L'impossibilité d'écouler autant de sardines fraîches amena en Vendée la création de vingt-huit conserveries spécialisées dans la boîte à sardines : onze à Croix-de-Vie, douze aux Sables-d'Olonne. La sardine fut longtemps la providence de la population du littoral, vivant à la fois de la pêche et du travail dans les sardineries. Chaque usine employait cent cinquante femmes, vingt hommes et quinze enfants. Une contre-maîtresse avait la charge d'acheter le poisson à l'arrivée des bateaux et l'on reconnaissait du talent aux Sablaises, aussi bien pour l'achat que pour la vente. Les femmes et les enfants procédaient à l'étêtage. Les premières gagnaient 15 à 20 centimes de l'heure, les enfants 10 centimes. Les bouilleuses recevaient une meilleure rémunération que les étêteuses.

Lavée à l'eau de mer, étêtée, la sardine se conservait dans des bailles de saumure avant de sécher sur des grils exposés au soleil. Les quais du port et les toitures des usines s'ornaient ainsi de milliers de poissons. Passées à l'huile bouillante, après refroidissement les sardines s'entassaient dans des boîtes de fer-blanc fabriquées pendant l'hiver sur les lieux de pêche. Remplies d'huile, à la main, les boîtes, soudées au gaz, étaient ensuite jetées dans une chaudière d'eau bouillante pour empêcher la fermentation. Enfin, on les étiquetait et les entassait dans des caisses de bois emplies de sciure pour l'expédition.

Les chaloupes sardinières, jaugeant quatre à cinq tonneaux, non pontées, demandaient une eau calme. Les sardines apparaissaient sur le littoral atlantique fin avril début mai, devenaient rares dès septembre et le 15 octobre la saison se terminait. Elle était pêchée dans des filets de chanvre très fin, de mailles variables, confectionnés par les jeunes filles et les femmes, l'hiver, à la veillée ; par les hommes aussi, en période de mauvais temps. Aux saisons de pêche, lorsque les sardiniers arrivaient au port, les « ramandeuses » s'emparaient des filets, les faisaient sécher en les suspendant à des poteaux ou bien les étendaient sur le quai et les « ramandaient » (réparaient) sur place.

La manne sardinière n'a malheureusement pas cessé de décroître depuis le début de ce siècle. Le poisson est devenu de plus en plus rare et de plus en plus petit. Peu à peu, les pêcheurs se sont découragés, les usines ont été abandonnées. L'industrie de la sardine dans les ports vendéens n'est plus qu'un souvenir.

Cf. Marcel BAUDOIN, *L'Industrie de la sardine en Vendée,* 1888.

La fée Mélusine

De toutes les fées qui peuplaient les bois avant leur éviction par les saints chrétiens, il ne nous reste que trois noms : Viviane la Bretonne, Morgane du Pays d'Oc et Mélusine du Poitou.

Bien que notre fée Mélusine se retrouve parfois en Bretagne, au Dauphiné, au Luxembourg (Melusinde) et dans la Flandre de Maeterlinck (Mélisande). Il n'empêche que Mélusine, liée à la forêt de Mervent-Vouvant, est d'abord vendéenne. Ses noms premiers ont été Meslusine ou Merlusine, ou encore Meurlusine, Mellusigne, Méleusine. Apparentée aux fées celtiques qui fréquentaient les fontaines et subissaient un châtiment le samedi, Mélusine promet d'épouser Raymondin de Lusignan à condition d'être libre chaque nuit, du samedi au dimanche matin, sans que son époux cherche à la voir. Bien sûr il la surprend dans son bain, voit sa queue de serpent, pousse un cri et Mélusine s'envole par la fenêtre. Elle n'en continuera pas moins à protéger les Lusignan dont la destinée sera fabuleuse puisque l'un d'eux deviendra roi de Jérusalem. Bâtisseuse de châteaux en une nuit, elle transporte les pierres « dans sa dorne » et fait du mortier « d'une goulée d'aive ». Il lui arrive de perdre des pierres en cours de route et ce sont les dolmens et les menhirs qui parsèment la Vendée. Rabelais fait raconter à Epistemon qu'il a vu aux Enfers Mélusine « souillarde de cuisine ». Mais c'est vraiment là médisance d'un moine facétieux.

L'habitat des îles

Nos îles océanes, balayées par le vent du large, sont plates, comme si elles s'étalaient pour laisser passer sans secousse le souffle de la mer. Et l'architecture n'y crée aucun obstacle. Sauf les phares qui se dressent pour regarder au loin, qui sont des guetteurs et des protecteurs, aucune tour, aucun bâtiment haut (sinon encore quelques vestiges de forteresses en ruine, comme à la pointe de l'île d'Yeu, quelques bâtiments militaires ailleurs). L'habitat, comme les îles, rampe. Il se fait tout petit. Il ne veut être vu ni des étrangers qui sillonnent les mers et qui peuvent être de redoutables prédateurs, ni offrir de résistance au vent. Contrairement à l'architecture balnéaire qui montre toujours quelque ostentation, qui a des allures de nouveau riche, de m'as-tu-vu, l'architecture traditionnelle des îles est discrète, humble. Contrairement à l'architecture balnéaire encore qui ouvre ses fenêtres sur le rivage, l'architecture traditionnelle lui tourne le dos. Elle se protège des bourrasques de la tempête. La mer est le lieu du rude travail, le lieu des naufrages. On ne la voit que trop. Lui tourner le dos et regarder vers l'intérieur de l'île, du côté des jardins, là où poussent à l'abri des murs les grandes roses trémières.

L'habitat des îliens tourne le dos à la mer, sauf lorsqu'il s'installe dans une anse clémente, devenue port de pêche. Alors là, les maisons entourent la rade, lui font comme une corbeille. Elles accueillent le voyageur à son retour, le saluent lors de ses départs.

Mais ces maisons qui regardent les bateaux se serrent les unes contre les autres, comme si elles s'effrayaient de leur audace. Le port est percé de venelles où ne pouvaient se glisser que des ânes bâtés ou des piétons à la queue leu leu.

Petites maisons, très petites, le plus souvent d'un seul niveau, bien accrochées au sol, si petites parfois qu'elles ressemblent à des maisons de poupée et qu'on se demande comment de rudes marins ont pu y vivre en famille. Ce qui frappe d'abord c'est l'unité de ces maisons, toutes unanimement blanches, d'un blanc vif de chaux crue et coiffées du bonnet rouge de leurs toits de tuiles romaines. Ces toits presque plats sont un défi à la météorologie qui laisse entendre que nos côtes sont toujours pluvieuses. Or il suffit de regarder les toits du continent pour s'apercevoir que, de très pentus, ils s'affaissent progressivement jusqu'à devenir insignifiants sur la côte et dans les îles. C'est que nos îles ont la propriété de prendre la pluie qui vient de l'Océan, mais de la conserver juste le temps de se rafraîchir et de la rejeter au loin, vers le Limousin et l'Anjou. Les statistiques sont là : les côtes vendéennes et saintongeaises bénéficient d'un ensoleillement comparable à celui du département du Gard. 2 400 heures d'ensoleillement de Noirmoutier à l'île d'Oléron, contre 1 800 à Paris. C'est pourquoi les maisons îliennes paraissent si méridionales.

Le plus souvent une seule porte, étroite, et quelques fenêtres menues flanquées de gros volets de bois. La maison est comme une coquille d'huître. Elle ne s'ouvre que pour respirer un peu. Elle entrebâille ses volets, masque sa porte ouverte, l'été, par des rideaux de perles en bois. L'intérieur de la maison est le lieu de l'ombre. La lumière est si vive dans les îles, presque aveuglante parfois, qu'il fait bon se tenir chez soi dans une demi-obscurité. La maison si coquette à l'extérieur est en fait une grotte. Sa vertu est de protéger du froid, du chaud, du vent, de la pluie, des regards étrangers. Pas d'annexes en général, pas de préau, pas d'auvent, la maison forme une masse, un parallélépipède parfait, poli comme un galet.

Nos îles ont néanmoins des bourgs et des chefs-lieux. Nos îles ont vécu longtemps en autarcie et la structure de leurs villages montre par là même le microcosme de villes naines. C'est ce qui ajoute au charme des îles que ce résumé de tout un urbanisme sur un territoire étroit, sans possibilité d'expansion. Depuis toujours les îliens ont appris à se contenter de ce que la nature leur avait offert. A leur habitat minimum s'ajoutait néanmoins une résidence secondaire, le bateau, du youyou au voilier, le bateau qui représentait peut-être, d'ailleurs, leur vrai habitacle, comme un défi à l'Océan.

Barbe-Bleue

Gilles de Rays (ou Rais, ou Retz) naquit en 1404 à Machecoul ou à Champtocé-sur-Loire. A seize ans, il enlève à main armée Catherine de Thouars et en fait son épouse. Garde du corps de Jeanne d'Arc pendant deux ans, il abandonne l'armée lorsque Jeanne est brûlée à Rouen. A vingt-sept ans, maréchal de France, il se retire dans ses châteaux de Tiffauges et de Machecoul où la tradition lui prête de funèbres recherches alchimiques incluant le sacrifice de deux cents à huit cents enfants. Arrêté en 1440 par les soldats du duc de Bretagne, dont il était suzerain, Gilles de Rays sera brûlé comme sorcier à Nantes et son fief opportunément rattaché au duché de Bretagne.

La légende a mélangé Barbe-Bleue et Gilles de Rays. Le mythe de Barbe-Bleue est antérieur à la création de Perrault. C'est néanmoins le conte de Perrault qui lui donnera sa vraie postérité. Dans le récit de Perrault, Barbe-Bleue accroche ses femmes assassinées le long des murs, comme Gilles de Rays, d'après ses aveux, y accrochait les enfants. N'a-t-on pas dit aussi de Gilles de Rays que sa barbe était devenue bleue à la suite d'un pacte qu'il aurait signé avec un diable bleu ? Perrault a donc fait une synthèse entre la tradition orale de Barbe-Bleue et la mémoire authentique de Gilles de Rays.

Passant à Tiffauges, lors de son voyage dans l'Ouest en 1847, Gustave Flaubert écrit : « J'aurais préféré contempler la culotte du maréchal de Raiz, que le cœur de Madame Anne de Bretagne ; il y a eu plus de passions dans l'une que de grandeur dans l'autre » *(Par les champs et par les grèves).*

LES VENDÉENS VUS PAR...

Si, profitant de leurs étonnants succès, Charette et Cathelineau eussent réuni leurs forces pour marcher sur la Capitale, c'en était fait de la République ; rien n'eût arrêté la marche triomphale des armées royales. Le drapeau blanc eût flotté sur les tours de Notre-Dame avant qu'il eût été possible aux armées du Rhin d'accourir au secours de leur gouvernement... Mais il manqua toujours un prince à la tête de la cause vendéenne.

La première Vendée était-elle anglaise ? Non. Elle a été dans le principe toute populaire, elle était le mouvement spontané d'une population nombreuse, composée d'hommes simples et ignorants.

NAPOLÉON Ier

La gloire vendéenne est une gloire à part ; elle vivra dans nos fastes... La Vendée est une oriflamme vénérée et admirée dans le trésor de Saint-Denis, sous laquelle désormais la jeunesse et l'avenir ne se rangeront plus.

CHATEAUBRIAND, *Mémoires d'outre-tombe.*

J'admire de toute mon âme plusieurs traits de dévouement et de courage qui illustrèrent la Vendée. J'admire ces pauvres paysans versant leur sang pour qu'il y eût à Paris des abbés commendataires, jouissant du revenu de trois ou quatre grosses abbayes situées dans leur province, tandis qu'eux mangeaient des galettes de sarrasin.

STENDHAL, *Mémoire d'un touriste.*

Il n'y eut qu'un peuple aveugle, hélas... Ce peuple étrange est la Vendée... La Vendée ne lui fit la guerre (à la République) que par un malentendu monstrueux, par un phénomène incroyable d'ingratitude, d'injustice et d'absurdité... Cruel malentendu ! Ces Vendéens étaient sincères dans leurs erreurs. Ils sont morts dans une foi loyale...

Le Vendéen enfermé, aveuglé dans son fourré sauvage... Le Vendéen était enraciné dans le sol, il ne faisait qu'un avec la terre et les arbres de la terre. Plutôt que de quitter ses bœufs, sa haie, son enclos, il eût fait la guerre au roi. Tel le Bocage, tel le Marais. L'homme du Marais, qui vit entre un fossé et une mare, à moitié dans l'eau, adore son pays de fièvres. Forcer cet homme aquatique de venir à terre, c'est risquer de le rejeter plutôt dans la mer, le donner aux contrebandiers.

MICHELET, *Histoire de la Révolution française,* 1868.

La France eut des victimes
Mais la Vendée eut des martyrs.

Victor HUGO, *Odes et ballades,* 1826.

La vraie Vendée, c'est la Vendée chez elle, là elle est plus qu'invulnérable, elle est insaisissable. Le Vendéen chez lui est contrebandier, laboureur, soldat, pâtre, braconnier, franc-tireur, chevrier, sonneur de cloches, paysan, espion, assassin, sacristain, bête des bois.

L'insurrection vendéenne est un lugubre malentendu... La Vendée ne peut être complètement expliquée que si la légende complète l'histoire ; il faut l'histoire pour l'ensemble et la légende pour le détail... Disons que la Vendée en vaut la peine. La Vendée est un prodige... La Vendée est une plaie qui est une gloire.

Victor HUGO, *Quatrevingt-treize,* 1874.

LA TRANCHÉE DES BAÏONNETTES
(aux héros bretons et vendéens du 137e)

Ils étaient là deux bataillons
De Vendéens et de Bretons
Le douze juin dix-neuf cent seize :
On leur avait dit de « tenir »
Et tous étaient prêts à bondir
Prêts à fondre dans la fournaise...
...
Pendant qu'ils étaient là, rêvant
Au vieux Bocage, à l'Océan
Si loin de ces Marches des Gaules,
La terre arrachée aux talus
Les enlisant, chefs et Poilus,
Jusqu'aux genoux, jusqu'aux épaules !
...
Et ces grands morts demeureront
Cœur contre cœur debout au Front,
Fusils au poing, casques en tête,
Pour y monter, farouchement
Toujours, la garde à l'Allemand
Dans la « Tranchée des baïonnettes » !

Théodore BOTREL.

Je me suis pris depuis deux ou trois ans, à la suite de la lecture des livres d'Émile Gabory, d'une grande passion pour l'histoire des guerres de Vendée... Les Chouans avaient vraiment grande allure, un idéalisme d'une certaine envergure, si fermé que je sois et rétif à leur esprit religieux... Je crois bien que mes séjours à Pornic, ces noms de localités de la région qui me sont devenus assez familiers sont pour quelque chose dans cet intérêt.

20 mars 1929.

J'ai été conquis aux Vendéens, aux Chouans, par leur guerre pour la liberté, sur laquelle j'ai lu bien des ouvrages. S'il m'était possible d'aller finir ma vie quelque part dans un coin tranquille, ce serait en Bretagne ou en Vendée.

21 mars 1940.

Les Vendéens, les Chouans, leurs vrais descendants, sont toujours là pour la défense d'une liberté : celle de faire élever et instruire leurs enfants comme bon leur semble, payant au reste leurs écoles libres de leur argent. Je finirai par croire que cette région de la France est, moralement, la région supérieure.

22 janvier 1948.

Paul LÉAUTAUD, *Journal littéraire.*

INDEX DES NOMS DE LIEUX

G

H

I

J

L

M

N

INDEX DES NOMS DE PERSONNES

J

K

L

M

V

W

Y

Z

INDEX DES THÈMES

D

E

L

M

N

O

Table des illustrations in texte

Table des illustrations hors texte

61. Châtelaine et porte-ciseaux en argent, XIXe siècle. *Musée de Fontenay-le-Comte.*
62. Rabelais, moine à Fontenay-le-Comte, puis à Maillezais. *Photothèque Presses de la Cité.*
63. L'Abbaye de Maillezais, l'Acropole de la Vendée, dont les ruines s'élèvent à l'orée du marais. *Photo Roger-Viollet.*
64. Fontenay-le-Comte, ancienne capitale du Bas-Poitou, ville prospère et érudite à la Renaissance, traversée par la rivière Vendée. *Collection Patrice Barraud/Cliché Filuzeau.*
65. Fontenay-le-Comte. *Photo Roger-Viollet.*
66. Fontenay-le-Comte. *Collection auteur.*
67. Fontenay-le-Comte. *Collection auteur.*
68. Fontenay-le-Comte. La place Belliard, ancienne place aux Porches. *Photo Roger-Viollet.*
69. Fermières vendant leurs produits à Fontenay-le-Comte, telles que je les voyais en revenant de l'école, dans les années 30. *Collection Patrice Barraud/Cliché Filuzeau.*
70. Rue du Minage, à Fontenay-le-Comte, en 1912. *Collection Patrice Barraud/Cliché Filuzeau.*
71. Photo d'identité de ma mère, en 1932. Elle est veuve, déjà. Elle n'a pas quarante ans. *Collection auteur.*
72. De l'autre côté du miroir, l'autre culture. Michel Ragon, critique et historien d'art, à Paris, en 1984. *Photo Françoise Antoine.*

Table des cartes

(Cartes : Patrick Mérienne)

Table des matières

UNE MÉMOIRE VENDÉENNE

ANNEXES

IDENTITÉ ET MÉMOIRE VENDÉENNES

Du même auteur

ROMANS

Éditions Albin Michel

Le cycle vendéen :
L'Accent de ma mère (épuisé)
Ma sœur aux yeux d'Asie (et Livre de Poche)
Les Mouchoirs rouges de Cholet (et Livre de Poche)
La Louve de Mervent (et Livre de Poche)
Le Marin des Sables
Drôles de métiers
Drôles de voyages
Une place au soleil
Trompe-l'Œil
Les Américains
Le Jeu de Dames
Les Quatre Murs
Nous sommes 17 sous une lune si petite

LITTÉRATURE

Histoire de la littérature prolétarienne de langue française, Albin Michel
Bernard Clavel, Seghers
La Peau des choses, poésie 1946-1957, J.R. Arnaud

CRITIQUE ET HISTOIRE DE L'ART

25 ans d'Art vivant, 1944-1969, Galilée
Naissance d'un art nouveau, Albin Michel
Les Maîtres du dessin satirique, Pierre Horay
L'Art, pour quoi faire ? Casterman
L'Art abstrait, tomes 3 et 4 (avec M. Seuphor), Aimé Maeght
L'Art abstrait, tome 5 (avec Marcelin Pleynet), Adrien Maeght
Agam, Appel, Atlan, Barré, Bille, Calder, Courbet, Dubuffet, Étienne-Martin, Fautrier, Guitet, Kemeny, Koenig, Pan, Poliakoff, Schneider, Soulages, monographies chez divers éditeurs.

URBANISME ET ARCHITECTURE

Histoire mondiale de l'architecture et de l'urbanisme modernes :
tome 1, *Idéologies et Pionniers, 1800-1910,* Casterman
tome 2, *Pratiques et Méthodes, 1911-1985,* Casterman
tome 3, *Prospective et Futurologie,* Casterman
Où vivrons-nous demain ? Robert Laffont
Esthétique de l'architecture contemporaine, Griffon, Neuchâtel

L'Homme et les Villes, Albin Michel (édit. illustrée, Berger-Levrault)
L'Architecte, le Prince et la démocratie, Albin Michel
L'Espace de la mort, Albin Michel
L'Architecture des gares, Denoël
Claude Parent, monographie critique d'un architecte, Dunod
Goldberg dans la Ville, Paris Art Center
Le Temps de Le Corbusier, Hermé

TERRE HUMAINE

CIVILISATIONS ET SOCIÉTÉS
COLLECTION D'ÉTUDES ET DE TÉMOIGNAGES DIRIGÉE PAR JEAN MALAURIE

La difficile exploration humaine est à jamais condamnée si elle prétend devenir une « science exacte » ou procéder par affinités électives.

C'est dans sa mouvante complexité que réside son unité. Aussi la collection TERRE HUMAINE se fonde-t-elle sur la confrontation. Confrontation d'idées avec des faits, de sociétés archaïques avec des civilisations modernes, de l'homme avec lui-même. Les itinéraires intérieurs les plus divers, voire les plus opposés, s'y rejoignent. Comme en contrepoint de la réalité, chacun de ces regards, tel le faisceau d'un prisme, tout en la déformant, la recrée : regard d'un Indien Hopi, d'un anthropologue ou d'un agronome français, d'un modeste instituteur turc, d'un capitaine de pêche ou d'un poète...

Pensées primitives, instinctives ou élaborées en interrogeant l'histoire témoignent de leurs propres mouvements. Et ces réflexions sont d'autant plus aiguës que l'auteur, soit comme acteur de l'expérience, soit au travers des méandres d'un « voyage philosophique », se situe dans un moment où la société qu'il décrit vit une brutale mutation.

Comme l'affirme James AGEE, sans doute le plus visionnaire des écrivains de cette collection :

« Toute chose est plus riche de signification à mesure qu'elle est mieux perçue de nous, à la fois dans ses propres termes de singularité et dans la famille de ramifications qui la lie à toute autre réalité, probablement par identification cachée. »

Tissée de ces « ramifications » liées selon un même principe d'intériorité à une commune perspective, TERRE HUMAINE retient toute approche qui contribue à une plus large intelligence de l'homme.

OUVRAGES PARUS DANS LA COLLECTION **TERRE HUMAINE**

* Ouvrages augmentés d'un dossier de *Débats et Critiques*

□ Ouvrages parus également en Terre Humaine/Poche (Presses Pocket : n° 3000 et suivants)

Jean Malaurie. * □ — Les Derniers Rois de Thulé. *Avec les Esquimaux Polaires, face à leur destin.* 1955. Cinquième édition 1989.

Claude Lévi-Strauss. □ — Tristes tropiques. 1955

Victor Segalen. * □ — Les Immémoriaux. 1956. Deuxième édition 1983.

Georges Balandier. * □ — Afrique ambiguë. 1957. Troisième édition 1989.

Don C. Talayesva. * □ — Soleil Hopi. *L'autobiographie d'un Indien Hopi.* Préface : C. Lévi-Strauss. 1959. Deuxième édition 1983.

Francis Huxley. * □ — Aimables sauvages. *Chronique des Indiens Urubu de la forêt Amazonienne.* 1960. Troisième édition 1989.

René Dumont. — Terres vivantes. *Voyages d'un agronome autour du monde.* 1961. Deuxième édition 1982.

Margaret Mead. □ — Mœurs et sexualité en Océanie. I) *Trois sociétés primitives de Nouvelle-Guinée.* II) *Adolescence à Samoa.* 1963.

Mahmout Makal. * □ — Un village anatolien. *Récit d'un instituteur paysan.* 1963. Troisième édition 1985.

Georges Condominas. — L'Exotique est quotidien. *Sar Luk, Vietnam central.* 1966. Deuxième édition 1977.

Robert Jaulin. — La Mort Sara. *L'ordre de la vie ou la pensée de la mort au Tchad.* 1967. Deuxième édition 1982.

Jacques Soustelle. □ — Les Quatre Soleils. *Souvenirs et réflexions d'un ethnologue au Mexique.* 1967. Deuxième édition 1982.

Theodora Krœber. * □ — Ishi. *Testament du dernier Indien sauvage de l'Amérique du Nord.* 1968. Deuxième édition 1987.

Ettore Biocca. — Yanoama. *Récit d'une jeune femme brésilienne enlevée par les Indiens.* 1968.

Mary F. Smith et Baba Giwa. * — Baba de Karo. *L'autobiographie d'une musulmane haoussa du Nigeria.* 1969. Deuxième édition 1983.

Richard Lancaster. — Piegan. *Chronique de la mort lente. La réserve indienne des Pieds-Noirs.* 1970.

William H. Hinton. — Fanshen. *La révolution communiste dans un village chinois.* 1971.

Ronald Blythe. — Mémoires d'un village anglais. *Akenfield (Suffolk).* 1972. Deuxième édition 1980.

James Agee et Walker Evans. * — Louons maintenant les grands hommes. *Trois familles de métayers en 1936 en Alabama.* 1972. Deuxième édition 1983.

Pierre Clastres. * □ — Chronique des Indiens Guayaki. *Ce que savent les Aché, chasseurs nomades du Paraguay.* 1972. Deuxième édition 1985.

Selim Abou. * — Liban déraciné. *Autobiographies de quatre Argentins d'origine libanaise.* 1972. Troisième édition 1987.

Francis A. J. Ianni. — Des affaires de famille. La Mafia à New York. *Liens de parenté et contrôle social dans le crime organisé.* 1973

Gaston Roupnel. □ — Histoire de la campagne française. Postfaces : G. Bachelard, E. Le Roy Ladurie, P. Chaunu, P. Adam, J. Malaurie. 1974. Deuxième édition 1989.

Tewfik El Hakim. * — Un substitut de campagne en Egypte. *Journal d'un substitut de procureur égyptien.* 1974. Troisième édition 1983.

Bruce Jackson. * — Leurs prisons. *Autobiographies de prisonniers et d'ex-détenus américains.* Préface : M. Foucault, 1975. Deuxième édition 1989.

Pierre-Jakez Hélias. * □ — Le Cheval d'orgueil. *Mémoires d'un Breton du pays bigouden.* 1975. Troisième édition 1985.

Jacques Lacarrière. * □ — L'Eté grec. *Une Grèce quotidienne de quatre mille ans.* 1976. Deuxième édition 1986.

Adélaïde Blasquez. □ — Gaston Lucas, serrurier. *Chronique de l'anti-héros.* 1976.

Tahca Ushte et Richard Erdoes. * □ — De mémoire indienne. *La vie d'un Sioux, voyant et guérisseur.* 1977. Deuxième édition 1985.

Luis Gonzalez. * — Les Barrières de la solitude. *Histoire universelle de San José de Gracia, village mexicain.* 1977. Deuxième édition 1983.

Jean Recher. * □ — Le Grand Métier. *Journal d'un capitaine de pêche de Fécamp.* 1977. Deuxième édition 1983.

Wilfred Thesiger. * — Le Désert des Déserts. *Avec les Bédouins, derniers nomades de l'Arabie du Sud.* 1978. Deuxième édition 1983.

Josef Erlich. — La Flamme du Shabbath. *Le Shabbath — moment d'éternité — dans une famille juive polonaise.* 1978.

C.F. Ramuz. □ — La Pensée remonte les fleuves. *Essais et réflexions.* Préface de Jean Malaurie. 1979.

Antoine Sylvère. □ — Toinou. *Le cri d'un enfant auvergnat. Pays d'Ambert.* Préface : P.J. Hélias. 1980.

Eduardo Galeano. — Les Veines ouvertes de l'Amérique latine. *Une contre-histoire.* 1981.

Eric de Rosny. * □ — Les Yeux de ma chèvre. *Sur les pas des maîtres de la nuit en pays Douala (Cameroun).* 1981. Deuxième édition 1984.

Amicale d'Oranienburg-Sachsenhausen. — Sachso. *Au cœur du système concentrationnaire nazi.* 1982.

Pierre Gourou. — Terres de bonne espérance. *Le monde tropical.* 1982.

Wilfred Thesiger. * □ — Les Arabes des marais. *Tigre et Euphrate.* 1983. Deuxième édition 1989.

Margit Gari. * — Le Vinaigre et le Fiel. *La vie d'une paysanne hongroise.* 1983. Deuxième édition 1989.

Alexander Alland Jr. — La Danse de l'araignée. *Un ethnologue américain chez les Abron (Côte-d'Ivoire).* 1984.

Bruce Jackson et Diane Christian. * □ — Le Quartier de la Mort. *Expier au Texas.* 1985. Deuxième édition 1989.

René Dumont. * — Pour l'Afrique, j'accuse. *Le Journal d'un agronome au Sahel en voie de destruction.* Postfaces : M. Rocard, J. Malaurie. 1986. Deuxième édition 1989.

Emile Zola. — Carnets d'enquêtes. *Une ethnographie inédite de la France.* Introduction : J. Malaurie. Avant-propos : H. Mitterand. 1987.

Colin Turnbull. — Les Iks. *Survivre par la cruauté. Nord Ouganda.* Postfaces : J. Towles, C. Turnbull, J. Malaurie. 1987.

Bernard Alexandre. * — Le Horsain. *Vivre et survivre en pays de Caux.* 1988. Deuxième édition 1989.

Andreas Labba. — Anta. *Mémoires d'un Lapon.* 1989.

Michel Ragon. — L'Accent de ma mère. *Une mémoire vendéenne.* 1989.

TERRE HUMAINE — *COURANTS DE PENSÉE*

N° 1 : **Henri Mitterand.** — Images d'Enquêtes d'Émile Zola. *De la Goutte-d'Or à l'Affaire Dreyfus.* Préface de Jean Malaurie. 1987.

N° 2 : **Jacques Lacarrière.** — Chemins d'écriture. Postface de Jean Malaurie. 1988.

N° 3 : **René Dumont.** — Mes combats. Postface de Jean Malaurie. 1989.

ALBUMS TERRE HUMAINE

N° 1 : **Wilfred Thesiger.** — Visions d'un nomade, Plon, 1987.

N° 2 : **Jean Malaurie.** — Ultima Thulé. Bordas, 1989 (à paraître).

Achevé d'imprimer le 5 mai 1989
dans les ateliers de Normandie Impression S.A. à Alençon (Orne)

N° d'éditeur : 11916

